# 道路危险货物运输从业人员资格考试题解

○ 本书编写组　编写

人民交通出版社

## 内 容 提 要

本书根据交通部颁布的《道路危险货物运输从业人员资格考试大纲(试行)》的要求和《道路危险货物运输从业人员资格考试题库(试行)》的内容编写,共分三篇。内容包括:第一篇驾驶人员从业资格考试题解;第二篇押运人员从业资格考试题解;第三篇装卸管理人员从业资格考试题解。书后附有九个与道路危险货物运输有关的资料,便于读者查阅和应用。

本书可以作为道路危险货物运输从业人员资格考试学习资料,同时可供已获得从业资格证的道路危险货物运输从业人员和有关管理人员学习参考。

# 前　言

为全面落实《中华人民共和国道路运输条例》、《危险化学品安全管理条例》和《道路危险货物运输管理规定》等有关法律、法规，确保道路危险货物运输从业人员培训质量，进一步规范道路危险货物运输从业人员资格考试工作，有效提高从业人员素质，交通部于2007年4月13日发布了《道路危险货物运输从业人员资格考试大纲（试行）》和《道路危险货物运输从业人员资格考试题库（试行）》。该题库是各类参加全国道路危险货物运输资格考试人员在复习备考过程中必须掌握的试题。

为此，我们编撰了这本《道路危险货物运输从业人员资格考试题解》，旨在帮助应考人员进一步学习和巩固《道路危险货物运输从业人员资格考试题库（试行）》一书的内容，更好地全面掌握和准确理解考试大纲的要求，强化应考人员复习备考意识，熟悉考试的各类题型，把握考核目标，掌握难点、重点内容来巩固学习成果，以提高应考人员答题能力和专业知识水平；同时本书对现有全国道路危险货物运输从业人员和管理人员也是一本很好的学习资料，书中的法律法规常识以及专业知识的解答，对道路危险货物运输行业相关人员具有重要的参考价值。

由于编写时间仓促，加之水平有限，书中难免存在错误和不妥之处，诚望读者批评指正。

**本书编写组**

2007年10月

# 目　录

# 第一篇　驾驶人员从业资格考试题解(共495题)

## 第一章　危险货物运输的相关法规常识

(140题,其中选择题75题、判断题65题)

### (一)选择题(75题)

1. 国务院第344号令《危险化学品安全管理条例》自(　　)起施行。

A. 1988年8月1日　　B. 2005年8月1日　　C. 2002年3月15日

**答案**:C

**题解**:《危险化学品安全管理条例》①经2002年1月9日国务院第52次常务会议通过,自2002年3月15日起施行。此题强调《条例》实施日期。《条例》是交通部制定《道路危险货物运输管理规定》②主要法律依据之一。

2. 施行国务院第344号令《危险化学品安全管理条例》的目的是:为了加强对(　　)的安全管理,保障人民生命、财产安全,保护环境。

A. 普通货物　　B. 危险物　　C. 危险化学品

**答案**:C

**题解**:《条例》第一条规定:"为了加强对危险化学品的安全管理,保障人民生命、财产安全,保护环境,制定本条例。"此题强调《条例》适用范围(管理对象)是:危险化学品。在此还应进一步明确,《条例》对"危险化学品"进行了定性、定量的表述,其概念、定义是法律层面的解释。这与化工专业和化学学科中的"化学品"概念不同。如潮湿的棉花(UN 1365、CN 42505)、动植物纤维(UN 1372)不是化学品,但它们是《条例》所指的"危险化学品"。

3. 在中华人民共和国境内生产、经营、储存、(　　)、使用危险化学品和处置废弃危险化学品,必须遵守国务院第344号令《危险化学品安全管

① 以下将《危险化学品安全管理条例》简称为《条例》。

② 以下将《道路危险货物运输管理规定》简称为《危规》。

理条例》。

A. 购买　　　　B. 加工　　　　C. 运输

**答案**:C

**题解**:《条例》第二条规定:"在中华人民共和国境内生产、经营、储存、运输、使用危险化学品和处置废弃危险化学品,必须遵守本条例和国家有关安全生产的法律、其他行政法规的规定。"此题强调在境内运输危险化学品,必须遵守《条例》和国家有关安全生产的法律及其他行政法规的规定。这样,非经营性道路运输危险货物及外商投资道路运输业从事危险货物运输、港澳直通车从事危险货物运输等,不管其经济成分、管理模式、运输形式,只要在境内运输危险化学品的都要遵守《条例》的要求。

4. 国务院第344号令《危险化学品安全管理条例》中所称的危险化学品是指《危险货物品名表》(GB 12268—2005)9类当中的(　　)类。

A. 9　　　　B. 7　　　　C. 8

**答案**:B

**题解**:《条例》第三条规定:"本条例所称危险化学品,包括爆炸品、压缩气体和液化气体、易燃液体、易燃固体、自燃物品和遇湿易燃物品、氧化剂和有机过氧化物、有毒品和腐蚀品等。危险化学品列入以国家标准公布的《危险货物品名表》(GB 12268)。"此题强调危险化学品的种类,同时也说明了危险化学品以《危险货物品名表》(GB 12268)中的7类为准。具体地讲,危险货物的范畴大,有9类,见表1-1;危险化学品范畴小,是危险货物9类中的7类(不含第7类放射性物品和第9类杂类),见表1-2。这也是两者的区别。

**危险货物**　　　　表1-1

| 第1类(民用爆炸品、烟花爆竹) | 第2类 | 第3类 |
|---|---|---|
| 第4类 | 第5类 | 第6类 |
| 第7类 | 第8类 | 第9类 |

**危险化学品**　　　　表1-2

| 第1类(~~民用爆炸品、烟花爆竹~~①) | 第2类 | 第3类 |
|---|---|---|
| 第4类 | 第5类 | 第6类(剧毒化学品②) |
| ~~第7类~~ | 第8类 | ~~第9类~~ |

① 表中删除部分为不包含内容。

② 表中括号中内容为该类包含内容。

5. 道路运输危险化学品单位的(　　),应对本单位危险化学品运输安全全面负责。

A. 主要负责人　　B. 工会主席　　C. 安全负责人

**答案:**A

**题解:**《中华人民共和国安全生产法》第五条规定:“生产经营单位的主要负责人对本单位的安全生产工作全面负责”;《中华人民共和国公司法》第三条规定:“有限责任公司和股份有限公司是企业法人。有限责任公司,股东以其出资额为限对公司承担责任,公司以其全部资产对公司的债务承担责任。股份有限公司,其全部资本分为等额股份,股东以其所持股份为限对公司承担责任,公司以其全部资产对公司的债务承担责任”;《条例》第七十条规定:“危险化学品单位发生危险化学品事故造成人员伤亡、财产损失的,应当依法承担赔偿责任;拒不承担赔偿责任或者其负责人逃匿的,依法拍卖其财产,用于赔偿。”此题强调危险化学品单位主要负责人的法律责任,同时强调公司以其全部资产承担债务、民事责任。由于企业的调度等管理人员、危险货物运输从业人员等都是企业职工,其调度、运输、押运等工作行为都是代表企业的职务行为和企业行为。故企业也要为其职务违法承担相关的法律责任。

6. 国务院规定,由(　　)负责危险化学品安全监督管理综合工作,负责危险化学品经营许可证的发放,负责国内危险化学品的登记,负责危险化学品事故应急救援的组织和协调。

A. 公安部　　B. 国家安全生产监督管理总局

C. 交通部

**答案:**B

**题解:**《条例》第五条规定:“对危险化学品的生产、经营、储存、运输、使用和对废弃危险化学品处置实施监督管理的有关部门,依照下列规定履行职责:(一)国务院经济贸易综合管理部门和省、自治区、直辖市人民政府经济贸易管理部门,依照本条例的规定,负责危险化学品安全监督管理综合工作,负责危险化学品生产、储存企业设立及其改建、扩建的审查,负责危险化学品包装物、容器(包括用于运输工具的槽罐,下同)专业生产企业的审查和定点,负责危险化学品经营许可证的发放,负责国内危险化学品的登记,负责危险化学品事故应急救援的组织和协调,并负责前述事项的监督检查;设区的市级人民政府和县级人民政府的负责危险化学品安全监督管理综合工作的部门,由各该级人民政府确定,依照本条例的规定履行职责;……”

根据《条例》,国务院经济贸易综合管理部门负责危险化学品安全监督管理综合工作。由于国务院机构改革,现已由国家安全生产监督管理总局代替国务院经济贸易综合管理部门。

7. 国务院第344号令《危险化学品安全管理条例》规定,有关部门派出的工作人员依法进行监督检查时,应当(　　)。

A. 事先通知　　B. 出示通知书　　C. 出示证件

**答案**:C

**题解**:《条例》第六条规定:"有关部门派出的工作人员依法进行监督检查时,应当出示证件。"此题强调有关管理部门进行监督检查时,要出示证件。在实际工作中,根据"属地化管理原则",由危险货物道路运输企业所在地的有关管理部门对其进行监督检查。当国务院及有关部委组织对危险货物道路运输企业进行监督检查时,通常要通过地方人民政府有关部门组织实施。

8. 危险化学品生产企业销售其生产的危险化学品时,应当提供与危险化学品完全一致的化学品(　　),并在包装上加贴或者拴挂与包装内危险化学品完全一致的化学品安全标签。

A. 产品使用说明书　　B. 专利说明书　　C. 安全技术说明书

**答案**:C

**题解**:《条例》第十四条规定:"生产危险化学品的,应当在危险化学品的包装内附有与危险化学品完全一致的化学品安全技术说明书,并在包装(包括外包装件)上加贴或者拴挂与包装内危险化学品完全一致的化学品安全标签。"

化学品安全技术说明书(MSDS)为化学物质及其制品提供了有关安全、健康和环境保护方面的各种信息,并提供有关化学品的基础知识、防护措施和应急行动等方面的指导。MSDS是化学品生产供应企业,向用户提供包括运输、操作处置、储存和应急行动等基本信息的说明书。"化学品安全标签"用文字、图形符号和编码的组合形式表示化学品所具有的危险性和安全注意事项。有关详细内容,参见《道路运输危险货物实用手册》①第一章第二节中的《化学品安全技术说明书》、《化学品安全标签》、"安全技术说明书和安全标签"在运输中的主要作用。

9. 国家对危险化学品的运输实行(　　)制度。

---

① 以下简称《手册》。

A. 自由运输　　B. 资质认定　　C. 自主运输

**答案**:B

**题解**:《条例》第三十五条规定:“国家对危险化学品的运输实行资质认定制度;未经资质认定,不得运输危险化学品。危险化学品运输企业必须具备的条件由国务院交通部门规定。”此题强调未经资质认定,不得运输危险化学品。无资质承运危险化学品,属违法运输。根据《条例》,未取得危险化学品运输企业资质,擅自从事危险化学品公路运输的,由交通部门处2万元以上20万元以下的罚款。

10. 道路危险化学品运输企业必须具备的条件由(　　)规定。

A. 公安部　　B. 国务院交通部门

C. 国家安全生产监督管理总局

**答案**:B

**题解**:参见第9题。此题强调危险化学品运输企业必须具备的条件由国务院交通部门规定。此条也是交通部制定《道路危险货物运输管理规定》的主要法律依据之一。

11. 国务院第344号令《危险化学品安全管理条例》规定,(　　)应当对危险化学品的包装物、容器的产品质量进行定期的或者不定期的检查。

A. 质检部门　　B. 交通部门　　C. 经贸部门

**答案**:A

**题解**:《条例》第五条第三款规定:“质检部门负责发放危险化学品及其包装物、容器的生产许可证,负责对危险化学品包装物、容器的产品质量实施监督,并负责前述事项的监督检查。”此题强调质检部门负责对危险化学品的包装物、容器的产品质量进行监督检查。尤其值得注意的是,质检部门负责道路运输危险货物罐车的罐体(包括压力罐体和常压罐体)检验。由于《危险货物品名表》(GB 12268—2005)将“熔融金属(UN 3257)”纳入危险货物,故装载“熔融金属”的容器——槽体,其检验也应由质检部门负责。这种“槽体”和罐车的罐体,在道路运输业内常统称为“槽罐”。

12. 驾驶人员、押运人员、装卸管理人员必须掌握危险化学品运输的安全知识,并经所在地设区的市级人民政府(　　)考核合格,取得从业资格证,方可上岗作业。

A. 交通部门　　B. 质检部门　　C. 经贸部门

**答案**:A

**题解:**《条例》第三十七条规定:“驾驶员、船员、装卸管理人员、押运人员必须掌握危险化学品运输的安全知识,并经所在地设区的市级人民政府交通部门考核合格(船员经海事管理机构考核合格),取得上岗资格证,方可上岗作业。”此条强调:一是从业人员必须掌握危险化学品运输的安全知识;二是强调所在地设区的市级人民政府交通部门负责考试;三是必须持证上岗。交通部颁布全国统一的考试大纲和考试题库,就是为了贯彻《条例》对从业人员考试的要求。

13. 通过公路运输剧毒化学品的,托运人应当向目的地的县级人民政府公安部门申请办理(　　)。

A. 交通运输许可证　　B. 剧毒化学品公路运输通行证
C. 道路占用证

**答案:**B

**题解:**《条例》第三十九条规定:“通过公路运输剧毒化学品的,托运人应当向目的地的县级人民政府公安部门申请办理剧毒化学品公路运输通行证。”此条强调运输剧毒化学品要申请办理剧毒化学品公路运输通行证,并要持证运输。根据《条例》第六十七条规定:“托运人未向公安部门申请领取剧毒化学品公路运输通行证,擅自通过公路运输剧毒化学品的,由公安部门责令改正,处2万元以上10万元以下的罚款;触犯刑律的,依照刑法关于危险物品肇事罪、重大环境污染事故罪或者其他罪的规定,依法追究刑事责任。”

14. 国务院(　　)制定了剧毒化学品公路运输通行证的式样和具体申领办法。

A. 交通部门　　B. 安全监管部门　　C. 公安部门

**答案:**C

**题解:**《条例》第三十九条规定:“剧毒化学品公路运输通行证的式样和具体申领办法由国务院公安部门制定。”公安部门根据《条例》,制定了《剧毒化学品购买和公路运输许可证件管理办法》(2005年5月25日公安部第77号令公布,自2005年8月1日起施行)、《关于贯彻执行〈剧毒化学品购买和公路运输许可证件管理办法〉有关问题的通知》(公通字〔2005〕38号)。

15. (　　)和未列入《危险货物品名表》(GB 12268—2005)的其他危险化学品,由国家安全生产监督管理总局会同国务院公安、环境保护、卫生、质检、交通部门确定并公布。

A. 剧毒化学品目录　B. 危险货物品名表　C. 危险废物品名表

**答案**:A

**题解**:《条例》第三条规定:“剧毒化学品目录和未列入《危险货物品名表》的其他危险化学品,由国务院经济贸易综合管理部门会同国务院公安、环境保护、卫生、质检、交通部门确定并公布。”根据《条例》,国务院八部委(国家安全生产监督管理局、公安部、国家环境保护总局、卫生部、国家质量监督检验检疫总局、铁道部、交通部、中国民用航空总局)联合发文公布了《剧毒化学品目录》(公告〔2003〕第2号)。2003年,国务院八部委联合发文公布了《剧毒化学品目录(2002年版)补充和修正表》(安监管危化〔2003〕196号)。此题明确剧毒化学品是以《剧毒化学品目录》为准。

16. 危险化学品运输车辆禁止通行区域,由设区的市级人民政府(　)划定,并设置明显的标志。

A. 交通部门　B. 公安部门　C. 质检部门

**答案**:B

**题解**:《条例》第四十三条规定:“危险化学品运输车辆禁止通行区域,由设区的市级人民政府公安部门划定,并设置明显的标志。”此条强调国家要求设区的市级人民政府公安部门在城区和一些特定区域,设置危险化学品运输车辆禁止通行区域。驾驶人员、押运人员要注意标志的设置,不得违法驶入。如确需进入禁止通行区域的,应当事先向当地公安部门报告,由其指定行车时间和路线。

17. 国家实行(　)登记制度,并提供安全管理、事故预防和应急救援技术、信息支持。

A. 危险化学品　B. 普通货物　C. 一般货物

**答案**:A

**题解**:《条例》第四十七条规定:“国家实行危险化学品登记制度,并为危险化学品安全管理、事故预防和应急救援提供技术、信息支持。”此题强调国家对危险化学品实行登记制度,即设立专门机构对危险化学品进行登记,并提供技术、信息支持。

18. 危险货物托运人应当委托具有道路危险货物运输资质的企业承运,严格按照国家有关规定包装,并向(　)说明危险货物的品名、数量、危害、应急措施等情况。

A. 承运人　B. 货主　C. 托运人

**答案**:A

**题解**:《条例》第三十八条规定:“通过公路运输危险化学品的,托运人只能委托有危险化学品运输资质的运输企业承运。”第四十一条规定:“托运人托运危险化学品,应当向承运人说明运输的危险化学品的品名、数量、危害、应急措施等情况。”此题强调托运人的法律责任。同时,承运人也要主动向托运人索取相关资料,保证运输安全、保护自身安全。

19. 危险化学品(　　)必须为危险化学品事故应急救援提供技术指导和必要的协助。

A. 生产企业　　B. 经营企业　　C. 使用单位

**答案**:A

**题解**:《条例》第五十三条规定:“危险化学品生产企业必须为危险化学品事故应急救援提供技术指导和必要的协助。”此题强调危险化学品生产企业的法律责任。由于危险化学品生产企业最了解自己产品的性能,故危险化学品道路运输企业要与托运方(危险化学品生产企业)保持联系,得到必要指导和协助。同时,危险化学品道路运输企业,还可以针对本企业经常运输的危险化学品,请生产企业到本企业对有关人员(驾驶、押运等人员)进行专项业务培训。

20. 驾驶道路危险货物运输车辆时,驾驶人员在24小时内实际驾驶车辆时间累计不得超过(　　)小时。

A. 10　　B. 8　　C. 12

**答案**:B

**题解**:《汽车运输、装卸危险货物作业规程》(JT 618—2004)第4.1.8条要求:“驾驶人员一次连续驾驶4h应休息20min以上;24h内实际驾驶车辆时间累计不得超过8h。”此题强调禁止驾驶人员疲劳驾驶的具体要求。危险化学品道路运输企业,应根据此条款要求驾驶人员安全驾驶。

21. 国务院第344号令《危险化学品安全管理条例》规定,未取得道路危险货物运输企业资质,擅自从事危险化学品公路运输的企业,由(　　)依据职责对其进行处罚。

A. 公安部门　　B. 交通部门　　C. 质检部门

**答案**:B

**题解**:《条例》第六十五条规定:“违反本条例的规定,未取得危险化学品运输企业资质,擅自从事危险化学品公路、水路运输,有违法所得的,由交通部门没收违法所得;违法所得5万元以上的,并处违法所得1倍以上5倍以下的罚款;没有违法所得或者违法所得不足5万元的,处2万元以上20

万元以下的罚款;触犯刑律的,对负有责任的主管人员和其他直接责任人员依照刑法关于危险物品肇事罪或者其他罪的规定,依法追究刑事责任。”此题明确了交通部门是对违法运输危险化学品的执法主体。

22. 国务院第344号令《危险化学品安全管理条例》规定,未取得危险货物运输(　　),擅自从事危险化学品公路运输的企业,由交通部门依据职责对其进行处罚。

A. 企业资质　　　B. 生产许可证　　　C. 经营许可证

**答案:**A

**题解:**参见第21题。此题强调违法运输的法律责任。

23. 道路危险货物运输过程中,不配备(　　)的,由公安部门处2万元以上10万元以下的罚款。

A. 装卸人员　　　B. 押运人员　　　C. 管理人员

**答案:**B

**题解:**《条例》第六十七条规定:“违反本条例的规定,有下列行为之一的,由公安部门责令改正,处2万元以上10万元以下的罚款;触犯刑律的,依照刑法关于危险物品肇事罪、重大环境污染事故罪或者其他罪的规定,依法追究刑事责任:……,(二)危险化学品运输企业运输危险化学品,不配备押运人员或者脱离押运人员监管,超装、超载,中途停车住宿或者遇有无法正常运输的情况,不向当地公安部门报告的。”此题强调危险化学品道路运输企业运输危险化学品过程中,必须配备押运人员。不配备押运人员的,属违法行为,由公安部门处2万元以上10万元以下的罚款。

24. 道路危险货物运输过程中,不配备押运人员,由(　　)处2万元以上10万元以下的罚款。

A. 交通部门　　　B. 质检部门　　　C. 公安部门

**答案:**C

**题解:**参见第23题。此题强调了对“不配备押运人员”的,由公安部门执法。

25. 从事危险化学品公路运输的驾驶人员、押运人员、装卸管理人员未经考核合格,取得(　　)的,由交通部门处2万元以上10万元以下的罚款。

A. 生产许可证　　　B. 营业执照　　　C. 从业资格证

**答案:**C

**题解:**《条例》第六十六条规定:“违反本条例的规定,有下列行为之一的,由交通部门处2万元以上10万元以下的罚款;触犯刑律的,依照刑法关于危险物品肇事罪或者其他罪的规定,依法追究刑事责任:(一)从事危险化学品公路、水路运输的驾驶员、船员、装卸管理人员、押运人员未经考核合格,取得上岗资格证的;……。”此题强调危险货物运输从业人员须持证上岗。未持证上岗的,由交通部门处2万元以上10万元以下的罚款。值得注意的是,按《条例》第六十六条的原文,应是“取得上岗资格证的”。由于,《条例》中“上岗资格证”没有特指,在实际工作中,根据交通部规定,在道路运输业内一直使用《中华人民共和国道路运输从业人员从业资格证》(简称《从业资格证》)。尤其是2006年11月23日,交通部颁布的《道路运输从业人员管理规定》(交通部2006年9号令,2007年3月1日起实施),进一步规范了有关工作。即在道路运输业内,道路运输从业人员使用《从业资格证》。故答案为C。

26. 从事危险化学品公路运输的驾驶人员、押运人员、装卸管理人员未经考核合格,取得从业资格证的,由(　　)处2万元以上10万元以下的罚款。

A. 公安部门　　　B. 质检部门　　　C. 交通部门

**答案:**C

**题解:**参见第25题。此题强调持证上岗,对未持证上岗的,由交通部门执法。

27. 托运人托运剧毒危险化学品,未向(　　)申请领取剧毒化学品公路运输通行证,擅自通过公路运输剧毒化学品的,处2万元以上10万元以下的罚款。

A. 公安部门　　　B. 质检部门　　　C. 交通部门

**答案:**A

**题解:**《条例》第六十七条规定:“违反本条例规定,有下列行为之一的,由公安部门责令改正,处2万元以上10万元以下的罚款;触犯刑律的,依照刑法关于危险物品肇事罪、重大环境污染事故罪或者其他罪的规定,依法追究刑事责任:(一)托运人未向公安部门申请领取剧毒化学品公路运输通行证,擅自通过公路运输剧毒化学品的;……。”此题强调:一是向公安部门申请领取剧毒化学品公路运输通行证;二是违法运输剧毒化学品的,由公安部门处2万元以上10万元以下的罚款。

28. 道路危险货物运输,中途停车住宿或者遇有无法正常运输的情况,不向当地(　　)报告的,处2万元以上10万元以下的罚款。

A. 公安部门　　B. 质检部门　　C. 交通部门

**答案**:A

**题解**:《条例》第六十七条规定:“违反本条例的规定,有下列行为之一的,由公安部门责令改正,处2万元以上10万元以下的罚款;触犯刑律的,依照刑法关于危险物品肇事罪、重大环境污染事故罪或者其他罪的规定,依法追究刑事责任:……;(二)危险化学品运输企业运输危险化学品,不配备押运人员或者脱离押运人员监管,超装、超载,中途停车住宿或者遇有无法正常运输的情况,不向当地公安部门报告的;……。”此题强调道路危险货物运输过程中,中途停车住宿或遇有无法正常运输的情况时,应向当地公安部门报告。

29. 道路危险货物运输过程中,脱离(　　)监管的,由公安部门处2万元以上10万元以下的罚款。

A. 装卸人员　　B. 押运人员　　C. 管理人员

**答案**:B

**题解**:参见第28题。此题强调押运人员的责任。同时表明不配备押运人员与脱离押运人员监管的法律责任是相同的,由公安部门处2万元以上10万元以下的罚款。

30. 道路危险货物运输单位发生危险货物运输事故造成人员伤亡、财产损失的,应当依法承担(　　)责任。

A. 保护　　B. 个人　　C. 赔偿

**答案**:C

**题解**:《条例》第七十条规定:“危险化学品单位发生危险化学品事故造成人员伤亡、财产损失的,应当依法承担赔偿责任;拒不承担赔偿责任或者其负责人逃匿的,依法拍卖其财产,用于赔偿。”此题强调了企业法人的责任。

31. 国务院规定,由(　　)负责危险化学品的公共安全管理,负责发放剧毒化学品购买凭证和准购证,负责审查核发剧毒化学品公路运输通行证,对危险化学品道路运输安全实施监督。

A. 公安部门　　B. 质检部门　　C. 交通部门

**答案**:A

**题解**:《条例》第五条规定:“对危险化学品的生产、经营、储存、运输、使用和对废弃危险化学品处置实施监督管理的有关部门,依照下列规定履行职责:……;(二)公安部门负责危险化学品的公共安全管理,负责发放剧毒化学品购买凭证和准购证，负责审查核发剧毒化学品公路运输通行证，对危险化学品道路运输安全实施监督，并负责前述事项的监督检查；……。”此题介绍了公安部门的职责。

32. 国务院规定，由（　　）负责发放危险化学品及其包装物、容器的生产许可证，负责对危险化学品包装物、容器的产品质量实施监督。

A. 公安部门　　　　B. 质检部门　　　　C. 交通部门

**答案**：B

**题解**：参见第 11 题。此题介绍了质检部门的职责。

33. 国务院规定，由（　　）负责危险化学品公路运输单位及其运输工具的安全管理，负责危险化学品公路运输单位、驾驶人员、装卸人员和押运人员的资质认定。

A. 公安部门　　　　B. 质检部门　　　　C. 交通部门

**答案**：C

**题解**：《条例》第五条规定：“对危险化学品的生产、经营、储存、运输、使用和对废弃危险化学品处置实施监督管理的有关部门，依照下列规定履行职责：……；（五）铁路、民航部门负责危险化学品铁路、航空运输和危险化学品铁路、民航运输单位及其运输工具的安全管理及监督检查。交通部门负责危险化学品公路、水路运输单位及其运输工具的安全管理，对危险化学品水路运输安全实施监督，负责危险化学品公路、水路运输单位、驾驶人员、船员、装卸人员和押运人员的资质认定，并负责前述事项的监督检查。……。”此题介绍了交通部门的职责。通过此条款可以总结出交通部门对危险货物运输安全管理的“三关一监督”职责：交通部门负责危险货物道路运输企业（单位）的资质认定、负责危险货物道路运输从业人员（驾驶人员、装卸人员、押运人员）的资格认证，负责危险货物道路运输车辆技术状况评定，并负责上述事项的监督检查。

34. 危险货物运输车辆不得进入禁止通行区域。确需进入禁止通行区域的，应当事先向当地（　　）报告，由其指定行车时间和路线。

A. 交通部门　　　　B. 公安部门

C. 国家安全生产监督管理总局

**答案**：B

**题解**：《条例》第四十三条规定：“通过公路运输危险化学品，必须配备押运人员，并随时处于押运人员的监管之下，不得超装、超载，不得进入危险化学品运输车辆禁止通行的区域；确需进入禁止通行区域的，应当事先向当地公安部门报告,由公安部门为其指定行车时间和路线,运输车辆必须遵守公安部门规定的行车时间和路线。"此题强调危险货物运输车辆不得进入禁止通行区域。如确需进入禁止通行区域的,要到当地公安部门办理有关手续。

35. 剧毒化学品在公路运输途中发生被盗、丢失、流散、泄漏等情况时,承运人及押运人员必须立即向当地(　　)报告,并采取一切可能的警示措施。

A. 质检部门　　B. 交通部门　　C. 公安部门

**答案:**C

**题解:**《条例》第四十四条规定:"剧毒化学品在公路运输途中发生被盗、丢失、流散、泄漏等情况时,承运人及押运人员必须立即向当地公安部门报告,并采取一切可能的警示措施。公安部门接到报告后,应当立即向其他有关部门通报情况;有关部门应当采取必要的安全措施。"第六十七条规定:"违反本条例的规定,有下列行为之一的,由公安部门责令改正,处2万元以上10万元以下的罚款;触犯刑律的,依照刑法关于危险物品肇事罪、重大环境污染事故罪或者其他罪的规定,依法追究刑事责任:……;(四)危险化学品运输企业运输剧毒化学品,在公路运输途中发生被盗、丢失、流散、泄漏等情况,不立即向当地公安部门报告,并采取一切可能的警示措施的;……。"此题强调危险化学品运输企业运输剧毒化学品事故,要向当地公安部门报告,并采取一切可能的警示措施。值得注意的是,事故报告不仅要报告事故具体地点(如,××国道、××公里处),还要说明运输的是何种危险货物、货物重量及事故性质(如,被盗、丢失、流散、泄漏等)。

36.《危险货物品名表》(GB 12268—2005)适用于危险货物(　　)、生产、储存、经营、使用和处置。

A. 买卖　　B. 包装　　C. 运输

**答案:**C

**题解:**《危险货物品名表》(GB 12268—2005)的适用范围:本标准适用于危险货物运输、生产、储存、经营、使用和处置。此题强调,道路运输危险货物,其危险货物的判定是以《危险货物品名表》(GB 12268)为准的。应注意交通部门、运输企业是《危险货物品名表》(GB 12268)的使用单位,没有权利对其进行解释。《危险货物品名表》(GB 12268)由国家危险化学品标准化技术委员会归口,故应由其进行解释和修订。

37. 道路危险货物运输专用车辆的技术性能应符合国家标准(　　)的要求。

A.《道路车辆外廓尺寸、轴荷和质量限值》(GB 1589)

B.《营运车辆综合性能要求和检验方法》(GB 18565)

C.《营运车辆技术等级划分和评定要求》(JT/T 198)

**答案**:B

**题解**:《危规》第八条规定:“专用车辆技术性能符合国家标准《营运车辆综合性能要求和检验方法》(GB 18565)的要求,车辆外廓尺寸、轴荷和质量符合国家标准《道路车辆外廓尺寸、轴荷和质量限值》(GB 1589)的要求,车辆技术等级达到行业标准《营运车辆技术等级划分和评定要求》(JT/T 198)规定的一级技术等级。”

38. 道路危险货物运输专用车辆的技术等级应符合行业标准(　　)规定的一级技术等级。

A.《道路车辆外廓尺寸、轴荷和质量限值》(GB 1589)

B.《营运车辆综合性能要求和检验方法》(GB 18565)

C.《营运车辆技术等级划分和评定要求》(JT/T 198)

**答案**:C

**题解**:参见第37题。此题强调道路运输危险货物专用车辆必须达到一级技术等级。注意《营运车辆技术等级划分和评定要求》(JT/T 198—2004,代替 JT/T 198—95,JT/T 199—95),于2004年6月1日实施。该标准的“一级车”概念,不涉及使用年限,仅与车辆技术状况及指标有关。

39. 道路运输、装卸危险化学品,不符合国家有关法律、法规、规章和国家标准,并未按照危险化学品的特性采取必要安全防护措施的,由(　　)处2万元以上10万元以下的罚款。

A. 安全监督部门　　B. 交通部门　　C. 工商部门

**答案**:B

**题解**:《条例》第六十六条规定:“违反本条例的规定,有下列行为之一的,由交通部门处2万元以上10万元以下的罚款;触犯刑律的,依照刑法关于危险物品肇事罪或者其他罪的规定,依法追究刑事责任:……;(五)运输、装卸危险化学品不符合国家有关法律、法规、规章的规定和国家标准,并按照危险化学品的特性采取必要安全防护措施的。”此题强调运输企业要依据国家法规和技术标准运输、装卸危险化学品。同时明确了对违反国家法规和技术标准运输的,由交通部门处2万元以上10万元以下的罚款。

40. 托运人在托运的普通货物中夹带危险货物或者将危险货物匿报、谎报为普通货物托运的,由(　　)处2万元以上10万元以下的罚款。

A. 安全监督部门　　B. 公安部门　　C. 工商部门

**答案:**B

**题解:**《条例》第六十七条规定:“违反本条例的规定,有下列行为之一的,由公安部门责令改正,处2万元以上10万元以下的罚款;触犯刑律的,依照刑法关于危险物品肇事罪、重大环境污染事故罪或者其他罪的规定,依法追究刑事责任:……;(五)托运人在托运的普通货物中夹带危险化学品或者将危险化学品匿报、谎报为普通货物托运的。”第六十八条规定:“违反本条例的规定,邮寄或者在邮件内夹带危险化学品,或者将危险化学品匿报、谎报为普通物品邮寄的,由公安部门处2 000元以上2万元以下的罚款;触犯刑律的,依照刑法关于危险物品肇事罪或者其他罪的规定,依法追究刑事责任。”此题强调托运人在托运的普通货物中夹带危险货物或者将危险货物匿报、谎报为普通货物托运的法律责任。作为承运单位,尤其是仅具有普通货物道路运输资质的单位,要有自我保护意识,避免将“危险货物”当“普通货物”运输,更不能明知故犯。

41. 道路危险货物运输罐车的罐体应经(　　)检测合格,并在罐体检验合格的有效期内承运危险货物。

A. 交通部门　　B. 安监部门　　C. 质检部门

**答案:**C

**题解:**《危规》第八条规定:“罐式专用车辆的罐体应当经质量检验部门检验合格。运输爆炸、强腐蚀性危险货物的罐式专用车辆的罐体容积不得超过20立方米,运输剧毒危险货物的罐式专用车辆的罐体容积不得超过10立方米,但罐式集装箱除外。”此题强调了质检部门的职责。同时,罐体使用者也要按有关规定定期将罐体送到质检部门进行检验,在其检验有效期内使用。

42.《危险货物品名表》(GB 12268—2005)是危险货物运输作业的重要依据,具有确定危险货物的类别、项别和(　　)的作用。

A. 范围　　B. 责任　　C. 名称

**答案:**C

**题解:**《危险货物品名表》(GB 12268—2005)的范围:本标准规定了危险货物品名表的一般规定和结构,以及危险货物编号、名称和说明、英文名称、类别和项别、次要危险性及包装类别等内容。此题强调《危险货物品名表》(GB 12268—2005)的作用。注意危险货物名称,也称为“品名”。其编号有两种:联合国编号UN(4位)、中国编号:CN(5位)。如黑火药(UN

0027、CN 11096)。

43. 道路危险货物运输企业的(　　)不需要取得道路危险货物运输从业人员从业资格证。

A. 押运人员　　B. 驾驶人员　　C. 财务人员

**答案**:C

**题解**:《危规》第八条规定:"从事道路危险货物运输的驾驶人员、装卸管理人员、押运人员经所在地设区的市级人民政府交通主管部门考试合格,取得相应从业资格证。"此题从另一个侧面强调,驾驶人员、押运人员应持证上岗。

44. 符合道路危险货物运输资质条件的是(　　)。

A. 专用车辆 5 辆以上　　B. 专用车辆 5 辆以下

C. 专职驾驶人员不得少于 20 人

**答案**:A

**题解**:《危规》第八条规定:"申请从事道路危险货物运输经营的,应当具备下列条件:(一)有符合下列要求的专用车辆及设备:1. 自有专用车辆 5 辆以上;2. 专用车辆技术性能符合国家标准《营运车辆综合性能要求和检验方法》(GB 18565)的要求,车辆外廓尺寸、轴荷和质量符合国家标准《道路车辆外廓尺寸、轴荷和质量限值》(GB 1589)的要求,车辆技术等级达到行业标准《营运车辆技术等级划分和评定要求》(JT/T 198)规定的一级技术等级;3. 配备有效的通信工具;……。"此题强调道路危险货物运输企业要有专用车辆 5 辆以上。

45. 符合道路危险货物运输资质条件的是(　　)。

A. 车辆技术等级达到二级　　B. 车辆技术等级达到一级

C. 专用车辆 5 辆以下

**答案**:B

**题解**:参见第 44 题。此题强调道路危险货物运输专用车辆技术等级要达到一级。

46. 符合道路危险货物运输资质条件的是(　　)。

A. 车辆技术等级达到二级　　B. 专用车辆 5 辆以下

C. 配备有效的通信工具

**答案**:C

**题解**:参见第 44 题。此题强调道路危险货物运输专用车辆要配备有效的通信工具。

47. 道路危险货物运输的罐车,其罐体必须(　　)时间进行一次检测。

A. 一年　　B. 半年　　C. 一季度

**答案:**A

**题解:**罐体包括压力罐体和常压罐体。质检部门在压力容器的检验、管理方面,已建立了完善的体系。有关常压罐体定期检验要求,见《道路运输液体危险货物罐式车辆　第1部分　金属常压罐体技术要求》(GB 18564.1—2006)。

48. 道路危险货物运输从业人员安全培训的内容包括(　　)。

A. 危险货物的性质　　B. 销售知识　　C. 生产知识

**答案:**A

**题解:**《条例》第四条规定:"危险化学品单位从事生产、经营、储存、运输、使用危险化学品或者处置废弃危险化学品活动的人员,必须接受有关法律、法规、规章和安全知识、专业技术、职业卫生防护和应急救援知识的培训,并经考核合格,方可上岗作业。"第三十七条规定:"驾驶员、船员、装卸管理人员、押运人员必须掌握危险化学品运输的安全知识,并经所在地设区的市级人民政府交通部门考核合格(船员经海事管理机构考核合格),取得上岗资格证,方可上岗作业。"此题强调对道路运输危险货物从业人员的培训内容。

49. 道路危险货物运输从业人员安全培训的内容包括(　　)。

A. 销售知识　　B. 危险货物危害特性　　C. 包装容器设计

**答案:**B

**题解:**参见第48题。

50. 道路危险货物运输驾驶人员应该掌握的业务知识包括(　　)。

A. 危险货物生产方式　　B. 危险货物买卖

C. 运输事故应急措施

**答案:**C

**题解:**参见第48题。

51. "危险货物"的定义是指(　　)。

A. 具有爆炸、易燃、毒害、腐蚀、放射性等特性,在运输、装卸和储存过程中,容易造成人身伤亡、财产毁损和环境污染而需要特别防护的货物

B. 价值极其昂贵需要特别防护的货物

C. 包装精美需要特别防护的货物

**答案**:A

**题解**:《危险货物分类和品名编号》(GB 6944—2005)第3.1条要求:"危险货物 具有爆炸、易燃、毒害、感染、腐蚀、放射性等危险特性,在运输、储存、生产、经营、使用和处置中,容易造成人身伤亡、财产损毁或环境污染而需要特别防护的物质和物品。"此题介绍危险货物的概念。

52. 在《危险货物分类和品名编号》(GB 6944—2005)中,第2类危险货物(气体)按化学性质分为3项,分别是(　　)。

A. 易燃气体、非易燃无毒气体和毒性气体

B. 氧气、氮气和氨气

C. 氧化性气体、非氧化性气体、惰性气体

**答案**:A

**题解**:根据气体在运输中的主要危险性第2类分为3项。第2.1项易燃气体;第2.2项非易燃无毒气体;第2.3项毒性气体。此题介绍危险货物有类别、项别和品名。

53. 道路危险货物运输车辆应当按照国家标准(　　)的要求悬挂标志。

A.《危险货物品名表》(GB 12268)

B.《包装储运图示标志》(GB 191)

C.《道路危险货物运输车辆标志》(GB 13392)

**答案**:C

**题解**:《危规》第三十条规定:"专用车辆应当按照国家标准《道路运输危险货物车辆标志》(GB 13392)的要求悬挂标志。"值得注意的是,按照国家标准要求悬挂标志的含义是不仅要求形状、安装符合国家标准,更要求质量(如反光、荧光等)符合国家标准。同时,还要根据车辆的吨位(轻、中、重型载货汽车),选择不同型号(尺寸)的标志灯、牌等。且专用罐车可在罐体上喷涂标志牌。

54. 在"道路运输危险货物安全卡"上,应包括危险货物的(　　)。

A. 中英文名称　　　B. 沸点　　　C. 凝点

**答案**:A

**题解**:"道路运输危险货物安全卡"以下简称"安全卡"。

(1)运输危险货物随车携带"安全卡"是强制性要求,必须执行。理由如下:

①在强制性行业标准《汽车运输危险货物规则》(JT 617—2004)第9.2

条中提出了“运输危险货物应随车携带‘道路运输危险货物安全卡’”的要求;②在国家安全生产监督管理局《危险化学品事故应急救援预案编制导则(单位版)》(安监管危化字〔2004〕43 号)中,也提出了要建立与“安全卡”意义、作用相同的“安全运输卡制度”(安全运输卡包括运输的危险化学品性质、危害性、应急措施、注意事项及本单位、生产厂家、托运方应急联系电话等内容,每种危险化学品一张卡片;每次运输前,运输单位向驾驶人员、押运人员告之安全运输卡上有关内容,并将安全卡交驾驶人员、押运人员各一份);③在全国道路交通安全工作部际联席会议下发的《关于印发〈道路运输危险化学品安全专项整治方案〉的通知》(公交管〔2003〕49 号)和交通部颁发的《关于做好道路危险货物运输安全专项整治工作的通知》(交公路发明电〔2005〕5 号)也要求携带“安全卡”。

(2)“安全卡”的主要内容:

根据《化学品安全标签编写规定》(GB 15258)、《化学品安全技术说明书编写规定》(GB 16483),编写“安全卡”。它涉及危险化学品的品名、编号、危险性、储运要求、泄漏处理、急救、灭火方法及防护措施等专业性很强的相关知识。

(3)为了便于道路危险货物运输企业(单位)制作“安全卡”,已组织编写了《道路运输危险货物安全卡手册》,参见附录一。

55. 在“道路运输危险货物安全卡”上,应包括危险货物的(　　)。

A. 沸点　　B. 联合国编号　　C. 凝点

**答案:**B

**题解:**参见第 54 题。

56. 在“道路运输危险货物安全卡”上,应包括危险货物的(　　)。

A. 凝点　　B. 沸点　　C. 灭火方法

**答案:**C

**题解:**参见第 54 题。

57. 办理道路危险货物托运时,承运人应注意危险货物品名、规格、件重、件数、起运日期,还要注意收、发货人详细地址和(　　)等。

A. 生产厂家　　B. 包装方法　　C. 危险特性

**答案:**C

**题解:**《汽车运输危险货物规则》(JT 617—2004)附录 A“危险货物运单基本内容”包括:

a)托运、承运、收货者的单位名称、联系人、电话、传真、地址、邮编;

b)收发货地点、收发货时间；

c)危险货物品名、性质、编号、规格、数量、件重、包装形式、包装等级；

d)凭证运输证明文件、运输特殊要求；

e)运输注意事项。

58. 进入易燃危险货物装卸作业区的驾驶人员(　　)。

A. 禁止随身携带火种　B. 必须佩戴安全帽　C. 必须戴防护面罩

**答案:**A

**题解:**《汽车运输、装卸危险货物作业规程》(JT 618—2004)第4.1.4条要求:"进入易燃、易爆危险货物装卸作业区应:a)禁止随身携带火种;b)关闭随身携带的手机等通信工具和电子设备;c)严禁吸烟;d)穿着不产生静电的工作服和不带铁钉的工作鞋。"此题强调从业人员须安全作业。

59. 驾驶易燃液体运输车辆的人员(　　)。

A. 必须具备10年以上的驾龄　B. 必须佩戴安全帽和防护面罩

C. 禁止穿戴易产生静电的化纤类服装

**答案:**C

**题解:**参见第58题。

60. 道路运输毒性物质时,驾驶人员和押运人员需要特别关注的是(　　)。

A. 运价　B. 毒性物质是否丢失、破损

C. 沿途各地公安局电话号码

**答案:**B

**题解:**《汽车运输、装卸危险货物作业规程》(JT 618—2004)第5.6.1.2条要求:"运输毒害品过程中,押运人员要严密监视,防止货物丢失、撒漏。行车时要避开高温、明火场所。"

61. 道路运输腐蚀性物质时,首先应考虑的安全问题是(　　)。

A. 防止泄漏　B. 防止燃烧　C. 防止与空气接触

**答案:**A

**题解:**《汽车运输、装卸危险货物作业规程》(JT 618—2004)第5.8.2.1条要求:运输腐蚀品时"运输过程中发现货物撒漏时,要立即用干砂、干土覆盖吸收;货物大量溢出时,应立即向当地公安、环保等部门报告,并采取一切可能的警示和消除危害措施。"

62. 道路危险货物运输驾驶人员的主要职责是(　　)。

A. 确保危险货物一直处于其监管之下,防止丢失、被盗

B. 观察交通状况，安全驾驶，防止交通事故

C. 监督危险货物的运输、装卸、堆放作业，按规定要求进行

**答案**：B

**题解**：《汽车运输、装卸危险货物作业规程》(JT 618—2004)第4.2.2.1条要求："驾驶人员应根据道路交通状况控制车速，禁止超速和强行超车、会车。"第4.2.2.2条要求："运输途中应尽量避免紧急制动，转弯时车辆应减速。"第4.2.2.3条要求："通过隧道、涵洞、立交桥时，要注意标高、限速。"第4.2.2.7条要求："运输过程中遇有天气、道路路面状况发生变化，应根据所载危险货物特性，及时采取安全防护措施。遇有雷雨时，不得在树下、电线杆、高压线、铁塔、高层建筑及容易遭到雷击和产生火花的地点停车。若要避雨时，应选择安全地点停放。遇有泥泞、冰冻、颠簸、狭窄及山崖等路段时，应低速缓慢行驶，防止车辆侧滑、打滑及危险货物剧烈震荡等，确保运输安全。"从这些条款可以看出，驾驶员在道路危险货物运输过程中的主要职责是观察交通状况，安全驾驶，防止交通事故发生。

63. 依据《道路危险货物运输管理规定》，道路危险货物运输不按照规定携带(　　)的，由县级以上道路运输管理机构责令改正，处警告或者20元以上200元以下的罚款。

A. 驾驶证　　B. 道路运输证　　C. 身份证

**答案**：B

**题解**：《危规》第五十二条规定："违反本规定，道路危险货物运输企业或者单位不按照规定携带《道路运输证》的，由县级以上道路运输管理机构责令改正，处警告或者20元以上200元以下的罚款。"此题强调随车携带《道路运输证》。同时还要注意，要严格按《道路运输证》许可的经营范围进行危险货物运输，不得超范围运输。

64. 依据《道路危险货物运输管理规定》，擅自改装已取得危险货物《道路运输证》的(　　)，由县级以上道路运输管理机构责令改正，并处5 000元以上2万元以下的罚款。

A. 专用车辆及罐式专用车辆罐体　　B. 驾驶室仪表

C. 危险品标志

**答案**：A

**题解**：《危规》第五十六条规定："违反本规定，道路危险货物运输企业或者单位擅自改装已取得《道路运输证》的专用车辆及罐式专用车辆罐体的，由县级以上道路运输管理机构责令改正，并处5 000元以上2万元以下

的罚款。”此题强调不得改装已获得运输危险货物《道路运输证》的专用车辆及罐式专用车辆罐体。

65. 不得使用运输毒性物质的道路危险货物专用车辆运输(　　)。

A. 强毒性货物　　B. 普通货物　　C. 弱毒性货物

**答案**:B

**题解**:《危规》第二十九条中规定:“不得使用罐式专用车辆或者运输有毒、腐蚀、放射性危险货物的专用车辆运输普通货物。其他专用车辆可以从事食品、生活用品、药品、医疗器具以外的普通货物运输活动,但应当对专用车辆进行消除危险处理,确保不对普通货物造成污染、损害。危险货物不得与普通货物混装。”

66. 危险货物运达卸货地点后,因故不能及时卸货的,且托运人不能及时妥善处理,承运人应当立即报告当地(　　)部门。

A. 交通　　B. 安监　　C. 公安

**答案**:C

**题解**:《汽车运输危险货物规则》(JT 617—2004)第 7.5 条要求:“危险货物运达卸货地点后,因故不能及时卸货的,应及时与托运人联系妥善处理;不能及时处理的,承运人应立即报告当地公安部门。”

67. 危险货物安全技术说明书和安全标签,是承运人制作(　　)的依据。

A. 托运证明文件　　B. 包装检查证明书

C. 道路运输危险货物安全卡

**答案**:C

**题解**:略。

68.《汽车运输、装卸危险货物作业规程》(JT 618),规定了汽车运输、装卸危险货物的基本要求和(　　)要求。

A. 生产　　B. 安全作业　　C. 经营

**答案**:B

**题解**:《汽车运输、装卸危险货物作业规程》(JT 618—2004)适用范围:“本标准规定了汽车运输、装卸危险货物的基本要求和安全作业要求。”

69. 根据《危险货物分类和品名编号》(GB 6944—2005),危险货物分为(　　)类。

A. 8　　B. 9　　C. 7

**答案**:B

**题解**:《危险货物分类和品名编号》(GB 6944—2005),按危险货物具有的危险性或最主要的危险性分为9个类别。有些类别再分成项别。应注意类别和项别的号码顺序并不是危险程度的顺序。

70. 雷雨天气装运危险货物时,应确认(　　)。

A. 货物数量　　B. 避雷电、防潮湿措施有效

C. 防滑措施是否有效

**答案:**B

**题解:**《汽车运输、装卸危险货物作业规程》(JT 618—2004)第4.1.5条要求:"雷雨天气装卸时,应确认避雷电、防湿潮措施有效。"

71. 道路危险货物运输过程中,应每隔(　　)小时检查一次。

A. 3　　B. 2　　C. 1

**答案:**B

**题解:**《汽车运输、装卸危险货物作业规程》(JT 618—2004)第4.1.7条要求:"运输过程中,应每隔2 h检查一次。若发现货损(如丢失、泄漏等),应及时联系当地有关部门予以处理。"

72. 危险货物的分类、分项、品名和品名编号应当按照国家标准《危险货物分类和品名编号》(GB 6944—2005)和(　　)执行。

A.《危险货物品名表》(GB 12268—2005)

B. 道路危险货物运输管理规定

C. 中华人民共和国安全生产法

**答案:**A

**题解:**《危规》第四条规定:"危险货物的分类、分项、品名和品名编号应当按照国家标准《危险货物分类和品名编号》(GB 6944)、《危险货物品名表》(GB 12268)执行。危险货物的危险程度依据国家标准《危险货物运输包装通用技术条件》(GB 12463),分为I、II、III等级。"

危险货物品名及剧毒化学品目录查询参见附录二。

73.《道路运输证》的经营范围栏内注明了允许运输危险货物的类别、项别。道路危险货物运输车辆(　　)按照《道路运输证》规定的经营范围进行运输。

A. 不一定　　B. 必须　　C. 可以不

**答案:**B

**题解:**《危规》第十四条规定:"被许可人应当按照限定的时间落实拟投入车辆承诺书。做出许可决定的道路运输管理机构已核实被许可人落实了拟投入车辆承诺书且专用车辆符合许可要求、罐体经质检部门检验合格后,

应当为专用车辆配发《道路运输证》,并在《道路运输证》经营范围栏内注明允许运输危险货物的类别、项别。其中对从事非经营性道路危险货物运输的,应当在其《道路运输证》上加盖‘非经营性危险货物运输专用章’。”

74. 道路危险货物运输从业人员(　　)转让、出租道路危险货物运输许可证件。

A. 不可以　　B. 可以　　C. 不受限制

**答案**:A

**题解**:《危规》第二十八条规定:“道路危险货物运输企业或者单位应当严格按照道路运输管理机构决定的许可事项从事道路危险货物运输活动,不得转让、出租道路危险货物运输许可证件。”

75. 对托运人应该派押运人员而未派的放射性危险货物运输,道路危险货物运输企业(　　)承运。

A. 应该拒绝　　B. 可以

C. 可以根据具体情况决定是否

**答案**:A

**题解**:《汽车运输危险货物规则》(JT 617—2004)第7.6条要求:“承运人应拒绝运输托运人应派押运人员而未派的危险货物”、《核反应堆乏燃料道路运输管理暂行规定》(科工法〔2003〕520号)第十八条要求:“托运人或托运代理人应选派熟悉乏燃料性质及有关安全措施的押运人员,并配备所需仪表与装备,承担乏燃料运输过程的核材料管理、实物保护与保密、辐射监测等方面的工作。”由于放射性危险货物运输的专业性很强,必须由托运方派押运人员。

**(二)判断题**(65题)

1. 国务院第344号令《危险化学品安全管理条例》只适用于危险化学品的生产管理。　　(　　)

**答案**:×

**题解**:《条例》第二条规定:“在中华人民共和国境内生产、经营、储存、运输、使用危险化学品和处置废弃危险化学品,必须遵守本条例和国家有关安全生产的法律、其他行政法规的规定。”此题强调生产、经营、储存、运输、使用、处置废弃危险化学品的6个环节。

2. 驾驶道路危险货物专用车辆的驾驶人员,年龄不得超过55岁。　　(　　)

**答案**:×

**题解**:《危规》第八条规定:"申请从事道路危险货物运输经营的,应当具备下列条件之一是专用车辆的驾驶人员取得相应机动车驾驶证,年龄不超过60周岁;……。"

3. 道路运输剧毒化学品的罐式专用车辆,其罐体容积不得超过20立方米。（　）

**答案**:×

**题解**:参见选择题第41题。

4. 承运人在受理剧毒化学品运输业务后,要向承运人所在地公安部门申请准运证。（　）

**答案**:×

**题解**:参见选择题第13题。

5. 道路危险货物运输企业或者单位应当对从业人员进行经常性的安全、职业道德教育和业务知识、操作规程培训。（　）

**答案**:✓

**题解**:《中华人民共和国安全生产法》第二十一条规定:"生产经营单位应当对从业人员进行安全生产教育和培训,保证从业人员具备必要的安全生产知识,熟悉有关的安全生产规章制度和安全操作规程,掌握本岗位的安全操作技能。未经安全生产教育和培训合格的从业人员,不得上岗作业。"《危规》第四十一条规定:"道路危险货物运输企业或者单位应当对从业人员进行经常性的安全、职业道德教育和业务知识、操作规程培训。"

6. 在我国现阶段,只要有车、有人、有货就可以从事道路危险货物运输。（　）

**答案**:×

**题解**:参见选择题第9题。

7. 道路危险货物运输专用车辆应当根据所运危险货物的性质,配备必需的应急处理器材和安全防护设施。（　）

**答案**:✓

**题解**:《危规》第三十一条规定:"专用车辆应当根据所运危险货物的性质配备必需的应急处理器材和安全防护设施。"

8. 道路运输剧毒、爆炸、易燃、放射性危险货物的,应当具备罐式车辆或厢式车辆、专用容器,车辆应当安装行驶记录仪或定位系统。（　）

**答案**:✓

**题解**:《危规》第八条规定:“运输剧毒、爆炸、易燃、放射性危险货物的,应当具备罐式车辆或厢式车辆、专用容器,车辆应当安装行驶记录仪或定位系统;……。”

9. 罐式专用车辆的罐体应当经质量检验部门检验合格,并在其有效期内承运危险货物。 (  )

**答案**:✓

**题解**:《危规》第二十六条规定:“罐式专用车辆的罐体应符合《钢制压力容器》(GB 150)和《汽车运输液体危险货物常压容器(罐体)通用技术条件》(GB 18564)等国家标准规定的技术条件。罐式专用车辆应当在罐体检验合格的有效期内承运危险货物。”

10. 道路运输爆炸、强腐蚀性危险货物罐式专用车辆的罐体容积不得超过30 立方米。 (  )

**答案**:×

**题解**:参见选择题第 41 题。

11. 道路运输剧毒、爆炸、强腐蚀性危险货物的非罐式专用车辆,核定载质量不得超过 20 吨。 (  )

**答案**:×

**题解**:《危规》第八条规定:“运输剧毒、爆炸、强腐蚀性危险货物的非罐式专用车辆,核定载质量不得超过 10 吨。”

12. 道路运输未列入《危险货物品名表》(GB 12268—2005)的危险货物,托运人应出具《危险货物鉴定表》。 (  )

**答案**:✓

**题解**:《汽车运输危险货物规则》(JT 617—2004)第 6.3 条要求:“托运未列入 GB 12268 的危险货物时,应提交与托运的危险货物完全一致的安全技术说明书、安全标签和危险货物鉴定表,危险货物鉴定表见附录 B(规范性附录)。”

13. 道路危险货物运输应由具备道路危险货物运输资质的企业承运。 (  )

**答案**:✓

**题解**:《危规》第二十七条规定:“危险货物托运人应当委托具有道路危险货物运输资质的企业承运,严格按照国家有关规定包装,并向承运人说明危险货物的品名、数量、危害、应急措施等情况。需要添加抑制剂或者稳定剂的,应当按照规定添加。托运危险化学品的还应提交与托运的危险化学品完全一致的安全技术说明书和安全标签。”

14. 在托运危险货物时,托运人必须向承运人提供该危险货物的安全技术说明书。　　　　(　　)

**答案:**✓

**题解:**参见第13题。

15. 道路运输液体危险货物时,无论使用何种材质的容器,只要能确保不破损即可。　　　　(　　)

**答案:**×

**题解:**《道路运输液体危险货物罐式车辆　第1部分　金属常压罐体技术要求》(GB 18564.1—2006 )第5.2.1.4项要求:“与介质接触的罐体材料(包括衬里材料)不应与装运的介质发生危险化学反应,从而避免降低材料强度或形成危险化合物。”

16. 驾驶人员在出车前若发现制动或转向不灵、喇叭不响或灯光不全、证件不全等现象,应拒绝出车。　　　　(　　)

**答案:**✓

**题解:**《汽车运输、装卸危险货物作业规程》(JT 618—2004)第4.2.1.1条要求:“运输危险货物车辆的有关证件、标志应齐全有效,技术状况应为良好,并按照有关规定对车辆安全技术状况进行严格检查,发现故障应立即排除。”

17. 道路危险货物运输的驾驶人员、装卸人员和押运人员必须了解所运载的危险化学品的性质、危害特性、包装容器的使用特性和发生意外时的应急措施。　　　　(　　)

**答案:**✓

**题解:**《汽车运输危险货物规则》(JT 617—2004)第10.2条要求:“从业人员应了解所运危险货物的特性、包装容器的使用特性、防护要求和发生事故时的应急措施,熟练掌握消防器材的使用方法。”

18. 所有道路危险货物运输的从业人员均应具备高中以上学历。(　　)

**答案:**×

**题解:**《道路运输从业人员管理规定》(2006年11月23日发,交通部令2006年第9号)第十二条规定:“道路危险货物运输装卸管理人员和押运人员应当符合下列条件:(一)年龄不超过60周岁;(二)初中以上学历;(三)接受相关法规、安全知识、专业技术、职业卫生防护和应急救援知识的培训,了解危险货物性质、危害特征、包装容器的使用特性和发生意外时的应急措施；(四)经考试合格，取得相应的从业资格证件。”

19. 道路危险货物运输从业人员必须熟悉有关安全生产的法规、技术标准和安全生产规章制度、安全操作规程。 ( )

**答案：**✓

**题解：**《危规》第四十条规定：“道路危险货物运输从业人员必须熟悉有关安全生产的法规、技术标准和安全生产规章制度、安全操作规程，了解所装运危险货物的性质、危害特性、包装物或者容器的使用要求和发生意外事故时的处置措施。严格按照《汽车运输危险货物规则》(JT 617)和《汽车运输、装卸危险货物作业规程》(JT 618)操作，不得违章作业。”

20. 根据有关法律法规，道路危险货物运输从业人员专业知识要依靠员工自己学习和提高，企业没有责任和义务为员工提供任何培训。 ( )

**答案：**×

**题解：**《危规》第四十一条规定：“道路危险货物运输企业或者单位应当对从业人员进行经常性的安全、职业道德教育和业务知识、操作规程培训。”

21. 在个别情况下，普通货物运输车辆可以承运一次性或临时性的道路危险货物运输。 ( )

**答案：**×

**题解：**《条例》第三十五条规定：“国家对危险化学品的运输实行资质认定制度；未经资质认定，不得运输危险化学品。”《危规》第十五条规定：“道路运输管理机构不得许可一次性、临时性的道路危险货物运输。”此题从另一个角度强调道路运输危险货物要取得资质。否则，运输危险货物属违法行为，其违法运输与一次性、临时性无关。

22.《道路危险货物运输管理规定》要求，禁止使用移动罐体(罐式集装箱除外)从事道路危险货物运输。 ( )

**答案：**✓

**题解：**《危规》第二十三条规定：“禁止使用报废的、擅自改装的、检测不合格的、车辆技术等级达不到一级的和其他不符合国家规定的车辆从事道路危险货物运输。

除铰接列车、具有特殊装置的大型物件运输专用车辆外，严禁使用货车列车从事危险货物运输；倾卸式车辆只能运输散装硫磺、萘饼、粗蒽、煤焦沥青等危险货物。

禁止使用移动罐体(罐式集装箱除外)从事危险货物运输。”

23. 道路危险货物运输,是指使用专用车辆,通过道路运输危险货物的作业全过程。　　(　　)

**答案:**✓

**题解:**《危规》第三条规定:“本规定所称道路危险货物运输,是指使用专用车辆,通过道路运输危险货物的作业全过程。”此题要注意3个概念,一是“道路”,出自《道路交通安全法》;二是“危险货物”,以《危险货物品名表》(GB 12268)为准;三是“专用车辆”,“本规定所称道路危险货物运输车辆(以下简称专用车辆),是指从事道路危险货物运输的载货汽车。”

24. 道路危险货物运输车辆,是指从事道路危险货物运输的载货汽车。　　(　　)

**答案:**✓

**题解:**《危规》第三条规定:“本规定所称道路危险货物运输车辆(以下简称专用车辆),是指从事道路危险货物运输的载货汽车。”

25. 道路危险货物运输专用车辆,应到具备道路危险货物运输车辆维修条件的企业进行维修。　　(　　)

**答案:**✓

**题解:**《危规》第二十四条规定:“专用车辆应当到具备道路危险货物运输车辆维修条件的企业进行维修。”

26. 道路危险货物运输从业人员,应当严格按照道路运输管理机构决定的许可事项从事道路危险货物运输活动。　　(　　)

**答案:**✓

**题解:**《危规》第四十八条规定:“违反本规定,有下列情形之一的,由县级以上道路运输管理机构责令停止运输,有违法所得的,没收违法所得。运输货物属于危险化学品,违法所得5万元以上的,处违法所得1倍以上5倍以下的罚款;没有违法所得或违法所得不足5万元的,处2万以上20万以下的罚款。运输货物属于危险化学品以外的其他危险货物,有违法所得的,处违法所得2倍以上10倍以下的罚款;没有违法所得或者违法所得不足2万元的,处3万元以上10万元以下的罚款。”

27. 道路危险货物运输车辆在运输过程中,应随车携带《道路运输危险货物安全卡》。　　(　　)

**答案:**✓

**题解:**参见选择题第54题。《汽车运输危险货物规则》(JT 617—2004)

第9.2条要求:"运输危险货物应随车携带'道路运输危险货物安全卡',见附录E。"

28. 道路危险货物运输罐式集装箱,应使用集装箱运输专用车辆。（ ）

**答案:**✓

**题解:**《汽车运输危险货物规则》(JT 617—2004)第8.2.8条要求:"运输危险货物的罐式集装箱,应使用集装箱专用车辆。"

29.《危险货物品名表》(GB 12268—2005)中的编号采用4位的联合国编号(UN),备注中的编号采用5位的中国编号(CN)。（ ）

**答案:**✓

**题解:**《危险货物品名表》(GB 12268—2005)前言中注明:"修改了原标准中危险货物品名的编号方法,采用联合国编号。将原标准中的危险货物品名编号作为过渡列在'备注'栏。"

30. 杂项危险物质和物品是指具有其他类别未包括的危险物质和物品,如高温物质。（ ）

**答案:**✓

**题解:**《危险货物分类和品名编号》(GB 6944—2005)第4.9条要求:"第9类　杂项危险物质和物品

具有其他类别未包括的危险的物质和物品,如:

a)危害环境物质;

b)高温物质;

c)经过基因修改的微生物或组织。"

31.《危险货物品名表》(GB 12268—2005)中未列出的货物,均可按普通货物运输。（ ）

**答案:**×

**题解:**在此进一步强调"危险货物"的确定问题。危险货物以列入国家标准《危险货物品名表》(GB 12268)的为准。同时,要注意以下3个问题:

(1)根据《条例》,对未列入《剧毒化学品目录》和《危险货物品名表》的其他危险化学品,由国家安全生产安全监督管理总局会同国务院公安、环境保护、卫生、质检、交通部门确定并公布。如2003年6月24日,国家安全生产监督管理局、公安部、国家环境保护总局、卫生部、国家质量监督检验检疫总局、铁道部、交通部、中国民用航空总局等国务院八部委公布了《剧毒化学品目录》[公告(2003)第2号(2002年版)]。2003年12月30日,上述国务院八部委又印发了《剧毒化学品目录(2002年版)补充和修正表》(安监管危化〔2003〕196号)。

(2)国家法规有特殊要求的,纳入危险货物运输管理。如,《中华人民共和国固体废物污染环境防治法》第五十二条规定:"运输危险废物,必须采取防止污染环境的措施,并遵守国家有关危险货物运输管理的规定。"《医疗废物管理条例》第二十六条规定:"医疗废物集中处置单位运送医疗废物,应当遵守国家有关危险货物运输管理的规定,使用有明显医疗废物标识的专用车辆。医疗废物专用车辆应当达到防渗漏、防遗撒以及其他环境保护和卫生要求。"

(3)如有上述3种情况(国标GB 12268、国务院部委联合发文、法规特殊规定)之外的,应按《汽车运输危险货物规则》(JT 617—2004)第6.3条要求:"托运未列入GB 12268的危险货物时,应提交与托运的危险货物完全一致的安全技术说明书、安全标签和危险货物鉴定表",提交《危险货物鉴定表》。危险货物的鉴定单位是由国家安全生产监督管理局指定的。

32.《危险货物品名表》(GB 12268—2005)中所列的货物,均必须按危险货物进行运输。 ( )

**答案:**✓

**题解:**参见选择题第72题。

33.道路危险货物运输车辆一旦发生事故,即有可能会引起泄漏、污染、爆炸等危及公共安全的事件,因此从事危险货物运输的驾驶人员更应该有社会责任感。 ( )

**答案:**✓

**题解:**略。

34.机动车驾驶人员在实习期内不得驾驶载有爆炸物品、易燃易爆化学物品、剧毒或者放射性等危险物品的机动车。 ( )

**答案:**✓

**题解:**《中华人民共和国道路交通安全法实施条例》第二十二条规定:"机动车驾驶人在实习期内不得驾驶公共汽车、营运客车或者执行任务的警车、消防车、救护车、工程救险车以及载有爆炸物品、易燃易爆化学物品、剧毒或者放射性等危险物品的机动车;驾驶的机动车不得牵引挂车。"

35.托运凭证运输的危险货物,托运人可以不提交相关证明文件。 ( )

**答案:**×

**题解:**《汽车运输危险货物规则》(JT 617—2004)第6.11条要求:"托

运凭证运输的危险货物,托运人应提交相关证明文件,并在运单上注明。”

36. 根据所装运危险货物的特性,运输车辆要配备相应的安全设施。 (  )

**答案**:✓

**题解**:《危规》第八条规定:“配备有与运输的危险货物性质相适应的安全防护、环境保护和消防设施设备。”

37. 第9类杂项危险物质和物品是针对民用航空运输的,若采用汽车运输则不认为其是危险货物。 (  )

**答案**:×

**题解**:参见第32题。

38. 危险货物在运达目的地后,收货人因故拒收货物,导致危险货物无法及时卸货,若发生任何事故,驾驶人员和押运人员均不需承担责任。 (  )

**答案**:×

**题解**:参见选择题第66题。

39. 制订“道路危险货物运输事故应急预案”的目的是为了训练驾驶人员和押运人员的基本技能。 (  )

**答案**:×

**题解**:制订事故应急预案,是为了有效应对意外事故,最大限度地降低事故损失和危害。

40. 危险货物以列入《危险货物品名表》(GB 12268—2005)为准,未列入的按国家有关规定执行。 (  )

**答案**:✓

**题解**:《危规》第三条规定:“本规定所称危险货物,是指具有爆炸、易燃、毒害、腐蚀、放射性等特性,在运输、装卸和储存过程中,容易造成人身伤亡、财产毁损和环境污染而需要特别防护的货物。危险货物以列入国家标准《危险货物品名表》(GB 12268)的为准,未列入《危险货物品名表》的,以有关法律、行政法规的规定或者国务院有关部门公布的结果为准。”

41.《中华人民共和国安全生产法》规定生产经营单位运输危险物品,必须执行有关法律、法规和国家标准或者行业标准。 (  )

**答案**:✓

**题解**:《中华人民共和国安全生产法》第四条规定:“生产经营单位必须遵守本法和其他有关安全生产的法律、法规,加强安全生产管理,建立、健全安全生产责任制度,完善安全生产条件,确保安全生产。"

42. 从事爆炸品、剧毒性物质运输的驾驶人员、押运人员、装卸管理人员要有公安部门的政审材料。　(　　)

**答案**:×

**题解**:所有法规中均没有提到这样的要求和规定。

43.《中华人民共和国安全生产法》中规定机动车载运爆炸物品、易燃易爆化学物品以及剧毒、放射性等危险物品,应当经公安机关批准后,按指定的时间、路线、速度行驶,悬挂警示标志并采取必要的安全措施。(　　)

**答案**:✓

**题解**:《中华人民共和国道路交通安全法》第四十八条规定:"……。机动车载运爆炸物品、易燃易爆化学物品以及剧毒、放射性等危险物品,应当经公安机关批准后,按指定的时间、路线、速度行驶,悬挂警示标志并采取必要的安全措施。"

注:此题内容是正确的,故答案应为"✓"。但所引用的法律名称不对,作者将在今后题库修订时予以改正。

44. 2004年7月1日起实施的《中华人民共和国道路运输条例》,是我国第一部有关道路运输方面的管理条例。　(　　)

**答案**:✓

**题解**:略。

45. 道路危险货物运输从业人员运输、装卸危险货物集装箱时,应查验危险货物装箱清单。　(　　)

**答案**:✓

**题解**:《汽车运输危险货物规则》(JT617—2004)第6.6条要求:"使用集装箱装运危险货物的,托运人应提交危险货物装箱清单。"第7.2条要求:"承运人应核实所装运危险货物的收发货地点、时间以及托运人提供的相关单证是否符合规定,并核实货物的品名、编号、规格、数量、件重、包装、标志、安全技术说明书、安全标签和应急措施以及运输要求。"

46. 道路危险货物运输从业人员有权拒绝运输、装卸已有水渍、雨淋痕迹的遇水放出易燃气体的物质。　(　　)

**答案**:✓

**题解**:《汽车运输危险货物规则》(JT 617—2004)第7.7条要求:"承运人应拒绝运输已有水渍、雨淋痕迹的遇湿易燃物品。"

47. 道路危险货物运输从业人员无权拒绝运输、装卸不符合国家有关危

险货物运输规定的危险货物。 ( )

**答案**:×

**题解**:《条例》第四十二条规定:“运输、装卸危险化学品,应当依照有关法律、法规、规章的规定和国家标准的要求并按照危险化学品的危险特性,采取必要的安全防护措施。”

48. 严禁超范围运输危险货物,严禁超载、超限。 ( )

**答案**:✓

**题解**:《汽车运输危险货物规则》(JT 617—2004)第 7.1 条要求:“承运人应按照道路运输管理机构核准的经营范围受理危险货物的托运。”第 9.1 条要求:“危险货物运输车辆严禁超经营范围运输。严禁超载、超限。”

49. 道路危险货物运输从业人员应随车携带从业资格证。 ( )

**答案**:✓

**题解**:《危规》第三十五条规定:“驾驶人员、装卸管理人员和押运人员上岗时应当随身携带从业资格证。”

50. 道路运输不同性质的危险货物,应按《汽车运输危险货物规则》(JT 617)中的“危险货物配装表”进行配装。 ( )

**答案**:✓

**题解**:《汽车运输危险货物规则》(JT 617—2004)第 9.3 条要求:“运输不同性质危险货物,其配装应按‘危险货物配装表’规定的要求执行,‘危险货物配装表’见附录 D。”

51. 医疗废物,是指医疗卫生机构在医疗、预防、保健以及其他相关活动中产生的具有直接或者间接感染性、毒性以及其他危害性的废物。 ( )

**答案**:✓

**题解**:《汽车运输危险货物规则》(JT617—2004)第 3.3 条要求:“医疗废物(medical disposal)是医疗卫生机构在医疗、预防、保健以及其他相关活动中产生的具有直接或者间接感染性、毒性以及其他危害性的废物。”

52. 医疗废物集中处置单位运送医疗废物,应当遵守国家有关危险货物运输管理的规定,使用有明显医疗废物标识的专用车辆。 ( )

**答案**:✓

**题解**:《医疗废物管理条例》第二十六条规定:“医疗废物集中处置单位运送医疗废物,应当遵守国家有关危险货物运输管理的规定,使用有明显医疗废物标识的专用车辆。医疗废物专用车辆应当达到防渗漏、防遗撒以及其他环境保护和卫生要求。……。”

53. 医疗废物专用车辆应达到防渗漏、防遗撒以及其他环境保护和卫生要求。（　）

**答案:**✓

**题解:**《医疗废物管理条例》第二十六条规定:“医疗废物集中处置单位运送医疗废物,应当遵守国家有关危险货物运输管理的规定,使用有明显医疗废物标识的专用车辆。医疗废物专用车辆应当达到防渗漏、防遗撒以及其他环境保护和卫生要求。”

54. 运送医疗废物的专用车辆不得运送其他物品。（　）

**答案:**✓

**题解:**《医疗废物管理条例》第二十六条规定:“……。运送医疗废物的专用车辆不得运送其他物品。”

55. 道路运输危险废物,必须采取防止污染环境的措施,并遵守国家有关危险货物运输管理的规定。（　）

**答案:**✓

**题解:**《中华人民共和国固体废物污染环境防治法》第五十二条规定:“运输危险废物,必须采取防止污染环境的措施,并遵守国家有关危险货物运输管理的规定。……。”

56. 禁止将危险废物与旅客在同一辆运输工具上载运。（　）

**答案:**✓

**题解:**《中华人民共和国固体废物污染环境防治法》第五十二条规定:“……。禁止将危险废物与旅客在同一运输工具上载运。”

57. 危险废物是指列入国家危险废物名录或者根据国家规定的危险废物鉴别标准和鉴别方法认定的具有危险特性的废物。（　）

**答案:**✓

**题解:**《中华人民共和国固体废物污染环境防治法》第七十四条规定:“……。(四)危险废物,是指列入国家危险废物名录或者根据国家规定的危险废物鉴别标准和鉴别方法认定的具有危险特性的废物。……。”

58. 从事道路危险货物运输应当保障安全,依法运输,诚实信用。（　）

**答案:**✓

**题解:**《危规》第五条规定:“从事道路危险货物运输应当保障安全,依法运输,诚实信用。”

59. 危险货物可以与普通货物适当混装运输。（　）

**答案:**×

**题解:**参见选择题第65题。

60. 道路危险货物运输从业人员应严格按照《汽车运输危险货物规则》(JT 617)、《汽车运输、装卸危险货物作业规程》(JT 618)操作,不得违章作业。 ( )

**答案:**✓

**题解:**参见第19题。

61. 道路危险货物运输的驾驶人员一次连续驾驶超过6小时,应休息20分钟以上。 ( )

**答案:**×

**题解:**《中华人民共和国道路交通安全法实施条例》第六十二条规定:"驾驶机动车不得有下列行为:……,(七)连续驾驶机动车超过4小时未停车休息或者停车休息时间少于20分钟。"

62. 道路危险货物运输车辆可以超越《道路运输证》的许可范围(危险货物的类别、项别)进行运输。 ( )

**答案:**×

**题解:**参见第48题。

63. 道路危险货物运输过程中,驾驶人员可以根据自己意愿改变运输计划。 ( )

**答案:**×

**题解:**《汽车运输危险货物规则》(JT 617—2004)第10.5条要求:"驾驶人员不得擅自改变运行作业计划。"

64. 道路危险货物运输驾驶人员只要驾驶技术好,不需要了解危险货物有关知识。 ( )

**答案:**×

**题解:**《危规》第四十条规定:"道路危险货物运输从业人员必须熟悉有关安全生产的法规、技术标准和安全生产规章制度、安全操作规程,了解所装运危险货物的性质、危害特性、包装物或者容器的使用要求和发生意外事故时的处置措施。严格按照《汽车运输危险货物规则》(JT 617)、《汽车运输、装卸危险货物作业规程》(JT 618)操作,不得违章作业。"《汽车运输危险货物规则》(JT 617—2004)第10.2条要求:"从业人员应了解所运危险货物特性、包装容器的使用特性、防护要求和发生事故时的应急措施,熟练掌握消防器材的使用方法。"

65. 由托运人负责鉴定货物的性质,当托运危险货物时,应委托具有道

路危险货物运输资质的单位承运。 ( )

**答案**:✓

**题解**:参见第13题。

## 第二章 常见危险货物的分类和相关特性

(85题,其中选择题45题、判断题40题)

### (一)选择题(45题)

1. 氯气泄漏在空气中会( )沿地面扩散,使地面人员受害。

A. 沉在下部 B. 浮在上方

C. 沉在下部或浮在上方

**答案**:A

**题解**:氯气的蒸气密度为2.5kg/m$^3$,比空气重,所以,氯气泄漏在空气中会沉在下部沿地面扩散,使地面人员受害。

"氯"的有关特性参见附录三中的表3-1。

2. 当炸药中混入惰性物质(如石蜡、硬脂酸、机油等)时,则其撞击感度降低,危险性也( )。

A. 降低 B. 升高 C. 不变

**答案**:A

**题解**:撞击感度,指爆炸品在机械冲击的外力作用下对冲击能量的敏感程度,用发生爆炸次数的百分比表示。当炸药中混入惰性物质(如石蜡、硬脂酸、机油等)时,则其撞击感度降低,危险性也降低。

3. 储、运气瓶应( ),防止日晒,注意通风散热。

A. 防潮 B. 远离火源 C. 控制湿度

**答案**:B

**题解**:气瓶一般用于储存压缩气体或液化气体,是一种耐压容器,根据不同气体的临界温度和临界压力,气瓶的内压也不同,最低达1MPa,最高达15MPa以上。由于气瓶的内压比较高,当其受到剧烈撞击、振动、高温、受热时,会使容器内压力骤增;当该压力超过容器的耐压力时,就会发生气瓶爆炸。所以气瓶应远离火源,防止日晒,注意通风散热。

4. 气体的临界温度( ),危险性越大。

A. 越低 B. 越高 C. 越不确定

**答案**:A

**题解**:气体只有将温度降低到一定程度时施加压力才能被液化。若气体温度超过此值,则无论怎样增大压力都不能使之液化,只是随着压力的增加而加大其密度而已,这个加压使气体液化所允许的最高温度叫做临界温度。气体的临界温度越低,要使这些气体液化,必须相应的采用一定的低温技术,以使气体能达到它们各自的临界温度,然后再用增大压强的方法使其液化。所以储存这类气体的耐压容器的内压力非常大,并且非常危险。

临界温度低于常温的气体是压缩气体,临界温度高于常温的气体是液化气体。无论是处于压缩状态,还是处于液化状态,气体的临界温度越低,危险性越大。

5. 乙炔钢瓶经火烤以后(　　)。

A. 可以继续使用　　B. 不能再使用　　C. 冷却后再用

**答案**:B

**题解**:因乙炔钢瓶经火烤以后,不仅钢瓶要发生变形,更主要的是钢瓶经火烤后其质量(机械性能)要发生变化。这些都将直接影响钢瓶使用的安全性。

6. 氧几乎能与所有的元素化合。油脂在纯氧中的反应要比在空气中剧烈得多,所以氧气瓶(包括空瓶)(　　)。

A. 可以与油脂配装

B. 允许操作人员穿戴沾有油污的工作服和手套

C. 绝对禁油

**答案**:C

**题解**:油脂在纯氧中的反应要比在空气中剧烈得多,当高压氧气(即高压空气)喷射在油脂上就会引起燃烧或爆炸,实质就是油脂与纯氧的反应。所以氧气瓶(包括空瓶)绝对禁油。

7. 氢气不能与任何(　　)混储、混运,尤其是不能与氧气、氯气混储、混运。

A. 固体　　B. 氧化剂　　C. 液体

**答案**:B

**题解**:氢气有极强的还原性,能与许多非金属直接化合。如氢能在氯气中燃烧生成氯化氢;能与硫反应生成硫化氢。氢气在氯气中的爆炸极限为5.5%~89%,氢和氯的混合气体在日光照射下就会发生剧烈的爆炸。所以氢气不能与任何氧化剂尤其是氧气、氯气混储、混运。

“氢气”的有关特性参见附录三中的表3-2。

8. 氯气是一种(　　),有强烈的刺激气味。

A. 黄绿色的剧毒气体　　B. 红色的气体

C. 绿色的气体

**答案**:A

**题解**:参见第1题。氯气(CN 23002)是一种黄绿色的剧毒气体,有强烈的刺激气味。临界温度144℃,临界压力7.61MPa。

9. 氯气溶于水,常温下1体积水可溶解2.5体积的氯气。氯气瓶漏气时,(　　)或迅速将其推入水池,或用潮湿的毛巾捂住口鼻,以减轻危害。

A. 用砂土掩埋　　B. 救援人员任何时候都不用戴防毒面具

C. 可大量浇水

**答案**:C

**题解**:参见第1题。氯气溶于水,常温下1体积水可溶解2.5体积的氯气。氯气瓶漏气时,可大量浇水或迅速将其推入水池,或用潮湿的毛巾捂住口鼻,以减轻危害。

10. 氨极易溶于水,有强烈的刺激性气味,能使人窒息死亡,属于有毒气体;氨能与氯气发生剧烈的反应,所以液氯和液氨不能在同一车厢配装,(　　)在同一库房内混储。

A. 可以　　B. 不能　　C. 一般情况下可以

**答案**:B

**题解**:氨是一种无色、无刺激性的气体,蒸气密度0.59kg/m$^3$。氨不能在空气中燃烧,但能在纯净的氧气里燃烧。氨能与氯气发生剧烈反应,生成氯化氢和氮气,如果大量的氯和氨相遇,反应将会继续进行下去,生成氯化铵和三氯化氮等,三氯化氮的性质非常活泼,很不稳定,与有机物接触、遇热或被撞击,立即会发生爆炸性分解,所以液氯和液氨不能在同一车厢配装,也不可在同一库房内混储。

“氨”的有关特性参见附录三中的表3-3。

11. 液氯和液氨(　　)在同一车厢配装,不能在同一库房内混储。

A. 不能　　B. 可以　　C. 大多情况下可以

**答案**:A

**题解**:参见第10题。

12. 天然气(含甲烷,液化的),别名液化天然气,天然气(　　)。

A. 有腐蚀性　　B. 极易燃　　C. 不易燃烧

**答案**:B

**题解**:天然气是无色无嗅液体,主要成分为甲烷,也包括一定量的乙烷、丙烷和重质碳氢化合物,还有少量的氮气、氧气、二氧化碳和硫化物。天然气的性质与甲烷很相似,属于有机物,熔点和沸点都较低,在室温下易挥发,其蒸气与空气的混合物达到一定浓度范围时,只要有微小的电火花即可点燃,极易燃。液化天然气属危险货物的第2类第1项易燃气体(CN 21008,UN 1972),其与空气混合能形成爆炸性混合物,遇明火、高热等点火源会引起燃烧爆炸。

13. 闪点表示易燃液体的易燃程度。液体的闪点越低,易燃性越大,危险性(　　)。

A. 越小　　B. 不变　　C. 越大

**答案**:C

**题解**:闪点又叫闪燃点,是指可燃性液体表面上的蒸气和空气的混合物与火接触而初次发生闪光时的温度。各种油品的闪点可通过标准仪器测定。闪点是表示易燃液体燃爆危险性的一个重要指标,闪点越低,燃爆危险性越大。闪点温度比着火点温度低些。可燃液体的闪点随其浓度的变化而变化。

14. 液体的沸点越低,越易汽化,越易与空气形成爆炸性混合物,其危险性(　　)。

A. 越小　　B. 越大　　C. 不变

**答案**:B

**题解**:在一个大气压下,液体沸腾转化为气体时的温度称为沸点。液体的沸点越低,使液体沸腾的温度也就越低,液体越易汽化,越易与空气形成爆炸性混合物,危险性也越大。

15. 易燃液体的温度升高,挥发量增加,易燃易爆性(　　)。

A. 增大　　B. 减小　　C. 不变

**答案**:A

**题解**:易燃液体挥发成蒸气,与空气形成可燃性混合物,当气体混合物的浓度达到一定范围(即爆炸极限)时,遇明火就会燃烧和爆炸。液体的状态是随着温度和压力的变化而变化的。当压力不变时,随着液体的温度升高,液体的挥发增加,与空气形成可燃性混合物的浓度也越大,易燃易爆性增大。

16. 液体物质的受热膨胀系数较大,加上易燃液体具有易挥发性,装满易燃液体的容器受热后蒸气压增大,往往会造成容器胀裂而引起液体外溢。

因此,易燃液体灌装时容器内应(　　)。

A. 留有足够的膨胀余位　　B. 一次性灌满

C. 没有液体外溢即可

**答案**:A

**题解**:热胀冷缩是物质的固有特性,在运输途中可能因为环境温度变化的影响,液体物质的挥发量增大,聚集在容器内使容器内压增大,而引起"鼓桶"现象,甚至爆炸。因此,易燃液体罐装时容器应充分注意,容器内应留有足够的膨胀余位,膨胀余位一般以体积的百分比计算。

17. 汽车罐车运输在灌装时,灌装流速过快极易积聚静电,一旦发生静电放电,就可能引起可燃性蒸气的燃烧爆炸,后果严重。因此装运易燃液体的罐车(　　)。

A. 配不配备导除静电的装置都行　　B. 必须配备导除静电的装置

C. 不必配备导除静电的装置

**答案**:B

**题解**:静电的产生与物质的导电性能有很大关系,它以电阻率来表示。电阻率越小,导电性能越好,容易泄漏静电;电阻率大的则容易积聚静电。部分易燃液体的电阻率很大,在运输、装卸过程中,由于振动、摩擦的作用,极易积聚静电。特别是汽车罐车运输在灌装时,如果灌装流速过快,产生的静电若来不及释放极易积聚,一旦发生静电放电,就可能引起可燃性蒸气的燃烧爆炸,后果不堪设想。因此装运易燃液体的罐车必须配备导除静电的装置,使易燃液体罐装时不具备静电放电的条件。有关汽车导除静电的装置,参见《汽车导静电橡胶拖带》(JT 230)等标准。

18. 易燃液体的蒸气浓度越大,毒性(　　)。

A. 越小　　B. 不变　　C. 越大

**答案**:C

**题解**:大部分易燃液体除具有易燃易爆的危险特性外,还具有大小程度不等的毒性。易燃液体可以通过皮肤、消化道或呼吸道被人体吸收而中毒。特别是挥发性较大的易燃液体,其蒸气带来的毒性更不可忽视,即使挥发性很小的易燃液体,直接与之接触也是有害的。易燃液体的蒸气浓度越大,能够经皮肤、消化道或呼吸道被人体吸收的量也越大,毒性越大。

19. 苯是无色透明液体,易挥发,具有芳香气味;易溶于有机溶剂,不溶于水,故(　　)用水扑救苯引起的火灾。

A. 不能　　B. 能　　C. 完全可以

**答案:**A

**题解:**苯是无色透明液体,相对密度 0.879;苯易溶于有机溶剂,但不溶于水,所以使用水扑救苯引起的火灾是无效的。

"苯"的有关特性参见附录三中的表3-4。

20. 易燃液体的蒸气与空气的混合物可被点燃产生瞬间闪光的最低温度称为(　　)。

A. 闪点　　B. 着火点　　C. 起爆点

**答案:**A

**题解:**参见第13题。闪点实质上与爆炸极限有密切关系。当液体受热而迅速挥发时,如果液面附近的蒸气浓度正好达到其爆炸下限浓度,则此时的温度就是闪点。可燃、易燃液体的闪点越低、其火灾危险性越大。

21. 易燃固体同时具备3个条件:燃点低;燃烧迅速;放出有毒烟雾或有毒气体。易燃固体燃点越低,其发生燃烧的可能性和危险性(　　)。

A. 恒定不变　　B. 越小　　C. 越大

**答案:**C

**题解:**危险货物分类第4.1项的易燃固体系指燃点低,对热、撞击、摩擦敏感,易被外部火源点燃,燃烧迅速,并可能散发出有毒烟雾或有毒气体的固体物质,但不包括已列入爆炸品的物质。其中燃点又叫着火点,是指可燃性液体表面上的蒸气和空气的混合物与火接触而发生火焰能继续燃烧不少于5秒时的温度。可在测定闪点后继续在同一标准仪器中测定。燃点越低,点燃时需要的温度低,越容易燃烧,其火灾危险性也越大。

22. 易燃固体需明火点燃;易于自燃物质(　　)受热和明火,会自行燃烧;遇水放出易燃气体的物质遇水(包括受湿、酸类和氧化剂)会引起剧烈化学反应,放出可燃性气体和热量。

A. 需要　　B. 不需要　　C. 有时需要

**答案:**B

**题解:**自燃是指不经明火点燃就自动着火燃烧的现象,自燃物品的主要特点是不需外界火源作用,自身在空气中能缓慢氧化放热并积热不散,达到其自燃点而自行燃烧。因此,对运输来讲,此项物品最主要的危险是自行发热、燃烧,有些物质甚至在无氧条件下也会自燃。

23. 物质在发生自燃时所需要的最低温度,叫做自燃点。自燃点越低,其发生燃烧的可能性和危险性(　　)。

A. 越大　　B. 越小　　C. 恒定不变

**答案**:A

**题解**:物质的自燃点越低,越容易在常温状态下发生燃烧,所以危险性也越大。

24. 遇水放出易燃气体的物质在常温或高温下受潮或与水剧烈反应,且反应速度快;遇酸和氧化剂也能发生反应,而且比与水的反应更为剧烈,因此危险性也(　　)。

A. 更大　　　　B. 更小　　　　C. 更弱

**答案**:A

**题解**:遇水放出易燃气体的物质遇酸和氧化剂也能发生反应,而且比与水的反应更为剧烈,危险性也更大。因为酸类物质和氧化剂都具有较强的氧化性(得到电子的能力),而遇水燃烧物质大多具有很强的还原性(失去电子的能力),所以当它们接触后,反应就更加剧烈。另外,多数的酸都是水的溶液,因此与本项物质接触能置换出酸中的氢,反应非常剧烈,危险性也更大。

25. 赤磷着火点比黄磷高得多,易燃(　　)。

A. 且易自燃　　　　B. 且遇湿自燃　　　　C. 但不易自燃

**答案**:C

**题解**:赤磷与黄磷是磷的同素异形体,但两者性质相差极大。赤磷为紫红色无定型正方板状结晶或粉末,无毒、无嗅;着火点比黄磷高得多,易燃但不易自燃,燃点200℃,自燃点240℃。黄磷是白色或淡黄色的半透明的蜡状固体,性质极活泼,暴露在空气中即被氧化,自燃点为30℃,即使是在冰天雪地的环境温度下,只要露在空气中黄磷也很容易自身发热积温到30℃而燃烧,故黄磷是自热自燃的易燃物品。

“赤磷”的有关特性参见附录三中的表3-5。

26. 黄磷(又称白磷)性质极活泼,暴露在空气中即被氧化,自燃点低,只需一、二分钟即自燃。所以,黄磷必须(　　),若包装破损出现渗漏,导致黄磷露出液面,就会自燃。

A. 浸没在水中　　　　B. 浸没在汽油中　　　　C. 浸没在丙酮中

**答案**:A

**题解**:参见第25题。黄磷是自热自燃的易燃物品,因此必须浸放在水中进行储存,以降低自身温度防止自燃现象发生。

“黄磷”的有关特性参见附录三中的表3-6。

27. 电石(学名碳化钙)为灰色的不规则的块状物,有强烈的吸湿性,能从空气中吸收水分而发生反应，放出(　　)易燃气体。

A. 甲烷　　B. 乙烷　　C. 乙炔

**答案**:C

**题解**:电石有强烈的吸湿性，能从空气中吸收水分而发生反应，放出乙炔(电石气)，与水相遇反应更强烈：

$CaC_2$(电石) + $2H_2O$(水) = $Ca(OH)_2$(熟石灰或消石灰) + $C_2H_2$(乙炔气体)↑

放出的大量热量能很快达到乙炔的自燃点而起火燃烧，甚至爆炸。

"电石"的有关特性参见附录三中的表3-7。

28. 有机过氧化物很不稳定，容易分解，分解时的生成物为(　　)，容易引起爆炸。

A. 易燃气体　　B. 气体　　C. 易燃液体

**答案**:A

**题解**:有机过氧化物①，是分子组成中含有过氧基的有机物，该物质为热不稳定物质，可能发生放热的自加速分解。尤其是受到振动、冲击、摩擦或遇热时即分解且放出热量，分解的产物大多属于易燃气体，容易引起爆炸。该类物质还可能具有以下一种或数种性质：a)可能发生爆炸性分解；b)迅速燃烧；c)对碰撞或摩擦敏感；d)与其他物质起危险反应；e)损害眼睛。它是危险货物第5.2项。其标志为：

29. 有机过氧化物(如过氧化甲乙酮)比无机氧化剂(如高锰酸钾)更(　　)分解；分解的产物几乎都是气体或易挥发的物质，再加上易燃性和自身氧化性，分解时易发生爆炸。

A. 容易　　B. 难　　C. 不容易

**答案**:A

**题解**:有机过氧化物比无机氧化剂更容易分解，其分解温度一般在150℃以下，有的甚至在常温或低温时即可分解，故需保持低温运输。

---

① 《危险货物分类和品名编号》(GB 6944—2005)。

“过氧化甲乙酮”和“高锰酸钾”的有关特性分别参见附录三中的表3-8和表3-9。

30. 同属氧化性物质的物品，由于氧化性的强弱不同，相互混合后(　　)引起燃烧。

A. 不能　　B. 不一定　　C. 能

**答案**:C

**题解**:同属氧化性物质的物品，如硝酸铵和亚硝酸钠，硝酸铵和氯酸盐等，由于氧化性的强弱不同，相互混合后也能引起燃烧。

31. 硝酸钾，又称火硝，无色透明晶体或粉末，溶于水；遇热分解放出氧气，当硝酸钾与易燃物质混合后，受热甚至轻微的摩擦冲击也会(　　)。

A. 很安全　　B. 迅速地燃烧或爆炸　　C. 很难燃烧

**答案**:B

**题解**:硝酸钾，又称钾硝石、火硝，遇热分解出氧。当硝酸钾($KNO_3$)与易燃物质混合后，受热甚至轻微的摩擦冲击都会迅速地燃烧或爆炸。黑火药就是根据这个原理配制的。黑火药是木炭粉、硫磺粉和硝酸钾粉末的混合物，在混合物中，3种成分的质量分数大约为：硝酸钾75%、木炭15%、硫磺10%。

“硝酸钾”的有关特性参见附录三中的表3-10。

32. 含氰基的化合物叫氰化物，大多数氰化物属(　　)物质。

A. 剧毒　　B. 无毒　　C. 有害

**答案**:A

**题解**:凡带有氰基(CN—)的化合物，能在人体内释放出游离氰根，即可抑制细胞色素氧化酶。大多数氰化物属剧毒物质。如氰化钠，俗称山萘或七步倒，人仅服1～3mg走不出七步路即会死亡，属剧毒品。

33. 浓硫酸溶于水时，能释放出大量热量。因此，稀释浓硫酸时必须十分小心，应该(　　)。

A. 把水缓缓加入浓硫酸中　　B. 把浓硫酸缓缓加入水中

C. 把浓硫酸迅速倒入水中

**答案**:B

**题解**:如果把水倒入浓硫酸，开始时因为水较轻仍然浮在酸层的上部，当水扩散至酸中，即放出溶解热，可发生局部沸腾，会剧烈溅散而伤人。所以，稀释浓硫酸时，应把浓硫酸缓缓加入水中。

34. 腐蚀性物质本身的化学性质决定了自身各种不同的性质。腐蚀性物质(　　)混储配载。

A. 可以　　B. 可以大量地　　C. 不可以

**答案:**C

**题解:**腐蚀性物质构成复杂多样,有酸性腐蚀品、碱性腐蚀品等。各类腐蚀品都有其各自不同的特性,不能随意配装。例如:酸与碱会发生中和反应,不仅使货物失去原有特性,而且中和反应发生剧烈时还会引起爆炸,所以同是腐蚀品,酸性腐蚀品和碱性腐蚀品不能配装。无机酸性腐蚀品往往有氧化性,有机酸性腐蚀品则可以燃烧,所以,同是酸性腐蚀品,无机酸性腐蚀品和有机酸性腐蚀品不能配装。同理,无机酸性腐蚀品不得与可燃品配装;有机腐蚀品不论是酸性的还是碱性的,都不得与氧化剂配装。

35. 酸与碱不可以混装,氧化剂与还原剂(　　)进行配载。

A. 可以　　B. 不可以　　C. 一般情况下可以

**答案:**B

**题解:**酸与碱能够发生中和反应,氧化剂与还原剂在一起也能发生化学反应,所以氧化剂与还原剂不可以进行配载。

36. 毒性物质的颗粒(　　),越易引起中毒。

A. 越小　　B. 越大　　C. 越软

**答案:**A

**题解:**因为颗粒越小,越易进入呼吸道而被吸收,越易引起中毒。比如说,将氰化钠制成颗粒状进行运输或储存,就是为降低其毒性。

37. 毒性物质沸点(　　),越易引起中毒。

A. 越高　　B. 越低　　C. 越不确定

**答案:**B

**题解:**毒害品沸点越低,就越易挥发成蒸气,增加毒害品在空气中的浓度,而引起吸入中毒。所以说毒性物质的沸点越低,越易引起中毒。

38. 气温(　　),毒性物质的挥发性越大,同时还会增加毒性物质的溶解度和加剧人体呼吸的次数,从而增加毒害品进入人体的可能性。

A. 越低　　B. 越高　　C. 越不确定

**答案:**B

**题解:**物质的挥发性与温度有着密切的关系,温度升高后,物质也越易挥发成蒸气,增加毒害品在空气中的浓度,而引起吸入中毒。所以说气温越高,毒性物质的挥发量越大,同时还会增加毒性物质的溶解度和加剧人体呼吸的次数,越易引起中毒。

39. 动物致死所需某毒性物质的摄入量(或浓度)越小,则表示该毒性物质的毒性(　　)。

A. 越大　　B. 越小　　C. 无法确定

**答案**:A

**题解**:毒害品虽对人有毒害作用,但如果进入体内的毒害品剂量不足,则不会中毒。表示毒害品的摄入量与效应的关系称为毒性。毒性的计量单位是"毫克/千克",即把某毒害品使某动物死亡的最小量与该动物的体重相比,得到每千克的动物摄入某毒害品的毫克数。通常认为:动物致死所需某毒性物质的摄入量(或浓度)越小,则表示该毒性物质的毒性越大。

40. 有机毒性物质遇明火、高热或与氧化性物质接触会(　　),燃烧时会放出有毒气体,加剧毒性物质的危险性。

A. 很稳定　　B. 燃烧爆炸　　C. 很安全

**答案**:B

**题解**:毒性物质中的有机物都是可燃的,其中还有不少液体的闪点低于61℃,够得上易燃液体的标准,这些有机毒性物质遇明火、高热或者与氧化剂接触会燃烧爆炸,并放出有毒气体,加剧毒性物质的危险性。

41. 感染性物质(第6.2项)是指(　　),包括生物制品、诊断样品、基因突变的微生物、生物体和其他媒体,如病毒蛋白等。

A. 含有病原体的物质　　B. 不含有病原体的物质

C. 特殊情况下含有病原体的物质

**答案**:A

**题解**:《危险货物分类和编号》(GB 6944—2005)第6.2条要求:"感染性物质　含有病原体的物质,包括生物制品、诊断样品、基因突变的微生物、生物体和其他媒介,如病毒蛋白等。"

42. 感染性物质的运输过程(　　),应注意安全防护。

A. 存在感染性　　B. 不存在感染性　　C. 大多不存在感染性

**答案**:A

**题解**:感染性物品单纯的存在状态多为菌种或毒种,其在实验室环境下发生感染的机会较多,感染的危害性更大。感染性物质的运输过程中也存在感染性,如储存鼠疫杆菌、霍乱弧菌等容器破损时,有可能感染作业人员,应注意安全防护。

43. 遇水反应的腐蚀性物质(如三氧化硫)都能与空气中的水汽发生剧

烈反应，并同时放出大量热量。当满载这些物品的容器遇水后，则可能因漏进水滴而猛烈反应，使容器炸裂。所以尽管没有给这些物品贴上“遇潮时危险”的副标志，其防水要求也应和遇水放出易燃气体的物质（第4.3项）（　　）。

A. 有区别　　B. 不同　　C. 相同

**答案：**C

**题解：**遇水反应的腐蚀品都能与空气中的水汽发生反应而发烟（实质是雾，习惯上称烟），它对眼睛、咽喉和肺有强烈的刺激作用，而且有毒，危险性较大。所以尽管没有给这些物品贴上“遇潮时危险”的副标志，其防水要求也应和遇水放出易燃气体的物质（第4.3项）相同。

44. 某类危险货物除具有主要特性外，还具有一些次要特性，也称为副特性，即次要危险性。危险货物的副特性（　　）酿成大事故。

A. 也会　　B. 不会　　C. 绝对不会

**答案：**A

**题解：**不少货物表现出错综复杂的危险特性。所以，确定一种危险货物的主要危险特性时，要同时指出此种危险货物具有的其他（或称副）危险特性，并规定分别用危险货物包装主标志和副标志表示，以引起运输装卸储存人员的注意。比如：亚硝酸是氧化剂，副特性是“有毒”，因亚硝酸的氧化性而发生事故的很少，而把亚硝酸误作食盐，食用造成中毒死亡的事件却常见。由此可知，危险货物的副特性也会酿成大事故，在危险货物的运输中，注意到一种货物的主要危险特性时，必须对其可能具有的其他危险特性也给予足够的重视。

45. 能放射射线的物质称为放射性物质。放射性物质所放出的射线对人体（　　）。

A. 危害较小

B. 产生极大的危害，可致病、致畸、致癌，甚至可致死

C. 没有危害

**答案：**B

**题解：**自然界各种各样的物质中有一些物质的原子核不稳定，能够从其原子核内部自发地（即不受外界温度、压力的影响）、不断地向周围放出穿透力很强而人的感觉器官（视觉、听觉、嗅觉、触觉）觉察不到的射线（$\alpha$射线、$\beta$射线、$\gamma$射线和中子流），这些射线会破坏人体细胞中的蛋白质，使其细胞死亡或产生变异，进而可致病、致畸、致癌，甚至可致死。

## (二)判断题(40题)

1. 民用爆炸品、放射性物品、核能物质和城镇燃气的安全管理,适用国务院第344号令《危险化学品安全管理条例》。 (　　)

**答案:**×

**题解:**《条例》第七十一条规定:"民用爆炸品、放射性物品、核能物质和城镇燃气的安全管理,不适用本条例。"

2. 民用爆炸物品的生产、销售、购买、进出口、运输、爆炸作业和储存及硝酸铵的销售、购买,适用国务院第446号令《民用爆炸物品安全管理条例》。 (　　)

**答案:**✓

**题解:**《民用爆炸物品安全管理条例》(国务院令第466号)第二条规定:"民用爆炸物品的生产、销售、购买、进出口、运输、爆炸作业和储存及硝酸铵的销售、购买,适用本条例。"

3. 烟花爆竹的生产、经营、运输和燃放,适用国务院第455号令《烟花爆竹安全管理条例》。 (　　)

**答案:**✓

**题解:**《烟花爆竹安全管理条例》(国务院第455号令)第二条规定:"烟花爆竹的生产、经营、运输和燃放,适用本条例。本条例所称烟花爆竹,是指烟花爆竹制品和用于生产烟花爆竹的民用黑火药、烟火药、引火线等物品。"

4. 麻醉药品和精神药品的实验研究、生产、经营、使用、储存、运输等活动以及监督管理,适用国务院令第442号《麻醉药品和精神药品管理条例》。 (　　)

**答案:**✓

**题解:**《麻醉药品和精神药品管理条例》(国务院令第442号)第二条规定:"麻醉药品和精神药品的实验研究、生产、经营、使用、储存、运输等活动以及监督管理,适用本条例。"

5. 国务院令第445号《易制毒化学品管理条例》规定,国家对易制毒化学品的生产、经营、购买、运输和进口、出口实行分类管理和许可制度。 (　　)

**答案:**✓

**题解:**《易制毒化学品管理条例》(国务院令第445号)第二条规定:"国

家对易制毒化学品的生产、经营、购买、运输和进口、出口实行分类管理和许可制度。”

6. 物质总是以一定的形态而存在的，主要有固态、气态和液态3种形态。 (　　)

**答案**：✓

**题解**：物质总是以一定的形态而存在的，主要有固态、气态和液态3种形态，简称为物质的“三态”。物质的状态是随着温度和压力的变化而变化的，如水受热变成蒸汽，冷却至0℃时凝结成冰。

7. 一般地，气体的相对密度是以空气为标准的。相对密度大于1的气体会沉在下部地表面。 (　　)

**答案**：✓

**题解**：相对密度是指相同温度、相同压力下两种物质的密度之比。一般地，气体的相对密度是以空气为标准的。相对密度大于1的气体会沉在下部地表面。了解危险货物的相对密度对安全运输具有重要意义，例如，由于二氧化碳的相对密度比空气大得多，将二氧化碳覆盖在火焰上可以隔绝空气与火焰的接触，从而实现灭火。

8. 一般地，液体的相对密度是以水为标准的。相对密度小于1的液体会浮在水面上，如汽油。 (　　)

**答案**：✓

**题解**：参见第7题。一般地，液体的相对密度是以水为标准的。相对密度小于1的液体会浮在水面上。例如，由于汽油的相对密度比水小，若汽油失火时用水扑救，油就会浮在水面上继续燃烧并随着水的流动而扩大灾情。

9. 当液体受热而迅速挥发时，如果液面附近的蒸气浓度正好达到其爆炸下限浓度，此时的温度就是闪点。闪点越低危险性越大。 (　　)

**答案**：✓

**题解**：参见选择题第13题。闪点是衡量液体易燃性的最重要的指标。如果可燃液体温度高于其闪点时，随时都有接触火源而被点燃的危险。液体的闪点越低，易燃性越大，所以危险性也越大。

10. 在一个大气压下，液体沸腾转化为气体时的温度称为沸点，运输温度不得高于危险货物的沸点。 (　　)

**答案**：✓

**题解**：参见选择题第14题。液体的运输温度不得高于危险货物的沸点，以防止液体在运输途中发生沸腾，而造成不可预料的事故。

11. 某类危险货物只具有本类危险货物的主要特性。例如,腐蚀性物质只具有腐蚀特性。 ( )

**答案:**×

**题解:**《危险货物分类和品名编号》(GB 6944—2005)中,将危险货物按其主要特性和运输要求分为9类,但不少货物表现出错综复杂的危险特性,某类危险货物除具有本类危险货物的主要特性外,还具有一些次要特性,也成为副特性,即次要危险性,例如:列入易爆易燃的不少物品具有毒害性和腐蚀性;列入腐蚀性物质中有不少有机物,而有机物都是可燃物,其中有不少液体的闪点低于61℃,也称得上具有易燃性。

12. 在物质变化过程中,仅是物质的外形或状态发生了变化,称作化学变化。 ( )

**答案:**×

**题解:**这里混淆了化学变化和物理变化的概念,物理变化是指在物质变化过程中,仅是物质的外形或状态发生了变化而没有生成新的物质的运动形式,强调的是没有生成新的物质。而化学变化是指在物质变化过程中,生成新的物质的运动形式,强调的是生成新的物质。所以该题属于物理变化。

13. 在物质变化过程中,生成新物质的变化,称作物理变化。 ( )

**答案:**×

**题解:**参见第12题,此题中的变化属于化学变化。

14. 列入危险货物的氧化物(如三氧化硫)除气体外,大部分都会与水发生反应生成碱或酸或释放出氧。所以,在运输过程中必须注意防水。 ( )

**答案:**√

**题解:**由于这些氧化物能够与水发生反应而导致变质,甚至与水反应后释放出氧气,氧是助燃剂,若遇有机物、易燃物即引起燃烧,造成不可预料的危害,所以必须注意防水。

15. 大多数有机物不溶于水,故用水来扑灭有机物燃烧的火焰通常无效,而应该用二氧化碳、泡沫或卤剂来扑救。 ( )

**答案:**√

**题解:**有机物是有机化合物的简称,含碳化合物(一氧化碳、二氧化碳、碳酸盐、金属碳化物等少数简单含碳化合物除外)或碳氢化合物及其衍生物的总称。大多有机化合物是不溶于水且比水轻,火苗可随水四处流动,引起大面积火灾,或遇水可发生更强烈的反应而引起更大的事故。小火可用湿布或石棉布盖熄，火势较大时，应该用二氧化碳、泡沫或卤剂来扑救。

16. 危险货物是指具有爆炸、易燃、毒害、感染、腐蚀、放射性等危险性，在运输、储存、生产、经营、使用和处置中，容易造成人身伤亡、财产损毁或环境污染而需要特别防护的物质和物品。（ ）

**答案**：✓

**题解**：《危险货物分类和品名编号》（GB 6944—2005）中定义："危险货物是指具有爆炸、易燃、毒害、感染、腐蚀、放射性等危险性，在运输、储存、生产、经营、使用和处置中，容易造成人身伤亡、财产损毁或环境污染而需要特别防护的物质和物品。"

17.《危险货物分类和品名编号》（GB 6944—2005）中，按危险货物具有的危险性或最主要的危险性把危险货物分为 9 个类别。（ ）

**答案**：✓

**题解**：《危险货物分类和品名编号》（GB 6944—2005）第 4 条要求："按危险货物具有的危险性或最主要的危险性把危险货物分为 9 个类别。"有些类别再分成项别。类别和项别的号码顺序并不是危险程度的顺序。

18. 危险货物类别和项别的号码顺序并不是危险程度的顺序。（ ）

**答案**：✓

**题解**：参见第 17 题。

19.《危险货物分类和品名编号》（GB 6944—2005）把第 1 类爆炸品划分为 6 项。（ ）

**答案**：✓

**题解**：《危险货物分类和品名编号》（GB 6944—2005）中将第 1 类爆炸品划分为："第 1.1 项：有整体爆炸危险的物质和物品；第 1.2 项：有迸射危险，但无整体爆炸危险的物质和物品；第 1.3 项：有燃烧危险并有局部爆炸危险或局部迸射危险货这两种危险都有，但无整体爆炸危险的物质和物品；第 1.4 项：不呈现重大危险的物质和物品；第 1.5 项：有整体爆炸危险的非常不敏感的物质；第 1.6 项：无整体爆炸危险的极端不敏感物品。"

20.《危险货物分类和品名编号》（GB 6944—2005）中，根据气体在运输中的主要危险性把第 2 类气体分为 2.1 项易燃气体、2.2 项非易燃无毒气体、2.3 项毒性气体。（ ）

**答案**：✓

**题解**：《危险货物分类和品名编号》（GB 6944—2005）第 4.2 条要求："第 2 类　气体

本类气体指:

a)在50℃时,蒸气压力大于300kPa的物质;或

b)20℃时在101.3kPa标准压力下完全是气态的物质。

本类包括压缩气体、液化气体、溶解气体和冷冻液化气体、一种或多种气体与一种或多种其他类别物质的蒸气的混合物、充有气体的物品和烟雾剂。

第2类根据气体在运输中的主要危险性分为3项。

4.2.1　第2.1项　易燃气体

本项包括在20℃和101.3kPa条件下:

a)与空气的混合物按体积分数占13%或更少时可点燃的气体;或

b)不论易燃下限如何,与空气混合,燃烧范围的体积分数至少为12%的气体。

4.2.2　第2.2项　非易燃无毒气体

在20℃压力不低于280kPa条件下运输或以冷冻液体状态运输的气体,并且是:

a)窒息性气体——会稀释或取代通常在空气中的氧气的气体;或

b)氧化性气体——通过提供氧气比空气更能引起或促进其他材料燃烧的气体;或

c)不属于其他项别的气体。

4.2.3　第2.3项　毒性气体

本项包括:

a)已知对人类具有的毒性或腐蚀性强到对健康造成危害的气体;或

b)半数致死浓度$LC_{50}$值不大于5 000mL/$m^3$,因而推定对人类具有毒性或腐蚀性的气体。"

注:具有两个项别以上危险性的气体和气体混合物,其危险性先后顺序为2.3项优先于其他项,2.1项优先于2.3项。

21.《危险货物分类和品名编号》(GB 6944—2005)中,第3类易燃液体不分项。　(　)

**答案:**✓

**题解:**《危险货物分类和品名编号》(GB 6944—2005)第4.3条要求:"第3类　易燃液体

本类包括:

a)易燃液体:

在其闪点温度(其闭杯试验闪点不高于60.5℃,或其开杯试验闪点不高于65.6℃)时放出易燃蒸气的液体或液体混合物,或是在溶液或悬浮液中含有固体的液体;本项还包括:在温度等于或高于其闪点的条件下提交运输的液体;或以液态在高温条件下运输或提交运输、并在温度等于或低于最高运输温度下放出易燃蒸气的物质。

b)液态退敏爆炸品。”

22.《危险货物分类和品名编号》(GB 6944—2005)中,第4类易燃固体、易于自燃物质、遇水放出易燃气体的物质分为4.1项易燃固体、4.2项易于自燃物质、4.3项遇水放出易燃气体的物质。 (　　)

**答案:**✓

**题解:**《危险货物分类和品名编号》(GB 6944—2005)第4.4条要求:“第4类　易燃固体、易于自燃物质、遇水放出易燃气体的物质

第4类分为3项。

4.4.1　第4.1项　易燃固体

本项包括:

a)容易燃烧或摩擦可能引燃或助燃的固体;

b)可能发生强烈放热反应的自反应物质;

c)不充分稀释可能发生爆炸的固态退敏爆炸品。

4.4.2　第4.2项　易于自燃的物质

本项包括:

a)发火物质;

b)自热物质。

4.4.3　第4.3项　遇水放出易燃气体的物质

与水相互作用易变成自燃物质或能放出危险数量的易燃气体的物质。”

23.《危险货物分类和品名编号》(GB 6944—2005)中,第5类氧化性物质和有机过氧化物分为5.1项氧化性物质、5.2项有机过氧化物。 (　　)

**答案:**✓

**题解:**《危险货物分类和品名编号》(GB 6944—2005)第4.5条要求:“第5类　氧化性物质和有机过氧化物

第5类分为2项。

4.5.1　第5.1项　氧化性物质

本身不一定可燃,但通常因放出氧或起氧化反应可能引起或促使其他

物质燃烧的物质。

4.5.2　第5.2项　有机过氧化物

分子组成中含有过氧基的有机物质,该物质为热不稳定物质,可能发生放热的自加速分解。该类物质还可能具有以下一种或数种性质:

a)可能发生爆炸性分解;

b)迅速燃烧;

c)对碰撞或摩擦敏感;

d)与其他物质起危险反应;

e)损害眼睛。"

24.《危险货物分类和品名编号》(GB 6944—2005)中,第6类毒性物质和感染性物质分为6.1项毒性物质、6.2项感染性物质。　(　)

**答案:**✓

**题解:**《危险货物分类和品名编号》(GB 6944—2005)第4.6条要求:"第6类　毒性物质和感染性物质

第6类分为2项。

4.6.1　第6.1项　毒性物质

经吞食、吸入或皮肤接触后可能造成死亡或严重受伤或健康损害的物质。

毒性物质的毒性分为急性口服毒性、皮肤接触毒性和吸入毒性。分别用口服毒性半数致死量 $LD_{50}$、皮肤接触毒性半数致死量 $LD_{50}$,吸入毒性半数致死浓度 $LC_{50}$衡量。

经口摄取半数致死量:固体 $LD_{50} \leqslant 200mg/kg$,液体 $LD_{50} \leqslant 500mg/kg$;经皮肤接触24h,半数致死量 $LD_{50} \leqslant 1\ 000mg/kg$;粉尘、烟雾吸入半数致死浓度 $LC_{50} \leqslant 10mg/L$ 的固体或液体。

4.6.2　第6.2项　感染性物质

含有病原体的物质,包括生物制品、诊断样品、基因突变的微生物、生物体和其他媒介,如病毒蛋白等。"

25.《危险货物分类和品名编号》(GB 6944—2005)中,第7类放射性物质不分项。　(　)

**答案:**✓

**题解:**《危险货物分类和品名编号》(GB 6944—2005)第4.7条要求:"第7类　放射性物质

含有放射性核素且其放射性活度浓度和总活度都分别超过 GB 11806

规定的限值的物质。”

26.《危险货物分类和品名编号》(GB 6944—2005)中,第8类腐蚀性物质不分项。 ( )

**答案**:✓

**题解**:《危险货物分类和品名编号》(GB 6944—2005)第4.8条要求:“第8类 腐蚀性物质

通过化学作用使生物组织接触时会造成严重损伤或在渗漏时会严重损害甚至毁坏其他货物或运载工具的物质。

腐蚀性物质包含与完好皮肤组织接触不超过4h,在14d的观察期中发现引起皮肤全厚度损毁,或在温度55℃时,对S235JR+CR型或类似型号钢或无覆盖层铝的表面均匀年腐蚀率超过6.25mm/a的物质。”

27.《危险货物分类和品名编号》(GB 6944—2005)中,第9类杂项危险物质和物品不分项。 ( )

**答案**:✓

**题解**:《危险货物分类和品名编号》(GB 6944—2005)第4.9条要求:“第9类 杂项危险物质和物品

具有其他类别未包括的危险的物质和物品,如:

a)危害环境物质;

b)高温物质;

c)经过基因修改的微生物或组织。”

28.每一种危险货物对应一个编号,每一个编号只对应一种危险货物。 ( )

**答案**:×

**题解**:《危险货物分类和品名编号》(GB 6944—2005)的第5条品名编号规定:“每一危险货物对应一个编号,但对其性质基本相同,运输、存储条件和灭火、急救、处置方法相同的危险货物,也可使用同一编号。”

29.每一种危险货物对应一个编号,每一个编号对应一种或一种以上危险货物。 ( )

**答案**:✓

**题解**:参见第28题。

30.危险货物按其具有的危险程度划分为3个包装类别:I类包装——具有高度危险性的物质;II类包装——具有中等危险性的物质;III类包装——具有轻度危险性的物质。 ( )

**答案**:✓

**题解**:《危险货物品名表》(GB 12268—2005)第4.2条要求:"除第1类、第2类、第7类、5.2项和6.2项物质以及4.1项自反应物质以外,需要包装的危险货物按其具有的危险程度划分为3个包括类别:

—I类包装:具有高度危险性的物质;

—II类包装:具有中等危险性的物质;

—III类包装:具有轻度危险性的物质。"

31. 在《危险货物品名表》(GB 12268—2005)中,可查到表示危险货物危险程度的包装类别(I、II、III类)。　(　　)

**答案**:✓

**题解**:《危险货物品名表》(GB 12268—2005)第5条要求:"危险货物品名表分为7栏,其中第6栏'包装类别'是按照联合国包装类别给危险货物划定的类别号码,用I、II、III表示。"即可以在第6栏中查到表示危险货物危险程度的包装类别。

32.《危险货物品名表》(GB 12268—2005)规定,危险货物品名的"编号"采用联合国编号,即4位数编号。　(　　)

**答案**:✓

**题解**:《危险货物品名表》(GB 12268—2005)的前言中要求:"修改了原标准中危险货物品名的编号方法,采用联合国编号。将原标准中的危险货物品名编号作为过渡列在'备注'栏。"这里的原标准是指《危险货物品名表》(GB 12268—1990)。

33. 化学爆炸必须同时具备3个因素:(1)反应速度快;(2)释放出大量的热;(3)产生大量气体生成物。　(　　)

**答案**:✓

**题解**:化学爆炸是指物质因得到起爆的能量而迅速分解,释放出大量的气体和热量的过程。化学爆炸必须同时具备3个因素:(1)反应速度快;变化以高速进行,并在瞬间完成。只有高速才能使爆炸产物的体积、能量、密度急骤增大而致爆。(2)释放出大量的热;热量是爆炸作功的能量来源,没有大量的热放出,爆炸反应不可能完成,更不能形成高温、高压、高能量气体而膨胀作功。(3)产生大量气体生成物。

34. 引起某爆炸品爆炸所需的起爆能量越小,该爆炸品的敏感度越高,危险性也越小。(　　)

**答案**:×

**题解**:爆炸品需要外界提供一定量的能量才能触发爆炸反应,否则爆炸反应就不能进行。外界提供的能量也称为起爆能,通常是以引起爆炸反应的最小外界能量来表示。引起某爆炸品爆炸所需的起爆能量越小,说明该爆炸品的敏感度越高,越容易爆炸,危险性也越大。

35. 气体的爆炸范围越大,则其燃烧的可能性越大。 ( )

**答案**:✓

**题解**:燃烧需要氧气,空气中含有1/5的氧气即可助燃。某种可燃气体散发在空间与空气混合后,如果可燃气浓度太低,则可供燃烧的物质太少,燃烧不能进行;反之,如果可燃气浓度太高,则供氧不足,也不能使燃烧进行。混合气体能发生燃烧爆炸的最低浓度称爆炸下限,最高浓度称爆炸上限。爆炸上限和爆炸下限之差,为爆炸范围。气体的爆炸范围越大、爆炸下限越低和爆炸上限越高时,其燃烧的可能性越大,也就越易燃,越危险。这是因为爆炸极限越宽则出现爆炸条件的机会就多;爆炸下限越低则可燃物稍有泄漏就会形成爆炸条件;爆炸上限越高则有少量空气渗入容器,就能与容器内的可燃物形成爆炸条件。

36. 临界温度低于常温的气体是压缩气体,临界温度高于常温的气体是液化气体。 ( )

**答案**:✓

**题解**:参见选择题第4题。

37. 氧化性物质本身不一定可燃,但可以放出氧而引起其他物质的燃烧。 ( )

**答案**:✓

**题解**:《危险货物分类和品名编号》(GB 6944—2005)中将第5.1项氧化性物质定义为:"本身不一定可燃,但通常因放出氧或起氧化反应可能引起或促使其他物质燃烧的物质。"

38. 所有的可燃物都是危险货物。 ( )

**答案**:×

**题解**:可燃物,顾名思义,就是可以燃烧的物质。但并不是所有的可燃物都是危险货物,也有一些不属于危险货物,例如:木材是可燃物,但不是危险货物。

39. 如果一种危险货物既有主要危险性,也具有比较重要的次危险性,那么在运输此类物质时,应在包装上分别标有主次两种危险性标志。

( )

**答案**:√

**题解**:参见第11题,这些次要特性也会酿成大事故,所以在运输过程中,不仅要在包装上标有主标志,还需要副标志,以引起运输装卸及储存人员的注意。

40. 当炸药内混入坚硬物质如玻璃、铁屑、砂石等时,则其撞击感度增加,危险性降低。　　(　　)

**答案**:×

**题解**:炸药的纯净度对炸药的撞击感度有很大的影响,当炸药内混入坚硬物质如玻璃、铁屑、砂石等时,撞击感度增加,危险性也增大。

## 第三章　危险货物运输包装知识

(60题,其中选择题40题、判断题20题)

**(一)选择题**(40题)

1. 压缩气体和液化气体,处于较高压力下使用的是(　　)包装。

A. 玻璃瓶　　B. 耐压钢瓶　　C. 普通铁桶

**答案**:B

**题解**:无论是压缩气体还是液化气体,都必须经过加压才能储存于容器中,所以其专用包装都必须能承受一定程度的内压力,一般都是使用耐压钢瓶盛装压缩气体和液化气体的。不同气体的临界温度和临界压力不同,耐压钢瓶所承受的内压也不同。

这里介绍一下道路危险货物运输常用的压力容器:

(1)压力容器(罐体)——承压容器,是指盛装气体或者液体,承载一定压力的密闭设备,其范围规定为最高工作压力大于或者等于0.1MPa(表压),且压力与容积的乘积大于或者等于2.5MPa·L的气体、液化气体和最高工作温度高于或者等于标准沸点的液体的固定式容器和移动式容器①。

(2)气瓶是指盛装公称工作压力大于或者等于0.2MPa(表压),且压力与容积的乘积大于或者等于1.0 MPa·L的气体、液化气体和标准沸点等于或者低于60℃液体的压力容器②。

---

① 《特种设备安全监察条例》第八十八条。

② 《特种设备安全监察条例》第八十八条。

2. 一般来说,液体货物的包装强度应(　　)。

A. 比固体货物的高　B. 比固体货物的低　C. 和固体货物的一样

**答案:**A

**题解:**盛装液体货物的包装,考虑到液体货物热胀冷缩系数比固体大,在温度变化时容易出现"鼓桶",甚至爆炸等现象。同时,液体的流动性好,易泄漏。所以液体货物的包装强度应比固体的高。

3. 下列需要采取严密包装的货物是(　　)。

A. 油浸的纸、棉、绸、麻等及其制品　B. 液氧

C. 双氧水

**答案:**B

**题解:**油浸的纸、棉、绸、麻等及其制品需要用透笼箱包装,以保持良好的通风;双氧水受热或经振动即分解释放出原子氧,有爆炸危险。所以,双氧水($H_2O_2$)的包装应有出气小孔,以随时排出分解出的$O_2$,释放出容器内的压力。液氧一般使用完全密封的耐压钢瓶装,故选择B。

4. 根据包装性能的要求,严密封口可分为气密封口、牢固封口和(　　)3种。

A. 不透气封口　B. 固态封口　C. 液密封口

**答案:**C

**题解:**根据包装性能的要求,严密封口可分为气密封口(即不透气的封口)、牢固封口(即封口关闭的严密程度应使所装的干燥物质在正常运输过程中不致漏出)和液密封口(即不透水的封口)3种。

5. 国家标准(　　)中,有说明货物在装卸、保管、运输、开启时应注意的事项。

A.《危险货物包装标志》(GB 190)

B.《包装储运图示标志》(GB 191)

C.《危险货物运输包装通用技术条件》(GB 12463)

**答案:**B

**题解:**包装储运图示标志是根据货物对易碎、易残损、易变质、怕热、怕冻等有特殊要求所提出的搬运、储存、保管以及运输安全等的注意事项。《包装储运图示标志》(GB 191)中规定了包装储运图示标志的名称、图形、尺寸、颜色及使用方法,这些标志用于说明货物在装卸、保管、运输、开启时应注意的事项。其适用于各种货物的运输包装。

6. 压缩气体和液化气体危险货物的专用包装,其最显著的特点是能承

受一定程度的内压力,所以称为(  )。

A. 安瓿瓶　　B. 压力容器包装　　C. 玻璃瓶

**答案:**B

**题解:**压缩气体和液化气体都是经压缩或降温加压后,储存于耐压容器或特制的高绝热耐压容器(俗称钢瓶)内或装有特殊溶剂的耐压容器中,这些容器都具有能承受一定压力的特点,所以统称为压力容器包装。

7. 用于盛装危险货物的木桶,一般规定容积不得超过(  ),净重不得超过50kg。

A. 40L　　B. 50L　　C. 60L

**答案:**B

**题解:**《公路水路危险货物运输包装基本要求和性能试验》(JT 0017—88)第6.5条要求:

"6.5 木桶　1C

木琵琶桶　2C

6.5.1 所用木材应质量良好,……。

……

6.5.5　最大容积为50L。

6.5.6　最大净重为50kg。"

8. 一般(  )适用于装腐蚀性液体。

A. 胶合板桶　　B. 铝桶　　C. 铁桶

**答案:**B

**题解:**胶合板桶适用于装粉末状货物,铁桶可以用来盛放液体,但不能用于腐蚀性液体,因为腐蚀性液体对铁有腐蚀作用,而铝桶具有很好的抗腐蚀性,一般用铝桶来装腐蚀性液体。

9. 国际标准的集装箱(20ft、40ft),是以(  )尺寸来划分规格的。

A. 高度　　B. 宽度　　C. 长度

**答案:**C

**题解:**集装箱是一种现代化的运输单元,实际也是一种容器。考虑到国际间和各种运输方式之间的联运,集装箱的大小和规格都有国际标准;国际标准的集装箱宽为8ft(英尺),高为8ft或8ft 6in(8英尺6英寸),长有10ft、20ft、30ft、40ft不等。因其断面尺寸基本相同,箱子的大小在于长度的变化,即以长度的尺寸作为集装箱的规格,如20ft、40ft箱等。

10. 铁皮箱一般用于盛装(  )。

A. 腐蚀性的液体　　　　　　　　　B. 黏稠状的液体

C. 块状固体或作销售包装的外包装

**答案**:C

**题解**:铁皮箱采用黑铁皮或白铁皮制成,箱内用合适材料作为衬套;铁皮箱一般用于装块状固体或作销售包装的外包装;液体货物(如腐蚀性液体)一般使用铝桶装,固体、粉状等一般使用木板桶装。

11. 运输包装标志是在收货、装卸、搬运、储存保管、送达直至交付的运输全过程中(　　)的重要基础。

A. 区别与辨认货物　　B. 辨认货物　　　　C. 交付货物

**答案**:A

**题解**:货物运输包装标志的基本含义,是指用图形或者文字(文字说明、字母标记或阿拉伯数字)在货物运输包装上制作的特定记号和说明事项。运输包装标志有3个方面的内涵:一是运输包装标志是在收货、装卸、搬运、储存保管、送达直至交付的运输全过程中区别与辨认货物的重要基础;二是运输包装标志是一般贸易合同、发货单据和运输保险文件中记载有关事项的基本组成部分;三是运输包装标志还是包装货物正确交接、安全运输、完整交付的基本保证。

12. 按照《包装储运图示标志》(GB 191)规定,图示表示(　　)标志。

A. 禁止翻滚　　　　B. 向上　　　　　C. 小心轻放

**答案**:B

**题解**:参见附录四表4-1中的序号3。

13. 按照《包装储运图示标志》(GB 191)规定,图示表示(　　)标志。

A. 禁止翻滚　　　　B. 向上　　　　　C. 易碎物品

**答案:**C

**题解:**参见附录四表4-1中的序号1。

14. 按照《包装储运图示标志》(GB 191)规定,图示表示(　　)标志。

A. 禁止手钩　　B. 向上　　C. 小心轻放

**答案:**A

**题解:**参见附录四表4-1中的序号2。

15. 按照《包装储运图示标志》(GB 191)规定,图示表示(　　)标志。

A. 禁止翻滚　　B. 怕晒　　C. 小心轻放

**答案:**B

**题解:**参见附录四表4-1中的序号4。

16. 按照《包装储运图示标志》(GB 191)规定,图示表示(　　)标志。

A. 怕雨　　B. 向上　　C. 小心轻放

**答案:**A

**题解:**参见附录四表4-1中的序号6。

17. 按照《包装储运图示标志》(GB 191)规定,图示表示(　　)标志。

A. 禁止翻滚　　B. 向上　　C. 重心

**答案**:C

**题解**:参见附录四表 4-1 中的序号 7。

18. 按照《包装储运图示标志》(GB 191)规定,图示表示(　　)标志。

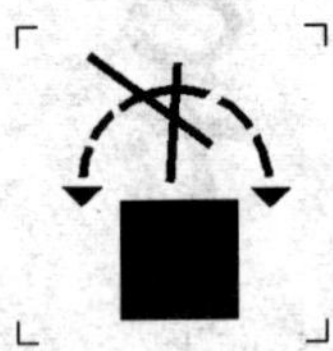

A. 禁止翻滚　　B. 向上　　C. 小心轻放

**答案**:A

**题解**:参见附录四表 4-1 中的序号 8。

19. 按照《包装储运图示标志》(GB 191)规定,图示表示(　　)标志。

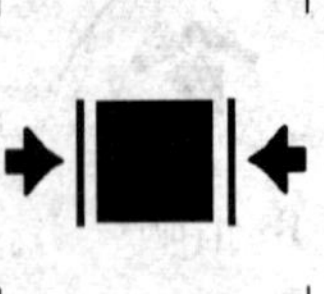

A. 禁止翻滚　　B. 向上　　C. 由此夹起

**答案**: C

**题解**:参见附录四表 4-1 中的序号 11。

20. 按照《包装储运图示标志》(GB 191)规定,图示表示(　　)标志。

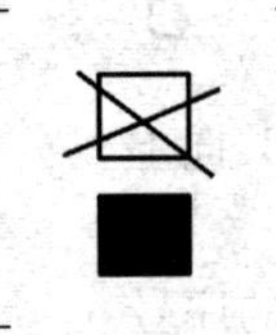

A. 禁止翻滚　　B. 禁止堆码　　C. 小心轻放

**答案**:B

**题解**:参见附录四表 4-1 中的序号 15。

21. 按照《包装储运图示标志》(GB 191)规定,图示表示(　　)标志。

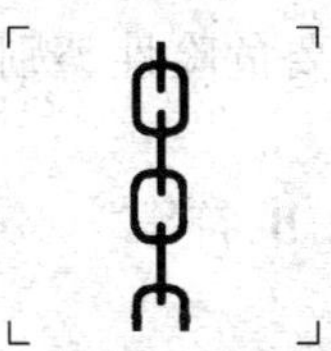

A. 由此吊起　　B. 向上　　C. 小心轻放

**答案:**A

**题解:**参见附录四表 4-1 中的序号 16。

22. 按照《包装储运图示标志》(GB 191)规定,图示表示(　　)标志。

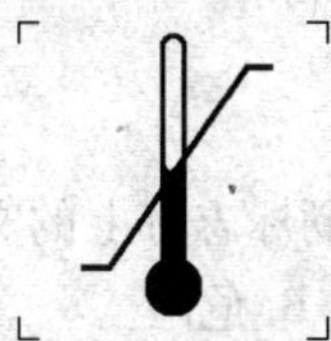

A. 禁止翻滚　　B. 向上　　C. 温度极限

**答案:**C

**题解:**参见附录四表 4-1 中的序号 17。

23. 危险化学品标志的使用原则是,当一种危险化学品具有一种以上的危险性时,应用主标志表示主要危险性类别,并用副标志来表示(　　)危险性类别。

A. 重要　　B. 全部　　C. 次要

**答案:**C

**题解:**《常用危险化学品的分类及标志》(GB 13690—92)第 4. 4. 1 条要求:"标志的使用原则,当一种危险化学品具有一种以上的危险性时,应用主标志表示主要危险性类别,并用副标志来表示重要的其他的危险性类别。"

24. 危险化学品标志的使用原则是,当一种危险化学品具有一种以上的危险性时,应用(　　)表示主要危险性类别,并用副标志来表示次要危险性类别。

A. 标志　　B. 主标志　　C. 指示灯

**答案:**B

**题解:**参见第 23 题。

25. 危险化学品标志的使用原则是,当一种危险化学品具有一种以上的危险性时，应用主标志表示主要危险性类别，并用(　　)来表示次要危险性类别。

A. 标志　　B. 符号　　C. 副标志

**答案**：C

**题解**：参见第23题。

26. 危险化学品标志的使用原则是，当一种危险化学品具有一种以上的危险性时，应用主标志表示主要危险性类别，并用副标志来表示(　　)类别。

A. 品名　　B. 次要危险性　　C. 加工

**答案**：B

**题解**：参见第23题。

27. 道路危险货物运输车辆标志灯上的文字应为(　　)。

A. 化学品　　B. 危险　　C. 危险物

**答案**：B

**题解**：《道路运输危险货物车辆标志》(GB 13392—2005)第3.2.1.1条要求："结构　标志灯正、反面中间印有'危险'字样，侧面印有'!'，灯罩正面下沿中间嵌有标志灯编号牌。"

28. 危险货物包装的主要作用是(　　)。

A. 使商品美观大方　　B. 便于销售　　C. 防止货物泄漏

**答案**：C

**题解**：对于一般商品来说，其包装的主要作用表现为：一是保护商品，便于运输，这是包装最基本的功能；二是扩大销售，增加利润，这是商品市场竞争的必然要求；三是商品包装在一定程度上还反映出一个国家生产力和科学技术的水平，这是一个国家综合国力和科技水平的外在表现。对于危险货物运输包装来说，它是采用一定的材料和技术对危险货物施加的一种保护性措施，以保证其在运输过程种完好无损，是保证运输危险货物安全的基础。

29. 道路危险货物运输车辆标志牌的材质为金属板材，形状为(　　)。

A. 圆形　　B. 三角形　　C. 菱形

**答案**：C

**题解**：《道路运输危险货物车辆标志》(GB 13392—2005)第3.2.2.1条要求：标志牌的材质为金属板材，形状为菱形。

30. 包装是安全的保障，对货物进行包装并确保其符合国家安全运输的要求是(　　)的责任。

A. 经销商　　B. 货主　　C. 托运人

**答案:**C

**题解:**1999 年 10 月 1 日实施的《中华人民共和国合同法》第三百零七条规定:“托运人托运易燃、易爆、有毒、有腐蚀性、有放射性等危险物品的,应当按照国家有关危险物品运输的规定对危险物品妥善包装,作出危险物标志和标签,并将有关危险物品的名称、性质和防范措施的书面材料提交承运人。托运人违反前款规定的,承运人可以拒绝运输,也可以采取相应措施以避免损失的发生,因此产生的费用由托运人承担。”

31. 图示道路危险货物运输车辆标志牌,表示该车辆可以承运(　　)。

(底色:橙红色,图案:黑色)

A. 腐蚀性物质　　B. 爆炸品　　C. 易燃液体

**答案:**B

**题解:**参见附录五表 5-1 中的序号 1。

32. 图示道路危险货物运输车辆标志牌,表示该车辆可以承运(　　)。

(底色:红色,图案:黑色)

A. 爆炸品　　B. 第 2.2 项非易燃无毒气体

C. 第 2.1 项易燃气体

**答案:**C

**题解:**参见附录五表 5-1 中的序号 4。

33. 图示道路危险货物运输车辆标志牌,表示该车辆可以承运(　　)。

(底色:红色,图案:黑色)

A. 易燃液体　　　　B. 第4.1项易燃固体

C. 第4.2项易于自燃物质

**答案:**A

**题解:**参见附录五表5-1中的序号7。

34. 图示道路危险货物运输车辆标志牌,表示该车辆可以承运(　　)。

(底色:白色红条,图案:黑色)

A. 易燃液体　　　　B. 第4.1项易燃固体

C. 第5.1项氧化性物质

**答案:**B

**题解:**参见附录五表5-1中的序号8。

35. 图示道路危险货物运输车辆标志牌,表示该车辆可以承运(　　)。

(底色:柠檬黄色,图案:黑色)

A. 第5.1项氧化性物质　　　　B. 第4.1项易燃固体

C. 第2.3项毒性气体

**答案:**A

**题解**:参见附录五表5-1中的序号11。

36. 图示道路危险货物运输车辆标志牌,表示该车辆可以承运(　　)。

(底色:白色,图案:黑色)

A. 第5.1项氧化性物质　　B. 第6.1项毒性物质

C. 第6.2项感染性物质

**答案**:B

**题解**:参见附录五表5-1中的序号14。

37. 图示道路危险货物运输车辆标志牌,表示该车辆可以承运(　　)。

(底色:白色,图案:黑色)

A. 第6.2项感染性物质　　B. 第6.1项毒性物质

C. 放射性物质

**答案**:A

**题解**:参见附录五表5-1中的序号16。

38. 图示道路危险货物运输车辆标志牌,表示该车辆可以承运(　　)。

(底色:上白下黑色,图案:上黑下白色)

A. 放射性物质　　B. 易燃液体　　C. 腐蚀性物质

**答案:**C

**题解:**参见附录五表5-1 中的序号 17。

39. 图示道路危险货物运输车辆标志牌,表示该车辆可以承运(　　)。

(底色:白色,图案:黑色)

A. 放射性物质　　　　B. 易燃液体　　　　C. 杂类

**答案:**C

**题解:**参见附录五表5-1 中的序号 18。

40. 气瓶应尽量采用直立运输,直立气瓶高出栏板部分不得大于气瓶高度的(　　)。

A. 1/2　　　　B. 1/3　　　　C. 1/4

**答案:**C

**题解:**《汽车运输、装卸危险货物作业规程》(JT 618—2004)第5.2.3.3条要求:"气瓶应尽量采用直立运输,直立气瓶高出栏板部分不得大于气瓶高度的四分之一。不允许纵向水平装载气瓶。水平放置的气瓶均应横向平放,瓶口朝向应统一;水平放置最上层气瓶不得超过车厢栏板高度。"

**(二)判断题**(20 题)

1. 道路运输爆炸品、剧毒化学品的车辆,应在车辆两侧面厢板几何中心部位附近的适当位置各增加悬挂一块标志牌。　(　　)

**答案:**✓

**题解:**《道路运输危险货物车辆标志》(GB 13392—2005)第8.2.2条要求:"运输爆炸、剧毒危险货物的车辆,应在车辆两侧面厢板几何中心部位附近的适当位置各增加悬挂一块标志牌。"参见附录六。

2. 道路危险货物运输车辆标志是道路危险货物运输车辆区别于其他车辆的主要标示,在危险货物运输过程中起到警示及救援参照作用。(　　)

**答案**:✓

**题解**:《关于认真贯彻国家标准〈道路运输危险货物车辆标志〉的通知》(交公路发〔2006〕204号)中注明:“道路运输危险货物车辆标志是道路危险货物运输车辆区别于其他车辆的主要标识,在危险货物运输过程中起到了重要的警示及救援参照作用,一旦发生运输安全事故,抢险救灾部门可根据标志提示,迅速确定危险货物的类别、项别,及时、正确地制订抢险方案,将事故危害降到最低程度。”

3. 质检部门应当对危险化学品的包装物、容器的产品质量进行定期的或者不定期的检查。　(　)

**答案**:✓

**题解**:《条例》第二十一条规定:“危险化学品的包装物、容器,必须由省、自治区、直辖市人民政府经济贸易管理部门审查合格的专业生产企业定点生产,并经国务院质检部门认可的专业检测、检验机构检测、检验合格,方可使用。

重复使用的危险化学品包装物、容器在使用前,应当进行检查,并作出记录;检查记录应当至少保存2年。

质检部门应当对危险化学品的包装物、容器的产品质量进行定期的或者不定期的检查。”

4.《道路危险货物运输车辆标志》(GB 13392—2005)规定,道路危险货物运输车辆标志分为标志灯和标志牌两类。　(　)

**答案**:✓

**题解**:《道路危险货物运输车辆标志》(GB 13392—2005)第3.1条要求:“分类　道路运输危险货物车辆标志分为标志灯和标志牌。”

5.《道路危险货物运输车辆标志》(GB 13392—2005)规定,车辆载质量不同,标志灯大小尺寸也不同。　(　)

**答案**:✓

**题解**:《道路危险货物运输车辆标志》(GB 13392—2005)第3.2.1条对标志灯分类作了具体要求,第3.3.1条对标志灯规格和尺寸作了具体要求。参见附录七。

因此,标志灯是按车辆载质量、安装方式分型的。车辆的载质量不同,标志灯的尺寸大小不同。

6.《道路危险货物运输车辆标志》(GB 13392—2005)规定,车辆载质量不同,标志牌大小尺寸也不同。　(　)

**答案**:✓

**题解**:《道路危险货物运输车辆标志》(GB 13392—2005)第3.3.2条要求:"标志牌　菱形标志牌的四个内角均为直角,边长、厚度按车辆载质量分型方式确定。"参见附录八。

因此,标志牌也是按照车辆载质量分类的。不同的载质量,标志牌尺寸也不同。

7. 危险货物的衬垫材料应具备缓冲、吸附和缓解作用。　(　)

**答案**:✓

**题解**:衬垫材料一般位于外包装和内包装之间,因为危险货物的特性,对衬垫材料有以下特殊要求:

(1)衬垫材料应具有一定的缓冲作用。即衬垫要能防止冲撞、振动、摩擦等情况发生而对内包装产生机械等方面的损害。

(2)衬垫材料应具有吸附作用,当机械损害力量过分强,以致突破缓冲作用仍使内包装产生损坏隐患时,如果内包装的是液体物质,衬垫材料应能将此液体物质充分吸收,确保其渗漏不会影响到外包装;如果内包装的是粉末状货物,衬垫材料应将其充分吸附,不使其撒漏。

(3)衬垫材料应具有缓解作用,正因为要求衬垫材料有吸附所装货物的作用,衬垫材料有可能直接接触危险货物,因此应对所装货物的危险特性有一定的缓解作用。

8. 具有氧化性的货物,可以使用有机材料作为衬垫。　(　)

**答案**:×

**题解**:有机材料极不稳定,能与氧化性物质发生反应,所以不能使用有机材料作为衬垫。

9.《道路危险货物运输车辆标志》(GB 13392—2005)规定,标志灯按安装方式分为磁吸式、顶檐支撑式、金属托架式3种。　(　)

**答案**:✓

**题解**:《道路危险货物运输车辆标志》(GB 13392—2005)第8.1.1条要求:"标志灯安装于驾驶室顶部外表面中前部(从车辆侧面看)中间(从车辆正面看)位置,以磁吸或顶檐支撑、金属托架方式安装固定。"由此可知,标志灯按安装方式分为磁吸式、顶檐支撑式、金属托架式。

10. 一般来说,危险性大的货物,单件货物重量要小一些。　(　)

**答案**:✓

**题解**:危险性大的货物,发生事故时对周围环境、人民生命财产会造成更大的损失。单件货物重量小一些,可以有效减少引发事故的危险货物数量,降低事故危害,确保安全运输。

11. 道路危险货物运输车辆标志牌按《危险货物分类和品名编号》(GB 6944—2005)规定的危险货物的类、项和车辆载质量分型。（　）

**答案**:✓

**题解**:《道路危险货物运输车辆标志》(GB 13392—2005)第8.2.6条要求:"悬挂的标志牌应按GB 6944与所运载危险货物(一种危险货物具有多重危险性时与主要危险性,多种危险货物混装时与主要危险货物的主要危险性)的类、项相对应,与标志灯同时使用。"

12. 一种危险货物同时具有两种以上危险性质的,包装上可以只有表明该货物主特性的主标志。（　）

**答案**:×

**题解**:《危险货物包装标志》(GB 190—90)第5.3条要求:"每种危险品包装件应按其类别贴相应的标志。但如果某种物质或物品还有属于其他类别的危险性质,包装上除了粘贴该类标志作为主标志以外,还应粘贴表明其他危险性的标志作为副标志,副标志图形的下角不应标有危险货物的类项号。"

13. 一个包装件内装有几种不同性质的危险货物时,这些危险货物的包装标志都应在包装件的外表面上标示。（　）

**答案**:✓

**题解**:因为危险货物的性质各异,装卸运输的注意事项不同,所以当同一包装件内有不同性质的危险货物时,包装件的外表面均应有危险货物的相应标志。

14. 爆炸品的运输包装必须进行专用包装。（　）

**答案**:✓

**题解**:由于爆炸品的危害性极大,其运输包装必须进行专用包装,甚至在爆炸品之间都不能相互替用。一般来说,为了保证爆炸品在储运过程中的安全,爆炸品的生产设计者在设计、生产爆炸品时,往往根据本爆炸品所必须满足的防火、防振、防磁等要求,同时也设计了该爆炸品的包装物,而且其包装设计需与爆炸品的设计同时被批准,否则不得进行爆炸品的生产。

15. 某种腐蚀品只能用某种材料包装,若某件包装用于一种腐蚀品后,如能重复使用,也只能用于该腐蚀品而不能移作他用。（　）

**答案**:✓

**题解**:参见第二章选择题第34题。另外,由于腐蚀性物品对其包装的材料具有一定的腐蚀性,所以需用各种不同的材料来包装各类腐蚀品。某种腐蚀品也只能用某种材料包装,某种包装用于一种腐蚀品后,如能重复使用,也只能用于该种腐蚀品而不能移作他用,以防止两种腐蚀性物质之间发生反应。

16. 国标《危险货物包装标志》(GB 190)把危险货物包装标志分为主标志和副标志两类。 (　　)

**答案**:√

**题解**:参见第12题。由此可知,危险货物包装标志分为主标志和副标志,副标志与主标志的差别是下角是否有危险货物类项号。

17.《道路危险货物运输车辆标志》(GB 13392—2005)规定,标志灯应该是荧光的,标志牌应该是反光的。 (　　)

**答案**:√

**题解**:《道路危险货物运输车辆标志》(GB 13392—2005)第4.1.1条要求:"标志灯的光源为荧光物质。按照GB 2893中安全色与对比色的规定,灯罩为荧光黄色,正反面边框线条为黑色,字体为黑色黑体;侧面'!'为黑色黑体,线条、字体和符号使用反光材料附着或印刷。"

18.《包装储运图示标志》(GB 191)中,图示标志名称为"此处不能卡夹",表明装卸货物时此处不能用夹钳夹持。 (　　)

**答案**:√

**题解**:参见附录四表4-1中的序号12。

19.《包装储运图示标志》(GB 191)中,图示标志名称为"禁用叉车",表明不能用升降叉车搬运的包装件。 (　　)

**答案**:✓

**题解**:参见附录四表4-1中的序号10。

20.《包装储运图示标志》(GB 191)中,图示标志名称为"此面禁用手推车",表明搬运货物时此面禁放手推车。 (　　)

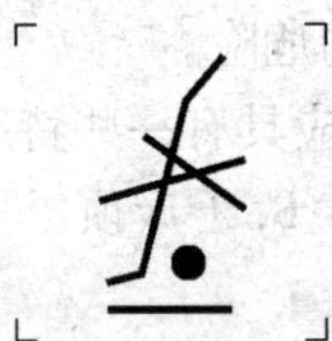

**答案**:✓

**题解**:参见附录四表4-1中的序号9。

# 第四章　道路危险货物运输车辆的基本要求

(95题,其中选择题50题、判断题45题)

**(一)选择题**(50题)

1.运输(　　)时,车辆的排气管必须安装阻火器和导静电拖地带。

A.毒性物质　　B.易燃物品　　C.腐蚀性物质

**答案**:B

**题解**:汽车在运行中,排气管的排气温度很高,有时可使排气管烧红,由于高温、高热引起的热传导或热辐射有可能使汽油、苯、溶剂油灯易燃物质引起燃烧,甚至爆炸。因此,运输易燃物品车辆的排气管必须安装阻火器,以确保安全运输。另外,由于大部分易燃易爆液体的电阻率大,容易聚集静电,尤其是罐车。其罐体容积大,车辆运行时,液体在罐内漂动、与罐体内壁接触面积增大,极易产生静电,且急需排除。因此,必须安装导静电拖地带。通过拖地带橡胶层中的金属导体与地面接触及时排除静电,从而减少静电的聚集,达到安全运输的目的。同时要求无论重车还是空车,必须将拖地带的一端接地,避免需要排除静电时而没有接地造成意外。有关阻火器、导静电拖地带的技术要求等,参见《机动车排气火花熄灭器性能要求和实验方法》(GB 13365)和《汽车导静电橡胶拖地带》(JT 230)。

2.车辆在装运易燃易爆危险货物时,应使用(　　)防护衬垫。

A.木板或橡胶板　　B.铁板　　C.铜板

**答案**:A

**题解**:《汽车运输危险货物规则》(JT 617—2004)第8.1.7条要求:"车辆车厢底板应平整完好,周围栏板应牢固;在装运易燃易爆危险货物时,应使用木质底板等防护衬垫措施。"铁制或铜质防护衬垫都有可能产生电火花,有点燃易燃易爆危险货物的危险。

3. 道路危险货物运输车辆应具有一些特殊的安全设备,如(  )。

A. 导静电拖地带  B. 千斤顶  C. 安全带

**答案**:A

**题解**:《汽车运输危险货物规则》(JT 617—2004)第8.1.5条要求:"运输易燃易爆危险货物车辆的排气管,应安装隔热和熄灭火星装置,并配装符合JT 230规定的导静电橡胶拖地带装置。"参见第1题。而千斤顶和安全带是普通运输车辆都必须配备的安全设备。

4.《道路危险货物运输管理规定》要求道路运输爆炸、强腐蚀性危险货物罐式专用车辆的罐体容积不得超过(  )立方米。

A. 10  B. 20  C. 40

**答案**:B

**题解**:参见第一章选择题第41题。

注:爆炸危险货物,是指《危险货物品名表》中的爆炸品。

5.《道路危险货物运输管理规定》要求道路运输剧毒、爆炸、强腐蚀性危险货物的非罐式专用车辆,核定载质量不得超过(  )吨。

A. 10  B. 20  C. 40

**答案**:A

**题解**:参见第一章判断题第11题。

注:剧毒危险货物,是以《剧毒化学品目录》为准。

6. 道路运输易燃危险货物的车辆,应具有一些特殊的安全设施,如(  )。

A. 熄灭火星装置  B. 千斤顶  C. 安全带

**答案**:A

**题解**:《汽车运输液体危险货物常压容器(罐体)通用技术条件》(GB 18564—2001)第4.12.4条要求:"罐车应安装火星熄灭器,并符合GB 13365的规定。"其中GB 13365指的是《机动车排气火星熄灭器性能要求和试验方法》(GB 13365—1992),该标准于2005年进行了修订并更名为《机动车排气火花熄灭器》(GB 13365—2005)。因为,汽车在运行中排气管的排气温度很高,排出的废气中难免有火星,一旦遇到易燃危险货物,就会燃烧,甚至爆炸。所以,从事运输易燃危险货物车辆,必须安装熄灭火星装置,以确保安全运输。

7. 在装运氧气等强氧化性气体时,应对车厢进行清理,绝对不能在车厢内存留( )。

A. 木板、橡胶板　　B. 钢索、铁架

C. 油脂或含有油脂的残留物

**答案**:C

**题解**:由于氧气等强氧化性气体,具有极强的氧化性,当遇到可燃的油脂类物质时,能使油脂迅速发生氧化反应,而且高压气流与瓶口摩擦产生的热量又进一步加速氧化反应的进行,沾染在氧气瓶或减压阀上的油脂就会迅速引起燃烧,甚至爆炸。所以,在装运氧气等强氧化性气体时,应对车厢进行清理,绝对不能在车厢内存留油脂或含有油脂的残留物。

8. 道路运输遇水放出易燃气体物质的车辆,必须具备有效的( )设备。

A. 防静电拖地带　　B. 防水　　C. 加热

**答案**:B

**题解**:遇水放出易燃气体的物质是指与水相互作用易变成自燃物质或能放出危险易燃气体的物质。该项物品化学性质极其活泼,遇水(包括受湿、酸类和氧化剂)会引起剧烈化学反应,放出可燃性气体和热量。因此,运输此类物质的车辆必须具备有效的防水设备。

9. 压力专用罐车的罐体必须每年定期进行( )次检验。

A. 2　　B. 3　　C. 1

**答案**:C

**题解**:《液化石油气汽车槽车安全管理规定》第四十五条规定:"槽车的定期检验:

(1)槽车的定期检验包括对罐体和各种附件的检查和修理。槽车底盘和车辆行走部分的检查和修理按底盘说明书以及公安部门和交通部门的有关规定执行。

(2)槽车的定期检验分为年度检验和全面检验两种。年度检验每年进行一次。全面检验每五年进行一次,但新槽车在投入使用后的第二年必须进行首次全面检验。年度检验如发现严重缺陷,应提前进行全面检验。"

10. 盛装过危险货物的空容器,未经清洗、消毒处理的,必须按( )

条件办理托运。

A. 原装货物　　　　　　　　B. 普通货物

C. 原装货物或普通货物

**答案**:A

**题解**:《汽车运输危险货物规则》(JT 617—2004)第6.5条要求:"盛装过危险货物的空容器,未经消除危险处理、有残留物的,仍按原装危险货物办理托运。"主要是因为容器内的残留物仍具有危险性(如装液氯的容器卸货时,容器要留有预压力,不能放干净)。且不同危险货物之间可能会发生反应,可能造成不可预料的事故。

11. 车辆进入危险货物装卸作业区,按作业有关安全规定驶入装卸作业区,并将车辆摆在(　　)。

A. 低洼处　　　　　　　　B. 任意地方

C. 容易驶离作业现场的方位上

**答案**:C

**题解**:《汽车运输、装卸危险货物作业规程》(JT 618—2004)第4.2.3.2条要求:"运输危险货物的车辆应按装卸作业的有关安全规定驶入装卸作业区,应停放在容易驶离作业现场的方位上,不准堵塞安全通道。停靠货垛时,应听从作业区业务管理人员的指挥,车辆与货垛之间要留有安全距离。待装卸的车辆与装卸中的车辆应保持足够的安全距离。"

12. 装载货物时,高出栏板的最上一层包装件,堆码应从车厢两面向内错位骑缝,超出车厢前挡板的部分不得大于包装件高度的(　　)。

A. 1/2　　　　B. 1/3　　　　C. 1/4

**答案**:A

**题解**:《汽车运输、装卸危险货物作业规程》(JT 618—2004)第4.2.3.5条要求:"装卸作业时应根据危险货物包装的类型、体积、重量、件数等情况和包装储运图示标志的要求,采取相应的措施,轻装轻卸,谨慎操作。同时应做到:

a)堆码整齐,紧凑牢靠,易于点数;

b)装车堆码时,桶口、箱盖朝上,允许横倒的桶口及袋装货物的袋口应朝里;卸车堆码时,桶口、箱盖朝上,允许横倒的桶口及袋装货物的袋口应朝外;

c)装卸平衡;堆码时应从车厢两侧向内错位骑缝堆码,高出栏板的最上一层包装件,堆码超出车厢前挡板的部分不得大于包装件本身高度的二

分之一;

d)装车后,货物应用绳索捆扎牢固;易滑动的包装件,需用防散失的网罩覆盖并用绳索捆扎牢固或用毡布覆盖严密;需用多块毡布覆盖货物时,两块毡布中间接缝处须有大于15cm的重叠覆盖,且货厢前半部分毡布需压在后半部分的毡布上面;

e)包装件体积为450L以上的易滚动危险货物应紧固;

f)带有通气孔的包装件不准倒置、侧置,防止所装货物泄漏或混入杂质造成危害。"

13. 装运高出栏板的货物,装车后,必须用绳索捆扎牢固,易滑动的包装件,需用两块苫布覆盖货物时,中间接缝处须有大于(　　)的重叠覆盖。

A. 10cm　　B. 15cm　　C. 5cm

**答案:**B

**题解:**参见第12题d)。

14. 装卸爆炸品、有机过氧化物、剧毒品时,装卸机具应按小于额定负荷的(　　)使用。

A. 90%　　B. 100%　　C. 75%

**答案:**C

**题解:**《汽车运输、装卸危险货物作业规程》(JT 618—2004)第4.2.3.7条要求:"装卸危险货物的托盘、手推车应尽量专用。装卸前,要对装卸机具进行检查。装卸爆炸品、有机过氧化物、剧毒品时,装卸机具的最大装载量应小于其额定负荷的75%。"

15. 用两块苫布覆盖车厢内的危险货物时,中间接缝必须(　　)。

A. 前苫布压在后苫布上　　B. 后苫布压在前苫布上

C. 前苫布与后苫布可以随意搭接

**答案:**A

**题解:**参见第12题d)。

16. 道路危险货物运输从业人员,在装卸、运输危险货物时(　　)。

A. 可以吸烟　　B. 严禁吸烟　　C. 吸不吸烟都行

**答案:**B

**题解:**有些危险货物极易燃,一旦遇到明火就有可能被点燃甚至发生爆炸,吸烟时产生的火星属于明火,一旦火星接触到危险货物就会发生燃烧爆炸事故,造成难以挽回的损失,所以道路危险货物运输从业人员,在装卸、运输危险货物时严禁吸烟。

17.《道路危险货物运输管理规定》要求,(　　)只能运输散装硫磺、萘饼、粗蒽、煤焦沥青等危险货物。

A. 货车列车　　B. 厢式汽车　　C. 倾卸式汽车

**答案:**C

**题解:**参见第一章判断题第22题。

18. 装运大型气瓶的车辆必须配置活络插桩、三角垫木、(　　)等工具。

A. 紧绳器　　B. 苫布　　C. 麻袋

**答案:**A

**题解:**《汽车运输、装卸危险货物作业规程》(JT 618—2004)第5.2.3.7条要求:"装运大型气瓶(盛装净重在0.5t以上的)或成组集装气瓶时,气瓶与气瓶、集装架与集装架之间需填牢填充物,在车厢后栏板与气瓶空隙处应有固定支撑物,并用紧绳器紧固,严防气瓶滚动,重瓶不准多层装载。"配备活络活络插桩、三角垫木、紧绳器等工具的目的是为了保证车辆装载平衡,防止气瓶在行驶过程中滚动,以保证运输安全。

19. 液体罐车超车时,为了防止侧翻,一定要注意(　　)。

A. 加速行驶　　B. 控制车速　　C. 使用灯光

**答案:**B

**题解:**鉴于液体的热胀冷缩特性,液体罐车在灌装时须留有一定的膨胀余位,严禁超载。液体罐车在超车时,由于膨胀余位和液体的流动性等原因,液体在罐体内会发生晃动,质心偏移,车辆非常不平稳,这时如果车速过快,极易发生侧翻事故,所以一定要注意控制车速。

20. 液体罐车转弯时,为了防止侧翻,一定要注意(　　)。

A. 靠左行驶　　B. 使用灯光　　C. 控制车速

**答案:**C

**题解:**参见第19题。

21. 罐车压力表每隔(　　)个月至少检验一次,损坏或失灵后,应予以更换。

A. 4　　B. 5　　C. 6

**答案:**C

**题解:**《液化石油气汽车槽车安全管理规定》的第四十四条规定:"槽车的维护保养:

(1)槽车必须加强日常的检查和维护保养。发生故障应及时排除,保持车辆性能经常处于最佳状态。

(2)使用槽车的单位,必须制定槽车的维修与保养规定和计划,并严格执行。

(3)经常保持槽车的干净和漆色完好。

(4)必须经常检查各种安全装置和附件(包括安全阀、压力表、液面计、温度计、紧急切断装置、管接头、液泵、人孔、管道、各种阀门、接地链和灭火器等)性能是否正常或有无泄漏和损伤等。凡有异常者,应及时进行妥善处理。

(5)压力表每隔六个月至少校验一次,损坏或失灵者应予更换。经检验合格的压力表应有铅封和检验合格证。"

22. 经检验合格的道路危险货物运输罐车压力表,应有铅封和(　　)。

A. 检验合格证　　B. 销售合格证　　C. 出厂合格证

**答案**:A

**题解**:参见第21题。

23. 运油车罐体两侧要有明显的(　　)字样。

A. 严禁烟火　　B. 注意安全　　C. 保持距离

**答案**:A

**题解**:《液化石油气汽车槽车安全管理规定》第三十九条规定:"槽车的涂色与标志:

(1)槽车罐体外表面应涂银灰色。沿罐体水平中心线四周涂刷一道宽度不小于150mm的红色色带。

(2)罐体两侧中央部位(此处色带留空不涂色)应用红色喷写'严禁烟火'字样,字高不小于200mm。

(3)槽车的其余裸露部分涂色规定如下:

安全阀——红色;气相管——红色;液相管——银灰色;阀门——银灰色;其他——不限。

(4)在罐体一侧后端部色带下方的适当部位,喷写'罐体下次检验日期:×年×月'字样,字高100mm左右。"

24. 运输爆炸品、剧毒化学品的车辆,应在车辆两侧各增加一块标志牌,悬挂位置一般(　　)。

A. 居前　　B. 居中　　C. 居后

**答案**:B

**题解**:参见第三章判断题第1题。

25. 道路危险货物运输车辆停靠货垛时，应听从作业区指挥人员的指挥，车辆与货垛之间要(　　)。

A. 留有人行通道　　B. 留有安全距离　　C. 紧靠

**答案**:B

**题解**:参见第11题。

26. 装车完毕后车辆起步前，(　　)应对货物的堆码、遮盖、捆扎等安全措施及对影响车辆起动的不安全因素进行检查，确认无不安全因素后，方可起步。

A. 驾驶人员　　B. 押运人员　　C. 装卸管理人员

**答案**:A

**题解**:《汽车运输、装卸危险货物作业规程》(JT 618—2004)第4.2.1.6条要求:"装车完毕后车辆起步前，驾驶人员应对货物的堆码、遮盖、捆扎等安全措施及对影响车辆起动的不安全因素进行检查，确认无不安全因素后方可起步。"

27. 装运液化石油气的罐车，当罐车内温度达到(　　)时，应采取遮阳或罐外冷水降温措施。

A. 30℃　　B. 40℃　　C. 50℃

**答案**:B

**题解**:《汽车运输、装卸危险货物作业规程》(JT 618—2004)第8.1.1.1条要求:"运输液化石油气罐车应按当地公安部门规定的路线、时间和车速行驶，不准带拖挂车，不得携带其他易燃、易爆危险物品。罐体内温度达到40℃时，应采取遮阳或罐外冷水降温措施。"

28. 压力容器罐车在运输途中，应密切注视容器的(　　)工作情况，发现异常，应立即停车，排除故障后，继续运行。

A. 压力表　　B. 转速表　　C. 车速表

**答案**:A

**题解**:《汽车运输、装卸危险货物作业规程》(JT 618—2004)第6.4.1.6条要求:"运输过程中应严密注视车内压力表得工作情况，发现异常，应立即停车检查;排除故障后方可继续运行。"

29. 驾驶人员、押运人员出车前应检查随车必备的(　　)是否齐全有效。

A. 消防用具　　B. 洗漱用具　　C. 保暖用品

**答案**:A

**题解**:《汽车运输、装卸危险货物作业规程》(JT 618—2004)第4.2.1.5条要求:道路危险货物运输出车前应"根据所运危险货物特性,应随车携带遮盖、捆扎、防潮、防火、防毒等工、属具和应急处理设备、劳动防护用品。"由此可知,驾驶人员、押运人员在出车前应确保必备的消防用具齐全有效。

30. 运输途中押运人员应提醒驾驶人员按照规定(  ),并检查所载货物的状况是否正常。

A. 与单位联系　　B. 吸烟　　C. 停车休息

**答案**:C

**题解**:在道路危险货物运输过程中,押运人员的职责是运输全过程监管危险货物,防止被盗、丢失,确保货物安全。运输途中的监督、检查属于押运人员的职责范围之一,押运人员应监督驾驶人员的驾驶状态是否正常,是否按照规定的行车速度、路线行驶,并提醒驾驶人员按照规定时间或规定里程停车休息,协助驾驶人员检查车辆技术安全状况,并检查所载危险货物的状况是否正常、罐车有无泄漏等。另外,《汽车运输、装卸危险货物作业规程》(JT 618—2004)第4.1.8条要求:"驾驶人员一次连续驾驶4h应休息20min以上;24h内实际驾驶车辆时间累计不得超过8h。"

《中华人民共和国道路交通安全法实施条例》第六十二条规定:"驾驶机动车不得有下列行为:

(一)在车门、车厢没有关好时行车;

(二)在机动车驾驶室的前后窗范围内悬挂、放置妨碍驾驶人视线的物品;

(三)拨打接听手持电话、观看电视等妨碍安全驾驶的行为;

(四)下陡坡时熄火或者空档滑行;

(五)向道路上抛撒物品;

(六)驾驶摩托车手离车把或者在车把上悬挂物品;

(七)连续驾驶机动车超过4小时未停车休息或者停车休息时间少于20分钟;

(八)在禁止鸣喇叭的区域或者路段鸣喇叭。"

所以,押运人员要提醒驾驶人员按照规定停车休息,并检查所载货物的状况是否正常。

31. 道路运输医疗废弃物应使用(  )。

A. 罐式车辆　　B. 栏板货车　　C. 厢式货车

**答案**:C

**题解**:《汽车运输危险货物规则》(JT 617—2004)第 8.2.2 条要求:"运输爆炸品、固体剧毒品、遇湿易燃物品、感染性物品和有机过氧化物时,应使用厢式货车运输,运输时应保证车门锁牢;对于运输瓶装气体的车辆,应保证车厢内空气流通。"该条中所指的感染性物品包括遗传性的微生物和生物、生物制剂、诊断标本和临床及医疗废物。

《医疗废物管理条例》第二十六条规定:"医疗废物集中处置单位运送医疗废物,应当遵守国家有关危险货物运输管理的规定,使用有明显医疗废物标识的专用车辆。医疗废物专用车辆应当达到防渗漏、防遗撒以及其他环境保护和卫生要求。"

32. 道路运输易燃易爆危险货物的车辆蓄电池应有(　　)。

A. 温控装置　　B. 隔离电火花装置　　C. 冷却装置

**答案**:B

**题解**:大多数易燃易爆危险货物的挥发性极强,一旦挥发出气体遇明火、高温就会燃烧、爆炸,所以不仅要求道路运输易燃易爆危险货物的排气管上安装火花熄灭器,蓄电池上也必须安全隔离电火花装置,杜绝能产生火花的任何途径。

33. 装载易燃液体罐车必须配备不少于(　　)个与所装载液体危险货物相适应的灭火器或有效的灭火设施。

A. 1　　B. 4　　C. 2

**答案**:C

**题解**:《汽车运输液体危险货物常压容器(罐体)通用技术条件》(GB 18564—2001)第 4.12.1 条要求:"车辆必须配备不少于 2 个与所载液体相适应的灭火器或有效的灭火设施。"以防止在事故救援过程时因某一灭火器故障或失效,而延误最佳救援时机,扩大事故后果。

34. 罐车装卸时,现场人员应站在(　　)处,密切注视进料情况,防止货物溢出。

A. 上风　　B. 下风　　C. 上风下风均可

**答案**:A

**题解**:《汽车危险货物运输、装卸作业规程》(JT 618—2004)第 6.3.3.1 条要求:"装卸作业现场应通风良好。装卸作业时操作人员应站在上风处工作。"第 6.3.3.2 条要求:"装卸前要联好防静电装置。易燃易爆品的装卸工具要有防止产生火花的性能。装卸时应轻开、轻关孔盖,密切注视进出料情况,防止溢出。"罐车在装卸危险货物时,如发生泄漏、溢出,当现场人员应站在上风处,可以避免或减少危险货物的伤害。

35. 各种易燃气体压力罐车装卸时,应检查管道接头、仪表、泄压阀等安全装置的情况良好,并接通(　　)装置。

A. 导除静电　　B. 电路　　C. 油路

**答案**:A

**题解**:参见第3题。

36. 大多数的(　　)蒸气对人体健康具有危害性,驾驶人员在作业前或作业中,应加强集装箱、封闭式车厢的排气通风,以使易燃蒸气能有效地扩散。

A. 氧气　　B. 易燃固体　　C. 易燃液体

**答案**:C

**题解**:易燃液体在常温下易挥发,其蒸气与空气混合能形成爆炸性混合物,易燃液体挥发出的蒸气具有一定毒性,会从呼吸道侵入人体,造成危害。因此操作人员在作业前或作业中应加强集装箱、封闭式车厢的排气通风,以使易燃蒸气能有效地扩散,减少蒸气的浓度。

37. 道路危险货物运输车辆在雨天、雾天行驶时,应(　　)。

A. 加速行驶　　B. 减速行驶　　C. 匀速行驶

**答案**:B

**题解**:《中华人民共和国道路交通安全法实施条例》第四十六条规定:"机动车行驶中遇有下列情形之一的,最高行驶速度不得超过每小时30公里,其中拖拉机、电瓶车、轮式专用机械车不得超过每小时15公里:

(一)进出非机动车道,通过铁路道口、急弯路、窄路、窄桥时;

(二)掉头、转弯、下陡坡时;

(三)遇雾、雨、雪、沙尘、冰雹,能见度在50米以内时;

(四)在冰雪、泥泞的道路上行驶时;

(五)牵引发生故障的机动车时。"

不管是普通货物运输车辆还是危险货物运输车辆,在雨天、雾天行驶时,都应减速行驶,以确保安全。

38. 道路危险货物运输车辆行驶中,严禁(　　)。

A. 喝水　　B. 搭乘无关人员　　C. 相互交谈

**答案**:B

**题解**:《汽车运输危险货物规则》(JT 617—2004)第9.9条要求:"运输危险货物的车辆禁止搭乘无关人员。"

39. 在有坡度的场地装卸危险货物时,应采取防止车辆(　　)的有效措施。

A. 熄火　　B. 溜坡　　C. 温升

**答案:**B

**题解:**《汽车运输、装卸危险货物作业规程》(JT 618—2004)第4.2.3.3条要求:"作业前,车辆发动机应熄火,并切断总电源(需从车辆上取得动力的除外)。在有坡度的场地装卸货物时,应采取防止车辆溜坡的有效措施。"

40. 道路运输剧毒危险货物时,驾驶人员中途不得(　　)。

A. 进食　　B. 休息　　C. 听音乐

**答案:**A

**题解:**毒性物质可以通过呼吸道、皮肤和消化道进入肌体,而引起中毒,在运输剧毒危险货物途中,从业人员有可能接触到剧毒危险货物,若进食,剧毒物质有可能沾染在手上而随食物进入体内,造成中毒。

41. 危险货物车辆通过铁路与公路交接的立交桥时,应注意(　　)。

A. 出口标志　　B. 指路标志　　C. 限高标志

**答案:**C

**题解:**《汽车运输、装卸危险货物作业规程》(JT 618—2004)第4.2.2.3条要求:"通过隧道、涵洞、立交桥时,要注意标高、限速。"

42. 装卸危险货物过程中,需要移动车辆,应先(　　),在保证安全的情况下,才能移动。

A. 进食　　B. 休息　　C. 关上车厢门或栏板

**答案:**C

**题解:**《汽车运输、装卸危险货物作业规程》(JT 618—2004)第4.2.3.6条要求:"装卸过程中需要移动车辆时,应先关上车厢门或栏板。若车厢门或栏板在原地关不上时,应有人监护,在保证安全的前提下才能移动车辆。起步要慢,停车要稳。"

43. 道路危险货物运输罐车卸货前,应确认所卸货物与贮罐所标货物名称是否(　　)。

A. 相似　　B. 相符　　C. 不同

**答案:**B

**题解:**《汽车运输、装卸危险货物作业规程》(JT 618—2004)第6.3.3.4条要求:"卸料时,贮罐所标货名应与所卸货物相符;卸料导管应支撑固定,保证卸料导管与阀门的连接坚固;要逐渐缓慢开启阀门。”

44. 散装煤焦油沥青在高温季节应在(　　)时间段进行运输装卸作业。

A. 中午　　B. 早晚　　C. 吃饭

**答案**:B

**题解**:《汽车运输、装卸危险货物作业规程》(JT 618—2004)第6.1.4条要求:“高温季节,散装煤焦沥青应在早晚时段进行装卸。”

45. 装运腐蚀性物质的车厢和装卸工具不得沾有(　　)。

A. 玻璃碴　　B. 砂土　　C. 氧化性物质

**答案**:C

**题解**:《汽车运输、装卸危险货物作业规程》(JT 618—2004)第5.8.3.4条要求:“有机腐蚀品严禁接触明火、高温或氧化剂。”

46. 道路危险货物车辆标志灯应安装在(　　)位置。

A. 驾驶室顶部中间　　B. 驾驶室顶部左侧　　C. 驾驶室顶部右侧

**答案**:A

**题解**:《道路运输危险货物车辆标志》(GB 13392—2005)第8.1.1条要求:“标志灯安装于驾驶室顶部外表面中前部(从车辆侧面看)中间(从车辆正面看)位置,以磁吸或顶檐支撑、金属托架方式安装固定。”参见附录九。

47. 道路危险货物运输专用车辆应当按照国家标准(　　)的要求悬挂标志。

A.《危险货物品名表》(GB 12268—2005)

B.《道路运输危险货物车辆标志》(GB 13392—2005)

C.《危险货物分类和品名编号》(GB 6944—2005)

**答案**:B

**题解**:《汽车运输危险货物规则》(JT 617—2004)第8.1.3条规定:“车辆应配置符合GB 13392的标志,并按规定使用。”

以下是有关法律要求摘录:

《标准化法》第十四条规定:“强制性标准,必须执行。”

《安全生产法》第三十二条规定:“生产、经营、运输、储存、使用危险物品或者处置废弃危险物品的,由有关主管部门依照有关法律、法规的规定和国家标准或者行业标准审批并实施监督管理。

生产经营单位生产、经营、运输、储存、使用危险物品或者处置废弃危险物品,必须执行有关法律、法规和国家标准或者行业标准,建立专门的安全管理制度，采取可靠的安全措施，接受有关主管部门依法实施的监督管理。”

《条例》第四条规定：“生产、经营、储存、运输、使用危险化学品和处置废弃危险化学品的单位（以下统称危险化学品单位），其主要负责人必须保证本单位危险化学品的安全管理符合有关法律、法规、规章的规定和国家标准的要求，并对本单位危险化学品的安全负责。”

48. 道路危险货物运输的车辆应按（　　）驶入装卸作业区。

A. 个人习惯　　B. 任意路线

C. 装卸作业的有关安全规定

**答案**：C

**题解**：参见第25题。

49. 装卸人员在装卸危险货物时，发现有包装破损的危险货物，应（　　）。

A. 继续装运　　B. 拒绝装运　　C. 商量装运

**答案**：B

**题解**：《汽车运输、装卸危险货物作业规程》（JT 618—2004）第4.2.3.4条要求：“装卸作业前应对照运单，核对危险货物名称、规格、数量，并认真检查货物包装。货物的安全技术说明书、安全标志、标识、标志等与运单不符或包装破损、包装不符合有关规定的货物应拒绝装车。”

50. 道路运输遇水放出易燃气体的固体，应使用（　　）运输。

A. 栏板货车　　B. 厢式货车　　C. 罐式车辆

**答案**：B

**题解**：参见第31题。

**（二）判断题**（45题）

1. 爆炸品、遇水放出易燃气体的物质、固体剧毒物品、感染性物质、放射性物品和有机过氧化物应使用厢式货车运输。（　　）

**答案**：✓

**题解**：参见选择题第31题。

2. 道路运输腐蚀性液体、剧毒液体、易燃液体应使用专用罐车。（　　）

**答案**：✓

**题解**：道路运输腐蚀性液体、易燃液体和液体剧毒品应选用化工物品专用罐车或罐式集装箱运输。有关技术要求，可参见《道路运输液体危险货

物罐式车辆　第1部分　金属常压罐体技术要求》(GB 18564.1—2006)。

3.装有危险货物的专用容器可使用栏板货车运输。（　）

**答案**:✓

**题解**:如居民日常生活所需的瓶装液化石油气,可以选择栏板货车运输。一般来说,钢瓶装气体、小包装的易燃液体、易燃固体、自燃物品、无机氧化剂、毒害品(低毒)、固体腐蚀品可以选用栏板货车运输。

4.道路危险货物运输车辆通过铁路道口时,应按照交通信号或者管理人员的指挥通行。（　）

**答案**:✓

**题解**:《道路交通安全法》第四十六条规定:"机动车通过铁路道口时,应当按照交通信号或者管理人员的指挥通行;没有交通信号或者管理人员的,应当减速或者停车,在确认安全后通过。"由于危险货物具有易燃、易爆、腐蚀、剧毒等特点,一旦发生事故,后果要比普通货物运输事故严重得多,所以对于道路危险货物运输车辆来说,更应该按照交通信号或者管理人员的指挥通行。

5.道路运输腐蚀性液体货物,可选用专用罐车或罐式集装箱。（　）

**答案**:✓

**题解**:参见第2题。

6.道路运输有机过氧化物、感染性物质可选用没有控温装置的厢式车型。（　）

**答案**:×

**题解**:《汽车运输、装卸危险货物作业规程》(JT618—2004)第5.5.1.1条要求:"有机过氧化物应选用控温厢型车;若货厢为铁质底板,需铺有防护衬垫。货厢应隔热、防雨、通风,保持干燥。"第5.6.2.2.4条对运输感染性物质的车辆要求:"车厢内温度应控制在所运送医疗废物要求的温度范围之内。"由此可知,道路运输有机过氧化物、感染性物质需选用控温厢型车。

7.道路运输易燃易爆危险货物时,车辆必须安装火花熄灭器,以确保运输安全。（　）

**答案**:✓

**题解**:参见选择题第1题。

8.道路危险货物运输车辆的排气管,必须符合国家标准《机动车排气火花熄灭器性能要求和试验方法》的规定。（　）

**答案**:✓

**题解**:参见选择题第6题,有关具体要求见《机动车排气火花熄灭器性能要求和实验方法》(GB 13365)。

9. 运输车辆必须在驾驶室安装便于驾驶人员能随时操作切断电源的总开关。 ( )

**答案**:✓

**题解**:《汽车运输危险货物规则》(JT 617—2004)第8.1.6条要求:“车辆应有切断总电源和隔离电火花装置,切断总电源装置应安装在驾驶室内。”电路系统应有切断总电源的装置,这是因为车辆驾驶人员与紧急情况时便于操作。另外,有的车辆电源总开关在驾驶室外的后方,距蓄电池较近,而且是旋钮式的,一旦途中停车就餐或休息,很有可能被无关人员或儿童旋动而造成电路系统通电;若遇电线老化,容易产生电火花,会造成意想不到的事故,所以电源总开关应安装在驾驶室内,停车时应切断车辆总电源。

10. 使用封闭式货车运输易燃液体时,应将货箱的门和天窗关紧、封闭、并锁好,以防货物丢失。 ( )

**答案**:×

**题解**:易燃液体具有良好的挥发性,当挥发出的蒸气聚集到一定浓度时,遇到明火即会发生燃烧爆炸事故。另外,大多数易燃液体的蒸气对人体健康具有危害性,因此驾驶人员在作业前或作业中,应加强封闭式车厢的排气通风,以使易燃蒸气能有效地扩散,特别是在夏季,高温诱发空气中有害蒸气浓度加大,更应加强通风。

11. 因铁制容器坚固,可以有效保护货物不受损坏,故所有危险货物均应用其包装。 ( )

**答案**:×

**题解**:铁制容器虽然坚固,但不适合于所有的危险货物,比如:装腐蚀性液体不适合使用铁桶。

12. 道路运输爆炸品的车辆,出车前应检查车厢内是否有酸、碱、氧化剂等。 ( )

**答案**:✓

**题解**:《汽车运输、装卸危险货物作业规程》(JT 618—2004)第5.1.1.2条要求:爆炸品运输车辆出车前“厢式货车的车厢内不得有酸、碱、氧化剂等残留物。”

13. 道路运输易燃、易爆危险货物车辆,必须配备导除静电装置。( )

**答案**:✓

**题解**:参见选择题第1题。主要是因为大部分易燃易爆危险货物的电阻率大,容易聚集静电,因此,必须安装导除静电橡胶拖地带,通过拖地带橡胶层中的金属导体与地面接触及时排除静电,从而减少静电的聚集,达到安全运输的目的。

14. 大部分易燃易爆液体货物运输时会在罐内晃动、与罐体内壁接触面积增大,极易产生静电,应急时排除。因此,其运输车辆必须安装导除静电的橡胶拖地带。(　　)

**答案**:✓

**题解**:参见选择题第1题。

15. 利用拖地橡胶带中的金属导体与地面接触,可以及时排除静电,以达到安全运输的目的。(　　)

**答案**:✓

**题解**:参见选择题第1题。

16. 道路运输易燃易爆货物车辆必须将导静电橡胶拖地带拖地,但空车时可以不接导静电橡胶拖地带。(　　)

**答案**:×

**题解**:参见选择题第1题。

17. 气瓶卸货时,不得溜放、摔掼。(　　)

**答案**:✓

**题解**:《汽车运输、装卸危险货物作业规程》(JT 618—2004)第5.2.3.5条要求:运输压缩气体或液化气体"卸车时,要在气瓶落地点铺上铅垫或橡皮垫;应逐个卸车,严禁溜放。"这是因为气瓶承受着一定的内压力,当受到剧烈撞击、振动、高温、受热时,会使容器内压力骤增,该压力超过容器的耐受力时就会发生气瓶爆炸。因此卸货时,不得溜放、摔掼。

18. 道路危险货物运输车辆应按照《道路运输危险货物车辆标志》(GB 13392—2005)的要求,使用危险品标志灯、标识和标牌。(　　)

**答案**:✓

**题解**:参见选择题第47题。

19. 栏板车辆车厢底板必须平整完好,周围栏板必须牢固,周围没有栏板的车辆,可临时装运危险货物。(　　)

**答案**:×

**题解**:首先应明确,运输危险货物的车辆必须经过许可。未经过许可的车辆,运输危险货物属“违法运输”。同时,在考虑具体车型时,栏板车辆一般可用于运输钢瓶装气体、小包装的易燃液体、易燃固体、自燃物品、无机氧化剂、毒害品(低毒)、固体腐蚀品。周围没有栏板的车辆一般不允许装运危险货物的。

20. 车辆停靠货垛时,应听从作业区指挥人员的指挥,待装、待卸车辆与装卸货物的车辆应保持足够的安全距离,不准堵塞安全通道。 ( )

**答案:**✓

**题解:**参见选择题第 11 题。

21. 道路危险货物运输车辆,根据所装危险货物的性质,应配备相应的消防器材。 ( )

**答案:**✓

**题解:**《汽车运输、装卸危险货物作业规程》(JT 618—2004)第 4.2.1.3 条要求:“检查运输危险货物的车辆配备的消防器材,发现问题应立即更换或修理。”第 4.2.1.5 条要求:“根据所运危险货物特性,应随车携带遮盖、捆扎、防潮、防火、防毒等工、属具和应急处理设备、劳动防护用品。”

22. 装运危险货物的集装箱专用车辆,必须配备有效的紧固装置,其紧固装置必须牢固安全、有效。 ( )

**答案:**✓

**题解:**略。

23. 道路危险货物运输罐体一侧的适当部位,喷写“罐体下次检验日期:××××年××月”字样,以提示到期进行强制性检测。 ( )

**答案:**✓

**题解:**参见选择题第 23 题。

24. 根据所装危险货物性质和包装形式,车辆应配备相应的捆扎用大绳、防散失用的网罩、防水用的苫布等工、属具。 ( )

**答案:**✓

**题解:**《汽车运输危险货物规则》(JT 617—2004)第 8.1.9 条要求:“根据装运危险货物性质,包装形式的需要,应配备相应的捆扎、防水和防散失等用具。”

25. 道路危险货物运输车辆可以随意改装,以便有利于运输。 ( )

**答案:**×

**题解:**参见选择题第 17 题。由此可知,危险货物运输车辆不允许随意改装。若企业(单位)的车辆在取得了《道路运输证》后,发生上述情况或者经检测不符合国家强制性标准要求的专用车辆,道路运输管理机构应及时收回其《道路运输证》。

26. 专用罐车按其罐体承受工作压力大小,分压力罐车和常压罐车。　(　)

**答案:**✓

**题解:**略。

27. 道路运输液体危险货物,可以使用移动罐体车辆运输。　(　)

**答案:**×

**题解:**《危规》第二十三条规定:"……。禁止使用移动罐体(罐式集装箱除外)从事危险货物运输。"《汽车运输危险货物规则》(JT 617—2004)第8.2.3条要求:"运输液化气体、易燃液体和剧毒液体时,应使用不可移动罐体车、拖挂罐体车或罐式集装箱;罐式集装箱应符合GB/T 16563的规定。"

28. 厢式货车适宜运输爆炸品、遇水放出易燃气体、氧化性物质及毒性物质等危险货物,在运输中能防止危险货物货损、货差和丢失;能起到防雨、防雷等保护作用。　(　)

**答案:**✓

**题解:**参见选择题第31题。

29. 罐式集装箱运输车辆主要用于运输固体危险货物。　(　)

**答案:**×

**题解:**参见第2题。罐式集装箱主要用于液化气体、易燃液体和剧毒液体的运输。

30. 集装箱装运危险货物,应考虑危险货物化学性质的抵触性、敏感性。在同一箱体内可适当装入性质相抵触的危险货物。　(　)

**答案:**×

**题解:**《汽车运输、装卸危险货物作业规程》(JT 618—2004)第7.2条要求:"装箱作业前,应检查集装箱内有无与待装危险货物性质相抵触的残留物。发现问题,应及时通知发货人进行处理。"集装箱运输时,同一箱体内绝对不能配装化学性质相互抵触的货物,另外,更要注意危险货物的配载规定,如果小箱体达不到隔离间距时,不应强行配装,避免发生不应有的事故。

31. 控温厢式货车,其车厢内应有制冷或加温装置以及保温措施,驾驶

室应有温度监控系统。（　）

**答案：**✓

**题解：**控温厢式车多数从事有机过氧化物、疫苗、菌苗的运输，车厢内除了应有制冷或加温装置以及保温措施外，还需要根据所装危险货物的特殊要求，配备防振、防爆、隔热、防止产生火花、排除静电等装置，且厢体密封性能要好，不能因厢体不严密，造成温度升高或下降，要确保危险货物在恒温或冷藏条件下运输。

32. 控温厢式车多数从事腐蚀性物质的运输。（　）

**答案：**×

**题解：**参见第6题。由此可知，控温厢式车多数从事有机过氧化物、疫苗、菌苗等感染性物品的运输。

33. 不具备防雨雪防潮湿条件的车辆和场所，不准进行遇水放出易燃气体的危险货物运输作业。（　）

**答案：**✓

**题解：**《汽车运输、装卸危险货物作业规程》（JT 618—2004）第5.4.3.4条要求："遇湿易燃物品，不宜在潮湿的环境下装卸。若不具备防雨雪防湿潮的条件，不准进行装卸作业。"因为此类物品化学特性极其活泼，遇水（包括受湿、酸类和氧化剂）会引起剧烈化学反应，放出可燃气体和热量，一旦在作业过程中，遇到水或者受湿，就有可能造成不可挽回的损失。

34. 罐式货车是将罐体固定在载货汽车的底盘上。罐体也可与车辆分离。（　）

**答案：**×

**题解：**罐车的种类有：不可移动罐体车，罐体永久性固定在车辆底盘上，与车辆不可分离的罐体运输车；拖挂罐体车，罐体永久固定在挂车底盘上，与挂车不可分离，牵引车与挂车可分离的罐体运输车；罐式集装箱，由箱体框架和罐体两部分组成的集装箱。由此可知，无论是不可移动罐体车还是拖挂罐体车，罐体总是固定在车辆底盘上或者挂车底盘上的，不可与车辆分离。

35. 拖挂罐体车是将罐体永久固定在挂车上，与挂车不可分离，牵引车与挂车可分离。（　）

**答案：**✓

**题解：**《汽车运输危险货物规则》（JT 617—2004）第3.5条将拖挂罐体车定义为："罐体永久性固定在挂车底盘上，与挂车不可分离，牵引车与挂车可分离的罐体运输车。”

36. 道路危险货物运输的车辆只有达到二级或二级以上等级时,才可上路行驶。（　　）

**答案:**×

**题解:**参见第一章选择题第44题。因此,从事道路危险货物运输的车辆技术等级必须是一级,否则不能上路。

37. 只要技术等级为一级的营运车辆,就可进行道路危险货物运输。（　　）

**答案:**×

**题解:**参见第一章选择题第44题。除了技术等级达到一级外,车辆的技术性能、外廓尺寸等都必须满足要求,另外,车辆还必须根据所运货物的特性,安装行驶记录仪或定位系统等设施。所以只要车辆技术等级达到一级是不完全的。

38. 道路运输毒性物质和感染性物质的车辆,需要在每次运输后进行及时、彻底的清洗和消毒。（　　）

**答案:**✓

**题解:**《汽车运输危险货物规则》(JT 617—2004)第9.7条要求:“运输医疗废物时,应使用有明显医疗废物标识的专用车辆;医疗废物专用车辆应达到防渗漏、防遗撒以及其他环境保护和卫生要求;专用车辆使用后,应当在医疗废物集中处置场所内及时进行消毒和清洁;运送医疗废物的专用车辆不得运送其他物品。”《汽车运输、装卸危险货物作业规程》(JT 618—2004)第5.6.1.3.9条要求:“忌水的毒害品(如,磷化铝、磷化锌等),应防止受潮。装运毒害品之后的车辆及工、属具要严格清洗消毒,未经安全管理人员检验批准,不得装运食用品、药用品等。”由此可知,道路运输毒性物质和感染性物质的车辆,需要在每次运输后进行及时、彻底的清洗和消毒。

39. 道路运输遇水放出易燃气体的物质,车厢必须干燥、无积水。（　　）

**答案:**✓

**题解:**因为此项物品化学特性极其活泼,遇水(包括受湿、酸类和氧化剂)会引起剧烈化学反应,放出可燃气体和热量,所以车厢、随车工、属具应打扫干净,保持干燥,不得沾有水、酸类和氧化剂。

40. 道路运输氧化性物质和有机过氧化物的车厢,不得有任何酸类及煤屑、木屑、硫磺、磷等可燃物的残留物,车厢必须干净。（　　）

**答案**:✓

**题解**:《汽车运输、装卸危险货物作业规程》(JT 618—2004)第5.5.1.2条要求运输氧化剂和过氧化物的车辆出车前:"运输货物的车厢与随车工具不得沾有酸类、煤炭、砂糖、面粉、淀粉、金属粉、油脂、磷、硫、洗涤剂、润滑剂或其他松软、粉状可燃物质。"因为氧化性物质和有机过氧化物的化学性质活泼,在遇酸、受热、受潮或接触有机物、还原后即可分解放出热量和原子氧,引起燃烧或形成爆炸性混合物。

41. 道路运输感染性物质后的车辆应自行清洗、消毒。 ( )

**答案**:×

**题解**:参见第38题。

42. 罐体改装其他液体,必须经过清洗和安全处理,其污水应排入下水道内。 ( )

**答案**:×

**题解**:《汽车运输、装卸危险货物作业规程》(JT 617—2004)第6.3.1.2条要求:"装卸前应对罐体进行检查,罐体应符合下列要求:

a)罐体无渗漏现象;

b)罐体内应无与待装货物性质相抵触的残留物;

c)阀门应关紧,且无渗漏现象;

d)罐体与车身应紧固,罐体盖应严密;

e)装卸料导管状况应良好无渗漏;

f)装运易燃易爆的货物,导除静电装置应良好;

g)罐体改装其他液体时,应经过清洗和安全处理,检验合格后方可使用。清洗罐体的污水经处理后,按指定地点排放。"

污水是不允许排入下水道的,以免污染环境。

43. 道路运输放射性物品的车辆,应符合《放射性物质安全运输规程》(GB 11806)。 ( )

**答案**:✓

**题解**:《汽车运输、装卸危险货物规则》(JT 618—2004)第5.7条要求:"放射性物品的运输装卸应按GB 11806的有关规定执行。"

44. 道路运输易燃易爆危险货物的车辆车厢为铁底板的,应当采取衬垫防护措施,如铺垫木板、胶合板、橡胶板等。 ( )

**答案**:✓

**题解**:因为铁底板容易产生电火花,一旦遇到挥发出的易燃易爆危险货物蒸气,就有可能发生燃烧爆炸事故,所以需要铺垫木板、胶合板、橡胶板这些不易产生电火花的衬垫,以确保运输安全。

45. 道路运输容易升华、挥发出易燃、有害或刺激性气体的危险货物时,应保持车厢封闭良好。（　　）

**答案:**×

**题解:**由于这类危险货物容易升华,能挥发出易燃、有害或有刺激性气体,蒸气积聚在密封厢体内与空气混合形成爆炸性混合物,一旦遇明火就会发生燃烧爆炸。另外,挥发出的有害气体若不能得到扩散,浓度达到一定程度时会引起作业人员中毒,所以应加强车厢的排气通风,而不能封闭车厢。

# 第五章　常见危险货物应急处理措施

(115题,其中选择题70题、判断题45题)

**(一)选择题**(70题)

1. 道路运输汽油的车辆着火时,不能使用(　　)灭火剂。

A. 水　　B. 二氧化碳　　C. 泡沫

**答案:**A

**题解:**汽油属于易燃液体,密度小于水,且不溶于水,一旦发生火灾,用水扑救时因水会沉在燃烧着的液体下面,并能形成喷溅、漂流而扩大火灾;另外汽油燃烧时所产生的热量较大,而其燃点又较低,很难使温度降低到其燃点以下。因此,运输汽油的车辆着火时,不能使用水作为灭火剂,而应采用泡沫、二氧化碳、干粉等扑救。

“汽油”的有关特性参见附录三中的表3-11。

2. 在道路运输毒性物质过程中,应随车携带(　　)。

A. 苫布　　B. 麻袋　　C. 防毒面具

**答案:**C

**题解:**毒性物质可以通过皮肤、呼吸道以及消化道等途径进入人体内,累积到一定量后会引起中毒。在道路运输毒性物质过程中应随车携带防毒面具,当发生泄漏事故时要及时佩戴好防毒面具以防止毒性物质通过呼吸道进入肌体。

3. 储运金属钠时,通常将其放入煤油或石蜡等矿物油中,主要是为了(　)。

A. 防止碰撞　　B. 防止被盗

C. 防止与空气中的氧和钠接触

**答案**:C

**题解**:由于金属钠不与煤油、石蜡反应,所以把钠等浸没在这些矿物油中储存,使它们与空气中的氧和水蒸气隔离。应当注意,用于存放活泼金属的矿物油必须经过除水处理。这些物品的包装如损漏,则非常危险。

“金属钠”的有关特性参见附录三中的表3-12。

4. 金属钠遇水时发生剧烈反应并释放大量氢气而造成火灾,此类火灾只能用下列(　　)灭火。

A. 二氧化碳灭火剂　　B. 水　　C. 砂土

**答案**:C

**题解**:活泼金属禁用二氧化碳灭火剂进行扑救,因为钾、钠等具有极强的还原性,甚至能夺取二氧化碳中的氧,所以二氧化碳不但起不了灭火作用,反而会助长火势,所以不能选择A;金属钠遇水时发生剧烈反应并释放大量氢气而造成火灾,所以也不能选B。故选C。

5. 当爆炸品发生大量撒漏时,应(　　)方式处理。

A. 用土覆盖就地掩埋

B. 用水湿润,撒以锯末或棉絮等松软物收集后,报请公安或消防人员处理

C. 收集起来,重新放入包装容器中

**答案**:B

**题解**:爆炸品通常有效的灭火方法是用水冷却达到灭火目的,但不能采用窒息法或隔离法。禁止使用砂土覆盖燃烧的爆炸品,否则会导致由燃烧转为爆炸。对爆炸物品撒漏物,应及时用水湿润,再撒以锯末或棉絮等松软物收集后,报请公安或消防人员处理,绝对不允许将收集的撒漏物重新装入原包装内。

6. 正确处理易燃液体泄漏的方式是(　　)。

A. 用水冲刷至地沟、下水道或河流中　　B. 用火点燃使之燃烧完

C. 用松软材料吸附后集中

**答案**:C

**题解**:易燃液体一旦发生撒漏时,应及时以砂土或松软材料覆盖吸附后,集中至空旷安全处处理。覆盖时,特别要注意防止液体流入下水道、河

道等地方,以防污染环境。更主要的是如果易燃液体浮在下水道或河流的水面中,其火灾隐情也很严重。所以A是不正确的;用火点燃使之燃烧完也是不正确的处理方式,如果处理不当,可能引起更大更严重的火灾事故,所以也不能选B。故选C。

7. 火灾发生的三大要素是(　　)。

A. 着火源、可燃物、助燃物　　B. 空气、热量、可燃物

C. 电源、空气、热

**答案:**A

**题解:**燃烧的三要素是:

(1)可燃物:凡是能与空气中的氧或其他氧化剂起剧烈化学反应的物质,一般都叫可燃物。如固体、固体粉尘、可燃液体、气体。

(2)助燃物:凡是能与可燃物发生反应并引起燃烧的物质,称为助燃物。如空气、氧、氯、溴、高锰酸钾、过氧化钠等都是助燃物。

(3)热能源:凡是能够引起可燃物质燃烧的热源,叫热能源,也叫着火源。如明火、赤热体、火星、电火星、电火花等都是常见的火源。

B选项中空气的范围太狭窄,除了空气之外,过氧化钠等这些物质也属于助燃物。C选项中的电源的范围也太狭窄,除了电源,明火、火星等都属于着火源。

8. 不属于着火源的是(　　)。

A. 电火花　　B. 静电　　C. 太阳光

**答案:**C

**题解:**电火花和静电都是常见的火源,太阳光不属于着火源。

9. 当(　　)着火时,禁止使用砂土覆盖。

A. 散装爆炸品　　B. 汽油　　C. 硫酸

**答案:**A

**题解:**参见第5题。

10. 当(　　)着火时,禁止用水灭火。

A. 碳化钙(电石)　　B. 红磷　　C. 硫磺

**答案:**A

**题解:**电石有强烈的吸湿性,能从空气中吸收水分而发生反应,放出乙炔(电石气),并放出大量的热,乙炔气与空气中的氧混合极易发生爆炸。所以电石火灾不能用水扑救,也禁止用水蒸气、水雾扑救。硫磺往往散装运输,由于性脆、颗粒小、易粉碎成粉末散在空气中,所以发生火灾时不能用加

压水冲击，以防粉末飞扬，扩大事故，可用雾状水。

"红磷"、"电石"和"硫磺"的有关特性分别参见附录三中的表3-5、表3-7和表3-13。

11. 运输易燃气体途中遇有火情必须迅速扑救，应将未着火的气瓶迅速移至安全处；对已着火的气瓶应使用大量（　　）喷洒在气瓶上，使其降温冷却。

A. 雾状水　　B. 热水　　C. 碱性水

**答案：**A

**题解：**气瓶一般用于运输压缩或液化气体，这些经过加压降温等措施，罐装在气瓶中，所以气瓶的内压比较高，一旦受到剧烈撞击、振动、高温或受热，就会使容器内压力骤增，该压力超过容器的耐受力时就会发生气瓶爆炸。另外，气瓶是不绝热的，即内外的温度一样，所以对已着火的气瓶可以使用大量水喷洒在气瓶上，使其降温冷却，降低内部气体的温度，抑制内压力的升高。

12. 道路运输易燃液体，车上人员不准（　　），车辆不得接近明火及高温场所。

A. 吸烟　　B. 进食　　C. 喝水

**答案：**A

**题解：**易燃液体极易燃，一旦遇到明火就有可能发生燃烧，甚至引起爆炸，而烟头上的火星属于明火，有点燃易燃液体的可能，所以车上人员严禁吸烟。

13. 当（　　）燃烧时会产生剧毒的五氧化二磷等气体，扑救时应穿戴防护服和防毒面具。

A. 黄磷　　B. 铝粉　　C. 萘

**答案：**A

**题解：**黄磷是白色或淡黄色的半透明繁荣蜡状固体，性质极活泼，暴露在空气中即被氧化，加之自燃点低，因此只需一、二分钟即自燃。黄磷与空气中的氧反应生成五氧化二磷气体，属于剧毒气体。铝粉在空气燃烧生成三氧化二铝。

"黄磷"、"铝粉"和"萘"的有关特性分别参见附录三中的表3-6、表3-14和表3-15。

14 当（　　）着火后，被水扑灭只是暂时熄灭，残留物待水分挥发后又会自燃。

A. 萘　　　　　B. 铝粉　　　　　C. 黄磷

**答案**:C

**题解**:参见第13题。

15. 当(　　)着火时,可用水灭火。

A. 汽油　　　　　B. 苯　　　　　C. 硫磺

**答案**:C

**题解**:汽油系轻质石油产品中的一大类,不溶于水,用水扑救时因水会沉在燃烧着的液体下面,并能形成喷溅、漂流而扩大火灾。另外,汽油燃烧时所产生的热量较大,而其燃点又较低,很难使温度降低到燃点以下,所以不使用水作为灭火剂,故不选A;苯是无色透明液体,易挥发,易溶于有机溶剂,不溶于水,故不能用水扑救苯引起的火灾,B也是错误的;硫磺属于易燃固体,往往散装运输,由于性脆、颗粒小、易粉碎成粉末散在空气中,所以不能用加压水冲击,以防粉末飞扬,扩大事故。可用雾状水,故选C。

"苯"、"汽油"和"硫磺"的有关特性分别参见附录三中的表3-4、表3-11和表3-13。

16. 当(　　)着火时,不得用水作为灭火剂。

A. 铝粉　　　　　B. 硫磺　　　　　C. 萘

**答案**:A

**题解**:铝粉、钛粉等金属粉末能与水发生剧烈反应,产生可燃气体,因此不得用水扑救,应用干燥的砂土、干粉灭火器进行扑救。硫磺属于易燃固体,往往散装运输,由于性脆、颗粒小、易粉碎成粉末散在空气中,所以不能用加压水冲击,以防粉末飞扬,扩大事故,可用雾状水。当萘着火时,可用雾状水、二氧化碳、砂土。切勿将水流直接射至溶融物,以免引起严重的流淌火灾或引起剧烈的沸溅。

"硫磺"、"铝粉"和"萘"的有关特性分别参见附录三中的表3-13、表3-14和表3-15。

17. 镁粉发生火灾时,应使用(　　)灭火。

A. 水　　　　　B. 特殊干粉　　　　　C. 二氧化碳

**答案**:B

**题解**:镁粉能与水发生剧烈反应,产生可燃气体,因此不得用水扑救,镁粉也不能用二氧化碳灭火,因为它的金属性质十分活泼,能夺取二氧化碳中的氧,起化学反应而燃烧,故用干燥的砂土、干粉灭火器进行扑救。

"镁粉"的有关特性参见附录三中的表3-16。

18. 氧化性物质撒漏后,应使用(　　)工具来收集处理。

A. 惰性材质　　B. 金属　　C. 纸质

**答案**:A

**题解**:氧化性物质在遇酸、受热、受潮或接触有机物、还原剂后即有分解放出原子氧和热量,引起燃烧或形成爆炸性混合物的危险。金属大多带有正电荷,具有较强失去电子的能力,即还原性较强,而纸质属于有机物,都能与氧化性物质发生反应,所以应选 A。

19. 运输盛装碳化钙(电石)的钢桶中通常充入(　　)稳定剂,确保运输安全。

A. 水　　B. 煤油　　C. 氮气

**答案**:C

**题解**:运输黄磷时必须将黄磷浸没在水中,以防止黄磷的自燃;运输钾、钠等活泼金属时,一般将其浸没在煤油、石蜡等矿物油中,使它们与空气中的氧和水蒸气隔离。碳化钙具有较强的吸湿性,吸收空气中的水分,即能发生化学反应产生易燃的乙炔气体,如果桶内乙炔气不能及时排出而积聚起来,运输时遇到滚动、碰撞等原因,桶内坚硬的碳化钙就会与铁桶壁碰撞产生火星,点燃桶内的乙炔气而发生爆炸。所以,装碳化钙的铁桶应严密到不漏气、不漏水,在桶内充氮抑制乙炔的产生,或者应有排放桶内乙炔气的通气孔,同时注意通气孔应能防止桶外的水进入桶内。故选 C。参见第10题。

20. 毒性物质氰化物发生火灾时,应用(　　)扑救。

A. 水　　B. 酸碱灭火剂　　C. 泡沫灭火剂

**答案**:A

**题解**:氰化物遇酸性物质能生成剧毒气体氢化氰,故不能使用酸碱灭火器扑救。另外,部分氰化物(如氰化钠、氰化钾及其他氰化物等),遇泡沫中酸性物质能生成剧毒气体氰化氢。因此,也不能用泡沫灭火剂灭火,可用水及砂土扑救。

“氰化钾”的有关特性参见附录三中的表 3-17。

21. 爆炸品通常采用(　　)灭火。

A. 水冷却法　　B. 窒息法或隔离法　　C. 砂土覆盖法

**答案**:A

**题解**:参见第 5 题。

22. 电石颗粒溅入眼睛内,应先用蘸(　　)或植物油的棉签去除颗粒后,再用水冲洗。

A. 石蜡油　　　　B. 机油　　　　C. 煤油

**答案**:A

**题解**:若电石、生石灰颗粒溅入眼内,应当先蘸石蜡油或植物油的棉签去除颗粒后,再用清水冲洗。机油和煤油本身对眼睛就有损伤,参见第10题。

23. 化学品事故的特点是发生突然、持续时间长、(　　)、涉及面广等。

A. 扩散迅速　　　　B. 迅速聚集　　　　C. 人员伤亡多

**答案**:A

**题解**:略。

24. 道路运输酒精过程中,酒精的主要危害是(　　)。

A. 助燃　　　　B. 易燃　　　　C. 刺激

**答案**:B

**题解**:酒精是乙醇的俗称,是我们日常所喝酒的主要成分,是一种无色透明、气味飘逸的易燃、易挥发液体,其沸点为 78℃,冰点为 -114℃。所以答案 A 和 C 都是错误选项。

"无水酒精"的有关特性参见附录三中的表 3-18。

25. 液体危险货物装卸作业时,应使用(　　)保护面部。

A. 太阳镜　　　　B. 防护面罩　　　　C. 毛巾

**答案**:B

**题解**:大多数易燃液体的蒸气具有一定的毒性,会从呼吸道侵入人体,造成危害,因此操作人员在作业前或作业中应加强安全措施,采取必要的通风措施,同时也应该佩戴好防护面罩,站在上风处,尽量减少蒸气从呼吸道侵入的机会。

26. 扑救(　　)危险货物火灾时,扑救人员应先关闭管道或容器阀门,阻止其继续外溢,扩大灾情。

A. 液体　　　　B. 固体　　　　C. 粉状

**答案**:A

**题解**:由题可知,危险货物发生火灾时是向外溢出的,固体危险货物不可能从管道或容器阀门溢出,粉状危险货物只有在外力的作用下才能从管道或容器阀门输送出。故选 A。

27. 扑救(　　)危险货物火灾时,扑救人员应先关闭管道或容器阀门,阻止其继续外泄,扩大灾情。

A. 固体　　B. 气体　　C. 粉状

**答案**:B

**题解**:由题可知,危险货物发生火灾时是向外泄出的,固体危险货物不可能从管道或容器阀门泄出,粉状危险货物只有在外力的作用下才能从管道或容器阀门输送出。故选 B。

28. 大部分有毒气体能溶解于水,遇有泄漏时,若无法控制,可将气瓶推入(　　),并及时通知相关管理部门处理。

A. 水中　　B. 路边　　C. 无人的地方

**答案**:A

**题解**:由于大部分有毒气体能溶解于水,泄漏时将气瓶推入水中,一方面可以起到降温作用,另一方面水可以溶解部分有毒气体,防止事故扩大。

29. 从业人员进入危险货物作业现场,开启仓库、集装箱和封闭式车厢时要先(　　),以保障作业安全。

A. 搬运　　B. 装卸　　C. 通风排气

**答案**:C

**题解**:部分危险货物具有良好的挥发性,容易挥发出蒸气,蒸气在密封的集装箱或者车厢内积聚,达到一定浓度时一旦遇到明火就会发生燃烧爆炸。所以作业前必须先进行通风排气,防止蒸气聚集。

30. 硫磺在燃烧时产生(　　)和刺激性气体,扑救时必须注意戴好防毒面具。

A. 有毒　　B. 剧毒　　C. 碱性

**答案**:A

**题解**:硫磺在空气中燃烧产生二氧化硫气体,是一种无色有刺激性气味、有毒的气体,因此,扑救时必须注意戴好防毒面具。参见第 15 题。

31. 堆码货物时,桶口、箱盖一般应朝上。允许横倒的桶口及袋装货物的袋口应(　　)。

A. 朝里　　B. 朝外　　C. 朝里朝外都行

**答案**:A

**题解**:参见第四章选择题第 12 题。

32. 遇热、遇潮容易引起燃烧、爆炸或产生有毒气体的危险货物,在装运时应采用(　　)措施。

A. 隔热、防潮　　B. 密封　　C. 防尘

**答案**:A

**题解:**由于这部分危险货物在遇热、遇潮时容易燃烧、爆炸或产生有毒气体,所以,在装运这类危险货物时,应采取隔热、防潮措施,杜绝发生燃烧、爆炸危险的可能。

33. 从业人员装卸、运输毒性物质前后,禁止(　　)。

A. 喝水　　B. 进食　　C. 饮酒

**答案:**C

**题解:**因为饮酒后血管扩张,血流加速,皮肤表面血管通透性增高,毒性物质更容易透过皮肤血管进入血液,引起中毒。因此从业人员装卸、运输毒性物质前后禁止饮酒,否则容易吸收更多的有害物质,但洗手洗脸后可以进食、喝水。

34. 装运(　　)时,应先了解包装桶内有无充填保护气体。

A. 碳化钙(电石)　　B. 汽油　　C. 乙醇

**答案:**A

**题解:**参见第10题。电石有强烈的吸湿性,能从空气中吸收水分而发生反应,放出乙炔气体,如果桶内乙炔气不能及时排出而积聚起来,运输时遇到滚动、碰撞等原因,桶内坚硬的碳化钙就会与铁桶壁碰撞产生火星,点燃桶内的乙炔气而发生爆炸。因此需要在桶内充保护气体(氮)以隔离水分,抑制乙炔的产生。

35. 运输中发现有毒气体气瓶漏气时,根据(　　)做好相应的人身防护措施。

A. 气体性质　　B. 气体质量多少　　C. 车辆类型

**答案:**A

**题解:**由于有毒气体的性质不一,需采取的人身防护措施也完全不一样。当发现有毒气体泄漏时,应根据气体性质采取合适的防护措施,而不是根据气体的质量或者车辆类型。

36. 在道路危险货物运输中的任何情况,雷管和炸药都(　　)。

A. 可以同车装运　　B. 不得同车装运　　C. 没有装运限制

**答案:**B

**题解:**《汽车运输、装卸危险货物作业规程》(JT 618—2004)第5.1.3.4条要求:"任何情况下,爆炸品不得配装;装运雷管和炸药的两车不得同时在同一场地进行装卸。"雷管属于起爆器材,是用来起爆炸药的,如果同车装运或者同时在同一场地装卸,雷管接触到炸药一旦条件许可,就有可能引爆炸药,造成难以预料的事故。

37. 在任何情况下，装卸危险货物时，运输雷管和炸药的两车都(　)。

A. 不可以同时在同一场地进行装卸

B. 可以同时在同一场地进行装卸

C. 不受限制

**答案**:A

**题解**:参见第36题。

38. 从业人员使用起重机装卸大型气瓶或罐式集装箱时，必须(　)。

A. 穿好防护工作服　B. 戴好防毒面具　C. 戴好安全帽

**答案**:C

**题解**:《汽车运输、装卸危险货物作业规程》(JT 618—2004)第5.2.3.1条要求："装卸人员应根据所装气体的性质穿戴好防护用品，必要时戴好防毒面具。用起重机装卸大型气瓶或气瓶集装架(格)时，应戴好安全帽。"

39. 易于自燃物质灭火时一般可用(　)灭火。

A. 干粉灭火剂、砂土和二氧化碳　B. 水

C. 碱性水

**答案**:A

**题解**:大部分易于自燃物质与水反应剧烈，如三异丁基铝、三氯化三甲基铝等，与水会发生剧烈反应，所以不能使用水灭火，因此B和C选项是错误的，故选A。

40. 装运易燃液体的道路危险货物运输车辆若发生故障，在维修时应严格控制(　)。

A. 夜晚作业　B. 明火作业　C. 中午作业

**答案**:B

**题解**:《汽车运输、装卸危险货物作业规程》(JT 618—2004)第4.1.11条要求："对装有易燃易爆的和有易燃易爆残留物的运输车辆，不得动火修理。确需修理的车辆，应向当地公安部门报告，根据所装载的危险货物特性，采取可靠的安全防护措施，并在消防员监控下作业。"易燃液体最主要的危险是其挥发性蒸气导致燃烧和爆炸，如果维修时使用明火作业，明火有可能点燃挥发出的易燃液体蒸气，而导致燃烧和爆炸事故。

41. 有机过氧化物、金属过氧化物着火时，可用(　)扑救。

A. 水　B. 泡沫灭火器　C. 砂土或干粉

**答案**:C

**题解**:有机过氧化物和金属过氧化物能与水反应生成氧气而帮助燃烧,扩大火势,所以不能使用水扑救,泡沫灭火器中的药剂是水溶液,故禁止使用泡沫灭火器扑救,只能用砂土、干粉、二氧化碳灭火剂。

42. 氰化物遇酸性物质能生成剧毒气体氢化氰,着火时,不得用(　　)扑救。

A. 酸碱灭火剂　　B. 水　　C. 砂土

**答案**:A

**题解**:参见第20题。由题可知,氰化物能够与酸性物质发生反应生成剧毒气体,所以不能使用酸碱灭火剂灭火,可以使用水或砂土进行扑救。

43. 当酸性危险货物大量泄漏后,应首先采用(　　)处理。

A. 大量水稀释　　B. 碱性物质中和　　C. 火点燃

**答案**:B

**题解**:酸性危险货物大量泄漏时,首先采用碱性物质中和,中和时,要防止发生剧烈反应。

"硫酸"的有关特性参见附录三中的表3-19。

44. 道路危险货物运输从业人员装运毒性物质时,如果皮肤破伤,(　　)。

A. 应继续作业,完工后进行处理

B. 应立即停止作业,并进行必要的医疗处理

C. 无需作任何处理

**答案**:B

**题解**:由于毒性物质少量误服、吸入或经皮肤黏膜接触进入肌体后,累积到一定的量,能与体液或组织发生生物化学作用或物理变化,扰乱和破坏肌体的正常生理功能,引起暂时性或持久性的病理状态,甚至危及生命。所以在装运毒性物质时,若皮肤破伤应立即停止作业,及时作处理。

45. 装运氧化性物质和有机过氧化物时,若发生包装破损,撒漏物(　　)。

A. 不得装入原包装内,必须另行处理

B. 可装入原包装内,继续装运

C. 应立即点燃

**答案**:A

**题解**:在装卸过程中,由于包装不良或操作不当,造成氧化剂撒漏时,应轻轻扫起,另行包装。这些从地上扫起重新包装的氧化剂,因接触过空气或

混有可燃物等杂质，为防止发生化学变化，不得同车发运，须留在撒漏处适当地方，包括对撒漏的少量氧化剂或残留物均应清扫干净，另行处理。故选 A。

46. 装运的硫酸粘到手上后，应立即用(    )清洗。

A. 清水　　B. 酒精　　C. 汽油

**答案**：A

**题解**：参见第 43 题。硫酸与酒精能发生反应，硫酸首先和酒精反应生成硫酸乙酯，硫酸乙酯再与余下的酒精反应生成乙醚释放出硫酸。所以不能选择 B。汽油对皮肤有去脂作用，汽油接触者皮肤干燥、破裂、角化、慢性湿疹和指甲黄染、变厚、下凹；有的引起急性皮炎和毛囊炎，出现红斑、丘疹、水疮及“灼伤”等皮肤损害，所以不能使用汽油清洗。硫酸能够溶于水，使用清水清洗可以稀释皮肤上的硫酸。

47. 从火场上救出的气瓶，如没有发生泄漏等情况，待(    )可以继续运输。

A. 冷却后　　B. 加热后　　C. 泄漏完

**答案**：A

**题解**：气瓶一般用于运输压缩或液化气体，这些气体经过加压降温等措施，罐装在气瓶中，所以气瓶的内压比较高，一旦受到剧烈撞击、振动、高温或受热，就会使容器内压力骤增，该压力超过容器的耐受力时就会发生气瓶爆炸。另外，气瓶是不绝热的，即内外的温度一样，所以从火场上救出的气瓶，如没有发生泄漏等情况，必须待冷却后才可以继续运输。如气瓶需要继续使用，还应经质检部门检验。

48. 装卸腐蚀性物质的现场，应依据货物特性备有(    )或苏打水、稀醋酸，以备急救。

A. 制冷装置　　B. 加温装置　　C. 水源

**答案**：C

**题解**：腐蚀品的灭火方法可概括为：大量用水、谨慎用水。无机腐蚀品发生着火或有机腐蚀品直接燃烧时，除具有与水反应特性的物品外，一般可用大量的水扑救。即使有些腐蚀品会与水反应，但这些物品量较少，而大量的水迅速扑上足以抑制热反应，也应用大量的水扑救。但用水时应谨慎，宜用雾状水，不可用高压水柱直接喷射物品，尤其是酸液。苏打水呈碱性，可以中和酸性腐蚀品的撒漏物，而稀醋酸呈酸性，可以中和碱性腐蚀品的撒漏物。

49. 装卸气瓶时，在同一车箱内不准有(    )人以上同时往车上装瓶。

A. 2　　B. 4　　C. 3

**答案**:A

**题解**:《汽车运输、装卸危险货物作业规程》(JT 618—2004)第5.2.3.2条要求:"装车时要旋紧瓶帽,注意保护气瓶阀门,防止撞坏。车下人员须待车上人员将气瓶放置妥当后,才能继续往车上装瓶。在同一车厢内不准有二人以上同时单独往车上装瓶。"

50. 道路运输甲醇的车辆发生阀门泄漏时,首先应(　　),再通知本单位或有关部门。

A. 通知就近单位　　B. 通知运管部门

C. 采取有效封堵措施

**答案**:C

**题解**:对于任何危险货物运输事故,都是应先采取有效封堵措施,防止事故进一步扩大,然后再通知本单位或有关部门。

51. 易燃液体装卸始末,管道内流速不得超过(　　)。

A. 2m/s　　B. 4m/s　　C. 1m/s

**答案**:C

**题解**:《汽车运输、装卸危险货物作业规程》(JT 618—2004)第6.2.5条要求:"易燃液体装卸始末,管道内流速不得超过1m/s,正常作业流速不宜超过3m/s。其他液体产品可采用经济流速。"

52. 易燃液体正常装卸作业中流速不宜超过(　　)。

A. 2m/s　　B. 3m/s　　C. 4m/s

**答案**:B

**题解**:参见第51题。

53. 道路运输酒精的车辆着火时,应采用(　　)灭火。

A. 普通泡沫灭火剂　　B. 细砂　　C. 水

**答案**:B

**题解**:参见第24题。酒精着火时不能使用普通泡沫灭火剂和水来灭火,主要原因是因为泡沫灭火器的作用是利用喷出的泡沫笼罩燃烧的物质,使它与空气气流隔绝而停止燃烧。酒精本身是一种破乳剂,只要泡沫与酒精一接触,就会破坏喷出来的泡沫,这样就不能生成隔绝空气所必需的泡沫,也就不能起到灭火的作用。另外,酒精比水轻,用水扑救时因水会沉在燃烧着的液体下面,并能形成喷溅、漂流而扩大火灾。所以应使用细砂来灭火。

54. 道路危险货物运输车辆的轮胎爆破后,应(　　)。

A. 紧急制动　　B. 稳住方向，使车辆逐渐减速停止
C. 迅速转向，立即停车

**答案**：B

**题解**：车辆行驶时若遇到轮胎爆破，车辆的行驶方向会突然向一侧倾斜或危险地摇摆。尤其是前轮胎爆破时，这种现象更加明显，这时应紧握方向盘，全力控制住车辆的行驶方向，使车辆逐渐减速停止。如果慌乱间实施紧急制动或迅速转向，反而会引起方向失控，导致发生事故。

55. 道路危险货物运输从业人员的头部受到毒性物质污染时，首先应注意(　　)。

A. 打电话求援　　B. 用大量清水冲洗　　C. 用毛巾擦抹干净

**答案**：B

**题解**：略。

56. 高温天气运输液化气罐车途中因故障停车时，应注意(　　)。

A. 罐体遮阳，防止暴晒　　B. 就地修理
C. 通知运管部门

**答案**：A

**题解**：液化气具有挥发性，温度越高，挥发性越大。高温天气运输液化气罐车途中因故障停车时，一方面由于环境温度较高，液体的挥发量增大，挥发出来的蒸气容易引起罐体出现“鼓桶”现象；另一方面由于车辆处于静止状态，太阳光直射在罐体上，容易聚集热量使罐体温度升高，更易引起罐体爆炸事故。所以停车时应注意罐体遮阳，防止暴晒。

57. 道路运输硫酸的车辆着火时，应采用(　　)灭火。

A. 强大水流　　B. 雾状水　　C. 泡沫灭火剂

**答案**：B

**题解**：参见第43题。硫酸是属于腐蚀性物质，溶于水，可使用水作为灭火剂，但宜用雾状水，不能使用高压水柱直接喷射物品，以免飞溅的水珠带上腐蚀品灼伤灭火人员，同时，要控制水的流向，以免带腐蚀性的水流破坏环境。

58. 道路运输硝酸的车辆着火时，应采用(　　)灭火。

A. 雾状水　　B. 强大水流　　C. 泡沫灭火剂

**答案**：A

**题解**：硝酸是属于腐蚀性物质，溶于水，可使用水作为灭火剂，但宜用雾状水，不能使用高压水柱直接喷射物品，以免飞溅的水珠带上腐蚀品灼伤灭火人员，同时，要控制水的流向，以免带腐蚀性的水流破坏环境。

“硝酸”的有关特性参见附录三中的表3-20。

59. 危险货物金属钾着火时,应采用(　　)灭火。

A. 雾状水　　B. 砂土、干粉、二氧化碳

C. 普通泡沫灭火剂

**答案**:B

**题解**:金属钾能够与水反应剧烈反应,所以不能使用雾状水灭火,普通泡沫灭火剂的溶液是水溶液,所以金属钾着火时,应使用砂土、干粉灭火。

更正:答案B中的二氧化碳不能作为活泼金属钾的灭火剂,原因参见第4题。

“钾”的相关特性参见附录三中的表3-21。

60. 危险货物乙炔着火时,采用(　　)灭火。

A. 砂土　　B. 干粉　　C. 碱性水

**答案**:B

**题解**:参见第10题。乙炔俗称电石气,是无色、无嗅的,非常容易燃烧,乙炔与水能够发生剧烈反应,所以不能使用碱性水,一般采用干粉灭火。

“乙炔”的有关特性参见附录三中的表3-22。

61. 危险货物二硫化碳发生小量泄漏时,可用(　　)。

A. 火点燃　　B. 水稀释　　C. 砂土吸收

**答案**:C

**题解**:二硫化碳不溶于水、极易燃,因此,发生泄漏时使用水稀释是无效的,故B是错误的。泄漏时若用火点燃,会产生大量有剧毒的二氧化硫和一氧化碳气体,所以A也是错误的。故选C。

“二硫化碳”的有关特性参见附录三中的表3-23。

62. 危险货物甲醇着火时,应采用(　　)灭火。

A. 酸性水　　B. 水　　C. 干粉

**答案**:C

**题解**:甲醇属于易燃液体,密度小于水,用水扑救时因水会沉在燃烧着的液体下面,并能形成喷溅、漂流而扩大火灾;另外,易燃液体燃烧时所产生的热量较大,而其燃点又较低,很难使温度降低到燃点以下。甲醇能与酸发生反应生成酯,而酯一般不溶于水,所以也不能使用酸性水灭火。

63. 危险货物粗制萘发生小量撒漏时,可用(　　)。

A. 风吹　　B. 干燥罐收集　　C. 砂土掩埋

**答案**:B

**题解**:“萘”的有关特性参见附录三中的表3-15。

64. 装卸硫磺时,不小心皮肤接触,可用(　　)处理。

A. 水冲洗　　B. 酸清洗　　C. 汽油冲洗

**答案**:A

**题解**:参见第15题。

65. 危险货物铝镁粉着火时,应用(　　)灭火。

A. 水　　B. 砂土　　C. 二氧化碳泡沫

**答案**:B

**题解**:参见第16、17题。铝镁等金属粉末能与水发生剧烈反应,产生可燃气体,所以不能使用水灭火,另外铝镁等活泼金属具有极强的还原性,甚至能夺取二氧化碳中的氧,所以二氧化碳不但起不了灭火作用,反而助长火势,故也不能使用二氧化碳泡沫灭火,应用砂土来灭火。

66. 危险货物硫磺粉着火时,可采用(　　)。

A. 雾状水扑救　　B. 加压水冲击　　C. 酸性加压水冲击

**答案**:A

**题解**:参见第15题。硫磺往往散装运输,由于性脆、颗粒小、易粉碎成粉末散在空气中,所以发生火灾时不能用加压水冲击,以防粉末飞扬,扩大事故。可用雾状水。

67. 危险货物精萘着火时,宜用(　　)灭火。

A. 雾状水　　B. 加压水冲击　　C. 泡沫灭火剂

**答案**:A

**题解**:参见第63题。工业萘别称煤焦油、精萘。白色易挥发晶体,有温和芳香气味,粗萘有煤焦油臭味。不溶于水,溶于无水乙醇、醚、苯,遇明火、高热可燃。燃烧时放出有毒的刺激性烟雾。与强氧化剂如铬酸酐、氯酸盐和高锰酸钾等接触,能发生强烈反应,引起燃烧或爆炸。当萘着火时,可用雾状水、二氧化碳、砂土。切勿将水流直接射至溶融物,以免引起严重的流淌火灾或引起剧烈的飞溅。

68. 在发生重大事故时,应拨打(　　)号码电话。

A. 114　　B. 121　　C. 110

**答案**:C

**题解**:114:电话查号台,121:天气预报。

69. 当爆炸品发生撒漏时,(　　)将收集的撒漏物重新装入原包装内。

A. 可以　　B. 一般情况下可以　　C. 绝对不允许

**答案**:C

**题解:**当爆炸品发生撒漏时,绝对不允许将收集的撒漏物重新装入原包装内,这样做不符合安全要求,容易造成安全隐患。

70. 道路运输易燃物体作业现场必须严禁烟火,作业现场应划定警戒区,一般半径(　　)m内不得有热源或明火。

A. 10　　　　B. 15　　　　C. 30

**答案:**C

**题解:**略。

**(二)判断题**(45题)

1. 乙炔气和氧气不能混装和混储。　　(　　)

**答案:**✓

**题解:**乙炔气能与氧气发生剧烈反应,一旦发生气体泄漏,就有可能发生爆炸等危险事故,所以乙炔气和氧气不能混装和混储。

2. 氨气和氯气可以混装和混储。　　(　　)

**答案:**×

**题解:**氨能与氯气发生剧烈的反应,生成氯化氢和氮气,氯化氢吸湿性很强,能吸收空气中的水蒸气立即形成白雾状的盐酸,但如果不是微量的氨气与微量的氯气相遇,而是大量的氯和氨相遇,反应将会生成氯化铵和三氯化氮等,三氯化氮的性质很活泼,很不稳定,与有机物接触、遇热或被撞击,立即发生爆炸性分解,所以氯气和氨气不能在同一车厢配装,也不可在同一库房内混储。

3. 毒性物质主要是通过呼吸道、皮肤和消化道进入人体内,因此在装运过程中应重点防止上述3项传播途径。　　(　　)

**答案:**✓

**题解:**毒性物质主要是通过呼吸道、皮肤和消化道进入人体内,经消化道进入的较少。整个呼吸道都能吸收毒害品,尤以肺泡的吸收能力最大;也有很多毒害品能通过皮肤吸收,吸收后不经过肝脏即直接进入血液循环。毒害品经消化道进入体内,一般都是在运输装卸作业后,被毒害品污染的手未彻底清洗就进食、吸烟或将食物、饮料带到作业场所被污染而误食。另外,一些进入呼吸道的粉尘状毒害品也可随唾液咽下而进入消化道。因此在装运过程中应重点防止上述3项传播途径。

4. 任何一种危险化学品发生火灾时均可用水施救。　　(　　)

**答案:**×

**题解：**不是任何一种危险化学品发生火灾时均可用水施救，比如遇水能发生剧烈反应的活泼金属钾、钠等就不行。还有其他相关物质或物品，由于其特性不同也不能用水施救火灾。

5. 燃烧可能产生毒性物质的危险货物着火时，应佩戴防毒面具，站在上风口进行扑救。（　　）

**答案：**✓

**题解：**参见选择题第 44 题。对于燃烧可能产生毒性物质的危险货物着火时，佩戴防毒面具可以防止毒性物质经呼吸道进入肌体，站在上风口进行扑救也可以最大可能地减少毒性物质进入体内的机会。

6. 大部分固态或液体氧化物遇水会发生化学反应并释放出氧气，故在装运过程中要特别注意防水。（　　）

**答案：**✓

**题解：**一方面，大部分固态或液体氧化物遇水能够发生化学反应，导致货物的变质；另一方面，由于反应能释放出氧气，氧是助燃剂，若遇到有机物、易燃物，即引起燃烧，造成更大的危险。

7. 在运输易燃液体过程中最主要的危险是易挥发的蒸气易与空气混合，引发燃烧和爆炸。（　　）

**答案：**✓

**题解：**易燃液体系指易燃的液体、液体混合物或含有固体物质的液体，但不包括由于其危险特性列入其他类别的液体。其闭杯试验闪点等于或低于 61℃，但不同运输方式可确定适用的闪点，而不低于 45℃。易燃液体的主要特性是易燃性，易燃液体的燃烧是通过其挥发的蒸气与空气形成可燃混合物，达到一定的浓度后遇火源而实现的。因此在运输易燃液体过程中最主要的危险是易挥发的蒸气易与空气混合，引发燃烧和爆炸。

8. 道路运输易于自燃物质时，要注意避免这类物品与空气接触。（　　）

**答案：**✓

**题解：**易于自燃物质的主要特点是不需外界火源作用，自身在空气中能缓慢氧化放热并积热不散，达到其自燃点而自行燃烧。对运输来讲，此项物品最主要的危险是自行发热、燃烧，有些物质甚至在无氧条件下也会自燃，所以一旦这些物品与空气接触，当热量积聚起来，使物品升到一定的温度时，就会引起燃烧。

9. 道路运输易燃气体途中，若发生燃烧，在灭火同时应迅速将未着火气

瓶运至空旷安全处,并用大量水喷淋冷却气瓶,以防止灾害扩大。（　　）

**答案**:✓

**题解**:用大量水喷淋未着火的气瓶,最主要的目的是给气瓶冷却降温,防止瓶内压力升高,避免超过容器的耐受力而导致爆炸发生。

10. 道路危险货物运输途中,易燃液体发生燃烧,都应立即用大量水进行喷淋灭火。（　　）

**答案**:×

**题解**:大部分易燃液体的密度小于水,且不溶于水,一旦发生火灾,用水扑救时因水会沉在燃烧着的液体下面,并能形成喷溅、漂流而扩大火灾;另外,易燃液体燃烧时所产生的热量较大,而其燃点又较低,很难使温度降低至燃点以下。因此,扑灭易燃液体火灾的最有效方法,是采用泡沫、二氧化碳、干粉等扑救。

11. 道路运输遇水或酸产生剧毒气体的易燃固体时,必须为驾驶人员和押运人员配备防毒面具。（　　）

**答案**:✓

**题解**:由于这类易燃固体遇水或酸产生剧毒气体,使作业人员通过呼吸道等途径吸入有毒的气体,从而发生中毒事故,因此必须为驾驶人员和押运人员配备防毒面具。

12. 道路运输易燃易爆危险货物时,驾驶人员不能在车辆附近随意使用明火。（　　）

**答案**:✓

**题解**:参见选择题第40题。

13. 道路危险货物车辆夏季运输气体钢瓶时,当气瓶内的温度可能高于40°C时,应对瓶体实施遮阳、冷水喷淋、降温等措施。（　　）

**答案**:✓

**题解**:《汽车运输、装卸危险货物作业规程》(JT 618—2004)第5.2.1.2条要求:"夏季运输应检查并保证瓶体遮阳、瓶体冷水喷淋降温设施等安全有效。"第5.2.2.5条要求:"除另有限运规定外,当运输过程中瓶内气体的温度高于40℃时,应对瓶体实施遮阳、冷却喷淋降温等措施。"

14. 道路运输爆炸品时,无外包装的金属桶只能单层摆放,以免压力过大或撞击摩擦引起爆炸。（　　）

**答案**:✓

**题解**:《汽车运输、装卸危险货物作业规程》(JT 618—2004)第5.1.3.2

条要求："车厢装货总高度不得超过1.5米。无外包装的金属桶只能单层摆放，以免压力过大或撞击摩擦引起爆炸。"

15. 道路运输爆炸品，车上严禁搭乘无关人员和危及安全的其他物资。（ ）

**答案**：✓

**题解**：略。

16. 爆炸品着火时，也可采用窒息法或隔离法灭火。（ ）

**答案**：×

**题解**：参见选择题第5题。

17. 道路运输大型气瓶时，车上必须配备防止钢瓶滚动的紧固装置，如插桩、垫木、紧绳器等。（ ）

**答案**：✓

**题解**：气瓶一般用于运输压缩或液化气体，它们经过加压降温等措施，罐装在气瓶中，所以气瓶的内压比较高，一旦受到剧烈撞击、振动、高温或受热，就会使容器内压力骤增，该压力超过容器的耐受力时就会发生气瓶爆炸。所以运输大型气瓶时，车上必须配备防止钢瓶滚动的紧固装置，如插桩、垫木、紧绳器等，以防止气瓶因滚动而受到撞击或振动，发生爆炸。

18. 道路运输气体的罐车装卸作业时，应按指定位置停车，发动机正常工作，实施驻车制动。（ ）

**答案**：×

**题解**：参见第四章选择题第39题。主要是因为发动机正常工作时会产生火花，如果在装卸过程中发生气体泄漏，易引起火灾爆炸等事故。

19. 道路运输大型气瓶行车途中，应尽量避免紧急制动，防止气瓶因惯性作用而造成事故。（ ）

**答案**：✓

**题解**：参见第17题。运输大型气瓶行车途中，应尽量避免紧急制动，防止气瓶因惯性作用冲出车厢平台而受到剧烈撞击或振动，导致气瓶爆炸。

20. 易燃液体的蒸气与空气能形成爆炸性混合物，遇明火会发生燃烧爆炸，应注意安全作业。（ ）

**答案**：✓

**题解**：参见第7题。

21. 道路运输易燃液体的驾驶人员不得随身携带火种，可穿着一般工作服和工作鞋。（ ）

**答案**：×

**题解**：参见第一章选择题第58题。

22. 装运易燃液体的罐车行驶时，导除静电装置应接地良好。（　）

**答案**：√

**题解**：参见第四章选择题第1题。

23. 夏季高温季节装运易燃液体时，应按有关部门和当地规定的作业时间进行作业，确保安全。（　）

**答案**：√

**题解**：易燃液体一般挥发性较强，环境温度越高，挥发量越大，与空气形成可燃混合气浓度越大，一旦遇到明火就有可能引起燃烧爆炸，所以在夏季高温季节装运易燃液体时，应按有关部门和当地规定的作业时间进行作业，尽量选择温度较低的早晚时段，减少易燃液体的挥发量，确保装运安全。

24. 扑灭易燃液体着火的最有效方法，是采用泡沫、二氧化碳、干粉灭火剂进行扑救。（　）

**答案**：√

**题解**：参见第10题。

25. 道路运输易燃液体一旦发生撒漏时，最有效的方法是用水稀释处理。（　）

**答案**：×

**题解**：参见第10题。

26. 易挥发出易燃、有害及刺激性气体的危险货物装卸作业现场，应保持良好通风，防止中毒和燃烧爆炸。（　）

**答案**：√

**题解**：易挥发出易燃、有害及刺激性气体的危险货物，容易挥发出有毒蒸气，蒸气在密封的集装箱或者车厢内积聚，达到一定浓度时一旦遇到明火就会发生燃烧爆炸，所以作业前，必须先进行通风排气，防止中毒和燃烧爆炸。

27. 在雨雪天道路运输遇水放出易燃气体的物质，车辆必须配备有效的防水设施，不具备条件的车辆不得运输。（　）

**答案**：√

**题解**：《汽车运输、装卸危险货物作业规程》(JT 618—2004)第5.4.2.2条要求："雨雪天气运输遇湿易燃物品，应保证防雨雪、防湿潮措施切实有效。"遇湿易燃物品的化学特性极其活泼，遇水(包括受湿、酸类和氧化剂)

会引起剧烈化学反应,放出可燃性气体和热量。当其可燃性气体和热量达到一定浓度或温度时,能立即引起自燃或在明火作用下引起燃烧,所以雨雪天运输遇水放出易燃气体物质的车辆必须配备有效的防水设施,不具备条件的车辆不得运输,以防货物接触水而发生反应。

28. 遇水反应的易燃固体着火时,不得用水灭火,应采用干砂、干粉灭火剂进行扑救。 (  )

**答案:**✓

**题解:**因为这些易燃固体能与水发生反应,如铝粉、钛粉等金属粉末能与水发生剧烈反应,产生可燃气体。因此应用干燥的砂土、干粉灭火器进行扑救,严禁用水、酸、碱灭火剂和泡沫灭火剂扑救。

29. 对火灾中抢救出来的赤磷要谨慎处理,因为赤磷在高温下会转化为黄磷,变成易于自燃物质。 (  )

**答案:**✓

**题解:**赤磷与黄磷是磷的同素异性体,但两者性质相差较大。赤磷为紫红色无定型正方板状结晶或粉末,着火点比黄磷高很多,易燃但不易自燃;黄磷是白色或淡黄色的半透明的蜡状固体,性质极其活泼,暴露在空气中即被氧化,加之自燃点低,因此只需一、二分钟即自燃,属于易自燃物品。赤磷在高温下会转化为黄磷,化学性质变得更加活泼,所以需要谨慎处理。

30. 遇水放出易燃气体的危险货物着火时,应用干砂、干粉灭火剂进行灭火。 (  )

**答案:**✓

**题解:**这类危险货物能与水发生反应,发出易燃气体,所以不能使用水扑救,如铝粉、钛粉等金属粉末能与水发生剧烈反应,产生可燃气体,故应用干砂、干粉灭火器进行灭火。

31. 遇水反应产生易燃或有毒气体的危险货物着火时,可使用泡沫灭火器扑救。 (  )

**答案:**×

**题解:**泡沫灭火器中的药剂是水溶液,与遇水反应产生易燃或有毒气体的危险货物接触可发生反应,故禁止使用泡沫灭火器扑救。

32. 扑救遇水反应产生剧毒、腐蚀性气体的危险货物火灾时,应穿戴防护用品和自给式呼吸器。 (  )

**答案:**✓

**题解:**自给式呼吸器由于其结构和功能,可避免扑救人员遭受剧毒、腐蚀性气体的侵害。

33. 有机过氧化物、金属过氧化物着火时,可用水进行扑救。（　）

**答案:**×

**题解:**发生火灾时,对有机过氧化物、金属过氧化物不能用水扑救,因为这类物品与水反应能生成氧气而帮助燃烧,扩大火势,只能用砂土、干粉、二氧化碳灭火剂进行扑救。

34. 装卸氧化剂过程中,若发生撒漏,应轻轻扫起撒漏物,重新包装,可以同车发运。（　）

**答案:**×

**题解:**参见选择题第45题。

35. 装运毒性物质时,必须携带劳动防护用品及防散失、防雨等工、属具。（　）

**答案:**✓

**题解:**参见选择题第44题。因此装运毒性物质时,必须配备防散失工具,以免遗失或扩大污染甚至造成不可估量的危害。另外毒性物质除了毒性以外,还具有可燃性、遇酸或水反应放出有毒气体、腐蚀性等特点,所以还得配备防雨等工、属具。

36. 道路运输有机毒性危险货物应避开高温、明火场所。（　）

**答案:**✓

**题解:**有机毒害品遇明火、高热或与氧化剂接触会燃烧爆炸,燃烧时会放出有毒气体,加剧毒害品的危险性,所以道路运输有机毒性危险货物应避开高温、明火场所。

37. 大部分毒性物质着火时,能产生有毒和刺激性气体及烟雾。扑救时,应尽可能站在上风处,并戴好防毒面具。（　）

**答案:**✓

**题解:**毒性物质着火后可产生有毒和刺激性气体及烟雾,可以通过呼吸道进入肌体而使人员中毒,站在上风处并佩戴防毒面具可尽最大限度减少毒性气体的吸入量,防止中毒。

38. 对毒性物质的撒漏物不能任意处理,以免扩大污染甚至造成不可估量的危害。（　）

**答案:**✓

**题解:**参见选择题第44题。毒性物质的撒漏物不能任意处理,以免落到不了解其性能的群众手里,或被犯罪分子利用,扩大污染甚至造成不可估量的危害。

39. 撒漏的液体毒性物质，应用砂土、锯末等松软物浸润、吸附收集后，盛入容器中，可将其交付运输管理部门处理。 ( )

**答案**：×

**题解**：撒漏的液体毒性物质，应用砂土、锯末等松软物浸润、吸附收集后，盛入容器中，可将其交付货主单位处理。

40. 放射性货物可以同其他危险货物同车装运。 ( )

**答案**：×

**题解**：《汽车运输危险货物规则》(JT 617—2004)附录 D 中的注 h 要求："放射性货物与其他危险货物不可在同车厢内配装，与普通货物应按表 D.2 条件隔离。"

41. 酒精能缓解毒性物质引起的人体病态症状，所以饮酒可作为抢救毒性物质中毒的措施。 ( )

**答案**：×

**题解**：喝酒后全身血液循环加快，毛细血管充盈，毛孔扩张。饮酒可加快人体对毒性物质的溶解和吸收，引起或加剧中毒症状，所以饮酒不可以作为抢救毒性物质中毒的措施。

42. 道路运输腐蚀性物质前，应认真检查货物包装和容器封口情况，严禁运输无外包装的腐蚀性物质。 ( )

**答案**：√

**题解**：腐蚀品具有腐蚀性，不仅对人体有伤害，对很多物品也有不同程度的腐蚀，它们会腐蚀金属的容器、车厢、货舱、机仓及设备等，即使这些金属物品不直接与腐蚀品接触，也会因腐蚀品蒸气的作用而锈蚀，如化工物品运输车辆的损耗程度要比普通运输车辆的损耗大得多，因此，严禁运输无外包装的腐蚀性物质。

43. 装运有易碎容器包装的腐蚀性物质时，驾驶人员要平稳驾驶，密切注意路面情况，对条件差的路段应缓慢通过。 ( )

**答案**：√

**题解**：由于易碎容器的特性，在运输过程中很容易因颠簸而破碎，另外，腐蚀品具有腐蚀性，不仅对人体有伤害，对很多物品也有不同程度的腐蚀，它们会腐蚀金属的容器、车厢、货舱、机仓及设备等，即使这些金属物品不直接与腐蚀品接触，也会因腐蚀品蒸气的作用而锈蚀，腐蚀品甚至能腐蚀水泥建筑物，所以腐蚀品运输途中一定要密切注意包装是否泄漏，对条件差的路段应缓慢通过,防止包装受损。

44. 道路运输腐蚀性物质途中,应每隔一定时间停车检查车上货物情况,发现包装破漏要及时处理,防止酿成重大事故。（　　）

**答案:**✓

**题解:**参见第43题。

45. 液体腐蚀性物质撒漏时,应用干砂、干土覆盖吸收,打扫干净后,再用水洗刷污染处。（　　）

**答案:**✓

**题解:**液体腐蚀品撒漏时,应用干砂、干土覆盖吸收,打扫干净后,再用水洗刷污染处。大量溢出而用干砂、干土不足以吸收时,可视货物的酸碱性质,分别用稀碱或稀酸中和。中和时,要防止发生剧烈反应。用水洗刷撒漏现场时,不能用水直接喷射,只能缓慢的浇洗或用雾状水喷淋,以防水珠飞溅伤人。

# 第二篇　押运人员从业资格考试题解(共500题)

## 第一章　危险货物运输的相关法规常识

(130题,其中选择题70题、判断题60题)

### (一)选择题(70题)

1.国务院第344号令《危险化学品安全管理条例》自(　　)起施行。

A.1988年8月1日　　B.2005年8月1日　　C.2002年3月15日

**答案:**C

**题解:**《危险化学品安全管理条例》①经2002年1月9日国务院第52次常务会议通过,自2002年3月15日起施行。此题强调《条例》实施日期。《条例》是交通部制定《道路危险货物运输管理规定》②主要法律依据之一。

2.施行国务院第344号令《危险化学品安全管理条例》的目的是:为了加强对(　　)的安全管理,保障人民生命、财产安全,保护环境。

A.普通货物　　B.危险物　　C.危险化学品

**答案:**C

**题解:**《条例》第一条规定:"为了加强对危险化学品的安全管理,保障人民生命、财产安全,保护环境,制定本条例。"此题强调《条例》适用范围(管理对象)是:危险化学品。在此还应进一步明确,《条例》对"危险化学品"进行了定性、定量的表述,其概念、定义是法律层面的解释。这与化工专业和化学学科中的"化学品"概念不同。如潮湿的棉花(UN 1365、CN 42505)、动植物纤维(UN 1372)不是化学品,但它们是《条例》所指的"危险化学品。"

3.在中华人民共和国境内生产、经营、储存、(　　)、使用危险化学品和处置废弃危险化学品,必须遵守国务院第344号令《危险化学品安全管

① 以下将《危险化学品安全管理条例》简称为《条例》。

② 以下将《道路危险货物运输管理规定》简称为《危规》。

理条例》。

A. 购买　　　　B. 加工　　　　C. 运输

**答案**:C

**题解**:《条例》第二条规定:"在中华人民共和国境内生产、经营、储存、运输、使用危险化学品和处置废弃危险化学品,必须遵守本条例和国家有关安全生产的法律、其他行政法规的规定。"此题强调在境内运输危险化学品,必须遵守《条例》和国家有关安全生产的法律及其他行政法规的规定。这样,非经营性道路运输危险货物及外商投资道路运输业从事危险货物运输、港澳直通车从事危险货物运输等,不管其经济成分、管理模式、运输形式,只要在境内运输危险化学品的都要遵守《条例》的要求。

4. 国务院第344号令《危险化学品安全管理条例》中所称的危险化学品是指《危险货物品名表》(GB 12268—2005)9类当中的(　)类。

A. 9　　　　B. 7　　　　C. 8

**答案**:B

**题解**:《条例》第三条规定:"本条例所称危险化学品,包括爆炸品、压缩气体和液化气体、易燃液体、易燃固体、自燃物品和遇湿易燃物品、氧化剂和有机过氧化物、有毒品和腐蚀品等。危险化学品列入以国家标准公布的《危险货物品名表》(GB 12268)。"此题强调危险化学品的种类。同时也说明了危险化学品以《危险货物品名表》(GB 12268)中的7类为准。具体地讲,危险货物的范畴大,有9类,见表1-1;危险化学品范畴小,是危险货物9类中的7类(不含第7类放射性物品和第9类杂类),见表1-2。这也是两者的区别。

**危险货物**　　表1-1

| 第1类(民用爆炸品、烟花爆竹) | 第2类 | 第3类 |
|---|---|---|
| 第4类 | 第5类 | 第6类 |
| 第7类 | 第8类 | 第9类 |

**危险化学品**　　表1-2

| 第1类(~~民用爆炸品、烟花爆竹~~①) | 第2类 | 第3类 |
|---|---|---|
| 第4类 | 第5类 | 第6类(剧毒化学品②) |
| ~~第7类~~ | 第8类 | ~~第9类~~ |

---

① 表中删除部分为不包含内容。

② 表中括号中内容为该类包含内容。

5. 道路运输危险化学品单位的(　　),应对本单位危险化学品运输安全全面负责。

A. 主要负责人　　B. 工会主席　　C. 安全负责人

**答案:**A

**题解:**《中华人民共和国安全生产法》第五条规定:“生产经营单位的主要负责人对本单位的安全生产工作全面负责”;《中华人民共和国公司法》第三条规定:“有限责任公司和股份有限公司是企业法人。有限责任公司,股东以其出资额为限对公司承担责任,公司以其全部资产对公司的债务承担责任。股份有限公司,其全部资本分为等额股份,股东以其所持股份为限对公司承担责任,公司以其全部资产对公司的债务承担责任”;《条例》第七十条规定:“危险化学品单位发生危险化学品事故造成人员伤亡、财产损失的,应当依法承担赔偿责任;拒不承担赔偿责任或者其负责人逃匿的,依法拍卖其财产,用于赔偿。”此题强调危险化学品单位主要负责人的法律责任。同时强调公司以其全部资产承担债务、民事责任。由于企业的调度等管理人员、危险货物运输从业人员等都是企业职工,其调度、运输、押运等工作行为都是代表企业的职务行为和企业行为。故企业也要为其职务违法承担相关的法律责任。

6. 国务院规定,由(　　)负责危险化学品安全监督管理综合工作,负责危险化学品经营许可证的发放,负责国内危险化学品的登记,负责危险化学品事故应急救援的组织和协调。

A. 公安部　　B. 国家安全生产监督管理总局

C. 交通部

**答案:**B

**题解:**《条例》第五条规定:“对危险化学品的生产、经营、储存、运输、使用和对废弃危险化学品处置实施监督管理的有关部门,依照下列规定履行职责:(一)国务院经济贸易综合管理部门和省、自治区、直辖市人民政府经济贸易管理部门,依照本条例的规定,负责危险化学品安全监督管理综合工作,负责危险化学品生产、储存企业设立及其改建、扩建的审查,负责危险化学品包装物、容器(包括用于运输工具的槽罐,下同)专业生产企业的审查和定点,负责危险化学品经营许可证的发放,负责国内危险化学品的登记,负责危险化学品事故应急救援的组织和协调,并负责前述事项的监督检查;设区的市级人民政府和县级人民政府的负责危险化学品安全监督管理综合工作的部门,由各该级人民政府确定,依照本条例的规定履行职责;……”

根据《条例》,国务院经济贸易综合管理部门,负责危险化学品安全监督管理综合工作。由于国务院机构改革,现已由国家安全生产监督管理总局代替国务院经济贸易综合管理部门。

7. 国务院第344号令《危险化学品安全管理条例》规定,有关部门派出的工作人员依法进行监督检查时,应当( )。

A. 事先通知　　B. 出示通知书　　C. 出示证件

**答案:**C

**题解:**《条例》第六条规定:“有关部门派出的工作人员依法进行监督检查时,应当出示证件。”此题强调有关管理部门进行监督检查时,要出示证件。在实际工作中,根据“属地化管理原则”,由危险货物道路运输企业所在地的有关管理部门对其进行监督检查。当国务院及有关部委组织对危险货物道路运输企业进行监督检查时,通常要通过地方人民政府有关部门组织实施。

8. 危险化学品生产企业销售其生产的危险化学品时,应当提供与危险化学品完全一致的化学品( ),并在包装上加贴或者拴挂与包装内危险化学品完全一致的化学品安全标签。

A. 产品使用说明书　　B. 专利说明书　　C. 安全技术说明书

**答案:**C

**题解:**《条例》第十四条规定:“生产危险化学品的,应当在危险化学品的包装内附有与危险化学品完全一致的化学品安全技术说明书,并在包装(包括外包装件)上加贴或者拴挂与包装内危险化学品完全一致的化学品安全标签。”

化学品安全技术说明书(MSDS)为化学物质及其制品提供了有关安全、健康和环境保护方面的各种信息,并提供有关化学品的基础知识、防护措施和应急行动等方面的指导。MSDS是化学品生产供应企业,向用户提供包括运输、操作处置、储存和应急行动等基本信息的说明书。“化学品安全标签”用文字、图形符号和编码的组合形式表示化学品所具有的危险性和安全注意事项。有关详细内容,参见《道路运输危险货物实用手册》①第一章第二节中的《化学品安全技术说明书》、《化学品安全标签》、“安全技术说明书和安全标签”在运输中的主要作用。

9. 国家对危险化学品的运输实行( )制度。

① 以下简称《手册》。

A. 自由运输　　　　B. 资质认定　　　　C. 自主运输

**答案**:B

**题解**:《条例》第三十五条规定:"国家对危险化学品的运输实行资质认定制度;未经资质认定,不得运输危险化学品。危险化学品运输企业必须具备的条件由国务院交通部门规定。"此题强调未经资质认定,不得运输危险化学品。无资质承运危险化学品,属违法运输。根据《条例》,未取得危险化学品运输企业资质,擅自从事危险化学品公路运输的,由交通部门处2万元以上20万元以下的罚款。

10. 道路危险化学品运输企业必须具备的条件由(　　)规定。

A. 公安部　　　　B. 国务院交通部门

C. 国家安全生产监督管理总局

**答案**:B

**题解**:参见第9题。此题强调危险化学品运输企业必须具备的条件由国务院交通部门规定。此条也是交通部制定《道路危险货物运输管理规定》的主要法律依据之一。

11. 国务院第344号令《危险化学品安全管理条例》规定,(　　)应当对危险化学品的包装物、容器的产品质量进行定期的或者不定期的检查。

A. 质检部门　　　　B. 交通部门　　　　C. 经贸部门

**答案**:A

**题解**:《条例》第五条第三款规定:"质检部门负责发放危险化学品及其包装物、容器的生产许可证,负责对危险化学品包装物、容器的产品质量实施监督,并负责前述事项的监督检查。"此题强调质检部门负责对危险化学品的包装物、容器的产品质量进行监督检查。尤其值得注意的是,质检部门负责道路运输危险货物罐车的罐体(包括压力罐体和常压罐体)检验。由于《危险货物品名表》(GB 12268—2005)将"熔融金属(UN 3257)"纳入危险货物,故装载"熔融金属"的容器——槽体,其检验也应由质检部门负责。这种"槽体"和罐车的罐体,在道路运输业内常统称为"槽罐"。

12. 驾驶人员、押运人员、装卸管理人员必须掌握危险化学品运输的安全知识,并经所在地设区的市级人民政府(　　)考核合格,取得从业资格证,方可上岗作业。

A. 交通部门　　　　B. 质检部门　　　　C. 经贸部门

**答案**:A

**题解**:《条例》第三十七条规定:"驾驶员、船员、装卸管理人员、押运人员必须掌握危险化学品运输的安全知识,并经所在地设区的市级人民政府交通部门考核合格(船员经海事管理机构考核合格),取得上岗资格证,方可上岗作业。"此条强调:一是从业人员必须掌握危险化学品运输的安全知识;二是强调所在地设区的市级人民政府交通部门负责考试;三是必须持证上岗。交通部颁布全国统一的考试大纲和考试题库,就是为了贯彻《条例》对从业人员考试的要求。

13. 通过公路运输剧毒化学品的,托运人应当向目的地的县级人民政府公安部门申请办理(　　)。

A. 交通运输许可证　　B. 剧毒化学品公路运输通行证

C. 道路占用证

**答案:**B

**题解:**《条例》第三十九条规定:"通过公路运输剧毒化学品的,托运人应当向目的地的县级人民政府公安部门申请办理剧毒化学品公路运输通行证。"此条强调运输剧毒化学品要申请办理剧毒化学品公路运输通行证,并要持证运输。根据《条例》第六十七条规定:"托运人未向公安部门申请领取剧毒化学品公路运输通行证,擅自通过公路运输剧毒化学品的,由公安部门责令改正,处2万元以上10万元以下的罚款;触犯刑律的,依照刑法关于危险物品肇事罪、重大环境污染事故罪或者其他罪的规定,依法追究刑事责任。"

14. 国务院(　　)制定了剧毒化学品公路运输通行证的式样和具体申领办法。

A. 交通部门　　B. 安全监管部门　　C. 公安部门

**答案:**C

**题解:**《条例》第三十九条规定:"剧毒化学品公路运输通行证的式样和具体申领办法由国务院公安部门制定。"公安部门根据《条例》,制定了《剧毒化学品购买和公路运输许可证件管理办法》(2005年5月25日公安部第77号令公布,自2005年8月1日起施行)、《关于贯彻执行〈剧毒化学品购买和公路运输许可证件管理办法〉有关问题的通知》(公通字〔2005〕38号)。

15. (　　)和未列入《危险货物品名表》(GB 12268—2005)的其他危险化学品,由国家安全生产监督管理总局会同国务院公安、环境保护、卫生、质检、交通部门确定并公布。

A. 剧毒化学品目录　B. 危险货物品名表　C. 危险废物品名表

**答案:**A

**题解:**《条例》第三条规定:“剧毒化学品目录和未列入《危险货物品名表》的其他危险化学品,由国务院经济贸易综合管理部门会同国务院公安、环境保护、卫生、质检、交通部门确定并公布。”根据《条例》,国务院八部委(国家安全生产监督管理局、公安部、国家环境保护总局、卫生部、国家质量监督检验检疫总局、铁道部、交通部、中国民用航空总局)联合发文公布了《剧毒化学品目录》(公告〔2003〕)第2号)。2003年,国务院八部委联合发文公布了《剧毒化学品目录(2002年版)补充和修正表》(安监管危化〔2003〕196号)。此题明确剧毒化学品是以《剧毒化学品目录》为准。

16. 危险化学品运输车辆禁止通行区域,由设区的市级人民政府(　　)划定,并设置明显的标志。

A. 交通部门　　B. 公安部门　　C. 质检部门

**答案:**B

**题解:**《条例》第四十三条规定:“危险化学品运输车辆禁止通行区域,由设区的市级人民政府公安部门划定,并设置明显的标志。”此条强调国家要求设区的市级人民政府公安部门在城区和一些特定区域,设置危险化学品运输车辆禁止通行区域。驾驶人员、押运人员要注意标志的设置,不得违法驶入。如确需进入禁止通行区域的,应当事先向当地公安部门报告,由其指定行车时间和路线。

17. 国家实行(　　)登记制度,并提供安全管理、事故预防和应急救援技术、信息支持。

A. 危险化学品　　B. 普通货物　　C. 一般货物

**答案:**A

**题解:**《条例》第四十七条规定:“国家实行危险化学品登记制度,并为危险化学品安全管理、事故预防和应急救援提供技术、信息支持。”此题强调国家对危险化学品实行登记制度,即设立专门机构对危险化学品进行登记,并提供技术、信息支持。

18. 危险货物托运人应当委托具有道路危险货物运输资质的企业承运,严格按照国家有关规定包装,并向(　　)说明危险货物的品名、数量、危害、应急措施等情况。

A. 承运人　　B. 货主　　C. 托运人

**答案:**A

**题解:**《条例》第三十八条规定:“通过公路运输危险化学品的,托运人只能委托有危险化学品运输资质的运输企业承运。"第四十一条规定:"托运人托运危险化学品,应当向承运人说明运输的危险化学品的品名、数量、危害、应急措施等情况。"此题强调托运人的法律责任。同时,承运人也要主动向托运人索取相关资料,保证运输安全、保护自身安全。

19. 危险化学品(　　)必须为危险化学品事故应急救援提供技术指导和必要的协助。

A. 生产企业　　B. 经营企业　　C. 使用单位

**答案:**A

**题解:**《条例》第五十三条规定:"危险化学品生产企业必须为危险化学品事故应急救援提供技术指导和必要的协助。"此题强调危险化学品生产企业的法律责任。由于危险化学品生产企业最了解自己产品的性能,故危险化学品道路运输企业要与托运方(危险化学品生产企业)保持联系,得到必要指导和协助。同时,危险化学品道路运输企业,还可以针对本企业经常运输的危险化学品,请生产企业到本企业对有关人员(驾驶、押运等人员)进行专项业务培训。

20. 驾驶道路危险货物运输车辆时,驾驶人员在24小时内实际驾驶车辆时间累计不得超过(　　)小时。

A. 10　　B. 8　　C. 12

**答案:**B

**题解:**《汽车运输、装卸危险货物作业规程》(JT 618—2004)第4.1.8条要求:"驾驶人员一次连续驾驶4h应休息20min以上;24h内实际驾驶车辆时间累计不得超过8h。"此题强调禁止驾驶人员疲劳驾驶的具体要求。危险化学品道路运输企业,应根据此条款要求驾驶人员安全驾驶。

21. 国务院第344号令《危险化学品安全管理条例》规定,未取得道路危险货物运输企业资质,擅自从事危险化学品公路运输的企业,由(　　)依据职责对其进行处罚。

A. 公安部门　　B. 交通部门　　C. 质检部门

**答案:**B

**题解:**《条例》第六十五条规定:"违反本条例的规定,未取得危险化学品运输企业资质,擅自从事危险化学品公路、水路运输,有违法所得的,由交通部门没收违法所得;违法所得5万元以上的,并处违法所得1倍以上5倍以下的罚款;没有违法所得或者违法所得不足5万元的,处2万元以上20万元以下的罚款;触犯刑律的,对负有责任的主管人员和其他直接责任人员依照刑法关于危险物品肇事罪或者其他罪的规定,依法追究刑事责任。”此题明确了交通部门是对违法运输危险化学品的执法主体。

22. 国务院第344号令《危险化学品安全管理条例》规定,未取得危险货物运输(　　),擅自从事危险化学品公路运输的企业,由交通部门依据职责对其进行处罚。

A. 企业资质　　B. 生产许可证　　C. 经营许可证

**答案:**A

**题解:**参见第21题。此题强调违法运输的法律责任。

23. 道路危险货物运输过程中,不配备(　　)的,由公安部门处2万元以上10万元以下的罚款。

A. 装卸人员　　B. 押运人员　　C. 管理人员

**答案:**B

**题解:**《条例》第六十七条规定:“违反本条例的规定,有下列行为之一的,由公安部门责令改正,处2万元以上10万元以下的罚款;触犯刑律的,依照刑法关于危险物品肇事罪、重大环境污染事故罪或者其他罪的规定,依法追究刑事责任:……,(二)危险化学品运输企业运输危险化学品,不配备押运人员或者脱离押运人员监管,超装、超载,中途停车住宿或者遇有无法正常运输的情况,不向当地公安部门报告的。”此题强调危险化学品道路运输企业运输危险化学品过程中,必须配备押运人员。不配备押运人员的,属违法行为,由公安部门处2万元以上10万元以下的罚款。

24. 道路危险货物运输过程中,不配备押运人员,由(　　)处2万元以上10万元以下的罚款。

A. 交通部门　　B. 质检部门　　C. 公安部门

**答案:**C

**题解:**参见第23题。此题强调了对“不配备押运人员”的,由公安部门执法。

25. 从事危险化学品公路运输的驾驶人员、押运人员、装卸管理人员未经考核合格,取得(　　)的,由交通部门处2万元以上10万元以下的罚款。

A. 生产许可证　　B. 营业执照　　C. 从业资格证

**答案:**C

**题解:**《条例》第六十六条规定:“违反本条例的规定,有下列行为之一的,由交通部门处2万元以上10万元以下的罚款;触犯刑律的,依照刑法关于危险物品肇事罪或者其他罪的规定,依法追究刑事责任:(一)从事危险化学品公路、水路运输的驾驶员、船员、装卸管理人员、押运人员未经考核合格,取得上岗资格证的;……。”此题强调危险货物运输从业人员须持证上岗,未持证上岗的,由交通部门处2万元以上10万元以下的罚款。值得注意的是,按《条例》第六十六条的原文,应是“取得上岗资格证的”。由于,《条例》中“上岗资格证”没有特指。在实际工作中,根据交通部规定,在道路运输业内一直使用《中华人民共和国道路运输从业人员从业资格证》(简称《从业资格证》)。尤其是2006年11月23日,交通部颁布的《道路运输从业人员管理规定》(交通部2006年9号令,2007年3月1日起实施),进一步规范了有关工作。即在道路运输业内,道路运输从业人员使用《从业资格证》。故答案为C。

26. 从事危险化学品公路运输的驾驶人员、押运人员、装卸管理人员未经考核合格,取得从业资格证的,由(　　)处2万元以上10万元以下的罚款。

A. 公安部门　　B. 质检部门　　C. 交通部门

**答案**:C

**题解**:参见第25题。此题强调持证上岗,对未持证上岗的,由交通部门执法。

27. 托运人托运剧毒危险化学品,未向(　　)申请领取剧毒化学品公路运输通行证,擅自通过公路运输剧毒化学品的,处2万元以上10万元以下的罚款。

A. 公安部门　　B. 质检部门　　C. 交通部门

**答案**:A

**题解**:《条例》第六十七条规定:“违反本条例规定,有下列行为之一的,由公安部门责令改正,处2万元以上10万元以下的罚款;触犯刑律的,依照刑法关于危险物品肇事罪、重大环境污染事故罪或者其他罪的规定,依法追究刑事责任:(一)托运人未向公安部门申请领取剧毒化学品公路运输通行证,擅自通过公路运输剧毒化学品的;……。”此题强调:一是向公安部门申请领取剧毒化学品公路运输通行证;二是违法运输剧毒化学品的,由公安部门处2万元以上10万元以下的罚款。

28. 道路危险货物运输,中途停车住宿或者遇有无法正常运输的情况,不向当地(　　)报告的,处2万元以上10万元以下的罚款。

A. 公安部门　　B. 质检部门　　C. 交通部门

**答案**:A

**题解**:《条例》第六十七条规定:"违反本条例的规定,有下列行为之一的,由公安部门责令改正,处2万元以上10万元以下的罚款;触犯刑律的,依照刑法关于危险物品肇事罪、重大环境污染事故罪或者其他罪的规定,依法追究刑事责任:……;(二)危险化学品运输企业运输危险化学品,不配备押运人员或者脱离押运人员监管,超装、超载,中途停车住宿或者遇有无法正常运输的情况,不向当地公安部门报告的;……。"此题强调道路危险货物运输过程中,中途停车住宿或遇有无法正常运输的情况时,应向当地公安部门报告。

29. 道路危险货物运输过程中,脱离(　　)监管的,由公安部门处2万元以上10万元以下的罚款。

A. 装卸人员　　B. 押运人员　　C. 管理人员

**答案**:B

**题解**:参见第28题。此题强调押运人员的责任。同时表明不配备押运人员与脱离押运人员监管的法律责任是相同的,由公安部门处2万元以上10万元以下的罚款。

30. 道路危险货物运输单位发生危险货物运输事故造成人员伤亡、财产损失的,应当依法承担(　　)责任。

A. 保护　　B. 个人　　C. 赔偿

**答案**:C

**题解**:《条例》第七十条规定:"危险化学品单位发生危险化学品事故造成人员伤亡、财产损失的,应当依法承担赔偿责任;拒不承担赔偿责任或者其负责人逃匿的,依法拍卖其财产,用于赔偿。"此题强调了企业法人的责任。

31. 国务院规定,由(　　)负责危险化学品的公共安全管理,负责发放剧毒化学品购买凭证和准购证,负责审查核发剧毒化学品公路运输通行证,对危险化学品道路运输安全实施监督。

A. 公安部门　　B. 质检部门　　C. 交通部门

**答案**:A

**题解**:《条例》第五条规定:"对危险化学品的生产、经营、储存、运输、使用和对废弃危险化学品处置实施监督管理的有关部门,依照下列规定履行职责:……;(二)公安部门负责危险化学品的公共安全管理,负责发放剧毒化学品购买凭证和准购证,负责审查核发剧毒化学品公路运输通行证,对危险化学品道路运输安全实施监督,并负责前述事项的监督检查;……。"此题介绍了公安部门的职责。

32. 国务院规定,由(　　)负责发放危险化学品及其包装物、容器的生产许可证,负责对危险化学品包装物、容器的产品质量实施监督。

A. 公安部门　　B. 质检部门　　C. 交通部门

**答案:**B

**题解:**参见第11题。此题介绍了质检部门的职责。

33. 国务院规定,由(　　)负责危险化学品公路运输单位及其运输工具的安全管理,负责危险化学品公路运输单位、驾驶人员、装卸人员和押运人员的资质认定。

A. 公安部门　　B. 质检部门　　C. 交通部门

**答案:**C

**题解:**《条例》第五条规定:"对危险化学品的生产、经营、储存、运输、使用和对废弃危险化学品处置实施监督管理的有关部门,依照下列规定履行职责:……;(五)铁路、民航部门负责危险化学品铁路、航空运输和危险化学品铁路、民航运输单位及其运输工具的安全管理及监督检查。交通部门负责危险化学品公路、水路运输单位及其运输工具的安全管理,对危险化学品水路运输安全实施监督,负责危险化学品公路、水路运输单位、驾驶人员、船员、装卸人员和押运人员的资质认定,并负责前述事项的监督检查。……。"此题介绍了交通部门的职责。通过此条款可以总结出交通部门对危险货物运输安全管理的"三关一监督"职责:交通部门负责危险货物道路运输企业(单位)的资质认定、负责危险货物道路运输从业人员(驾驶人员、装卸人员、押运人员)的资格认证,负责危险货物道路运输车辆技术状况评定,并负责上述事项的监督检查。

34. 危险货物运输车辆不得进入禁止通行区域。确需进入禁止通行区域的,应当事先向当地(　　)报告,由其指定行车时间和路线。

A. 交通部门　　B. 公安部门

C. 国家安全生产监督管理总局

**答案:**B

**题解:**《条例》第四十三条规定:"通过公路运输危险化学品,必须配备押运人员,并随时处于押运人员的监管之下,不得超装、超载,不得进入危险化学品运输车辆禁止通行的区域;确需进入禁止通行区域的,应当事先向当地公安部门报告,由公安部门为其指定行车时间和路线,运输车辆必须遵守公安部门规定的行车时间和路线。”此题强调危险货物运输车辆不得进入禁止通行区域。如确需进入禁止通行区域的，要到当地公安部门办理有关手续。

35. 剧毒化学品在公路运输途中发生被盗、丢失、流散、泄漏等情况时，承运人及押运人员必须立即向当地(　　)报告，并采取一切可能的警示措施。

A. 质检部门　　B. 交通部门　　C. 公安部门

**答案**：C

**题解**：《条例》第四十四条规定：“剧毒化学品在公路运输途中发生被盗、丢失、流散、泄漏等情况时，承运人及押运人员必须立即向当地公安部门报告，并采取一切可能的警示措施。公安部门接到报告后，应当立即向其他有关部门通报情况；有关部门应当采取必要的安全措施”、第六十七条规定：“违反本条例的规定，有下列行为之一的，由公安部门责令改正，处2万元以上10万元以下的罚款；触犯刑律的，依照刑法关于危险物品肇事罪、重大环境污染事故罪或者其他罪的规定，依法追究刑事责任：……；(四)危险化学品运输企业运输剧毒化学品，在公路运输途中发生被盗、丢失、流散、泄漏等情况，不立即向当地公安部门报告，并采取一切可能的警示措施的；……。”此题强调危险化学品运输企业运输剧毒化学品事故，要向当地公安部门报告，并采取一切可能的警示措施。值得注意的是，事故报告不仅要报告事故具体地点(如，××国道、××公里处)，还要说明运输的是何种危险货物、货物重量及事故性质(如，被盗、丢失、流散、泄漏等)。

36.《危险货物品名表》(GB 12268—2005)适用于危险货物(　　)、生产、储存、经营、使用和处置。

A. 买卖　　B. 包装　　C. 运输

**答案**：C

**题解**：《危险货物品名表》(GB 12268—2005)的适用范围：本标准适用于危险货物运输、生产、储存、经营、使用和处置。此题强调，道路运输危险货物，其危险货物的判定是以《危险货物品名表》(GB 12268)为准的。应注意交通部门、运输企业是《危险货物品名表》(GB 12268)的使用单位，没有权利对其进行解释。《危险货物品名表》(GB 12268)由国家危险化学品标准化技术委员会归口，故应由其进行解释和修订。

37. 道路危险货物运输专用车辆的技术性能应符合国家标准(　　)的要求。

A.《道路车辆外廓尺寸、轴荷和质量限值》(GB 1589)

B.《营运车辆综合性能要求和检验方法》(GB 18565)

C.《营运车辆技术等级划分和评定要求》(JT/T 198)

**答案**:B

**题解**:《危规》第八条规定:“专用车辆技术性能符合国家标准《营运车辆综合性能要求和检验方法》(GB 18565)的要求,车辆外廓尺寸、轴荷和质量符合国家标准《道路车辆外廓尺寸、轴荷和质量限值》(GB 1589)的要求,车辆技术等级达到行业标准《营运车辆技术等级划分和评定要求》(JT/T 198)规定的一级技术等级。”

38. 道路危险货物运输专用车辆的技术等级应符合行业标准(　　)规定的一级技术等级。

A.《道路车辆外廓尺寸、轴荷和质量限值》(GB 1589)

B.《营运车辆综合性能要求和检验方法》(GB 18565)

C.《营运车辆技术等级划分和评定要求》(JT/T 198)

**答案**:C

**题解**:参见第37题。此题强调道路运输危险货物专用车辆必须达到一级技术等级。注意《营运车辆技术等级划分和评定要求》(JT/T 198—2004,代替JT/T 198—95,JT/T 199—95),于2004年6月1日实施。该标准的“一级车”概念,不涉及使用年限,仅与车辆技术状况及指标有关。

39. 道路运输、装卸危险化学品,不符合国家有关法律、法规、规章和国家标准,并未按照危险化学品的特性采取必要安全防护措施的,由(　　)处2万元以上10万元以下的罚款。

A. 安全监督部门　　B. 交通部门　　C. 工商部门

**答案**:B

**题解**:《条例》第六十六条规定:“违反本条例的规定,有下列行为之一的,由交通部门处2万元以上10万元以下的罚款;触犯刑律的,依照刑法关于危险物品肇事罪或者其他罪的规定,依法追究刑事责任:……;(五)运输、装卸危险化学品不符合国家有关法律、法规、规章的规定和国家标准,并按照危险化学品的特性采取必要安全防护措施的。”此题强调运输企业要依据国家法规和技术标准运输、装卸危险化学品。同时明确了对违反国家法规和技术标准运输的,由交通部门处2万元以上10万元以下的罚款。

40. 托运人在托运的普通货物中夹带危险货物或者将危险货物匿报、谎报为普通货物托运的,由(　　)处2万元以上10万元以下的罚款。

A. 安全监督部门　　B. 公安部门　　C. 工商部门

**答案**:B

**题解**:《条例》第六十七条规定:"违反本条例的规定,有下列行为之一的,由公安部门责令改正,处2万元以上10万元以下的罚款;触犯刑律的,依照刑法关于危险物品肇事罪、重大环境污染事故罪或者其他罪的规定,依法追究刑事责任:……;(五)托运人在托运的普通货物中夹带危险化学品或者将危险化学品匿报、谎报为普通货物托运的。"第六十八条规定:"违反本条例的规定,邮寄或者在邮件内夹带危险化学品,或者将危险化学品匿报、谎报为普通物品邮寄的,由公安部门处2 000元以上2万元以下的罚款;触犯刑律的,依照刑法关于危险物品肇事罪或者其他罪的规定,依法追究刑事责任。"此题强调托运人在托运的普通货物中夹带危险货物或者将危险货物匿报、谎报为普通货物托运的法律责任。作为承运单位,尤其是仅具有普通货物道路运输资质的单位,要有自我保护意识,避免将"危险货物"当"普通货物"运输,更不能明知故犯。

41. 道路危险货物运输罐车的罐体应经(　　)检测合格,并在罐体检验合格的有效期内承运危险货物。

A. 交通部门　　B. 安监部门　　C. 质检部门

**答案**:C

**题解**:《危规》第八条规定:"罐式专用车辆的罐体应当经质量检验部门检验合格。运输爆炸、强腐蚀性危险货物的罐式专用车辆的罐体容积不得超过20立方米,运输剧毒危险货物的罐式专用车辆的罐体容积不得超过10立方米,但罐式集装箱除外;"此题强调了质检部门的职责。同时,罐体使用者也要按有关规定定期将罐体送到质检部门进行检验,在其检验有效期内使用。

42.《危险货物品名表》(GB 12268—2005)是危险货物运输作业的重要依据,具有确定危险货物的类别、项别和(　　)的作用。

A. 范围　　B. 责任　　C. 名称

**答案**:C

**题解**:《危险货物品名表》(GB 12268—2005)的范围:本标准规定了危险货物品名表的一般规定和结构,以及危险货物编号、名称和说明、英文名称、类别和项别、次要危险性及包装类别等内容。此题强调《危险货物品名表》(GB 12268—2005)的作用。注意危险货物名称,也称为"品名"。其编号有两种:联合国编号UN(4位)、中国编号CN(5位)。如黑火药(UN

0027、CN 11096)。

43. 道路危险货物运输企业的( )不需要取得道路危险货物运输从业人员从业资格证。

A. 押运人员 B. 驾驶人员 C. 财务人员

**答案:**C

**题解:**《危规》第八条中规定:"从事道路危险货物运输的驾驶人员、装卸管理人员、押运人员经所在地设区的市级人民政府交通主管部门考试合格,取得相应从业资格证。"此题从另一个侧面强调,驾驶人员、押运人员应持证上岗。

44. 符合道路危险货物运输资质条件的是( )。

A. 专用车辆5辆以上 B. 专用车辆5辆以下

C. 专职驾驶人员不得少于20人

**答案:**A

**题解:**《危规》第八条规定:"申请从事道路危险货物运输经营的,应当具备下列条件:(一)有符合下列要求的专用车辆及设备:1. 自有专用车辆5辆以上;2. 专用车辆技术性能符合国家标准《营运车辆综合性能要求和检验方法》(GB 18565)的要求,车辆外廓尺寸、轴荷和质量符合国家标准《道路车辆外廓尺寸、轴荷和质量限值》(GB 1589)的要求,车辆技术等级达到行业标准《营运车辆技术等级划分和评定要求》(JT/T 198)规定的一级技术等级;3. 配备有效的通信工具;……。"此题强调道路危险货物运输企业要有专用车辆5辆以上。

45. 符合道路危险货物运输资质条件的是( )。

A. 车辆技术等级达到二级 B. 车辆技术等级达到一级

C. 专用车辆5辆以下

**答案:**B

**题解:**参见第44题。此题强调道路危险货物运输专用车辆技术等级要达到一级。

46. 符合道路危险货物运输资质条件的是( )。

A. 车辆技术等级达到二级 B. 专用车辆5辆以下

C. 配备有效的通信工具

**答案:**C

**题解:**参见第44题。此题强调道路危险货物运输专用车辆要配备有效的通信工具。

47. 道路危险货物运输的罐车,其罐体必须(　　)时间进行一次检测。

A. 一年　　B. 半年　　C. 一季度

**答案**:A

**题解**:罐体包括压力罐体和常压罐体。质检部门在压力容器的检验、管理方面,已建立了完善的体系。有关常压罐体定期检验要求,见《道路运输液体危险货物罐式车辆　第1部分　金属常压罐体技术要求》(GB 18564.1—2006)。

48. 道路危险货物运输从业人员安全培训的内容包括(　　)。

A. 危险货物的性质　　B. 销售知识　　C. 生产知识

**答案**:A

**题解**:《条例》第四条规定:"危险化学品单位从事生产、经营、储存、运输、使用危险化学品或者处置废弃危险化学品活动的人员,必须接受有关法律、法规、规章和安全知识、专业技术、职业卫生防护和应急救援知识的培训,并经考核合格,方可上岗作业。"第三十七条规定:"驾驶员、船员、装卸管理人员、押运人员必须掌握危险化学品运输的安全知识,并经所在地设区的市级人民政府交通部门考核合格(船员经海事管理机构考核合格),取得上岗资格证,方可上岗作业。"此题强调对道路运输危险货物从业人员的培训内容。

49. 道路危险货物运输从业人员安全培训的内容包括(　　)。

A. 销售知识　　B. 危险货物危害特性

C. 包装容器设计

**答案**:B

**题解**:参见第48题。

50. 道路危险货物运输驾驶人员应该掌握的业务知识包括(　　)。

A. 危险货物生产方式　　B. 危险货物买卖

C. 运输事故应急措施

**答案**:C

**题解**:参见第48题。

51. "危险货物"的定义是指(　　)。

A. 具有爆炸、易燃、毒害、腐蚀、放射性等特性,在运输、装卸和储存过程中,容易造成人身伤亡、财产毁损和环境污染而需要特别防护的货物

B. 价值极其昂贵需要特别防护的货物

C. 包装精美需要特别防护的货物

**答案**:A

**题解**:《危险货物分类和品名编号》(GB 6944—2005)第3.1条要求:"危险货物　具有爆炸、易燃、毒害、感染、腐蚀、放射性等危险特性,在运输、储存、生产、经营、使用和处置中,容易造成人身伤亡、财产损毁或环境污染而需要特别防护的物质和物品。"此题介绍危险货物的概念。

52. 在《危险货物分类和品名编号》(GB 6944—2005)中,第2类危险货物(气体)按化学性质分为3项,分别是(　　)。

A. 易燃气体、非易燃无毒气体和毒性气体

B. 氧气、氮气和氨气

C. 氧化性气体、非氧化性气体、惰性气体

**答案**:A

**题解**:根据气体在运输中的主要危险性第2类分为3项。第2.1项易燃气体;第2.2项非易燃无毒气体;第2.3项毒性气体。此题介绍危险货物有类别、项别和品名。

53. 道路危险货物运输车辆应当按照国家标准(　　)的要求悬挂标志。

A.《危险货物品名表》(GB 12268)

B.《包装储运图示标志》(GB 191)

C.《道路危险货物运输车辆标志》(GB 13392)

**答案**:C

**题解**:《危规》第三十条规定:"专用车辆应当按照国家标准《道路运输危险货物车辆标志》(GB 13392)的要求悬挂标志。"值得注意的是,按照国家标准要求悬挂标志的含义是不仅要求形状、安装符合国家标准,更要求质量符合国家标准(如反光、荧光等)。同时,还要根据车辆的吨位(轻、中、重型载货汽车),选择不同型号(尺寸)的标志灯、牌等。且专用罐车可在罐体上喷涂标志牌。

54. 在"道路运输危险货物安全卡"上,应包括危险货物的(　　)。

A. 中英文名称　　B. 沸点　　C. 凝点

**答案**:A

**题解**:"道路运输危险货物安全卡"以下简称"安全卡"。

(1)运输危险货物随车携带"安全卡"是强制性要求,必须执行。理由如下:

①在强制性行业标准《汽车运输危险货物规则》(JT 617—2004)第9.2条中提出了"运输危险货物应随车携带'道路运输危险货物安全卡'"的要求;②在国家安全生产监督管理局《危险化学品事故应急救援预案编制导则(单位版)》(安监管危化字〔2004〕43号)中,也提出了要建立与"安全卡"意义、作用相同的"安全运输卡制度"(安全运输卡包括运输的危险化学品性质、危害性、应急措施、注意事项及本单位、生产厂家、托运方应急联系电话等内容。每种危险化学品一张卡片;每次运输前,运输单位向驾驶人员、押运人员告之安全运输卡上有关内容,并将安全卡交驾驶人员、押运人员各一份);③在全国道路交通安全工作部际联席会议下发的《关于印发〈道路运输危险化学品安全专项整治方案〉的通知》(公交管〔2003〕49号)和交通部颁发的《关于做好道路危险货物运输安全专项整治工作的通知》(交公路发明电〔2005〕5号)也要求携带"安全卡"。

(2)"安全卡"的主要内容:

根据《化学品安全标签编写规定》(GB 15258)、《化学品安全技术说明书编写规定》(GB 16483),编写"安全卡"。它涉及危险化学品的品名、编号、危险性、储运要求、泄漏处理、急救、灭火方法及防护措施等专业性很强的相关知识。

(3)为了便于道路危险货物运输企业(单位)制作"安全卡",已组织编写了《道路运输危险货物安全卡手册》。参见附录一。

55. 在"道路运输危险货物安全卡"上,应包括危险货物的(　　)。

A. 沸点　　B. 联合国编号　　C. 凝点

**答案:**B

**题解:**参见第54题。

56. 在"道路运输危险货物安全卡"上,应包括危险货物的(　　)。

A. 凝点　　B. 沸点　　C. 灭火方法

**答案:**C

**题解:**参见第54题。

57. 办理道路危险货物托运时,承运人应注意危险货物品名、规格、件重、件数、起运日期,还要注意收、发货人详细地址和(　　)等。

A. 生产厂家　　B. 包装方法　　C. 危险特性

**答案:**C

**题解:**《汽车运输危险货物规则》(JT 617—2004)附录A"危险货物运单基本内容"包括:

a)托运、承运、收货者的单位名称、联系人、电话、传真、地址、邮编；

b)收发货地点、收发货时间；

c)危险货物品名、性质、编号、规格、数量、件重、包装形式、包装等级；

d)凭证运输证明文件、运输特殊要求；

e)运输注意事项。

58. 道路运输毒性物质时，驾驶人员和押运人员需要特别关注的是(　　)。

A. 运价　　B. 毒性物质是否丢失、破损

C. 沿途各地公安局电话号码

**答案**:B

**题解**:《汽车运输、装卸危险货物作业规程》(JT 618—2004)第5.6.1.2条要求:“运输毒害品过程中，押运人员要严密监视，防止货物丢失、撒漏。行车时要避开高温、明火场所。”

59. 道路运输腐蚀性物质时，首先应考虑的安全问题是(　　)。

A. 防止泄漏　　B. 防止燃烧　　C. 防止与空气接触

**答案**:A

**题解**:《汽车运输、装卸危险货物作业规程》(JT 618—2004)第5.8.2.1条要求:运输腐蚀品时“运输过程中发现货物撒漏时，要立即用干砂、干土覆盖吸收；货物大量溢出时，应立即向当地公安、环保等部门报告，并采取一切可能的警示和消除危害措施。”

60. 道路危险货物运输押运人员，(　　)的安全监督、检查工作。

A. 仅负责装载过程

B. 应负责从任务领取至装载、运输、卸载整个过程

C. 仅负责卸载过程

**答案**:B

**题解**:《汽车运输危险货物规则》(JT 617—2004)第10.3条要求:“运输危险货物应配备押运人员。押运人员应熟悉所运危险货物特性，并负责监管运输全过程。”第10.4条要求:“驾驶人员和押运人员在运输途中应经常检查货物装载情况，发现问题及时采取措施。”此题强调押运人员的职责。

61. 依据《道路危险货物运输管理规定》，道路危险货物运输不按照规定携带(　　)的，由县级以上道路运输管理机构责令改正，处警告或者20元以上200元以下的罚款。

A. 驾驶证　　　　B. 道路运输证　　　　C. 身份证

**答案**:B

**题解**:《危规》第五十二条规定:“违反本规定,道路危险货物运输企业或者单位不按照规定携带《道路运输证》的,由县级以上道路运输管理机构责令改正,处警告或者 20 元以上 200 元以下的罚款。”此题强调随车携带《道路运输证》。同时还要注意,要严格按《道路运输证》许可的经营范围进行危险货物运输,不得超范围运输。

62. 依据《道路危险货物运输管理规定》,擅自改装已取得危险货物《道路运输证》的(　　),由县级以上道路运输管理机构责令改正,并处 5000 元以上 2 万元以下的罚款。

A. 专用车辆及罐式专用车辆罐体　B. 驾驶室仪表

C. 危险品标志

**答案**:A

**题解**:《危规》第五十六条规定:“违反本规定,道路危险货物运输企业或者单位擅自改装已取得《道路运输证》的专用车辆及罐式专用车辆罐体的,由县级以上道路运输管理机构责令改正,并处 5 000 元以上 2 万元以下的罚款。”此题强调不得改装已获得运输危险货物《道路运输证》的专用车辆及罐式专用车辆罐体。

63. 不得使用运输毒性物质的道路危险货物专用车辆运输(　　)。

A. 强毒性货物　　　　B. 普通货物　　　　C. 弱毒性货物

**答案**:B

**题解**:《危规》第二十九条中规定:“不得使用罐式专用车辆或者运输有毒、腐蚀、放射性危险货物的专用车辆运输普通货物。其他专用车辆可以从事食品、生活用品、药品、医疗器具以外的普通货物运输活动,但应当对专用车辆进行消除危险处理,确保不对普通货物造成污染、损害。危险货物不得与普通货物混装。”

64. 危险货物运达卸货地点后,因故不能及时卸货的,且托运人不能及时妥善处理,承运人应当立即报告当地(　　)部门。

A. 交通　　　　B. 安监　　　　C. 公安

**答案**:C

**题解**:《汽车运输危险货物规则》(JT 617—2004)第 7.5 条要求:“危险货物运达卸货地点后,因故不能及时卸货的,应及时与托运人联系妥善处理;不能及时处理的,承运人应立即报告当地公安部门。”

65. 危险货物安全技术说明书和安全标签,是承运人制作(　　)的依据。

A. 托运证明文件　　　　B. 包装检查证明书

C. 道路运输危险货物安全卡

**答案:**C

66. 根据《危险货物分类和品名编号》(GB 6944—2005),危险货物分为(　　)类。

A. 8　　　　B. 9　　　　C. 7

**答案:**B

**题解:**《危险货物分类和品名编号》(GB 6944—2005),按危险货物具有的危险性或最主要的危险性分为9个类别。有些类别再分成项别。应注意类别和项别的号码顺序并不是危险程度的顺序。

67. 雷雨天气装运危险货物时,应确认(　　)。

A. 货物数量　　　　B. 避雷电、防潮湿措施有效

C. 防滑措施是否有效

**答案:**B

**题解:**《汽车运输、装卸危险货物作业规程》(JT 618—2004)第4.1.5条要求:"雷雨天气装卸时,应确认避雷电、防湿潮措施有效。"

68. 道路危险货物运输过程中,应每隔(　　)小时检查一次。

A. 3　　　　B. 2　　　　C. 1

**答案:**B

**题解:**《汽车运输、装卸危险货物作业规程》(JT 618—2004)第4.1.7条要求:"运输过程中,应每隔2h检查一次。若发现货损(如丢失、泄漏等),应及时联系当地有关部门予以处理。"

69. 危险货物的分类、分项、品名和品名编号应当按照国家标准《危险货物分类和品名编号》(GB 6944—2005)和(　　)执行。

A.《危险货物品名表》(GB 12268—2005)

B. 道路危险货物运输管理规定

C. 中华人民共和国安全生产法

**答案:**A

**题解:**《危规》第四条规定:"危险货物的分类、分项、品名和品名编号应当按照国家标准《危险货物分类和品名编号》(GB 6944)、《危险货物品名表》(GB 12268)执行。危险货物的危险程度依据国家标准《危险货物运输

包装通用技术条件》(GB 12463),分为 I、II、III 等级。"危险货物品名及剧毒化学品目录查询参见附录二。

70. 道路危险货物运输从业人员(　　)转让、出租道路危险货物运输许可证件。

A. 不可以　　B. 可以　　C. 不受限制

**答案:**A

**题解:**《危规》第二十八条规定:"道路危险货物运输企业或者单位应当严格按照道路运输管理机构决定的许可事项从事道路危险货物运输活动,不得转让、出租道路危险货物运输许可证件。"

**(二)判断题**(60 题)

1. 国务院第 344 号令《危险化学品安全管理条例》只适用于危险化学品的生产管理。(　　)

**答案:**×

**题解:**《条例》第二条规定:"在中华人民共和国境内生产、经营、储存、运输、使用危险化学品和处置废弃危险化学品,必须遵守本条例和国家有关安全生产的法律、其他行政法规的规定。"此题强调生产、经营、储存、运输、使用、处置废弃危险化学品的 6 个环节。

2. 道路危险货物运输押运人员的年龄不得超过 50 岁。(　　)

**答案:**×

**题解:**《道路运输从业人员管理规定》(2006 年 11 月 23 日发,交通部令 2006 年第 9 号)第十二条:"道路危险货物运输装卸管理人员和押运人员应当符合下列条件:(一)年龄不超过 60 周岁;(二)初中以上学历;(三)接受相关法规、安全知识、专业技术、职业卫生防护和应急救援知识的培训,了解危险货物性质、危害特征、包装容器的使用特性和发生意外时的应急措施;(四)经考试合格,取得相应的从业资格证件。"

3. 承运人在受理道路剧毒化学品运输业务后,要向承运人所在地公安部门申请准运证。(　　)

**答案:**√

**题解:**参见选择题第 13 题。

4. 道路危险货物运输企业或者单位应当对从业人员进行经常性的安全、职业道德教育和业务知识、操作规程培训。(　　)

**答案:**√

**题解**:《中华人民共和国安全生产法》第二十一条规定:“生产经营单位应当对从业人员进行安全生产教育和培训,保证从业人员具备必要的安全生产知识,熟悉有关的安全生产规章制度和安全操作规程,掌握本岗位的安全操作技能。未经安全生产教育和培训合格的从业人员,不得上岗作业。”《危规》第四十一条规定:“道路危险货物运输企业或者单位应当对从业人员进行经常性的安全、职业道德教育和业务知识、操作规程培训。”

5. 在我国现阶段,只要有车、有人、有货就可以从事道路危险货物运输。　（　）

**答案**:×

**题解**:参见选择题第9题。

6. 道路危险货物运输专用车辆应当根据所运危险货物的性质,配备必需的应急处理器材和安全防护设施。　（　）

**答案**:✓

**题解**:《危规》第三十一条规定:“专用车辆应当根据所运危险货物的性质配备必需的应急处理器材和安全防护设施。”

7. 道路运输剧毒、爆炸、易燃、放射性危险货物的,应当具备罐式车辆或厢式车辆、专用容器,车辆应当安装行驶记录仪或定位系统。　（　）

**答案**:✓

**题解**:《危规》第八条规定:“运输剧毒、爆炸、易燃、放射性危险货物的,应当具备罐式车辆或厢式车辆、专用容器,车辆应当安装行驶记录仪或定位系统;……。”

8. 罐式专用车辆的罐体应当经质量检验部门检验合格,并在其有效期内承运危险货物。　（　）

**答案**:✓

**题解**:《危规》第二十六条规定:“罐式专用车辆的罐体应符合《钢制压力容器》(GB 150)和《汽车运输液体危险货物常压容器(罐体)通用技术条件》(GB 18564)等国家标准规定的技术条件。罐式专用车辆应当在罐体检验合格的有效期内承运危险货物。”

9. 道路运输未列入《危险货物品名表》(GB 12268—2005)的危险货物,托运人应出具《危险货物鉴定表》。　（　）

**答案**:✓

**题解**:《汽车运输危险货物规则》(JT 617—2004)第6.3条要求:“托运未列入GB 12268的危险货物时,应提交与托运的危险货物完全一致的安全技术说明书、安全标签和危险货物鉴定表,危险货物鉴定表见附录B(规范性附录)。”

10. 道路危险货物运输应由具备道路危险货物运输资质的企业承运。 ( )

**答案:**✓

**题解:**《危规》第二十七条规定:“危险货物托运人应当委托具有道路危险货物运输资质的企业承运,严格按照国家有关规定包装,并向承运人说明危险货物的品名、数量、危害、应急措施等情况。需要添加抑制剂或者稳定剂的,应当按照规定添加。托运危险化学品的还应提交与托运的危险化学品完全一致的安全技术说明书和安全标签。”

11. 在托运危险货物时,托运人必须向承运人提供该危险货物的安全技术说明书。 ( )

**答案:**✓

**题解:**参见第10题。

12. 道路运输液体危险货物时,无论使用何种材质的容器,只要能确保不破损即可。 ( )

**答案:**×

**题解:**《道路运输液体危险货物罐式车辆 第1部分 金属常压罐体技术要求》(GB 18564.1—2006)第5.2.1.4项要求:“与介质接触的罐体材料(包括衬里材料)不应与装运的介质发生危险化学反应,从而避免降低材料强度或形成危险化合物。”

13. 驾驶人员在出车前若发现制动或转向不灵、喇叭不响或灯光不全、证件不全等现象,应拒绝出车。 ( )

**答案:**✓

**题解:**《汽车运输、装卸危险货物作业规程》(JT 618—2004)第4.2.1.1条要求:“运输危险货物车辆的有关证件、标志应齐全有效,技术状况应为良好,并按照有关规定对车辆安全技术状况进行严格检查,发现故障应立即排除。”

14. 道路危险货物运输的驾驶人员、装卸人员和押运人员必须了解所运载的危险化学品的性质、危害特性、包装容器的使用特性和发生意外时的应急措施。 ( )

**答案:**✓

**题解:**《汽车运输危险货物规则》(JT 617—2004)第10.2条要求:“从

业人员应了解所运危险货物的特性、包装容器的使用特性、防护要求和发生事故时的应急措施，熟练掌握消防器材的使用方法。”

15. 所有道路危险货物运输的从业人员均应具备高中以上学历。(　　)

**答案:** ×

**题解:** 参见第2题。

16. 道路危险货物运输从业人员必须熟悉有关安全生产的法规、技术标准和安全生产规章制度、安全操作规程。(　　)

**答案:** ✓

**题解:**《危规》第四十条规定:“道路危险货物运输从业人员必须熟悉有关安全生产的法规、技术标准和安全生产规章制度、安全操作规程，了解所装运危险货物的性质、危害特性、包装物或者容器的使用要求和发生意外事故时的处置措施。严格按照《汽车运输危险货物规则》(JT 617)和《汽车运输、装卸危险货物作业规程》(JT 618)操作，不得违章作业。”

17. 根据有关法律法规，道路危险货物从业人员专业知识要依靠员工自己学习和提高，企业没有责任和义务为员工提供任何培训。(　　)

**答案:** ×

**题解:**《危规》第四十一条规定:“道路危险货物运输企业或者单位应当对从业人员进行经常性的安全、职业道德教育和业务知识、操作规程培训。”

18. 在个别情况下，普通货物运输车辆可以承运一次性或临时性的道路危险货物运输。(　　)

**答案:** ×

**题解:**《条例》第三十五条规定:“国家对危险化学品的运输实行资质认定制度；未经资质认定，不得运输危险化学品。”《危规》第十五条规定:“道路运输管理机构不得许可一次性、临时性的道路危险货物运输。”此题从另一个角度强调道路运输危险货物要取得资质。否则，运输危险货物属违法行为，其违法运输与一次性、临时性无关。

19.《道路危险货物运输管理规定》要求，禁止使用移动罐体(罐式集装箱除外)从事道路危险货物运输。(　　)

**答案:** ✓

**题解:**《危规》第二十三条规定:“禁止使用报废的、擅自改装的、检测不合格的、车辆技术等级达不到一级的和其他不符合国家规定的车辆从事道路危险货物运输。

除铰接列车、具有特殊装置的大型物件运输专用车辆外,严禁使用货车列车从事危险货物运输;倾卸式车辆只能运输散装硫磺、萘饼、粗蒽、煤焦沥青等危险货物。

禁止使用移动罐体(罐式集装箱除外)从事危险货物运输。"

20. 道路危险货物运输,是指使用专用车辆,通过道路运输危险货物的作业全过程。 ( )

**答案:**✓

**题解:**《危规》第三条规定:"本规定所称道路危险货物运输,是指使用专用车辆,通过道路运输危险货物的作业全过程。"此题要注意 3 个概念,一是"道路",出自《道路交通安全法》;二是"危险货物",以《危险货物品名表》(GB 12268)为准;三是"专用车辆","本规定所称道路危险货物运输车辆(以下简称专用车辆),是指从事道路危险货物运输的载货汽车。"

21. 道路危险货物运输车辆,是指从事道路危险货物运输的载货汽车。 ( )

**答案:**✓

**题解:**《危规》第三条规定:"本规定所称道路危险货物运输车辆(以下简称专用车辆),是指从事道路危险货物运输的载货汽车。"

22. 道路危险货物运输专用车辆,应到具备道路危险货物运输车辆维修条件的企业进行维修。 ( )

**答案:**✓

**题解:**《危规》第二十四条规定:"专用车辆应当到具备道路危险货物运输车辆维修条件的企业进行维修。"

23. 道路危险货物运输从业人员,应当严格按照道路运输管理机构决定的许可事项从事道路危险货物运输活动。 ( )

**答案:**✓

**题解:**《危规》第四十八条规定:"违反本规定,有下列情形之一的,由县级以上道路运输管理机构责令停止运输,有违法所得的,没收违法所得。运输货物属于危险化学品,违法所得 5 万元以上的,处违法所得 1 倍以上 5 倍以下的罚款;没有违法所得或违法所得不足 5 万元的,处 2 万以上 20 万以下的罚款。运输货物属于危险化学品以外的其他危险货物,有违法所得的,处违法所得 2 倍以上 10 倍以下的罚款;没有违法所得或者违法所得不足 2 万元的,处 3 万元以上 10 万元以下的罚款。"

24. 道路危险货物运输车辆在运输过程中,应随车携带《道路运输危险货物安全卡》。 (　　)

**答案:**✓

**题解:**参见选择题第54题。《汽车运输危险货物规则》(JT 617—2004)第9.2条要求:"运输危险货物应随车携带'道路运输危险货物安全卡',见附录E。"

25. 道路危险货物运输罐式集装箱,应使用集装箱运输专用车辆。 (　　)

**答案:**✓

**题解:**《汽车运输危险货物规则》(JT 617—2004)第8.2.8条要求:"运输危险货物的罐式集装箱,应使用集装箱专用车辆。"

26.《危险货物品名表》(GB 12268—2005)中的编号采用4位的联合国编号(UN),备注中的编号采用5位的中国编号(CN)。 (　　)

**答案:**✓

**题解:**《危险货物品名表》(GB 12268—2005)前言中注明:"修改了原标准中危险货物品名的编号方法,采用联合国编号。将原标准中的危险货物品名编号作为过渡列在'备注'栏。"

27. 杂项危险物质和物品是指具有其他类别未包括的危险物质和物品,如高温物质。 (　　)

**答案:**✓

**题解:**《危险货物分类和品名编号》(GB 6944—2005)第4.9条要求:"第9类　杂项危险物质和物品

具有其他类别未包括的危险的物质和物品,如:

a)危害环境物质;

b)高温物质;

c)经过基因修改的微生物或组织。"

28.《危险货物品名表》(GB 12268—2005)中未列出的货物,均可按普通货物运输。 (　　)

**答案:**×

**题解:**在此进一步强调"危险货物"的确定问题。危险货物以列入国家标准《危险货物品名表》(GB 12268)的为准。同时,要注意以下3个问题:

(1)根据《条例》,对未列入《剧毒化学品目录》和《危险货物品名表》的其他危险化学品,由国家安全生产安全监督管理总局会同国务院公安、环境保护、卫生、质检、交通部门确定并公布。如2003年6月24日,国家安全生产监督管理局、公安部、国家环境保护总局、卫生部、国家质量监督检验检疫总局、铁道部、交通部、中国民用航空总局等国务院八部委公布了《剧毒化学品目录》[公告(2003)第2号(2002年版)]。2003年12月30日,上述国务院八部委又印发了《剧毒化学品目录(2002年版)补充和修正表》(安监管危化〔2003〕196号)。

(2)国家法规有特殊要求的,纳入危险货物运输管理。如,《中华人民共和国固体废物污染环境防治法》第五十二条规定:"运输危险废物,必须采取防止污染环境的措施,并遵守国家有关危险货物运输管理的规定。"《医疗废物管理条例》第二十六条规定:"医疗废物集中处置单位运送医疗废物,应当遵守国家有关危险货物运输管理的规定,使用有明显医疗废物标识的专用车辆。医疗废物专用车辆应当达到防渗漏、防遗撒以及其他环境保护和卫生要求。"

(3)如有上述3种情况(国标GB 12268、国务院部委联合发文、法规特殊规定)之外的,应按《汽车运输危险货物规则》(JT 617—2004)第6.3条要求:"托运未列入GB 12268的危险货物时,应提交与托运的危险货物完全一致的安全技术说明书、安全标签和危险货物鉴定表",提交《危险货物鉴定表》。危险货物的鉴定单位是由国家安全生产监督管理局指定的。

29.《危险货物品名表》(GB 12268—2005)中所列的货物,均必须按危险货物进行运输。 ( )

**答案:**✓

**题解:**参见选择题第69题。

30.道路危险货物运输车辆一旦发生事故,即有可能会引起泄漏、污染、爆炸等危及公共安全的事件,因此从事危险货物运输的驾驶人员更应该有社会责任感。 ( )

**答案:**✓

31.托运凭证运输的危险货物,托运人可以不提交相关证明文件。( )

**答案:**×

**题解:**《汽车运输危险货物规则》(JT 617—2004)第6.11条要求:"托运凭证运输的危险货物,托运人应提交相关证明文件,并在运单上注明。"

32.由托运人负责鉴定货物的性质,当托运危险货物时,应委托具有道

路危险货物运输资质的单位承运。（　）

**答案**：√

**题解**：参见第10题。

33. 第9类杂项危险物质和物品是针对民用航空运输的，若采用汽车运输则不认为其是危险货物。（　）

**答案**：×

**题解**：参见选择题第69题。

34. 危险货物在运达目的地后，收货人因故拒收货物，导致危险货物无法及时卸货，若发生任何事故，驾驶人员和押运人员均不需承担责任。（　）

**答案**：×

**题解**：参见选择题第64题。

35. 制订“道路危险货物运输事故应急预案”的目的是为了训练驾驶人员和押运人员的基本技能。（　）

**答案**：×

**题解**：制订事故应急预案，是为了有效应对意外事故，最大限度地降低事故损失和危害。

36. 危险货物以列入《危险货物品名表》(GB 12268—2005)为准，未列入的按国家有关规定执行。（　）

**答案**：√

**题解**：《危规》第三条规定：“本规定所称危险货物，是指具有爆炸、易燃、毒害、腐蚀、放射性等特性，在运输、装卸和储存过程中，容易造成人身伤亡、财产毁损和环境污染而需要特别防护的货物。危险货物以列入国家标准《危险货物品名表》(GB 12268)的为准，未列入《危险货物品名表》的，以有关法律、行政法规的规定或者国务院有关部门公布的结果为准。”

37.《中华人民共和国安全生产法》规定生产经营单位运输危险物品，必须执行有关法律、法规和国家标准或者行业标准。（　）

**答案**：√

**题解**：《中华人民共和国安全生产法》第四条规定：“生产经营单位必须遵守本法和其他有关安全生产的法律、法规，加强安全生产管理，建立、健全安全生产责任制度，完善安全生产条件，确保安全生产。”

38. 从事爆炸品、剧毒性物质运输的驾驶人员、押运人员、装卸管理人员要有公安部门的政审材料。（　）

**答案**：×

**题解**：所有法规中均没有提到这样的要求和规定。

39.《中华人民共和国安全生产法》规定机动车载运爆炸物品、易燃易爆化学物品以及剧毒、放射性等危险物品，应当经公安机关批准后，按指定的时间、路线、速度行驶，悬挂警示标志并采取必要的安全措施。（　）

**答案**：✓

**题解**：《中华人民共和国道路交通安全法》第四十八条规定："……。机动车载运爆炸物品、易燃易爆化学物品以及剧毒、放射性等危险物品，应当经公安机关批准后，按指定的时间、路线、速度行驶，悬挂警示标志并采取必要的安全措施。"

注：此题内容是正确的，故答案应为"✓"。但所引用的法律名称不对，作者将在今后题库修订时予以改正。

40. 2004年7月1日起实施的《中华人民共和国道路运输条例》，是我国第一部有关道路运输方面的管理条例。（　）

**答案**：✓

**题解**：略。

41. 道路危险货物运输从业人员运输、装卸危险货物集装箱时，应查验危险货物装箱清单。（　）

**答案**：✓

**题解**：《汽车运输危险货物规则》（JT 617—2004）第6.6条要求："使用集装箱装运危险货物的，托运人应提交危险货物装箱清单。"第7.2条要求："承运人应核实所装运危险货物的收发货地点、时间以及托运人提供的相关单证是否符合规定，并核实货物的品名、编号、规格、数量、件重、包装、标志、安全技术说明书、安全标签和应急措施以及运输要求。"

42. 道路危险货物运输从业人员有权拒绝运输、装卸已有水渍、雨淋痕迹的遇水放出易燃气体的物质。（　）

**答案**：✓

**题解**：《汽车运输危险货物规则》（JT 617—2004）第7.7条要求："承运人应拒绝运输已有水渍、雨淋痕迹的遇湿易燃物品。"

43. 道路危险货物运输从业人员无权拒绝运输、装卸不符合国家有关危险货物运输规定的危险货物。（　）

**答案**：×

**题解**：《条例》第四十二条规定："运输、装卸危险化学品，应当依照有关法律、法规、规章的规定和国家标准的要求并按照危险化学品的危险特性,采取必要的安全防护措施。”

44.严禁超范围运输危险货物,严禁超载、超限。　(　　)

**答案:**✓

**题解:**《汽车运输危险货物规则》(JT 617—2004)第7.1条要求:“承运人应按照道路运输管理机构核准的经营范围受理危险货物的托运。”第9.1条要求:“危险货物运输车辆严禁超经营范围运输。严禁超载、超限。”

45.道路危险货物运输从业人员应随车携带从业资格证。　(　　)

**答案:**✓

**题解:**《危规》第三十五条规定:“驾驶人员、装卸管理人员和押运人员上岗时应当随身携带从业资格证。”

46.道路运输不同性质的危险货物,应按《汽车运输危险货物规则》(JT 617)中的“危险货物配装表”进行配装。　(　　)

**答案:**✓

**题解:**《汽车运输危险货物规则》(JT 617—2004)第9.3条要求:“运输不同性质危险货物,其配装应按‘危险货物配装表’规定的要求执行,‘危险货物配装表’见附录D。”

47.医疗废物,是指医疗卫生机构在医疗、预防、保健以及其他相关活动中产生的具有直接或者间接感染性、毒性以及其他危害性的废物。(　　)

**答案:**✓

**题解:**《汽车运输危险货物规则》(JT 617—2004)第3.3条要求:“医疗废物(medical disposal)是医疗卫生机构在医疗、预防、保健以及其他相关活动中产生的具有直接或者间接感染性、毒性以及其他危害性的废物。”

48.医疗废物集中处置单位运送医疗废物,应当遵守国家有关危险货物运输管理的规定,使用有明显医疗废物标识的专用车辆。　(　　)

**答案:**✓

**题解:**《医疗废物管理条例》第二十六条规定:“医疗废物集中处置单位运送医疗废物,应当遵守国家有关危险货物运输管理的规定,使用有明显医疗废物标识的专用车辆。医疗废物专用车辆应当达到防渗漏、防遗撒以及其他环境保护和卫生要求。……。”

49.医疗废物专用车辆应达到防渗漏、防遗撒以及其他环境保护和卫生

要求。 (　　)

**答案**：✓

**题解**：《医疗废物管理条例》第二十六条规定："医疗废物集中处置单位运送医疗废物，应当遵守国家有关危险货物运输管理的规定，使用有明显医疗废物标识的专用车辆。医疗废物专用车辆应当达到防渗漏、防遗撒以及其他环境保护和卫生要求。"

50. 运送医疗废物的专用车辆不得运送其他物品。 (　　)

**答案**：✓

**题解**：《医疗废物管理条例》第二十六条规定："……。运送医疗废物的专用车辆不得运送其他物品。"

51. 道路运输危险废物，必须采取防止污染环境的措施，并遵守国家有关危险货物运输管理的规定。 (　　)

**答案**：✓

**题解**：《中华人民共和国固体废物污染环境防治法》第五十二条规定："运输危险废物，必须采取防止污染环境的措施，并遵守国家有关危险货物运输管理的规定。……"

52. 禁止将危险废物与旅客在同一辆运输工具上载运。 (　　)

**答案**：✓

**题解**：《中华人民共和国固体废物污染环境防治法》第五十二条规定："……。禁止将危险废物与旅客在同一运输工具上载运。"

53. 危险废物是指列入国家危险废物名录或者根据国家规定的危险废物鉴别标准和鉴别方法认定的具有危险特性的废物。 (　　)

**答案**：✓

**题解**：《中华人民共和国固体废物污染环境防治法》第七十四条规定："……。(四)危险废物，是指列入国家危险废物名录或者根据国家规定的危险废物鉴别标准和鉴别方法认定的具有危险特性的废物。……。"

54. 从事道路危险货物运输应当保障安全，依法运输，诚实信用。(　　)

**答案**：✓

**题解**：《危规》第五条规定："从事道路危险货物运输应当保障安全，依法运输，诚实信用。"

55. 危险货物可以与普通货物适当混装运输。 (　　)

**答案:**×

**题解:**参见选择题第63题。

56.道路危险货物运输从业人员应严格按照《汽车运输危险货物规则》(JT 617)、《汽车运输、装卸危险货物作业规程》(JT 618)操作,不得违章作业。　(　)

**答案:**✓

**题解:**参见第16题。

57.道路危险货物运输的驾驶人员一次连续驾驶超过6小时,应休息20分钟以上。　(　)

**答案:**×

**题解:**《中华人民共和国道路交通安全法实施条例》第六十二条规定:"驾驶机动车不得有下列行为:……,(七)连续驾驶机动车超过4小时未停车休息或者停车休息时间少于20分钟。"

58.道路危险货物运输车辆可以超越《道路运输证》的许可范围(危险货物的类别、项别)进行运输。　(　)

**答案:**×

**题解:**参见第44题。

59.道路危险货物运输过程中,驾驶人员可以根据自己意愿改变运输计划。　(　)

**答案:**×

**题解:**《汽车运输危险货物规则》(JT 617—2004)第10.5条要求:"驾驶人员不得擅自改变运行作业计划。"

60.道路危险货物运输押运人员只要工作认真,无须了解危险货物有关知识。　(　)

**答案:**×

**题解:**《危规》第四十条规定:"道路危险货物运输从业人员必须熟悉有关安全生产的法规、技术标准和安全生产规章制度、安全操作规程,了解所装运危险货物的性质、危害特性、包装物或者容器的使用要求和发生意外事故时的处置措施。严格按照《汽车运输危险货物规则》(JT 617)、《汽车运输、装卸危险货物作业规程》(JT 618)操作,不得违章作业。"《汽车运输危险货物规则》(JT 617—2004)第10.2条要求:"从业人员应了解所运危险货物特性、包装容器的使用特性、防护要求和发生事故时的应急措施,熟练掌握消防器材的使用方法。"

# 第二章　常见危险货物的分类和相关特性

（85 题，其中选择题 45 题、判断题 40 题）

## （一）选择题（45 题）

1. 氯气泄漏在空气中会（　　）沿地面扩散，使地面人员受害。

A. 沉在下部　　B. 浮在上方

C. 沉在下部或浮在上方

**答案：**A

**题解：**氯气的蒸气密度为 2.5kg/m$^3$，比空气重，所以，氯气泄漏在空气中会沉在下部沿地面扩散，使地面人员受害。

"氯"的有关特性参见附录三中的表 3-1。

2. 当炸药中混入惰性物质（如石蜡、硬脂酸、机油等）时，则其撞击感度降低，危险性也（　　）。

A. 降低　　B. 升高　　C. 不变

**答案：**A

**题解：**撞击感度，指爆炸品在机械冲击的外力作用下对冲击能量的敏感程度，用发生爆炸次数的百分比表示。当炸药中混入惰性物质（如石蜡、硬脂酸、机油等）时，则其撞击感度降低，危险性也降低。

3. 储、运气瓶应（　　），防止日晒，注意通风散热。

A. 防潮　　B. 远离火源　　C. 控制湿度

**答案：**B

**题解：**气瓶一般用于储存压缩气体或液化气体，是一种耐压容器，根据不同气体的临界温度和临界压力，气瓶的内压也不同，最低的 1MPa，最高达 15MPa 以上。由于气瓶的内压比较高，当其受到剧烈撞击、振动、高温、受热时，会使容器内压力骤增；当该压力超过容器的耐压力时，就会发生气瓶爆炸。所以气瓶应远离火源，防止日晒，注意通风散热。

4. 气体的临界温度（　　），危险性越大。

A. 越低　　B. 越高　　C. 越不确定

**答案：**A

题解：气体只有将温度降低到一定程度时施加压力才能被液化。若气体温度超过此值，则无论怎样增大压力都不能使之液化，只是随着压力的增加而加大其密度而已,这个加压使气体液化所允许的最高温度叫做临界温度。气体的临界温度越低,要使这些气体液化,必须相应的采用一定的低温技术,以使气体能达到它们各自的临界温度,然后再用增大压强的方法使其液化。所以储存这类气体的耐压容器的内压力非常大,并且非常危险。

临界温度低于常温的气体是压缩气体,临界温度高于常温的气体是液化气体。无论是处于压缩状态,还是处于液化状态,气体的临界温度越低,危险性越大。

5. 乙炔钢瓶经火烤以后(　　)。

A. 可以继续使用　　B. 不能再使用　　C. 冷却后再用

**答案**:B

**题解**:因乙炔钢瓶经火烤以后,不仅钢瓶要发生变形,更主要的是钢瓶经火烤后其质量(机械性能)要发生变化。这些都将直接影响钢瓶使用的安全性。

6. 氧几乎能与所有的元素化合。油脂在纯氧中的反应要比在空气中剧烈得多,所以氧气瓶(包括空瓶)(　　)。

A. 可以与油脂配装

B. 允许操作人员穿戴沾有油污的工作服和手套

C. 绝对禁油

**答案**:C

**题解**:油脂在纯氧中的反应要比在空气中剧烈得多,当高压氧气(即高压空气)喷射在油脂上就会引起燃烧或爆炸,实质就是油脂与纯氧的反应。所以氧气瓶(包括空瓶)绝对禁油。

7. 氢气不能与任何(　)混储、混运,尤其是不能与氧气、氯气混储、混运。

A. 固体　　B. 氧化剂　　C. 液体

**答案**:B

**题解**:氢气有极强的还原性,能与许多非金属直接化合。如氢能在氯气中燃烧生成氯化氢;能与硫反应生成硫化氢。氢气在氯气中的爆炸极限为5.5%~89%,氢和氯的混合气体在日光照射下就会发生剧烈的爆炸。所以氢气不能与任何氧化剂尤其是氧气、氯气混储、混运。

"氢气"的有关特性参见附录三中的表3-2。

8. 氯气是一种(　　),有强烈的刺激气味。

A. 黄绿色的剧毒气体　　B. 红色的气体　　C. 绿色的气体

**答案**:A

**题解**:参见第1题。氯气(CN 23002),是一种黄绿色的剧毒气体,有强烈的刺激气味。临界温度144℃,临界压力7.61MPa。

9. 氯气溶于水,常温下1体积水可溶解2.5体积的氯气。氯气瓶漏气时,(    )或迅速将其推入水池,或用潮湿的毛巾捂住口鼻,以减轻危害。

A. 用砂土掩埋　　B. 救援人员任何时候都不用戴防毒面具

C. 可大量浇水

**答案**:C

**题解**:参见第1题。氯气溶于水,常温下1体积水可溶解2.5体积的氯气。氯气瓶漏气时,可大量浇水或迅速将其推入水池,或用潮湿的毛巾捂住口鼻,以减轻危害。

10. 氨极易溶于水,有强烈的刺激性气味,能使人窒息死亡,属于有毒气体;氨能与氯气发生剧烈的反应。所以液氯和液氨不能在同一车厢配装,(    )在同一库房内混储。

A. 可以　　B. 不能　　C. 一般情况下可以

**答案**:B

**题解**:氨是一种无色、无刺激性的气体,蒸气密度0.59kg/m$^3$。氨不能在空气中燃烧,但能在纯净的氧气里燃烧。氨能与氯气发生剧烈反应,生成氯化氢和氮气,如果大量的氯和氨相遇,反应将会继续进行下去,生成氯化铵和三氯化氮等,三氯化氮的性质非常活泼,很不稳定,与有机物接触、遇热或被撞击,立即会发生爆炸性分解,所以液氯和液氨不能在同一车厢配装,也不可在同一库房内混储。

“氨”的有关特性参见附录三中的表3-3。

11. 液氯和液氨(    )在同一车厢配装,不能在同一库房内混储。

A. 不能　　B. 可以　　C. 大多情况下可以

**答案**:A

**题解**:参见第10题。

12. 天然气(含甲烷,液化的),别名液化天然气,天然气(    )。

A. 有腐蚀性　　B. 极易燃　　C. 不易燃烧

**答案**:B

**题解**:天然气是无色无嗅液体,主要成分为甲烷,也包括一定量的乙烷、丙烷和重质碳氢化合物。还有少量的氮气、氧气、二氧化碳和硫化物。天然气的性质与甲烷很相似,属于有机物,熔点和沸点都较低,在室温下易挥发,其蒸气与空气的混合物达到一定浓度范围时,只要有微小的电火花即可点燃,极易燃。液化天然气属危险货物的第2类第1项易燃气体(CN 21008,UN 1972),其与空气混合能形成爆炸性混合物,遇明火、高热等点火源会引起燃烧爆炸。

13. 闪点表示易燃液体的易燃程度。液体的闪点越低,易燃性越大,危险性(　　)。

A. 越小　　　　B. 不变　　　　C. 越大

**答案:**C

**题解:**闪点又叫闪燃点,是指可燃性液体表面上的蒸气和空气的混合物与火接触而初次发生闪光时的温度。各种油品的闪点可通过标准仪器测定。闪点是表示易燃液体燃爆危险性的一个重要指标,闪点越低,燃爆危险性越大。闪点温度比着火点温度低些。可燃液体的闪点随其浓度的变化而变化。

14. 液体的沸点越低,越易汽化,越易与空气形成爆炸性混合物,其危险性(　　)。

A. 越小　　　　B. 越大　　　　C. 不变

**答案:**B

**题解:**在一个大气压下,液体沸腾转化为气体时的温度称为沸点。液体的沸点越低,使液体沸腾的温度也就越低,液体越易汽化,越易与空气形成爆炸性混合物,危险性也越大。

15. 易燃液体的温度升高,挥发量增加,易燃易爆性(　　)。

A. 增大　　　　B. 减小　　　　C. 不变

**答案:**A

**题解:**易燃液体挥发成蒸气,与空气形成可燃性混合物,当气体混合物的浓度达到一定范围(即爆炸极限)时,遇明火就会燃烧和爆炸。液体的状态是随着温度和压力的变化而变化的。当压力不变时,随着液体的温度升高,液体的挥发增加,与空气形成可燃性混合物的浓度也越大,易燃易爆性增大。

16. 液体物质的受热膨胀系数较大,加上易燃液体具有易挥发性,装满易燃液体的容器受热后蒸气压增大,往往会造成容器胀裂而引起液体外溢。因此,易燃液体灌装时容器内应(　　)。

A. 留有足够的膨胀余位　　　　B. 一次性灌满

C. 没有液体外溢即可

**答案:**A

**题解:**热胀冷缩是物质的固有特性,在运输途中可能因为环境温度变化的影响,液体物质的挥发量增大,聚集在容器内使容器内压增大,而引起“鼓桶”现象,甚至爆炸。因此,易燃液体罐装时容器应充分注意,容器内应留有足够的膨胀余位,膨胀余位一般以体积的百分比计算。

17. 汽车罐车运输在灌装时,灌装流速过快极易积聚静电,一旦发生静电放电,就可能引起可燃性蒸气的燃烧爆炸,后果严重。因此装运易燃液体的罐车(　　)。

A. 配不配备导除静电的装置都行　B. 必须配备导除静电的装置

C. 不必配备导除静电的装置

**答案**:B

**题解**:静电的产生与物质的导电性能有很大关系,它以电阻率来表示。电阻率越小,导电性能越好,容易泄漏静电;电阻率大的则容易积聚静电。部分易燃液体的电阻率很大,在运输、装卸过程中,由于振动、摩擦的作用,极易积聚静电。特别是汽车罐车运输在灌装时,如果灌装流速过快,产生的静电若来不及释放极易积聚,一旦发生静电放电,就可能引起可燃性蒸气的燃烧爆炸,后果不堪设想。因此装运易燃液体的罐车必须配备导除静电的装置,使易燃液体罐装时不具备静电放电的条件。有关汽车导除静电的装置,参见《汽车导静电橡胶拖带》(JT 230)等标准。

18. 易燃液体的蒸气浓度越大,毒性(　　)。

A. 越小　B. 不变　C. 越大

**答案**:C

**题解**:大部分易燃液体除具有易燃易爆的危险特性外,还具有大小程度不等的毒性。易燃液体可以通过皮肤、消化道或呼吸道被人体吸收而中毒。特别是挥发性较大的易燃液体,其蒸气带来的毒性更不可忽视,即使挥发性很小的易燃液体,直接与之接触也是有害的。易燃液体的蒸气浓度越大,能够经皮肤、消化道或呼吸道被人体吸收的量也越大,毒性越大。

19. 苯是无色透明液体,易挥发,具有芳香气味;易溶于有机溶剂,不溶于水,故(　　)用水扑救苯引起的火灾。

A. 不能　B. 能　C. 完全可以

**答案**:A

**题解**:苯是无色透明液体,相对密度 0.879;苯易溶于有机溶剂,但不溶于水,所以使用水扑救苯引起的火灾是无效的。

“苯”的有关特性参见附录三中的表 3-4。

20. 易燃液体的蒸气与空气的混合物可被点燃产生瞬间闪光的最低温

度称为(　　)。

A. 闪点　　B. 着火点　　C. 起爆点

**答案**:A

**题解**:参见第 13 题。闪点实质上与爆炸极限有密切关系。当液体受热而迅速挥发时,如果液面附近的蒸气浓度正好达到其爆炸下限浓度,则此时的温度就是闪点。可燃、易燃液体的闪点越低、其火灾危险性越大。

21. 易燃固体同时具备 3 个条件:燃点低;燃烧迅速;放出有毒烟雾或有毒气体。易燃固体燃点越低,其发生燃烧的可能性和危险性(　　)。

A. 恒定不变　　B. 越小　　C. 越大

**答案**:C

**题解**:危险货物分类第 4.1 项的易燃固体系指燃点低,对热、撞击、摩擦敏感,易被外部火源点燃,燃烧迅速,并可能散发出有毒烟雾或有毒气体的固体物质,但不包括已列入爆炸品的物质。其中燃点又叫着火点,是指可燃性液体表面上的蒸气和空气的混合物与火接触而发生火焰能继续燃烧不少于 5s 时的温度。可在测定闪点后继续在同一标准仪器中测定。燃点越低,点燃时需要的温度低,越容易燃烧,其火灾危险性也越大。

22. 易燃固体需明火点燃;易于自燃物质(　　)受热和明火,会自行燃烧;遇水放出易燃气体的物质遇水(包括受湿、酸类和氧化剂)会引起剧烈化学反应,放出可燃性气体和热量。

A. 需要　　B. 不需要　　C. 有时需要

**答案**:B

**题解**:自燃是指不经明火点燃就自动着火燃烧的现象,自燃物品的主要特点是不需外界火源作用,自身在空气中能缓慢氧化放热并积热不散,达到其自燃点而自行燃烧。因此,对运输来讲,此项物品最主要的危险是自行发热、燃烧,有些物质甚至在无氧条件下也会自燃。

23. 物质在发生自燃时所需要的最低温度,叫做自燃点。自燃点越低,其发生燃烧的可能性和危险性(　　)。

A. 越大　　B. 越小　　C. 恒定不变

**答案**:A

**题解**:物质的自燃点越低,越容易在常温状态下发生燃烧,所以危险性也越大。

24. 遇水放出易燃气体的物质在常温或高温下受潮或与水剧烈反应,且反应速度快;遇酸和氧化剂也能发生反应,而且比与水的反应更为剧烈,因此危险性也(　　)。

A. 更大　　　　B. 更小　　　　C. 更弱

**答案**:A

**题解**:遇水放出易燃气体的物质遇酸和氧化剂也能发生反应,而且比与水的反应更为剧烈,危险性也更大。因为酸类物质和氧化剂都具有较强的氧化性(得到电子的能力),而遇水燃烧物质大多具有很强的还原性(失去电子的能力),所以当它们接触后,反应就更加剧烈。另外,多数的酸都是水的溶液,因此与本项物质接触能置换出酸中的氢,反应非常剧烈,危险性也更大。

25. 赤磷着火点比黄磷高得多,易燃(　　)。

A. 且易自燃　　　　B. 且遇湿自燃　　　　C. 但不易自燃

**答案**:C

**题解**:赤磷与黄磷是磷的同素异形体,但两者性质相差极大。赤磷为紫红色无定型正方板状结晶或粉末,无毒、无嗅;着火点比黄磷高得多,易燃但不易自燃,燃点200℃,自燃点240℃。黄磷是白色或淡黄色的半透明的蜡状固体,性质极活泼,暴露在空气中即被氧化,自燃点为30℃,即使是在冰天雪地的环境温度下,只要露在空气中黄磷也很容易自身发热积温到30℃而燃烧,故黄磷是自热自燃的易燃物品。

“赤磷”的有关特性参见附录三中的表3-5。

26. 黄磷(又称白磷)性质极活泼,暴露在空气中即被氧化,自燃点低,只需一、二分钟即自燃。所以,黄磷必须(　　),若包装破损出现渗漏,导致黄磷露出液面,就会自燃。

A. 浸没在水中　　　　B. 浸没在汽油中　　　　C. 浸没在丙酮中

**答案**:A

**题解**:参见第25题。黄磷是自热自燃的易燃物品,因此必须浸放在水中进行储存,以降低自身温度防止自燃现象发生。

“黄磷”的有关特性参见附录三中的表3-6。

27. 电石(学名碳化钙)为灰色的不规则的块状物,有强烈的吸湿性,能从空气中吸收水分而发生反应,放出(　　)易燃气体。

A. 甲烷　　　　B. 乙烷　　　　C. 乙炔

**答案**:C

**题解**:电石有强烈的吸湿性,能从空气中吸收水分而发生反应,放出乙炔(电石气),与水相遇反应更强烈:

$CaC_2$(电石)+$2H_2O$(水)=$Ca(OH)_2$(熟石灰或消石灰)+$C_2H_2$(乙炔气体)↑

放出的大量热量能很快达到乙炔的自燃点而起火燃烧,甚至爆炸。

“电石”的有关特性参见附录三中的表3-7。

28. 有机过氧化物很不稳定,容易分解,分解时的生成物为(　　),容易引起爆炸。

A. 易燃气体　　B. 气体　　C. 易燃液体

**答案:**A

**题解:**有机过氧化物①,是分子组成中含有过氧基的有机物,该物质为热不稳定物质,可能发生放热的自加速分解。尤其是受到振动、冲击、摩擦或遇热时即分解且放出热量,分解的产物大多属于易燃气体,容易引起爆炸。该类物质还可能具有以下一种或数种性质:a)可能发生爆炸性分解;b)迅速燃烧;c)对碰撞或摩擦敏感;d)与其他物质起危险反应;e)损害眼睛。它是危险货物第5.2项。其标志为:

29. 有机过氧化物(如过氧化甲乙酮)比无机氧化剂(如高锰酸钾)更(　　)分解;分解的产物几乎都是气体或易挥发的物质,再加上易燃性和自身氧化性,分解时易发生爆炸。

A. 容易　　B. 难　　C. 不容易

**答案:**A

**题解:**有机过氧化物比无机氧化剂更容易分解,其分解温度一般在150℃以下,有的甚至在常温或低温时即可分解,故需保持低温运输。

“过氧化甲乙酮”和“高锰酸钾”的有关特性分别参见附录三中的表3-8和表3-9。

30. 同属氧化性物质的物品,由于氧化性的强弱不同,相互混合后(　　)引起燃烧。

① 《危险货物分类和品名编号》(GB 6944—2005)。

A. 不能　　B. 不一定　　C. 能

**答案:**C

**题解:**同属氧化性物质的物品,由于氧化性的强弱不同,相互混合后也能引起燃烧。如硝酸铵和亚硝酸钠,硝酸铵和氯酸盐等。

31. 硝酸钾,又称火硝。无色透明晶体或粉末,溶于水。遇热分解放出氧气,当硝酸钾与易燃物质混合后,受热甚至轻微的摩擦冲击也会(　　)。

A. 很安全　　B. 迅速地燃烧或爆炸　　C. 很难燃烧

**答案:**B

**题解:**硝酸钾,又称钾硝石、火硝。遇热分解出氧,当硝酸钾($KNO_3$)与易燃物质混合后,受热甚至轻微的摩擦冲击都会迅速地燃烧或爆炸。黑火药就是根据这个原理配制的,黑火药是木炭粉、硫磺粉和硝酸钾粉末的混合物,在混合物中,3 种成分的质量分数大约为:硝酸钾 75%、木炭 15%、硫磺 10%。

"硝酸钾"的有关特性参见附录三中的表 3-10。

32. 含氰基的化合物叫氰化物,大多数氰化物属(　　)物质。

A. 剧毒　　B. 无毒　　C. 有害

**答案:**A

**题解:**凡带有氰基(CN—)的化合物,能在人体内释放出游离氰根,即可抑制细胞色素氧化酶,大多数氰化物属剧毒物质。如氰化钠,俗称山萘或七步倒,人仅服 1 ~ 3mg 走不出七步路即会死亡,属剧毒品。

33. 浓硫酸溶于水时,能释放出大量热量。因此,稀释浓硫酸时必须十分小心,应该(　　)。

A. 把水缓缓加入浓硫酸中　　B. 把浓硫酸缓缓加入水中

C. 把浓硫酸迅速倒入水中

**答案:**B

**题解:**如果把水倒入浓硫酸,开始时因为水较轻仍然浮在酸层的上部,当水扩散至酸中,即放出溶解热,可发生局部沸腾,会剧烈溅散而伤人。所以,稀释浓硫酸时,应把浓硫酸缓缓加入水中。

34. 腐蚀性物质本身的化学性质决定了自身各种不同的性质。腐蚀性物质(　　)混储配载。

A. 可以　　B. 可以大量地　　C. 不可以

**答案:**C

**题解:**腐蚀性物质构成复杂多样,有酸性腐蚀品、碱性腐蚀品等。各类腐蚀品都有其各自不同的特性,不能随意配装。例如:酸与碱会发生中和反应,不仅使货物失去原有特性,而且中和反应发生剧烈时还会引起爆炸,所以同是腐蚀品,酸性腐蚀品和碱性腐蚀品不能配装。无机酸性腐蚀品往往有氧化性,有机酸性腐蚀品则可以燃烧,所以,同是酸性腐蚀品,无机酸性腐蚀品和有机酸性腐蚀品不能配装。同理,无机酸性腐蚀品不得与可燃品配装;有机腐蚀品不论是酸性的还是碱性的,都不得与氧化剂配装。

35. 酸与碱不可以混装,氧化剂与还原剂(　　)进行配载。

A. 可以　　B. 不可以　　C. 一般情况下可以

**答案:**B

**题解:**酸与碱能够发生中和反应,氧化剂与还原剂在一起也能发生化学反应,所以氧化剂与还原剂不可以进行配载。

36. 毒性物质的颗粒(　　),越易引起中毒。

A. 越小　　B. 越大　　C. 越软

**答案:**A

**题解:**因为颗粒越小,越易进入呼吸道而被吸收,越易引起中毒。比如说,将氰化钠制成颗粒状进行运输或储存,就是为降低其毒性。

37. 毒性物质沸点(　　),越易引起中毒。

A. 越高　　B. 越低　　C. 越不确定

**答案:**B

**题解:**毒害品沸点越低,就越易挥发成蒸气,增加毒害品在空气中的浓度,而引起吸入中毒。所以说毒性物质的沸点越低,越易引起中毒。

38. 气温(　　),毒性物质的挥发性越大,同时还会增加毒性物质的溶解度和加剧人体呼吸的次数,从而增加毒害品进入人体的可能性。

A. 越低　　B. 越高　　C. 越不确定

**答案:**B

**题解:**物质的挥发性与温度有着密切的关系,温度升高后,物质也越易挥发成蒸气,增加毒害品在空气中的浓度,而引起吸入中毒。所以说气温越高,毒性物质的挥发量越大,同时还会增加毒性物质的溶解度和加剧人体呼吸的次数,越易引起中毒。

39. 动物致死所需某毒性物质的摄入量(或浓度)越小,则表示该毒性物质的毒性(　　)。

A. 越大　　B. 越小　　C. 无法确定

**答案:**A

**题解:**毒害品虽对人有毒害作用,但如果进入体内的毒害品剂量不足,则不会中毒,表示毒害品的摄入量与效应的关系称为毒性。毒性的计量单位是"毫克/千克",即把某毒害品使某动物死亡的最小量与该动物的体重相比,得到每千克的动物摄入某毒害品的毫克数。通常认为:动物致死所需某毒性物质的摄入量(或浓度)越小,则表示该毒性物质的毒性越大。

40. 有机毒性物质遇明火、高热或与氧化性物质接触会(　　),燃烧时会放出有毒气体,加剧毒性物质的危险性。

A. 很稳定　　B. 燃烧爆炸　　C. 很安全

**答案:**B

**题解:**毒性物质中的有机物都是可燃的,其中还有不少液体的闪点低于61℃,够得上易燃液体的标准,这些有机毒性物质遇明火、高热或者与氧化剂接触会燃烧爆炸,并放出有毒气体,加剧毒性物质的危险性。

41. 感染性物质(第6.2项)是指(　　),包括生物制品、诊断样品、基因突变的微生物、生物体和其他媒体,如病毒蛋白等。

A. 含有病原体的物质　　B. 不含有病原体的物质

C. 特殊情况下含有病原体的物质

**答案:**A

**题解:**《危险货物分类和编号》(GB 6944—2005)第6.2条要求:"感染性物质　含有病原体的物质,包括生物制品、诊断样品、基因突变的微生物、生物体和其他媒介,如病毒蛋白等。"

42. 感染性物质的运输过程(　　),应注意安全防护。

A. 存在感染性　　B. 不存在感染性　　C. 大多不存在感染性

**答案:**A

**题解:**感染性物品单纯的存在状态多为菌种或毒种,其在实验室环境下发生感染的机会较多,感染的危害性更大,感染性物质的运输过程中也存在感染性,如鼠疫杆菌、霍乱弧菌等容器破损时,有可能感染作业人员,应注意安全防护。

43. 遇水反应的腐蚀性物质(如三氧化硫)都能与空气中的水汽发生剧烈反应,并同时放出大量热量。当满载这些物品的容器遇水后,则可能因漏进水滴而猛烈反应,使容器炸裂。所以尽管没有给这些物品贴上"遇潮时危险"的副标志,其防水要求也应和遇水放出易燃气体的物质(第4.3项)(　　)。

A. 有区别　　B. 不同　　C. 相同

**答案:**C

**题解:**遇水反应的腐蚀品都能与空气中的水汽发生反应而发烟(实质是雾,习惯上称烟),它对眼睛、咽喉和肺有强烈的刺激作用,而且有毒,危险性较大。所以尽管没有给这些物品贴上"遇潮时危险"的副标志,其防水要求也应和遇水放出易燃气体的物质(第4.3项)相同。

44. 某类危险货物除具有主要特性外,还具有一些次要特性,也称为副特性,即次要危险性。危险货物的副特性(　　)酿成大事故。

A. 也会　　　　B. 不会　　　　C. 绝对不会

**答案:**A

**题解:**不少货物表现出错综复杂的危险特性。所以,确定一种危险货物的主要危险特性时,要同时指出此种危险货物具有的其他(或称副)危险特性,并规定分别用危险货物包装主标志和副标志表示,以引起运输装卸储存人员的注意。比如:亚硝酸是氧化剂,副特性是"有毒",因亚硝酸的氧化性而发生事故的很少,而把亚硝酸误作食盐,食用造成中毒死亡的事件却常见。由此可知,危险货物的副特性也会酿成大事故,在危险货物的运输中,注意到一种货物的主要危险特性时,必须对其可能具有的其他危险特性也给予足够的重视。

45. 能放射射线的物质称为放射性物质。放射性物质所放出的射线对人体(　　)。

A. 危害较小

B. 产生极大的危害,可致病、致畸、致癌,甚至可致死

C. 没有危害

**答案:**B

**题解:**自然界各种各样的物质中有一些物质的原子核不稳定,能够从其原子核内部自发地(即不受外界温度、压力的影响)、不断地向周围放出穿透力很强而人的感觉器官(视觉、听觉、嗅觉、触觉)觉察不到的射线($\alpha$射线、$\beta$射线、$\gamma$射线和中子流),这些射线会破坏人体细胞中的蛋白质,使其细胞死亡或产生变异,进而可致病、致畸、致癌,甚至可致死。

**(二)判断题**(40题)

1. 民用爆炸品、放射性物品、核能物质和城镇燃气的安全管理,适用国务院第344号令《危险化学品安全管理条例》。　　(　　)

**答案:**×

**题解:**《条例》第七十一条规定:"民用爆炸品、放射性物品、核能物质和

城镇燃气的安全管理,不适用本条例。"

2. 民用爆炸物品的生产、销售、购买、进出口、运输、爆炸作业和储存及硝酸铵的销售、购买,适用国务院第 446 号令《民用爆炸物品安全管理条例》。 ( )

**答案**:✓

**题解**:《民用爆炸物品安全管理条例》(国务院令第 466 号)第二条规定:"民用爆炸物品的生产、销售、购买、进出口、运输、爆炸作业和储存及硝酸铵的销售、购买,适用本条例。"

3. 烟花爆竹的生产、经营、运输和燃放,适用国务院第 455 号令《烟花爆竹安全管理条例》。 ( )

**答案**:✓

**题解**:《烟花爆竹安全管理条例》(国务院第 455 号令)第二条规定:"烟花爆竹的生产、经营、运输和燃放,适用本条例。本条例所称烟花爆竹,是指烟花爆竹制品和用于生产烟花爆竹的民用黑火药、烟火药、引火线等物品。"

4. 麻醉药品和精神药品的实验研究、生产、经营、使用、储存、运输等活动以及监督管理,适用国务院令第 442 号《麻醉药品和精神药品管理条例》。 ( )

**答案**:✓

**题解**:《麻醉药品和精神药品管理条例》(国务院令第 442 号)第二条规定:"麻醉药品和精神药品的实验研究、生产、经营、使用、储存、运输等活动以及监督管理,适用本条例。"

5. 国务院令第 445 号《易制毒化学品管理条例》规定,国家对易制毒化学品的生产、经营、购买、运输和进口、出口实行分类管理和许可制度。( )

**答案**:✓

**题解**:《易制毒化学品管理条例》(国务院令第 445 号)第二条规定:"国家对易制毒化学品的生产、经营、购买、运输和进口、出口实行分类管理和许可制度。"

6. 物质总是以一定的形态而存在的,主要有固态、气态和液态 3 种形态。 ( )

**答案**:✓

**题解**:物质总是以一定的形态而存在的,主要有固态、气态和液态 3 种形态,简称为物质的"三态"。物质的状态是随着温度和压力的变化而变化的,如水受热变成蒸汽,冷却至0℃时凝结成冰。

7. 一般地,气体的相对密度是以空气为标准的。相对密度大于1的气体会沉在下部地表面。（　）

**答案**:✓

**题解**:相对密度是指相同温度、相同压力下两种物质的密度之比。一般地,气体的相对密度是以空气为标准的。相对密度大于1的气体会沉在下部地表面。了解危险货物的相对密度对安全运输具有重要意义。例如,由于二氧化碳的相对密度比空气大得多,将二氧化碳覆盖在火焰上可以隔绝空气与火焰的接触,从而实现灭火。

8. 一般地,液体的相对密度是以水为标准的。相对密度小于1的液体会浮在水面上,如汽油。（　）

**答案**:✓

**题解**:参见第7题。一般地,液体的相对密度是以水为标准的。相对密度小于1的液体会浮在水面上。例如,由于汽油的相对密度比水小,若汽油失火时用水扑救,油就会浮在水面上继续燃烧并随着水的流动而扩大灾情。

9. 当液体受热而迅速挥发时,如果液面附近的蒸气浓度正好达到其爆炸下限浓度,此时的温度就是闪点。闪点越低危险性越大。（　）

**答案**:✓

**题解**:参见选择题第13题。闪点是衡量液体易燃性的最重要的指标。如果可燃液体温度高于其闪点时,随时都有接触火源而被点燃的危险。液体的闪点越低,易燃性越大,所以危险性也越大。

10. 在一个大气压下,液体沸腾转化为气体时的温度称为沸点,运输温度不得高于危险货物的沸点。（　）

**答案**:✓

**题解**:参见选择题第14题。液体的运输温度不得高于危险货物的沸点,以防止液体在运输途中发生沸腾,而造成不可预料的事故。

11. 某类危险货物只具有本类危险货物的主要特性。例如,腐蚀性物质只具有腐蚀特性。（　）

**答案**:×

**题解**:《危险货物分类和品名编号》(GB 6944—2005)中,将危险货物按其主要特性和运输要求分为9类,但不少货物表现出错综复杂的危险特性,某类危险货物除具有本类危险货物的主要特性外,还具有一些次要特性,也成为副特性,即次要危险性,例如:列入易爆易燃的不少物品具有毒害性和腐蚀性;列入腐蚀性物质中有不少有机物,而有机物都是可燃物,其中有不少液体的闪点低于61℃,也称得上具有易燃性。

12. 在物质变化过程中,仅是物质的外形或状态发生了变化,称作化学变化。 (　　)

**答案:**×

**题解:**这里混淆了化学变化和物理变化的概念,物理变化是指在物质变化过程中,仅是物质的外形或状态发生了变化而没有生成新的物质的运动形式,强调的是没有生成新的物质。而化学变化是指在物质变化过程中,生成新的物质的运动形式,强调的是生成新的物质。所以该题属于物理变化。

13. 在物质变化过程中,生成新物质的变化,称作物理变化。 (　　)

**答案:**×

**题解:**参见第12题,此题中的变化属于化学变化。

14. 列入危险货物的氧化物(如三氧化硫)除气体外,大部分都会与水发生反应生成碱或酸或释放出氧。所以,在运输过程中必须注意防水。 (　　)

**答案:**✓

**题解:**由于这些氧化物能够与水发生反应而导致变质,甚至与水反应后释放出氧气,氧是助燃剂,若遇有机物、易燃物即引起燃烧,造成不可预料的危害,所以必须注意防水。

15. 大多数有机物不溶于水,故用水来扑灭有机物燃烧的火焰通常无效,而应该用二氧化碳、泡沫或卤剂来扑救。 (　　)

**答案:**✓

**题解:**有机物是有机化合物的简称,含碳化合物(一氧化碳、二氧化碳、碳酸盐、金属碳化物等少数简单含碳化合物除外)或碳氢化合物及其衍生物的总称。大多有机化合物是不溶于水且比水轻,火苗可随水四处流动,引起大面积火灾,或遇水可发生更强烈的反应而引起更大的事故。小火可用湿布或石棉布盖熄,火势较大时,应该用二氧化碳、泡沫或卤剂来扑救。

16. 危险货物是指具有爆炸、易燃、毒害、感染、腐蚀、放射性等危险性,在运输、储存、生产、经营、使用和处置中,容易造成人身伤亡、财产损毁或环境污染而需要特别防护的物质和物品。 (　　)

**答案:**✓

**题解:**《危险货物分类和品名编号》(GB 6944—2005)中定义:"危险货物是指具有爆炸、易燃、毒害、感染、腐蚀、放射性等危险性,在运输、储存、生产、经营、使用和处置中,容易造成人身伤亡、财产损毁或环境污染而需要特别防护的物质和物品。”

17.《危险货物分类和品名编号》(GB 6944—2005)中,按危险货物具有的危险性或最主要的危险性把危险货物分为9个类别。 (　　)

**答案:**✓

**题解:**《危险货物分类和品名编号》(GB 6944—2005)第4条要求:“按危险货物具有的危险性或最主要的危险性把危险货物分为9个类别。”有些类别再分成项别。类别和项别的号码顺序并不是危险程度的顺序。

18.危险货物类别和项别的号码顺序并不是危险程度的顺序。 (　　)

**答案:**✓

**题解:**参见第17题。

19.《危险货物分类和品名编号》(GB 6944—2005)把第1类爆炸品划分为6项。 (　　)

**答案:**✓

**题解:**《危险货物分类和品名编号》(GB 6944—2005)中将第1类爆炸品划分为:“第1.1项:有整体爆炸危险的物质和物品;第1.2项:有迸射危险,但无整体爆炸危险的物质和物品;第1.3项:有燃烧危险并有局部爆炸危险或局部迸射危险货这两种危险都有,但无整体爆炸危险的物质和物品;第1.4项:不呈现重大危险的物质和物品;第1.5项:有整体爆炸危险的非常不敏感的物质;第1.6项:无整体爆炸危险的极端不敏感物品。”

20.《危险货物分类和品名编号》(GB 6944—2005)中,根据气体在运输中的主要危险性把第2类气体分为2.1项易燃气体、2.2项非易燃无毒气体、2.3项毒性气体。 (　　)

**答案:**✓

**题解:**《危险货物分类和品名编号》(GB 6944—2005)第4.2条要求:“第2类　气体

本类气体指:

a)在50°C时,蒸气压力大于300kPa的物质;或

b)20°C时在101.3kPa标准压力下完全是气态的物质。

本类包括压缩气体、液化气体、溶解气体和冷冻液化气体、一种或多种气体与一种或多种其他类别物质的蒸气的混合物、充有气体的物品和烟雾剂。

第2类根据气体在运输中的主要危险性分为3项。

4.2.1　第2.1项　易燃气体

本项包括在20°C和101.3kPa条件下：

a）与空气的混合物按体积分数占13%或更少时可点燃的气体；或

b）不论易燃下限如何，与空气混合，燃烧范围的体积分数至少为12%的气体。

4.2.2　第2.2项　非易燃无毒气体

在20°C压力不低于280kPa条件下运输或以冷冻液体状态运输的气体，并且是：

a）窒息性气体——会稀释或取代通常在空气中的氧气的气体；或

b）氧化性气体——通过提供氧气比空气更能引起或促进其他材料燃烧的气体；或

c）不属于其他项别的气体。

4.2.3　第2.3项　毒性气体

本项包括：

a）已知对人类具有的毒性或腐蚀性强到对健康造成危害的气体；或

b）半数致死浓度$LC_{50}$值不大于5 000mL/m$^3$，因而推定对人类具有毒性或腐蚀性的气体。"

注：具有两个项别以上危险性的气体和气体混合物，其危险性先后顺序为2.3项优先于其他项，2.1项优先于2.3项。

21.《危险货物分类和品名编号》（GB 6944—2005）中，第3类易燃液体不分项。　（　）

**答案：**✓

**题解：**《危险货物分类和品名编号》（GB 6944—2005）第4.3条要求："第3类　易燃液体

本类包括：

a）易燃液体：

在其闪点温度（其闭杯试验闪点不高于60.5°C，或其开杯试验闪点不高于65.6°C）时放出易燃蒸气的液体或液体混合物，或是在溶液或悬浮液中含有固体的液体；本项还包括：在温度等于或高于其闪点的条件下提交运输的液体；或以液态在高温条件下运输或提交运输、并在温度等于或低于最高运输温度下放出易燃蒸气的物质。

b）液态退敏爆炸品。"

22.《危险货物分类和品名编号》（GB 6944—2005）中，第4类易燃固体、易于自燃物质、遇水放出易燃气体的物质分为4.1项易燃固体、4.2项易于自燃物质、4.3项遇水放出易燃气体的物质。　(　)

**答案**:✓

**题解**:《危险货物分类和品名编号》(GB 6944—2005)第4.4条要求:"第4类　易燃固体、易于自燃物质、遇水放出易燃气体的物质

第4类分为3项。

4.4.1　第4.1项　易燃固体

本项包括:

a)容易燃烧或摩擦可能引燃或助燃的固体;

b)可能发生强烈放热反应的自反应物质;

c)不充分稀释可能发生爆炸的固态退敏爆炸品。

4.4.2　第4.2项　易于自燃的物质

本项包括:

a) 发火物质;

b) 自热物质。

4.4.3　第4.3项　遇水放出易燃气体的物质

与水相互作用易变成自燃物质或能放出危险数量的易燃气体的物质。"

23.《危险货物分类和品名编号》(GB 6944—2005)中,第5类氧化性物质和有机过氧化物分为5.1项氧化性物质、5.2项有机过氧化物。　(　)

**答案**:✓

**题解**:《危险货物分类和品名编号》(GB 6944—2005)第4.5条要求:"第5类　氧化性物质和有机过氧化物

第5类分为2项。

4.5.1　第5.1项　氧化性物质

本身不一定可燃,但通常因放出氧或起氧化反应可能引起或促使其他物质燃烧的物质。

4.5.2　第5.2项　有机过氧化物

分子组成中含有过氧基的有机物质,该物质为热不稳定物质,可能发生放热的自加速分解。该类物质还可能具有以下一种或数种性质:

a)可能发生爆炸性分解;

b)迅速燃烧;

c)对碰撞或摩擦敏感;

d)与其他物质起危险反应;

e)损害眼睛。”

24.《危险货物分类和品名编号》(GB 6944—2005)中,第6类毒性物质和感染性物质分为6.1项毒性物质、6.2项感染性物质。 ( )

**答案:**✓

**题解:**《危险货物分类和品名编号》(GB 6944—2005)第4.6条要求:“第6类 毒性物质和感染性物质

第6类分为2项。

4.6.1 第6.1项 毒性物质

经吞食、吸入或皮肤接触后可能造成死亡或严重受伤或健康损害的物质。

毒性物质的毒性分为急性口服毒性、皮肤接触毒性和吸入毒性。分别用口服毒性半数致死量 $LD_{50}$、皮肤接触毒性半数致死量 $LD_{50}$,吸入毒性半数致死浓度 $LD_{50}$衡量。

经口摄取半数致死量:固体 $LD_{50}\leqslant 200mg/kg$,液体 $LD_{50}\leqslant 500mg/kg$;经皮肤接触24h,半数致死量 $LD_{50}\leqslant 1\,000mg/kg$;粉尘、烟雾吸入半数致死浓度 $LD_{50}\leqslant 10mg/L$ 的固体或液体。

4.6.2 第6.2项 感染性物质

含有病原体的物质,包括生物制品、诊断样品、基因突变的微生物、生物体和其他媒介,如病毒蛋白等。”

25.《危险货物分类和品名编号》(GB 6944—2005)中,第7类放射性物质不分项。 ( )

**答案:**✓

**题解:**《危险货物分类和品名编号》(GB 6944—2005)第4.7条要求:“第7类 放射性物质

含有放射性核素且其放射性活度浓度和总活度都分别超过GB 11806规定的限值的物质。”

26.《危险货物分类和品名编号》(GB 6944—2005)中,第8类腐蚀性物质不分项。 ( )

**答案:**✓

**题解:**《危险货物分类和品名编号》(GB 6944—2005)第4.8条要求:“第8类 腐蚀性物质

通过化学作用使生物组织接触时会造成严重损伤,或在渗漏时会严重损害甚至毁坏其他货物或运载工具的物质。

腐蚀性物质包含与完好皮肤组织接触不超过4h,在14d的观察期中发现引起皮肤全厚度损毁,或在温度55°C时,对S235JR + CR型或类似型号钢或无覆盖层铝的表面均匀年腐蚀率超过6.25mm/a的物质。"

27.《危险货物分类和品名编号》(GB 6944—2005)中,第9类杂项危险物质和物品不分项。　(　)

**答案**:✓

**题解**:《危险货物分类和品名编号》(GB 6944—2005)第4.9条要求:"第9类　杂项危险物质和物品

具有其他类别未包括的危险的物质和物品,如:

a)危害环境物质;

b)高温物质;

c)经过基因修改的微生物或组织。"

28.每一种危险货物对应一个编号,每一个编号只对应一种危险货物。　(　)

**答案**:×

**题解**:《危险货物分类和品名编号》(GB 6944—2005)的第5条品名编号规定:"每一危险货物对应一个编号,但对其性质基本相同,运输、存储条件和灭火、急救、处置方法相同的危险货物,也可使用同一编号。"

29.每一种危险货物对应一个编号,每一个编号对应一种或一种以上危险货物。　(　)

**答案**:✓

**题解**:参见第28题。

30.危险货物按其具有的危险程度划分为3个包装类别:I类包装——具有高度危险性的物质;II类包装——具有中等危险性的物质;III类包装——具有轻度危险性的物质。　(　)

**答案**:✓

**题解**:《危险货物品名表》(GB 12268—2005)第4.2条要求:"除第1类、第2类、第7类、5.2项和6.2项物质以及4.1项自反应物质以外,需要包装的危险货物按其具有的危险程度划分为3个包括类别:

——I类包装:具有高度危险性的物质;

——II类包装:具有中等危险性的物质;

——III类包装:具有轻度危险性的物质。"

31.在《危险货物品名表》(GB 12268—2005)中,可查到表示危险货物

危险程度的包装类别(I、II、III 类)。（　　）

**答案**:✓

**题解**:《危险货物品名表》(GB 12268—2005)等 5 条要求:"危险货物品名表分为 7 栏,其中第 6 栏'包装类别'是按照联合国包装类别给危险货物划定的类别号码,用 I、II、III 表示。"即可以在第 6 栏中查到表示危险货物危险程度的包装类别。

32.《危险货物品名表》(GB 12268—2005)规定,危险货物品名的"编号"采用联合国编号,即 4 位数编号。（　　）

**答案**:✓

**题解**:《危险货物品名表》(GB 12268—2005)的前言中要求:"修改了原标准中危险货物品名的编号方法,采用联合国编号。将原标准中的危险货物品名编号作为过渡列在'备注'栏。"这里的原标准是指《危险货物品名表》(GB 12268—1990)。

33. 化学爆炸必须同时具备 3 个因素:(1)反应速度快;(2)释放出大量的热;(3)产生大量气体生成物。（　　）

**答案**:✓

**题解**:化学爆炸是指物质因得到起爆的能量而迅速分解,释放出大量的气体和热量的过程。化学爆炸必须同时具备 3 个因素:(1)反应速度快;变化以高速进行,并在瞬间完成。只有高速才能使爆炸产物的体积、能量、密度急骤增大而致爆。(2)释放出大量的热;热量是爆炸作功的能量来源,没有大量的热放出,爆炸反应不可能完成,更不能形成高温、高压、高能量气体而膨胀作功。(3)产生大量气体生成物。

34. 引起某爆炸品爆炸所需的起爆能量越小,该爆炸品的敏感度越高,危险性也越小。（　　）

**答案**:×

**题解**:爆炸品需要外界提供一定量的能量才能触发爆炸反应,否则爆炸反应就不能进行。外界提供的能量也称为起爆能,通常是以引起爆炸反应的最小外界能量来表示。引起某爆炸品爆炸所需的起爆能量越小,说明该爆炸品的敏感度越高,越容易爆炸,危险性也越大。

35. 气体的爆炸范围越大,则其燃烧的可能性越大。（　　）

**答案**:✓

**题解**:燃烧需要氧气,空气中含有 1/5 的氧气即可助燃。某种可燃气体散发在空间与空气混合后,如果可燃气浓度太低,则可供燃烧的物质太少,燃烧不能进行;反之,如果可燃气浓度太高,则供氧不足,也不能使燃烧进行。混合气体能发生燃烧爆炸的最低浓度称爆炸下限,最高浓度称爆炸上限。爆炸上限和爆炸下限之差,为爆炸范围。气体的爆炸范围越大、爆炸下限越低和爆炸上限越高时,其燃烧的可能性越大,也就越易燃,越危险。这是因为爆炸极限越宽则出现爆炸条件的机会就多;爆炸下限越低则可燃物稍有泄漏就会形成爆炸条件;爆炸上限越高则有少量空气渗入容器,就能与容器内的可燃物形成爆炸条件。

36. 临界温度低于常温的气体是压缩气体,临界温度高于常温的气体是液化气体。 ( )

**答案:**✓

**题解:**参见选择题第4题。

37. 氧化性物质本身不一定可燃,但可以放出氧而引起其他物质的燃烧。 ( )

**答案:**✓

**题解:**《危险货物分类和品名编号》(GB 6944—2005)中将第5.1项氧化性物质定义为:"本身不一定可燃,但通常因放出氧或起氧化反应可能引起或促使其他物质燃烧的物质。"

38. 所有的可燃物都是危险货物。 ( )

**答案:**×

**题解:**可燃物,顾名思义,就是可以燃烧的物质。但并不是所有的可燃物都是危险货物,也有一些不属于危险货物,例如:木材是可燃物,但不是危险货物。

39. 如果一种危险货物既有主要危险性,也具有比较重要的次危险性,那么在运输此类物质时,应在包装上分别标有主次两种危险性标志。 ( )

**答案:**✓

**题解:**参见第11题,这些次要特性也会酿成大事故,所以在运输过程中,不仅要在包装上标有主标志,还需要副标志,以引起运输装卸及储存人员的注意。

40. 当炸药内混入坚硬物质如玻璃、铁屑、砂石等时,则其撞击感度增加,危险性降低。 ( )

**答案:**×

**题解:**炸药的纯净度对炸药的撞击感度有很大的影响,当炸药内混入坚硬物质如玻璃、铁屑、砂石等时,撞击感度增加,危险性也增大。

# 第三章　危险货物运输包装知识和押运安全知识

（90题，其中包装知识题50题、押运安全知识题40题）

**一）危险货物运输包装知识**（50题，其中选择题30题、判断题20题）

**（一）选择题**（30题）

1. 压缩气体和液化气体，处于较高压力下使用的是（　　）包装。

A. 玻璃瓶　　B. 耐压钢瓶　　C. 普通铁桶

**答案：**B

**题解：**无论是压缩气体还是液化气体，都必须经过加压才能储存于容器中，所以其专用包装都必须能承受一定程度的内压力，一般都是使用耐压钢瓶盛装压缩气体和液化气体的。不同气体的临界温度和临界压力不同，耐压钢瓶所承受的内压也不同。

这里介绍一下道路危险货物运输常用的压力容器：

（1）压力容器（罐体）——承压容器，是指盛装气体或者液体，承载一定压力的密闭设备，其范围规定为最高工作压力大于或者等于0.1MPa（表压），且压力与容积的乘积大于或者等于2.5MPa·L的气体、液化气体和最高工作温度高于或者等于标准沸点的液体的固定式容器和移动式容器①。

（2）气瓶是指盛装公称工作压力大于或者等于0.2MPa（表压），且压力与容积的乘积大于或者等于1.0 MPa·L的气体、液化气体和标准沸点等于或者低于60℃液体的压力容器②。

2. 一般来说，液体货物的包装强度应　　　　（　　）。

A. 比固体货物的高　　B. 比固体货物的低　　C. 和固体货物的一样

**答案：**A

**题解：**盛装液体货物的包装，考虑到液体货物热胀冷缩系数比固体大，在温度变化时容易出现“鼓桶”，甚至爆炸等现象，同时，液体的流动性好，易泄漏。所以液体货物的包装强度应比固体的高。

3. 下列需要采取严密包装的货物是（　　）。

A. 油浸的纸、棉、绸、麻等及其制品　　B. 液氧

---

① 《特种设备安全监察条例》第八十八条。

② 《特种设备安全监察条例》第八十八条。

C. 双氧水

**答案:**B

**题解:**油浸的纸、棉、绸、麻等及其制品需要用透笼箱包装,以保持良好的通风;双氧水受热或经振动即分解释放出原子氧,有爆炸危险。所以,双氧水($H_2O_2$)的包装应有出气小孔,以随时排出分解出的$O_2$,释放出容器内的压力。液氧一般使用完全密封的耐压钢瓶装,故选择B。

4. 根据包装性能的要求,严密封口可分为气密封口、牢固封口和(　　)3种。

A. 不透气封口　　B. 固态封口　　C. 液密封口

**答案:**C

**题解:**根据包装性能的要求,严密封口可分为气密封口(即不透气的封口)、牢固封口(即封口关闭的严密程度应使所装的干燥物质在正常运输过程中不致漏出)和液密封口(即不透水的封口)3种。

5. 国家标准(　　)中,有说明货物在装卸、保管、运输、开启时应注意的事项。

A.《危险货物包装标志》(GB 190)

B.《包装储运图示标志》(GB 191)

C.《危险货物运输包装通用技术条件》(GB 12463)

**答案:**B

**题解:**包装储运图示标志是根据货物对易碎、易残损、易变质、怕热、怕冻等有特殊要求所提出的搬运、储存、保管以及运输安全等的注意事项。《包装储运图示标志》(GB 191)中规定了包装储运图示标志的名称、图形、尺寸、颜色及使用方法,这些标志用于说明货物在装卸、保管、运输、开启时应注意的事项。其适用于各种货物的运输包装。

6. 压缩气体和液化气体危险货物的专用包装,其最显著的特点是能承受一定程度的内压力,所以称为(　　)。

A. 安瓿瓶　　B. 压力容器包装　　C. 玻璃瓶

**答案:**B

**题解:**压缩气体和液化气体都是经压缩或降温加压后,储存于耐压容器或特制的高绝热耐压容器(俗称钢瓶)内或装有特殊溶剂的耐压容器中,这些容器都具有能承受一定压力的特点,所以统称为压力容器包装。

7. 用于盛装危险货物的木桶,一般规定容积不得超过(　　),净重不得超过50kg。

A. 40L　　B. 50L　　C. 60L

**答案:**B

**题解:**《公路水路危险货物运输包装基本要求和性能试验》(JT 0017—88)第6.5条要求:

"6.5 木桶 1C

木琵琶桶 2C

6.5.1 所用木材应质量良好,……。

……

6.5.5 最大容积为50L。

6.5.6 最大净重为50kg。"

8. 一般(　　)适用于装腐蚀性液体。

A. 胶合板桶　　B. 铝桶　　C. 铁桶

**答案:**B

**题解:**胶合板桶适用于装粉末状货物,铁桶可以用来盛放液体,但不能用于腐蚀性液体,因为腐蚀性液体对铁有腐蚀作用,而铝桶具有很好的抗腐蚀性,一般用铝桶来装腐蚀性液体。

9. 国际标准的集装箱(20ft、40ft),是以(　　)尺寸来划分规格的。

A. 高度　　B. 宽度　　C. 长度

**答案:**C

**题解:**集装箱是一种现代化的运输单元,实际也是一种容器。考虑到国际间和各种运输方式之间的联运,集装箱的大小和规格都有国际标准;国际标准的集装箱宽为8ft(英尺),高为8ft或8ft 6in(8英尺6英寸),长有10ft、20ft、30ft、40ft不等。因其断面尺寸基本相同,箱子的大小在于长度的变化,即以长度的尺寸作为集装箱的规格,如20ft、40ft箱等。

10. 铁皮箱一般用于盛装(　　)。

A. 腐蚀性的液体　　B. 黏稠状的液体

C. 块状固体或作销售包装的外包装

**答案:**C

**题解:**铁皮箱采用黑铁皮或白铁皮制成,箱内用合适材料作为衬套;铁皮箱一般用于装块状固体或作销售包装的外包装;液体货物(如腐蚀性液体)一般使用铝桶装,固体、粉状等一般使用木板桶装。

11. 运输包装标志是在收货、装卸、搬运、储存保管、送达直至交付的运输全过程中(　　)的重要基础。

A. 区别与辨认货物　　B. 辨认货物　　C. 交付货物

**答案:**A

**题解:**货物运输包装标志的基本含义,是指用图形或者文字(文字说明、字母标记或阿拉伯数字)在货物运输包装上制作的特定记号和说明事项。运输包装标志有3个方面的内涵:一是运输包装标志是在收货、装卸、搬运、储存保管、送达直至交付的运输全过程中区别与辨认货物的重要基础;二是运输包装标志是一般贸易合同、发货单据和运输保险文件中记载有关事项的基本组成部分;三是运输包装标志还是包装货物正确交接、安全运输、完整交付的基本保证。

12. 按照《包装储运图示标志》(GB 191)规定,图示表示(　　)标志。

A. 禁止翻滚　　B. 向上　　C. 小心轻放

**答案:**B

**题解:**参见附录四表4-1 中的序号3。

13. 按照《包装储运图示标志》(GB 191)规定,图示表示(　　)标志。

A. 禁止翻滚　　B. 向上　　C. 易碎物品

**答案:**C

**题解:**参见附录四表4-1 中的序号1。

14. 按照《包装储运图示标志》(GB 191)规定,图示表示(　　)标志。

A. 禁止手钩　　B. 向上　　C. 小心轻放

**答案:**A

**题解:**参见附录四表4-1 中的序号2。

15. 按照《包装储运图示标志》(GB 191)规定,图示表示(　　)标志。

A. 禁止翻滚　　B. 怕晒　　C. 小心轻放

**答案**:B

**题解**:参见附录四表 4-1 中的序号 4。

16. 按照《包装储运图示标志》(GB 191)规定,图示表示(　　)标志。

A. 怕雨　　B. 向上　　C. 小心轻放

**答案**:A

**题解**:参见附录四表 4-1 中的序号 6。

17. 按照《包装储运图示标志》(GB 191)规定,图示表示(　　)标志。

A. 禁止翻滚　　B. 向上　　C. 重心

**答案**:C

**题解**:参见附录四表 4-1 中的序号 7。

18. 按照《包装储运图示标志》(GB 191)规定,图示表示(　　)标志。

A. 禁止翻滚　　B. 向上　　C. 小心轻放

**答案**:A

**题解**:参见附录四表4-1中的序号8。

19. 按照《包装储运图示标志》(GB 191)规定,图示表示(　　)标志。

A. 禁止翻滚　　B. 向上　　C. 由此夹起

**答案**: C

**题解**:参见附录四表4-1中的序号11。

20. 按照《包装储运图示标志》(GB 191)规定,图示表示(　　)标志。

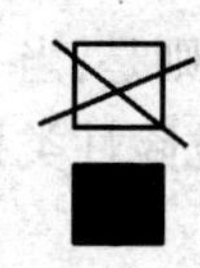

A. 禁止翻滚　　B. 禁止堆码　　C. 小心轻放

**答案**:B

**题解**:参见附录四表4-1中的序号15。

21. 按照《包装储运图示标志》(GB 191)规定,图示表示(　　)标志。

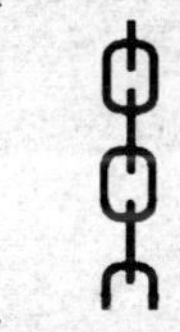

A. 由此吊起　　B. 向上　　C. 小心轻放

**答案**:A

**题解**:参见附录四表4-1中的序号16。

22. 按照《包装储运图示标志》(GB 191)规定,图示表示(　　)标志。

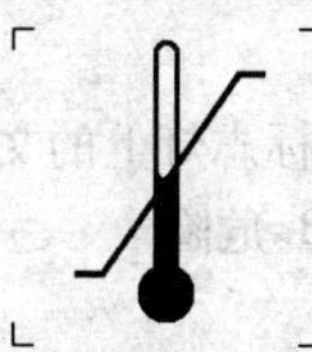

A. 禁止翻滚　　B. 向上　　C. 温度极限

**答案**:C

**题解**:参见附录四表4-1中的序号17。

23. 危险化学品标志的使用原则是,当一种危险化学品具有一种以上的危险性时,应用主标志表示主要危险性类别,并用副标志来表示(　　)危险性类别。

A. 重要　　B. 全部　　C. 次要

**答案**:C

**题解**:《常用危险化学品的分类及标志》(GB 13690—92)第4.4.1条要求:"标志的使用原则,当一种危险化学品具有一种以上的危险性时,应用主标志表示主要危险性类别,并用副标志来表示重要的其他的危险性类别。"

24. 危险化学品标志的使用原则是,当一种危险化学品具有一种以上的危险性时,应用(　　)表示主要危险性类别,并用副标志来表示次要危险性类别。

A. 标志　　B. 主标志　　C. 指示灯

**答案**:B

**题解**:参见第23题。

25. 危险化学品标志的使用原则是,当一种危险化学品具有一种以上的危险性时,应用主标志表示主要危险性类别,并用(　　)来表示次要危险性类别。

A. 标志　　B. 符号　　C. 副标志

**答案**:C

**题解**:参见第23题。

26. 危险化学品标志的使用原则是,当一种危险化学品具有一种以上的危险性时,应用主标志表示主要危险性类别,并用副标志来表示(　　)类别。

A. 品名　　B. 次要危险性　　C. 加工

**答案**:B

**题解**:参见第23题。

27. 道路危险货物运输车辆标志灯上的文字应为(　　)。

A. 化学品　　B. 危险　　C. 危险物

**答案**:B

**题解**:《道路运输危险货物车辆标志》(GB 13392—2005)第3.2.1:1条要求:"结构　标志灯正、反面中间印有'危险'字样,侧面印有'!',灯罩正面下沿中间嵌有标志灯编号牌。”

28. 道路危险货物运输车辆标志牌的材质为金属板材,形状为(　　)。

A. 圆形　　B. 三角形　　C. 菱形

**答案**:C

**题解**:《道路运输危险货物车辆标志》(GB 13392—2005)第3.2.2.1条要求:标志牌的材质为金属板材,形状为菱形。

29. 危险货物包装的主要作用是(　　)。

A. 使商品美观大方　　B. 便于销售　　C. 防止货物泄漏

**答案**:C

**题解**:对于一般商品来说,其包装的主要作用表现为:一是保护商品,便于运输,这是包装最基本的功能;二是扩大销售,增加利润,这是商品市场竞争的必然要求;三是商品包装在一定程度上还反映出一个国家生产力和科学技术的水平,这是一个国家综合国力和科技水平的外在表现。对于危险货物运输包装来说,它是采用一定的材料和技术对危险货物施加的一种保护性措施,以保证其在运输过程种完好无损,是保证运输危险货物安全的基础。

30. 包装是安全的保障,对货物进行包装并确保其符合国家安全运输的要求是(　　)的责任。

A. 经销商　　B. 货主　　C. 托运人

**答案**:C

**题解**:1999年10月1日实施的《中华人民共和国合同法》第三百零七条规定:“托运人托运易燃、易爆、有毒、有腐蚀性、有放射性等危险物品的,应当按照国家有关危险物品运输的规定对危险物品妥善包装,作出危险物标志和标签,并将有关危险物品的名称、性质和防范措施的书面材料提交承运人。托运人违反前款规定的,承运人可以拒绝运输,也可以采取相应措施以避免损失的发生,因此产生的费用由托运人承担。”

**(二)判断题**(20题)

1. 道路运输爆炸品、剧毒化学品的车辆,应在车辆两侧面厢板几何中心部位附近的适当位置各增加悬挂一块标志牌。　　(　　)

**答案**:✓

**题解**:《道路运输危险货物车辆标志》(GB 13392—2005)第8.2.2条要求:“运输爆炸、剧毒危险货物的车辆,应在车辆两侧面厢板几何中心部位附近的适当位置各增加悬挂一块标志牌。”参见附录六。

2. 道路危险货物运输车辆标志是道路危险货物运输车辆区别于其他车辆的主要标示，在危险货物运输过程中起到警示及救援参照作用。（　）

**答案**：✓

**题解**：《关于认真贯彻国家标准〈道路运输危险货物车辆标志〉的通知》（交公路发〔2006〕204号）中注明：“道路运输危险货物车辆标志是道路危险货物运输车辆区别于其他车辆的主要标识，在危险货物运输过程中起到了重要的警示及救援参照作用，一旦发生运输安全事故，抢险救灾部门可根据标志提示，迅速确定危险货物的类别、项别，及时、正确地制订抢险方案，将事故危害降到最低限度。”

3. 质检部门应当对危险化学品的包装物、容器的产品质量进行定期的或者不定期的检查。（　）

**答案**：✓

**题解**：《条例》第二十一条规定：“危险化学品的包装物、容器，必须由省、自治区、直辖市人民政府经济贸易管理部门审查合格的专业生产企业定点生产，并经国务院质检部门认可的专业检测、检验机构检测、检验合格，方可使用。

重复使用的危险化学品包装物、容器在使用前，应当进行检查，并作出记录；检查记录应当至少保存2年。

质检部门应当对危险化学品的包装物、容器的产品质量进行定期的或者不定期的检查。”

4.《道路危险货物运输车辆标志》（GB 13392—2005）规定，道路危险货物运输车辆标志分为标志灯和标志牌两类。（　）

**答案**：✓

**题解**：《道路危险货物运输车辆标志》（GB 13392—2005）第3.1条要求：“分类　道路运输危险货物车辆标志分为标志灯和标志牌。”

5.《道路危险货物运输车辆标志》（GB 13392—2005）规定，车辆载质量不同，标志灯大小尺寸也不同。（　）

**答案**：✓

**题解**：《道路危险货物运输车辆标志》（GB 13392—2005）第3.2.1条对标志灯分类作了具体要求，第3.3.1条对标志灯规格和尺寸作了具体要求。参见附录七。

因此，标志灯是按车辆载质量、安装方式分型的。车辆的载质量不同，标志灯的尺寸大小不同。

6.《道路危险货物运输车辆标志》(GB 13392—2005)规定,车辆载质量不同,标志牌大小尺寸也不同。(　　)

**答案**:✓

**题解**:《道路危险货物运输车辆标志》(GB 13392—2005)第3.3.2条要求:"标志牌　菱形标志牌的四个内角均为直角,边长、厚度按车辆载质量分型方式确定。"参见附录八。

因此,标志牌也是按照车辆载质量分类的。不同的载质量,标志牌尺寸也不同。

7.危险货物的衬垫材料应具备缓冲、吸附和缓解的作用。(　　)

**答案**:✓

**题解**:衬垫材料一般位于外包装和内包装之间,因为危险货物的特性,对衬垫材料有以下特殊要求:

(1)衬垫材料应具有一定的缓冲作用。即衬垫要能防止冲撞、振动、摩擦等情况发生而对内包装产生机械等方面的损害。

(2)衬垫材料应具有吸附作用,当机械损害力量过分强,以致突破缓冲作用仍使内包装产生损坏隐患时,如果内包装的是液体物质,衬垫材料应能将此液体物质充分吸收,确保其渗漏不会影响到外包装;如果内包装的是粉末状货物,衬垫材料应将其充分吸附,不使其撒漏。

(3)衬垫材料应具有缓解作用,正因为要求衬垫材料有吸附所装货物的作用,衬垫材料有可能直接接触危险货物,因此应对所装货物的危险特性有一定的缓解作用。

8.具有氧化性的货物,可以使用有机材料作为衬垫。(　　)

**答案**:×

**题解**:有机材料极不稳定,能与氧化性物质发生反应,所以不能使用有机材料作为衬垫。

9.《道路危险货物运输车辆标志》(GB 13392—2005)规定,标志灯按安装方式分为磁吸式、顶檐支撑式、金属托架式3种。(　　)

**答案**:✓

**题解**:《道路危险货物运输车辆标志》(GB 13392—2005)第8.1.1条要求:"标志灯安装于驾驶室顶部外表面中前部(从车辆侧面看)中间(从车辆正面看)位置,以磁吸或顶檐支撑、金属托架方式安装固定。"由此可知,标志灯按安装方式分为磁吸式、顶檐支撑式、金属托架式。

10.一般来说,危险性大的货物,单件货物重量要小一些。(　　)

**答案**:✓

**题解**:危险性大的货物,发生事故时对周围环境、人民生命财产会造成更大的损失。单件货物重量小一些,可以有效减少引发事故的危险货物数量,降低事故危害,确保安全运输。

11. 道路危险货物运输车辆标志牌按《危险货物分类和品名编号》(GB 6944—2005)规定的危险货物的类、项和车辆载质量分型。 ( )

**答案**:✓

**题解**:《道路危险货物运输车辆标志》(GB 13392—2005)第 8.2.6 条要求:"悬挂的标志牌应按 GB 6944 与所运载危险货物(一种危险货物具有多重危险性时与主要危险性,多种危险货物混装时与主要危险货物的主要危险性)的类、项相对应,与标志灯同时使用。"

12. 一种危险货物同时具有两种以上危险性质的,包装上可以只有表明该货物主特性的主标志。 ( )

**答案**:×

**题解**:《危险货物包装标志》(GB 190—90)第5.3 条要求:"每种危险品包装件应按其类别贴相应的标志。但如果某种物质或物品还有属于其他类别的危险性质,包装上除了粘贴该类标志作为主标志以外,还应粘贴表明其他危险性的标志作为副标志,副标志图形的下角不应标有危险货物的类项号。"

13. 一个包装件内装有几种不同性质的危险货物时,这些危险货物的包装标志都应在包装件的外表面上标示。 ( )

**答案**:✓

**题解**:因为危险货物的性质各异,装卸运输的注意事项不同,所以当同一包装件内有不同性质的危险货物时,包装件的外表面均应有危险货物的相应标志。

14. 爆炸品的运输包装必须进行专用包装。 ( )

**答案**:✓

**题解**:由于爆炸品的危害性极大,其运输包装必须进行专用包装,甚至在爆炸品之间都不能相互替用。一般来说,为了保证爆炸品在储运过程中的安全,爆炸品的生产设计者在设计、生产爆炸品时,往往根据本爆炸品所必须满足的防火、防振、防磁等要求,同时也设计了该爆炸品的包装物,而且其包装设计需与爆炸品的设计同时被批准,否则不得进行爆炸品的生产。

15. 某种腐蚀品只能用某种材料包装,若某件包装用于一种腐蚀品后,如能重复使用,也只能用于该腐蚀品而不能移作他用。 ( )

**答案**:√

**题解**:参见第二章选择题第34题。另外,由于腐蚀性物品对其包装的材料具有一定的腐蚀性,所以需用各种不同的材料来包装各类腐蚀品。某种腐蚀品也只能用某种材料包装,某种包装用于一种腐蚀品后,如能重复使用,也只能用于该种腐蚀品而不能移作他用,以防止两种腐蚀性物质之间发生反应。

16. 国标《危险货物包装标志》(GB 190)把危险货物包装标志分为主标志和副标志两类。　(　　)

**答案**:√

**题解**:参见第12题。由此可知,危险货物包装标志分为主标志和副标志,副标志与主标志的差别是下角是否有危险货物类项号。

17.《道路危险货物运输车辆标志》(GB 13392—2005)规定,标志灯应该是荧光的,标志牌应该是反光的。　(　　)

**答案**:√

**题解**:《道路危险货物运输车辆标志》(GB 13392—2005)第4.1.1条要求:"标志灯的光源为荧光物质。按照GB 2893中安全色与对比色的规定,灯罩为荧光黄色,正反面边框线条为黑色,字体为黑色黑体;侧面'!'为黑色黑体,线条、字体和符号使用反光材料附着或印刷。"

18.《包装储运图示标志》(GB 191)中,图示标志名称为"此处不能卡夹",表明装卸货物时此处不能用夹钳夹持。　(　　)

**答案**:√

**题解**:参见附录四表4-1中的序号12。

19.《包装储运图示标志》(GB 191)中,图示标志名称为"禁用叉车",表明不能用升降叉车搬运的包装件。　(　　)

**答案**:√

**题解:**参见附录四表4-1中的序号10。

20.《包装储运图示标志》(GB 191)中,图示标志名称为"此面禁用手推车",表明搬运货物时此面禁放手推车。( )

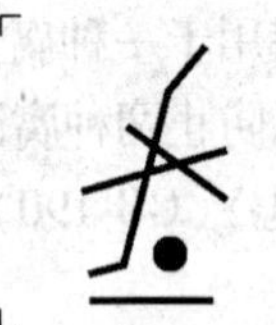

**答案:**✓

**题解:**参见附录四表4-1中的序号9。

**二)危险货物运输押运安全知识**(40题,其中选择题20题、判断题20题)

**(一)选择题**(20题)

1. 道路危险货物运输押运人员应了解、掌握( )。

A. 车辆维修知识

B. 所运危险货物的性质、危害特性和发生意外的应急措施

C. 车辆驾驶技术

**答案:**B

**题解:**《条例》第三十七条中规定:"运输危险化学品的驾驶人员、船员、装卸人员和押运人员必须了解所运载的危险化学品的性质、危害特性、包装容器的使用特性和发生意外时的应急措施。运输危险化学品,必须配备必要的应急处理器材和防护用品。"

《汽车运输危险货物规则》(JT 617—2004)第10.2条要求:"从业人员应了解所运危险货物的特性、包装容器的使用特性、防护要求和发生事故时的应急措施,熟练掌握消防器材的使用方法。"

2. 在道路危险货物运输过程中,押运人员的职责是( )。

A. 运输全过程监管危险货物,防止被盗、丢失,确保货物安全

B. 安全驾驶车辆

C. 维修车辆

**答案:**A

**题解:**《危规》第三十六条规定:"在道路危险货物运输过程中,除驾驶人员外,专用车辆上应当另外配备押运人员。押运人员应当对运输全过程进行监管。"《汽车运输危险货物规则》(JT 617—2004)第10.4条要求:"驾

驶人员和押运人员运输途中应经常检查货物装载情况,发现问题及时采取措施。"由此可知在道路危险货物运输过程中,押运人员的职责是运输全过程监管危险货物,防止被盗、丢失,确保货物安全。

3. 气瓶应尽量采用直立运输,直立气瓶高出栏板部分不得大于气瓶高度的(　　)。

A. 1/2　　B. 1/3　　C. 1/4

**答案:**C

**题解:**《汽车运输、装卸危险货物作业规程》(JT 618—2004)第5.2.3.3条要求:"气瓶应尽量采用直立运输,直立气瓶高出栏板部分不得大于气瓶高度的四分之一。不允许纵向水平装载气瓶。水平放置的气瓶均应横向平放,瓶口朝向应统一;水平放置最上层气瓶不得超过车厢栏板高度。"

4. 图示道路危险货物运输车辆标志牌,表示该车辆可以承运(　　)。

(底色:橙红色,图案:黑色)

A. 腐蚀性物质　　B. 爆炸品　　C. 易燃液体

**答案:**B

**题解:**参见附录五表5-1中的序号1。

5. 图示道路危险货物运输车辆标志牌,表示该车辆可以承运(　　)。

(底色:红色,图案:黑色)

A. 爆炸品　　B. 第2.2项非易燃无毒气体

C. 第2.1项易燃气体

**答案:**C

**题解:**参见附录五表5-1中的序号4。

6. 图示道路危险货物运输车辆标志牌,表示该车辆可以承运(　　)。

(底色:红色,图案:黑色)

A. 易燃液体　　B. 第4.1项易燃固体

C. 第4.2项易于自燃物质

**答案:**A

**题解:**参见附录五表5-1中的序号7。

7. 图示道路危险货物运输车辆标志牌,表示该车辆可以承运(　　)。

(底色:白色红条,图案:黑色)

A. 易燃液体　　B. 第4.1项易燃固体

C. 第5.1项氧化性物质

**答案:**B

**题解:**参见附录五表5-1中的序号8。

8. 图示道路危险货物运输车辆标志牌,表示该车辆可以承运(　　)。

(底色:柠檬黄色,图案:黑色)

A. 第5.1项氧化性物质　　B. 第4.1项易燃固体

C. 第2.3项毒性气体

**答案:**A

**题解:**参见附录五表 5-1 中的序号 11。

9. 图示道路危险货物运输车辆标志牌,表示该车辆可以承运(　　)。

(底色:白色,图案:黑色)

A. 第 5.1 项氧化性物质　　B. 第 6.1 项毒性物质

C. 第 6.2 项感染性物质

**答案:**B

**题解:**参见附录五表 5-1 中的序号 14。

10. 图示道路危险货物运输车辆标志牌,表示该车辆可以承运(　　)。

(底色:白色,图案:黑色)

A. 第 6.2 项感染性物质　　B. 第 6.1 项毒性物质

C. 放射性物质

**答案:**A

**题解:**参见附录五表 5-1 中的序号 16。

11. 图示道路危险货物运输车辆标志牌,表示该车辆可以承运(　　)。

(底色:上白下黑色,图案:上黑下白色)

A. 放射性物质　　　B. 易燃液体　　　C. 腐蚀性物质

**答案:**C

**题解:**参见附录五表5-1中的序号17。

12. 图示道路危险货物运输车辆标志牌,表示该车辆可以承运(　　)。

(底色:白色,图案:黑色)

A. 放射性物质　　　B. 易燃液体　　　C. 杂类

**答案:**C

**题解:**参见附录五表5-1中的序号18。

13. 道路危险货物运输从业人员,在装卸、运输危险货物时(　　)。

A. 可以吸烟　　　B. 严禁吸烟　　　C. 吸不吸烟都行

**答案:**B

**题解:**有些危险货物极易燃,一旦遇到明火就有可能被点燃甚至发生爆炸。吸烟时产生的火星属于明火,一旦火星接触到危险货物就会发生燃烧爆炸事故,造成难以挽回的损失,所以道路危险货物运输从业人员,在装卸、运输危险货物时严禁吸烟。

14. 道路危险货物运输罐车卸货前,应确认所卸货物与贮罐所标货物名称是否(　　)。

A. 相似　　　B. 相符　　　C. 不同

**答案:**B

**题解:**《汽车运输、装卸危险货物作业规程》(JT 618—2004)第6.3.3.4条要求:"卸料时,贮罐所标货名应与所卸货物相符;卸料导管应支撑固定,保证卸料导管与阀门的连接坚固;要逐渐缓慢开启阀门。"

15. 在装运氧气等强氧化性气体时,应对车厢进行清理,绝对不能在车厢内存留(　　)。

A. 木板、橡胶　　　B. 钢索、铁架

C. 油脂或含有油脂的残留物

**答案:**C

题解:由于氧气等强氧化性气体,具有极强的氧化性,当遇到可燃的油脂类物质时,能使油脂迅速发生氧化反应,而且高压气流与瓶口摩擦产生的热量又进一步加速氧化反应的进行,沾染在氧气瓶或减压阀上的油脂就会迅速引起燃烧,甚至爆炸。所以,在装运氧气等强氧化性气体时,应对车厢进行清理,绝对不能在车厢内存留油脂或含有油脂的残留物。

16. 装车完毕后车辆起步前,(　　)应对货物的堆码、遮盖、捆扎等安全措施及对影响车辆起动的不安全因素进行检查,确认无不安全因素后,方可起步。

A. 驾驶人员　　B. 押运人员　　C. 装卸管理人员

**答案:**A

**题解:**《汽车运输、装卸危险货物作业规程》(JT 618—2004)第4.2.1.6条要求:"装车完毕后车辆起步前,驾驶人员应对货物的堆码、遮盖、捆扎等安全措施及对影响车辆起动的不安全因素进行检查,确认无不安全因素后方可起步。"

17. 压力容器罐车在运输途中,应密切注视容器的(　　)工作情况,发现异常,应立即停车,排除故障后,继续运行。

A. 压力表　　B. 转速表　　C. 车速表

**答案:**A

**题解:**《汽车运输、装卸危险货物作业规程》(JT 618—2004)第6.4.1.6条要求:"运输过程中应严密注视车内压力表得工作情况,发现异常,应立即停车检查;排除故障后方可继续运行。"

18. 驾驶人员、押运人员出车前应检查随车必备的(　　)是否齐全有效。

A. 消防用具　　B. 洗漱用具　　C. 保暖用品

**答案:**A

**题解:**《汽车运输、装卸危险货物作业规程》(JT 618—2004)第4.2.1.5条要求:道路危险货物运输出车前应"根据所运危险货物特性,应随车携带遮盖、捆扎、防潮、防火、防毒等工、属具和应急处理设备、劳动防护用品。"由此可知,驾驶人员、押运人员在出车前应确保必备的消防用具齐全有效。

19. 运输途中押运人员应提醒驾驶人员按照规定(　　),并检查所载货物的状况是否正常。

A. 与家庭联系　　B. 严禁吸烟　　C. 停车休息

**答案:**C

**题解:**在道路危险货物运输过程中,押运人员的职责是运输全过程监管危险货物，防止被盗、丢失，确保货物安全。运输途中的监督、检查属于押运人员的职责范围之一，押运人员应监督驾驶人员的驾驶状态是否正常，是否按照规定的行车速度、路线行驶，并提醒驾驶人员按照规定时间或规定里程停车休息，协助驾驶人员检查车辆技术安全状况，并检查所载危险货物的状况是否正常、罐车有无泄漏等。另外，《汽车运输、装卸危险货物作业规程》(JT 618—2004)第4.1.8条要求："驾驶人员一次连续驾驶4h应休息20min以上；24h内实际驾驶车辆时间累计不得超过8h。"

《中华人民共和国道路交通安全法实施条例》第六十二条规定："驾驶机动车不得有下列行为：

(一)在车门、车厢没有关好时行车；

(二)在机动车驾驶室的前后窗范围内悬挂、放置妨碍驾驶人视线的物品；

(三)拨打接听手持电话、观看电视等妨碍安全驾驶的行为；

(四)下陡坡时熄火或者空档滑行；

(五)向道路上抛撒物品；

(六)驾驶摩托车手离车把或者在车把上悬挂物品；

(七)连续驾驶机动车超过4小时未停车休息或者停车休息时间少于20分钟；

(八)在禁止鸣喇叭的区域或者路段鸣喇叭。"

所以，押运人员要提醒驾驶人员按照规定停车休息，并检查所载货物的状况是否正常。

20. 道路运输剧毒化学品时，从业人员中途不得(　　)。

A. 进食　　B. 休息　　C. 听音乐

**答案**：A

**题解**：毒性物质可以通过呼吸道、皮肤和消化道进入肌体，而引起中毒。在运输剧毒危险货物途中，从业人员有可能接触到剧毒危险货物，若进食，剧毒物质有可能沾染在手上而随食物进入体内，造成中毒。

**(二)判断题**(20题)

1. 在道路危险货物运输过程中，短途运输可以不配备押运人员，由驾驶人员同时兼任押运人员。　　(　　)

**答案**：×

**题解**：《条例》第四十三条规定："通过公路运输危险化学品，必须配备押运人员，并随时处于押运人员的监管之下，不得超装、超载，不得进入危险化学品运输车辆禁止通行的区域……。”在道路危险货物运输过程中,无论短途运输还是长途运输,都必须配备押运人员。

2. 押运人员只负责在运输过程中监管危险货物,确保货物处于安全状态。　　（　　）

**答案:**×

**题解:**参见选择题第1题。在道路危险货物运输过程中,押运人员的职责是运输全过程监管危险货物,防止被盗、丢失,确保货物安全。具体包括:一是确保危险货物一直处于押运人员的监管之下,防止被盗、丢失;二是监督危险货物的运输、装卸、堆放作业按规定要求进行;三是在发生危险货物运输事故后,正确处理,防止危害和损失进一步扩大。押运人员应负责从任务领取至危险货物装载、运输、卸载整个过程的安全监督、检查工作。

3. 押运人员应监督所装危险货物质量在车辆核定载质量范围内,严禁超载。　　（　　）

**答案:**✓

**题解:**参见选择题第2题。押运人员需要负责危险货物装载过程中的监督、检查,这就包括监督装载过程中所装危险货物质量在车辆核定载质量范围内,严禁超载。

4. 押运人员完成运输任务回场后,要及时向管理人员报告运输作业过程中的有关客户、安全、质量方面的情况。　　（　　）

**答案:**✓

**题解:**参见选择题第2题。押运人员应负责从任务领取至危险货物装载、运输、卸载整个过程的安全监督、检查工作。其中包括回场后的监督、检查工作,所以押运人员在完成运输任务回场后,要及时向管理人员报告运输作业过程中的有关客户、安全、质量方面的情况;同时还需要协助驾驶人员做好车辆保养、会同驾驶人员交清当班作业单据以及归还装卸工具及安全防护用品等工作。

5. 道路危险货物装卸过程中,押运人员不应负责监装、监卸、办理货物交接签证手续时点收点交。　　（　　）

**答案:**×

**题解:**参见选择题第2题。押运人员应负责从任务领取至危险货物装载、运输、卸载整个过程的安全监督、检查工作。所以装载、监装监卸、办理货物交接签证手续时点收点交过程中的监管任务均属于押运人员的本质工作之一。

6. 道路危险货物运输押运人员必须掌握所运危险货物的消防知识。（　　）

**答案**:✓

**题解**:参见选择题第1题。由此可知:消防知识是押运人员必须掌握知识的一部分。

7. 道路危险货物运输过程中,押运人员可以坐在车辆的任意位置上,以利于押运观察。 ( )

**答案**:×

**题解**:略。

8. 在道路危险货物运输启运前,发现包装破损撒漏的,不管是托运人造成的还是承运人造成的,托运人均应当负责改换或修理包装。 ( )

**答案**:✓

**题解**:《中华人民共和国道路运输条例》第二十八条规定:"运输危险货物应当配备必要的押运人员,保证危险货物处于押运人员的监管之下,并悬挂明显的危险货物运输标志。

托运危险货物的,应当向货运经营者说明危险货物的品名、性质、应急处置方法等情况,并严格按照国家有关规定包装,设置明显标志。"

9. 在道路危险货物运输承运期间,承运人对危险货物的安全负全部责任。 ( )

**答案**:✓

**题解**:《汽车运输危险货物规则》(JT 617—2004)第7.4条要求:"承运人自接货起至送达交付前,应负保管责任。货物交接时,双方应做到点收、点交,由收货人在运单上签收。发生剧毒、爆炸、放射性物品货损、货差的,应及时向公安部门报告。"

10. 道路危险货物运输途中,有人要求搭乘时,在驾驶室有空位的情况下,可予人以方便,捎带一程。 ( )

**答案**:×

**题解**:《汽车运输危险货物规则》(JT 617—2004)第9.9条要求:"运输危险货物的车辆禁止搭乘无关人员。"因此,在道路危险货物运输途中,不管驾驶室是否有空位,都不能搭乘无关人员。

11. 道路运输爆炸品的车辆,出车前应检查车厢内是否有酸、碱、氧化剂等。 ( )

**答案**:✓

**题解**:《汽车运输、装卸危险货物作业规程》(JT 618—2004)第5.1.1.2条要求爆炸品运输车辆出车前"厢式货车的车厢内不得有酸、碱、氧化剂等残留物。"

12. 道路危险货物运输车辆通过铁路道口时,应按照交通信号或者管理人员的指挥通行。　　　　　　　　(　　)

**答案:**✓

**题解:**《道路交通安全法》第四十六条规定:"机动车通过铁路道口时,应当按照交通信号或者管理人员的指挥通行;没有交通信号或者管理人员的,应当减速或者停车,在确认安全后通过。"由于危险货物具有易燃、易爆、腐蚀、剧毒等特点,一旦发生事故,后果要比普通货物运输事故严重得多,所以对于道路危险货物运输车辆来说,更应该按照交通信号或者管理人员的指挥通行。

13. 道路运输容易升华、挥发出易燃、有害或刺激性气体的危险货物时,应保持车厢封闭良好。　　　　　　　　(　　)

**答案:**×

**题解:**由于这类危险货物容易升华,能挥发出易燃、有害或有刺激性气体,蒸气积聚在密封厢体内与空气混合形成爆炸性混合物,一旦遇明火就会发生燃烧爆炸。另外,挥发出的有害气体若不能得到扩散,浓度达到一定程度时会引起作业人员中毒,所以应加强车厢的排气通风,而不能封闭车厢。

14. 使用封闭式货车运输易燃液体时,应将货箱的门和天窗关紧、封闭并锁好,以防货物丢失。　　　　　　　　(　　)

**答案:**×

**题解:**易燃液体具有良好的挥发性,当挥发出的蒸气聚集到一定浓度时,遇到明火即会发生燃烧爆炸事故。另外,大多数易燃液体的蒸气对人体健康具有危害性,因此驾驶人员在作业前或作业中,应加强封闭式车厢的排气通风,以使易燃蒸气能有效地扩散,特别是在夏季,高温诱发空气中有害蒸气浓度加大,更应加强通风。

15. 因铁制容器坚固,可以有效保护货物不受损坏,故所有危险货物均应用其包装。　　　　　　　　(　　)

**答案:**×

**题解:**铁制容器虽然坚固,但不适合于所有的危险货物,比如:装腐蚀性液体不适合使用铁桶。

16. 装运危险货物的集装箱专用车辆,必须配备有效的紧固装置,其紧固装置必须牢固安全、有效。　　　　　　　　(　　)

**答案:**✓

**题解:**略。

17. 气瓶直立运输比水平运输更安全、更有效。道路运输气瓶时，应尽量采用直立运输。 ( )

**答案:**✓

**题解:**参见选择题第3题。

18. 撒漏的易燃固体，收集的残留物不能任意排放、抛弃，而应置于原包装内。 ( )

**答案:**×

**题解:**撒漏的易燃固体，收集的残留物不能任意排放、抛弃，而应该另行包装。还应注意，对注有稳定剂的物品，残留物收集后重新包装，也应注入相应的稳定剂。如炸药的纯净度对炸药的撞击感度有很大的影响，当炸药内混入坚硬物质如玻璃、铁屑、砂石等时，撞击感度增加，危险性也增大。

19. 集装箱装运危险货物，应考虑危险货物化学性质的抵触性、敏感性。在同一箱体内可适当装入性质相抵触的危险货物。 ( )

**答案:**×

**题解:**《汽车运输、装卸危险货物作业规程》(JT 618—2004)第7.2条要求:“装箱作业前，应检查集装箱内有无与待装危险货物性质相抵触的残留物。发现问题，应及时通知发货人进行处理。”集装箱运输时，同一箱体内绝对不能配装化学性质相互抵触的货物，另外，更要注意危险货物的配载规定，如果小箱体达不到隔离间距时，不应强行配装，避免发生不应有的事故。

20. 道路运输易燃易爆危险货物的车辆车厢为铁底板的，应当采取衬垫防护措施，如铺垫木板、胶合板、橡胶板等。 ( )

**答案:**✓

**题解:**因为铁底板容易产生电火花，一旦遇到挥发出的易燃易爆危险货物蒸气，就有可能发生燃烧爆炸事故，所以需要铺垫木板、胶合板、橡胶板这些不易产生电火花的衬垫，以确保运输安全。

# 第四章　危险货物装卸基本常识

(40题，其中选择题20题、判断题20题)

**(一)选择题**(20题)

1. 车辆在装运易燃易爆危险货物时，应使用(　　)防护衬垫。

A. 木板或橡胶板　　B. 铁板　　C. 铜板

**答案**:A

**题解**:《汽车运输危险货物规则》(JT 617—2004)第8.1.7条要求:“车辆车厢底板应平整完好,周围栏板应牢固;在装运易燃易爆危险货物时,应使用木质底板等防护衬垫措施。”铁制或铜质防护衬垫都有可能产生电火花,有点燃易燃易爆危险货物的危险。

2. 盛装过危险货物的空容器,未经清洗、消毒处理的,必须按(　　)条件办理托运。

A. 原装货物　　B. 普通货物

C. 原装货物或普通货物

**答案**:A

**题解**:《汽车运输危险货物规则》(JT 617—2004)第6.5条要求:“盛装过危险货物的空容器,未经消除危险处理、有残留物的,仍按原装危险货物办理托运。”主要是因为容器内的残留物仍具有危险性(如装液氯的容器卸货时,容器要留有预压力,不能放干净)。且不同危险货物之间可能会发生反应,可能造成不可预料的事故。

3. 道路危险货物运输车辆应按装卸作业的有关安全规定驶入装卸作业区,并将车辆停放在(　　),不准堵塞安全通道。停靠货垛时,应听从作业区指挥人员的指挥,车辆与货垛之间留有安全距离。

A. 低洼处　　B. 任意地方

C. 容易驶离作业现场的方位上

**答案**:C

**题解**:《汽车运输、装卸危险货物作业规程》(JT 618—2004)第4.2.3.2条要求:“运输危险货物的车辆应按装卸作业的有关安全规定驶入装卸作业区,应停放在容易驶离作业现场的方位上,不准堵塞安全通道。停靠货垛时,应听从作业区业务管理人员的指挥,车辆与货垛之间要留有安全距离。待装卸的车辆与装卸中的车辆应保持足够的安全距离。”

4. 装载货物时,高出栏板的最上一层包装件,堆码应从车厢两面向内错位骑缝,超出车厢前挡板的部分不得大于包装件高度的(　　)。

A. 1/2　　B. 1/3　　C. 1/4

**答案**:A

**题解**:《汽车运输、装卸危险货物作业规程》(JT 618—2004)第4.2.3.5条要求:“装卸作业时应根据危险货物包装的类型、体积、重量、件数等情况和包装储运图示标志的要求,采取相应的措施,轻装轻卸,谨慎操作。同时

应做到:

a)堆码整齐,紧凑牢靠,易于点数;

b)装车堆码时,桶口、箱盖朝上,允许横倒的桶口及袋装货物的袋口应朝里;卸车堆码时,桶口、箱盖朝上,允许横倒的桶口及袋装货物的袋口应朝外;

c)装卸平衡;堆码时应从车厢两侧向内错位骑缝堆码,高出栏板的最上一层包装件,堆码超出车厢前挡板的部分不得大于包装件本身高度的二分之一;

d)装车后,货物应用绳索捆扎牢固;易滑动的包装件,需用防散失的网罩覆盖并用绳索捆扎牢固或用毡布覆盖严密;需用多块毡布覆盖货物时,两块毡布中间接缝处须有大于 15cm 的重叠覆盖,且货厢前半部分毡布需压在后半部分的毡布上面;

e)包装件体积为 450L 以上的易滚动危险货物应紧固;

f)带有通气孔的包装件不准倒置、侧置,防止所装货物泄漏或混入杂质造成危害。”

5. 装运高出栏板的货物,装车后,必须用绳索捆扎牢固,易滑动的包装件,需用两块苫布覆盖货物时,前苫布应压在后苫布上,且中间接缝处须有大于(　　)的重叠覆盖。

A. 10cm　　B. 15cm　　C. 5cm

**答案**:B

**题解**:参见第 4 题 d)。

6. 装卸爆炸品、有机过氧化物、剧毒品时,装卸机具应按小于额定负荷的(　　)使用。

A. 90%　　B. 100%　　C. 75%

**答案**:C

**题解**:《汽车运输、装卸危险货物作业规程》(JT 618—2004)第 4.2.3.7 条要求:“装卸危险货物的托盘、手推车应尽量专用。装卸前,要对装卸机具进行检查。装卸爆炸品、有机过氧化物、剧毒品时,装卸机具的最大装载量应小于其额定负荷的 75%。”

7. 装卸加入稳定剂的危险货物时,若包装物变形、发热等异常现象,应(　　)。

A. 继续装卸　　B. 拒绝装卸　　C. 商量装卸

**答案**:B

**题解**:《汽车运输、装卸危险货物作业规程》(JT 618—2004)第 5.5.3.1

条要求:"对加入稳定剂或需控温运输的氧化剂和有机氧化物,作业时应认真检查包装,密切注意包装有无渗漏及膨胀(鼓桶)情况,发现异常应拒绝装运。"

8. 装运液化石油气的罐车,当罐车内温度达到(　　)时,应采取遮阳或罐外冷水降温措施。

A. 30℃　　B. 40℃　　C. 50℃

**答案:**B

**题解:**《汽车运输、装卸危险货物作业规程》(JT 618—2004)第8.1.1.1条要求:"运输液化石油气罐车应按当地公安部门规定的路线、时间和车速行驶,不准带拖挂车,不得携带其他易燃、易爆危险物品。罐体内温度达到40℃时,应采取遮阳或罐外冷水降温措施。"

9. 装载易燃液体罐车必须配备不少于(　　)个与所装载液体危险货物相适应的灭火器或有效的灭火设施。

A. 1　　B. 4　　C. 2

**答案:**C

**题解:**《汽车运输液体危险货物常压容器(罐体)通用技术条件》(GB 18564—2001)第4.12.1条要求:"车辆必须配备不少于2个与所载液体相适应的灭火器或有效的灭火设施。"以防止在事故救援过程时因某一灭火器故障或失效,而延误最佳救援时机,扩大事故后果。

10. 罐车装卸时,现场人员应站在(　　)处,密切注视进料情况,防止货物溢出。

A. 上风　　B. 下风　　C. 上风下风均可

**答案:**A

**题解:**《汽车危险货物运输、装卸作业规程》(JT 618—2004)第6.3.3.1条要求:"装卸作业现场应通风良好。装卸作业时操作人员应站在上风处工作。"第6.3.3.2条要求:"装卸前要联好防静电装置。易燃易爆品的装卸工具要有防止产生火花的性能。装卸时应轻开、轻关孔盖,密切注视进出料情况,防止溢出。"罐车在装卸危险货物时,如发生泄漏、溢出,当现场人员应站在上风处,可以避免或减少危险货物的伤害。

11. 各种易燃气体压力罐车装卸时,应检查管道接头、仪表、泄压阀等安全装置的情况良好,并接通(　　)装置。

A. 导除静电　　B. 电路　　C. 油路

**答案:**A

**题解**:汽车在运行中,排气管的排气温度很高,有时可使排气管烧红,由于高温、高热引起的热传导或热辐射有可能使汽油、苯、溶剂油灯易燃物质引起燃烧,甚至爆炸。因此,运输易燃物品车辆的排气管必须安装阻火器,以确保安全运输。另外,由于大部分易燃易爆液体的电阻率大,容易聚集静电,尤其是罐车。其罐体容积大,车辆运行时,液体在罐内漂动、与罐体内壁接触面积增大,极易产生静电,且急需排除。因此,必须安装导静电拖地带。通过拖地带橡胶层中的金属导体与地面接触及时排除静电,从而减少静电的聚集,达到安全运输的目的。同时要求无论重车还是空车,必须将拖地带的一端接地,避免需要排除静电时而没有接地造成意外。有关阻火器、导静电拖地带的技术要求等,参见《机动车排气火花熄灭器性能要求和实验方法》(GB 13365)和《汽车导静电橡胶拖地带》(JT 230)。

12. 集装箱装箱作业前应进行检查,确认集装箱技术状态良好并清扫干净,应(　　)。

A. 去除无关标志、标记和标识　B. 先装普货再装危货

C. 先装危货再装普货

**答案**:A

**题解**:《汽车运输、装卸危险货物作业规程》(JT 618—2004)第7.1条要求:“装箱作业前,应详细检查所装集装箱,确认集装箱技术状态良好并清扫干净,去除无关标志、标记和标牌。”

13. 液化石油气装卸作业前应接好(　　),以保障作业安全。

A. 灯光　B. 导除静电装置　C. 喇叭

**答案**:B

**题解**:《汽车运输危险货物规则》(JT 617—2004)第8.1.5条要求:“运输易燃易爆危险货物车辆的排气管,应安装隔热和熄灭火星装置,并配装符合JT 230规定的导静电橡胶拖地带装置。”《汽车运输、装卸危险货物作业规程》(JT 618—2004)第8.1.2.1条要求:“作业前应接好安全地线,管道和管接头连接应牢固,并排尽空气。”液化石油气属于易燃易爆危险货物,装卸作业前必须先接好导除静电装置,防止静电积聚,以保障作业安全。

14. 装卸危险货物过程中,需要移动车辆,应先(　　),在保证安全的情况下,才能移动。

A. 进食　B. 休息　C. 关上车厢门或栏板

**答案**:C

**题解**:《汽车运输、装卸危险货物作业规程》(JT 618—2004)第4.2.3.6

条要求:"装卸过程中需要移动车辆时,应先关上车厢门或栏板。若车厢门或栏板在原地关不上时,应有人监护,在保证安全的前提下才能移动车辆。起步要慢,停车要稳。"

15. 散装煤焦油沥青在高温季节应在(　　)时间段进行运输装卸作业。

A. 中午　　B. 早晚　　C. 吃饭

**答案**:B

**题解**:《汽车运输、装卸危险货物作业规程》(JT 618—2004)第6.1.4条要求:"高温季节,散装煤焦沥青应在早晚时段进行装卸。"

16. 装运腐蚀性物质的车厢和装卸工具不得沾有(　　)。

A. 玻璃碴　　B. 砂土　　C. 氧化性物质

**答案**:C

**题解**:《汽车运输、装卸危险货物作业规程》(JT 618—2004)第5.8.3.4条要求:"有机腐蚀品严禁接触明火、高温或氧化剂。"

17. 装卸人员在装卸危险货物时,发现有包装破损的危险货物,应(　　)。

A. 继续装运　　B. 拒绝装运　　C. 商量装运

**答案**:B

**题解**:《汽车运输、装卸危险货物作业规程》(JT 618—2004)第4.2.3.4条要求:"装卸作业前应对照运单,核对危险货物名称、规格、数量,并认真检查货物包装。货物的安全技术说明书、安全标志、标识、标志等与运单不符或包装破损、包装不符合有关规定的货物应拒绝装车。"

18. 装卸易燃易爆危险货物的作业场所应有(　　)和避雷装置。

A. 加温　　B. 防静电　　C. 冷却

**答案**:B

**题解**:《汽车运输、装卸危险货物作业规程》(JT 618—2004)第4.2.3.1条要求:"装卸作业现场要远离热源,通风良好;电器设备应符合国家有关规定要求,严禁使用明火灯具照明,照明灯应具有防爆性能;易燃易爆货物的装卸场所要有防静电和避雷装置。"

19. 装卸电石时,不宜在(　　)环境下作业。

A. 高温　　B. 夜晚　　C. 潮湿

**答案**:C

**题解**:《汽车运输、装卸危险货物作业规程》(JT 618—2004)第5.4.3.4条要求:"遇湿易燃物品,不宜在潮湿的环境下装卸。若不具备防雨雪、防潮湿的条件,不准进行装卸作业。"电石是遇湿易燃物品,有强烈的吸湿性,能从空气中吸收水分而发生反应，放出乙炔（电石气），并放出大量的热，乙炔气与空气中的氧混合极易发生爆炸。所以装卸电石时，不宜在潮湿环境下作业。

"电石"的有关特性参见附录三中的表3-7。

20. 道路危险货物装卸完毕后，作业现场应（　　）。

A. 保持原样　　B. 清扫干净　　C. 加大照明

**答案**：B

**题解**：《汽车运输、装卸危险货物作业规程》（JT 618—2004）第4.2.3.8条要求："危险货物装卸完毕，作业现场应清扫干净。装运过剧毒品和受到危险货物污染的车辆、工具应按JT 617—2004中附录E车辆清洗消毒方法洗刷和除污。危险货物的撒漏物和污染物应送到当地环保部门指定地点集中处理。"

**（二）判断题**（20题）

1. 装卸氧化性物质或有机过氧化物时，应根据装卸工具和场地的操作规程，防止货物剧烈振动、摩擦。（　　）

**答案**：✓

**题解**：氧化性物质或有机过氧化物，性质都不稳定，受热易分解，尤其是受到振动、冲击、摩擦或遇热时即分解且放出热量，容易引起燃烧或形成爆炸性混合物。因此，在装卸氧化性物质或有机过氧化物时，应根据装卸工具和场地的操作规程，防止货物剧烈振动和摩擦。

2. 为方便随时移车，装卸危险货物时车辆发动机必须始终保持运转状态。（　　）

**答案**：×

**题解**：《汽车运输、装卸危险货物作业规程》（JT 618—2004）第4.2.3.3条要求："装卸作业前，车辆发动机应熄火，并切断总电源（需从车辆上取得动力的除外）。在有坡度的场地装卸货物时，应采取防止车辆溜坡的有效措施。"

3. 为保证照明，道路危险货物装卸场所的照明灯具一般选用较大瓦数的白炽灯。（　　）

**答案**：×

**题解**：白炽灯泡表面温度很高，能烤燃与其接触或邻近的可燃物。在一般散热条件下，白炽灯泡的表面温度随着其功率增大而增大。所以道路危险货物装卸场所的照明灯具不能选用较大瓦数的白炽灯，应按照要求合理配置照明设施。

4. 卸完汽油的油罐车,可以动火修理。 (　　)

**答案:**×

**题解:**《汽车运输、装卸危险货物作业规程》(JT 618—2004)第 4.1.11 条要求:"对装有易燃易爆的和有易燃易爆残留物的运输车辆,不得动火修理。确需修理的车辆,应向当地公安部门报告,根据所装载的危险货物特性,采取可靠的安全防护措施,并在消防员监控下作业。"对卸完汽油的油罐车,不可以立即动火修理,因油罐车内还残存部分汽油,一旦动火修理可能会引起燃烧爆炸。

5. 凡重复使用的包装,所装货物必须与原装货物无抵触。 (　　)

**答案:**✓

**题解:**因危险货物性质各异,相抵触的危险货物会发生反应,故重复使用的包装,所装货物必须与原装货物无抵触。

6. 不具备防雨雪条件的车辆和场所,不准进行遇水放出易燃气体的危险货物运输作业。 (　　)

**答案:**✓

**题解:**参见选择题第 19 题。

7. 被危险货物污染过的车辆和工具必须洗刷消毒。 (　　)

**答案:**✓

**题解:**参见选择题第 20 题。

8. 装卸易撒漏、易飞扬的散装粉状危险货物时,应用苫布垫盖,必要时洒水润湿后方可装卸。 (　　)

**答案:**×

**题解:**某些危险货物可与水反应,做洒水处理可能会导致货物变质或引发事故。应按《汽车运输、装卸危险货物作业规程》(JT 618—2004)第 6.1.2 条要求:"易撒漏、飞扬的散装粉状危险货物,装车后应用苫布遮盖严密,必要时应捆扎结实,防止飞扬,包装良好方可装运"处理。

9. 装卸爆炸品应轻拿轻放,严防跌落、摔碰、撞击、拖拉、翻滚、投掷和倒置等。 (　　)

**答案:**✓

**题解:**爆炸品在外界作用下(如受热、撞击等),能发生剧烈的化学反应,瞬时产生大量的气体和热量,使周围压力急剧上升而发生爆炸。所以装卸爆炸品应轻拿轻放,严防跌落、摔碰、撞击、拖拉、翻滚、投掷和倒置等。

10. 装运氧气瓶应横向放置平稳,气瓶头部朝向一方,最上一层超过栏

板高度时应捆扎牢固。（ ）

**答案**：×

**题解**：参见第三章第二部分选择题第3题。

11. 新液化气体罐车或检修后首次充装的罐车，允许直接充装，但需特别谨慎。（ ）

**答案**：×

**题解**：《汽车运输、装卸危险货物作业规程》（JT 618—2004）第8.1.2.3条要求："新罐车或检修后、首次允装的罐车，充装前应作抽真空或充氮置换处理，严禁直接充装。"

12. 装运易燃液体的新罐车，可以不配备静电导除装置。（ ）

**答案**：×

**题解**：《汽车运输、装卸危险货物作业规程》（JT 618—2004）第6.2.1条要求："运输易燃液体的罐车应有阻火器和呼吸阀，应配备导除静电装置；排气管应安装熄灭火星装置；罐体内应设置防波挡板，以减少液体震荡产生静电。"无论是新罐车还是旧罐车，只要装运易燃液体的车辆，必须装导除静电装置。

13. 车辆停靠货垛时，应听从作业区指挥人员的指挥，待装、待卸车辆与装卸货物的车辆应保持足够的安全距离，不准堵塞安全通道。（ ）

**答案**：√

**题解**：参见选择题第3题。

14. 在装卸毒性物质时，装卸管理人员不能在货物上坐卧、休息，不能用衣袖擦汗。（ ）

**答案**：√

**题解**：略。

15. 装卸氧化性物质和有机过氧化物时，车厢内不得有任何酸类及煤屑、木屑、硫磺、磷等可燃物的残留物，车厢必须干净。（ ）

**答案**：√

**题解**：《汽车运输、装卸危险货物作业规程》（JT 618—2004）第5.5.1.2条要求运输氧化剂和过氧化物的车辆出车前："运输货物的车厢与随车工具不得沾有酸类、煤炭、砂糖、面粉、淀粉、金属粉、油脂、磷、硫、洗涤剂、润滑剂或其他松软、粉状可燃物质。"因为氧化性物质和有机过氧化物的化学性质活泼，在遇酸、受热、受潮或接触有机物、还原后即可分解放出热量和原子氧，引起燃烧或形成爆炸性混合物。

16. 装卸液化石油气时，驾驶人员可以随意启动车辆。（ ）

**答案**:×

**题解**:《液化石油气汽车槽车安全管理规定》第四十三条规定:"槽车的装卸作业必须遵守下列规定:

……

(4)槽车的装卸作业人员应相对稳定,并经培训和考试合格。装卸作业时,操作人员和槽车押运员均不得离开现场。在正常装卸时,不得随意起动车辆。"

17. 装卸爆炸品时,严禁使用会产生火花的工具、机具。　(　　)

**答案**:✓

**题解**:《汽车运输、装卸危险货物作业规程》(JT 618—2004)第5.1.3.1条对爆炸品的装卸要求:"严禁接触明火和高温;严禁使用会产生火花的工具、机具。"

18. 危险货物装卸作业和一般货物装卸作业的要求完全相同。(　　)

**答案**:×

**题解**:由于危险货物自身的特性,在装卸操作环节中容易发生人身损害和财产损失等安全事故。因此,危险货物装卸作业应按相关特性进行作业。

19. 安全装卸是指装卸管理人员仅把货物按规定数量进行装卸。　(　　)

**答案**:×

**题解**:安全装卸不仅指把货物按规定数量进行装卸,还应确保整个装卸过程的安全作业。

20. 气瓶卸货时,不得溜放或摔掼。　(　　)

**答案**:✓

**题解**:《汽车运输、装卸危险货物作业规程》(JT 618—2004)第5.2.3.5条要求:运输压缩气体或液化气体"卸车时,要在气瓶落地点铺上铅垫或橡皮垫;应逐个卸车,严禁溜放"。这是因为气瓶承受着一定的内压力,当受到剧烈撞击、振动、高温、受热时,会使容器内压力骤增,该压力超过容器的耐受力时就会发生气瓶爆炸。因此卸货时,不得溜放、摔掼。

## 第五章　运输危险货物车辆的基本要求

(40题,其中选择题20题、判断题20题)

### (一)选择题(20题)

1. 运输(　　)时,车辆的排气管必须安装阻火器和导静电拖地带。

A. 毒性物质　　　B. 易燃物品　　　C. 腐蚀性物质

**答案**:B

**题解**:参见第四章选择题第11题。

2.《道路危险货物运输管理规定》要求道路运输爆炸、强腐蚀性危险货物罐式专用车辆的罐体容积不得超过(　　)立方米。

A. 10　　　B. 20　　　C. 40

**答案**:B

**题解**:参见第一章选择题第41题。

注:爆炸危险货物,是指《危险货物品名表》中的爆炸品。

3.《道路危险货物运输管理规定》要求道路运输剧毒、爆炸、强腐蚀性危险货物的非罐式专用车辆,核定载质量不得超过(　　)吨。

A. 10　　　B. 20　　　C. 40

**答案**:A

**题解**:《危规》第八条中规定:"运输剧毒、爆炸、强腐蚀性危险货物的非罐式专用车辆,核定载质量不得超过10吨"。

注:剧毒危险货物,是以《剧毒化学品目录》为准。

4. 道路运输易燃危险货物的车辆,应具有一些特殊的安全设施,如(　　)。

A. 熄灭火星装置　　　B. 千斤顶　　　C. 安全带

**答案**:A

**题解**:《汽车运输液体危险货物常压容器(罐体)通用技术条件》(GB 18564—2001)第4.12.4条要求:"罐车应安装火星熄灭器,并符合GB 13365的规定。"其中GB 13365指的是《机动车排气火星熄灭器性能要求和试验方法》(GB 13365—1992),该标准于2005年进行了修订并更名为《机动车排气火花熄灭器》(GB 13365—2005)。因为,汽车在运行中排气管的排气温度很高,排出的废气中难免有火星,一旦遇到易燃危险货物,就会燃烧,甚至爆炸。所以,从事运输易燃危险货物车辆,必须安装熄灭火星装置,以确保安全运输。

5. 道路运输遇水放出易燃气体物质的车辆,必须具备有效的(　　)设备。

A. 防静电拖地带　　　B. 防水　　　C. 加热

**答案**:B

**题解**:遇水放出易燃气体的物质是指与水相互作用易变成自燃物质或能放出危险易燃气体的物质。该项物品化学性质极其活泼,遇水(包括受湿、酸类和氧化剂)会引起剧烈化学反应,放出可燃性气体和热量。因此,运输此类物质的车辆必须具备有效的防水设备。

6. 压力专用罐车的罐体必须每年定期进行(　　)次检验。

A. 2　　B. 3　　C. 1

**答案**:C

**题解**:《液化石油气汽车槽车安全管理规定》第四十五条规定:"槽车的定期检验:

(1)槽车的定期检验包括对罐体和各种附件的检查和修理。槽车底盘和车辆行走部分的检查和修理按底盘说明书以及公安部门和交通部门的有关规定执行。

(2)槽车的定期检验分为年度检验和全面检验两种。年度检验每年进行一次。全面检验每五年进行一次,但新槽车在投入使用后的第二年必须进行首次全面检验。年度检验如发现严重缺陷,应提前进行全面检验。"

7.《道路危险货物运输管理规定》要求,(　　)只能运输散装硫磺、萘饼、粗蒽、煤焦沥青等危险货物。

A. 货车列车　　B. 厢式汽车　　C. 倾卸式汽车

**答案**:C

**题解**:参见第一章判断题第19题。

8. 液体罐车超车或转弯时,为了防止侧翻,一定要注意(　　)。

A. 加速行驶　　B. 控制车速　　C. 使用灯光

**答案**:B

**题解**:鉴于液体的热胀冷缩特性,液体罐车在灌装时须留有一定的膨胀余位,严禁超载。液体罐车在超车或转弯时,由于膨胀余位和液体的流动性等原因,液体在罐体内会发生晃动,质心偏移,车辆非常不平稳,这时如果车速过快,极易容易发生侧翻事故,所以一定要注意控制车速。

9. 罐车压力表每隔(　　)个月至少检验一次,损坏或失灵后,应予以更换。

A. 4　　B. 5　　C. 6

**答案**:C

**题解**:《液化石油气汽车槽车安全管理规定》的第四十四条规定:"槽车的维护保养:

(1)槽车必须加强日常的检查和维护保养。发生故障应及时排除,保持车辆性能经常处于最佳状态。

(2)使用槽车的单位,必须制定槽车的维修与保养规定和计划,并严格执行。

(3)经常保持槽车的干净和漆色完好。

(4)必须经常检查各种安全装置和附件(包括安全阀、压力表、液面计、温度计、紧急切断装置、管接头、液泵、入孔、管道、各种阀门、接地链和灭火器等)性能是否正常或有无泄漏和损伤等。凡有异常者,应及时进行妥善处理。

(5)压力表每隔六个月至少校验一次,损坏或失灵者应予更换。经检验合格的压力表应有铅封和检验合格证。”

10. 经检验合格的道路危险货物运输罐车压力表,应有铅封和(　　)。

A. 检验合格证　　B. 销售合格证　　C. 出厂合格证

**答案:**A

**题解:**参见第9题。

11. 运油车罐体两侧要有明显的(　　)字样。

A. 严禁烟火　　B. 注意安全　　C. 保持距离

**答案:**A

**题解:**《液化石油气汽车槽车安全管理规定》第三十九条规定:“槽车的涂色与标志:

(1)槽车罐体外表面应涂银灰色。沿罐体水平中心线四周涂刷一道宽度不小于150mm的红色色带。

(2)罐体两侧中央部位(此处色带留空不涂色)应用红色喷写‘严禁烟火’字样,字高不小于200mm。

(3)槽车的其余裸露部分涂色规定如下:

安全阀——红色;气相管——红色;液相管——银灰色;阀门——银灰色;其他——不限。

(4)在罐体一侧后端部色带下方的适当部位,喷写‘罐体下次检验日期:×年×月’字样,字高100mm左右。”

12. 运输爆炸品、剧毒化学品的车辆,应在车辆两侧各增加一块标志牌,悬挂位置一般(　　)。

A. 居前　　B. 居中　　C. 居后

**答案:**B

**题解:**参见第三章第一部分判断题第1题。

13. 大多数的(　　)蒸气对人体健康具有危害性,驾驶人员在作业前或作业中,应加强集装箱、封闭式车厢的排气通风,以使易燃蒸气能有效地扩散。

A. 氧气　　B. 易燃固体　　C. 易燃液体

**答案**:C

**题解**:易燃液体在常温下易挥发,其蒸气与空气混合能形成爆炸性混合物,易燃液体挥发出的蒸气具有一定毒性,会从呼吸道侵入人体,造成危害。因此操作人员在作业前或作业中应加强集装箱、封闭式车厢的排气通风,以使易燃蒸气能有效地扩散,减少蒸气的浓度。

14. 道路运输易燃易爆危险货物的车辆蓄电池应有(　　)。

A. 温控装置　　B. 隔离电火花装置　　C. 冷却装置

**答案**:B

**题解**:大多数易燃易爆危险货物的挥发性极强,一旦挥发出气体遇明火、高温就会燃烧、爆炸,所以不仅要求道路运输易燃易爆危险货物的排气管上安装火花熄灭器,蓄电池上也必须安全隔离电火花装置,杜绝能产生火花的任何途径。

15. 道路危险货物运输车辆在雨天、雾天行驶时,应(　　)。

A. 加速行驶　　B. 减速行驶　　C. 保持高速运行

**答案**:B

**题解**:《中华人民共和国道路交通安全法实施条例》第四十六条规定:"机动车行驶中遇有下列情形之一的,最高行驶速度不得超过每小时30公里,其中拖拉机、电瓶车、轮式专用机械车不得超过每小时15公里:

(一)进出非机动车道,通过铁路道口、急弯路、窄路、窄桥时;

(二)掉头、转弯、下陡坡时;

(三)遇雾、雨、雪、沙尘、冰雹,能见度在50米以内时;

(四)在冰雪、泥泞的道路上行驶时;

(五)牵引发生故障的机动车时。"

不管是普通货物运输车辆还是危险货物运输车辆,在雨天、雾天行驶时,都应减速行驶,以确保安全。

16. 危险货物车辆通过铁路与公路交接的立交桥时,应注意(　　)。

A. 出口标志　　B. 指路标志　　C. 限高标志

**答案**:C

**题解**:《汽车运输、装卸危险货物作业规程》(JT 618—2004)第4.2.2.3条要求:"通过隧道、涵洞、立交桥时,要注意标高、限速。"

17. 道路危险货物车辆标志灯应安装在(  )位置。

A. 驾驶室顶部中间　B. 驾驶室顶部左侧　C. 驾驶室顶部右侧

**答案**:A

**题解**:《道路运输危险货物车辆标志》(GB 13392—2005)第8.1.1条要求:“标志灯安装于驾驶室顶部外表面中前部(从车辆侧面看)中间(从车辆正面看)位置,以磁吸或顶檐支撑、金属托架方式安装固定。”参见附录九。

18. 道路危险货物运输车辆应按照(  )的要求,使用危险品标志灯、标识和标牌。

A.《危险货物品名表》(GB 12268—2005)

B.《道路运输危险货物车辆标志》(GB 13392—2005)

C.《危险货物分类和品名编号》(GB 6944—2005)

**答案**:B

**题解**:《汽车运输危险货物规则》(JT 617—2004)的第8.1.3条规定:“车辆应配置符合GB 13392的标志,并按规定使用。”

以下是有关法律要求摘录:

《标准化法》第十四条规定:“强制性标准,必须执行。”

《安全生产法》第三十二条规定:“生产、经营、运输、储存、使用危险物品或者处置废弃危险物品的,由有关主管部门依照有关法律、法规的规定和国家标准或者行业标准审批并实施监督管理。

生产经营单位生产、经营、运输、储存、使用危险物品或者处置废弃危险物品,必须执行有关法律、法规和国家标准或者行业标准,建立专门的安全管理制度,采取可靠的安全措施,接受有关主管部门依法实施的监督管理。”

《条例》第四条规定:“生产、经营、储存、运输、使用危险化学品和处置废弃危险化学品的单位(以下统称危险化学品单位),其主要负责人必须保证本单位危险化学品的安全管理符合有关法律、法规、规章的规定和国家标准的要求,并对本单位危险化学品的安全负责。”

19. 在有坡度的场地装卸危险货物时,应采取防止车辆(  )的有效措施。

A. 熄火　B. 溜坡　C. 温升

**答案**:B

**题解**:参见第四章判断题第2题。

20. 装运大型气瓶的车辆必须配置活络插桩、三角垫木、(  )等工具。

A. 紧绳器　　　　B. 苫布　　　　C. 麻袋

**答案:**A

**题解:**《汽车运输、装卸危险货物作业规程》(JT 618—2004)第5.2.3.7条要求:"装运大型气瓶(盛装净重在0.5t以上的)或成组集装气瓶时,气瓶与气瓶、集装架与集装架之间需填牢填充物,在车厢后栏板与气瓶空隙处应有固定支撑物,并用紧绳器紧固,严防气瓶滚动,重瓶不准多层装载。"配备活络活络插桩、三角垫木、紧绳器等工具的目的是为了保证车辆装载平衡,防止气瓶在行驶过程中滚动,以保证运输安全。

**(二)判断题**(20题)

1. 道路运输易燃液体时,车厢内不得有氧化性物质、自燃物品、强碱等残留物。　　(　　)

**答案:**✓

**题解:**易燃液体遇到氧化剂或具氧化性的强酸如高锰酸钾、硫酸、硝酸会剧烈反应而自行燃烧。所以道路运输易燃液体时,车厢内不得有强酸、氧化性物质等残留物,另外,自燃物品能够可以自行发热、燃烧,从而点燃易燃液体,所以车厢内也不得留有自燃物品。

"高锰酸钾"、"硫酸"和"硝酸"的有关特性分别参见附录三中的表3-9、表3-19和表3-20。

2. 爆炸品、遇水放出易燃气体的物质、固体剧毒物品、感染性物质、放射性物品和有机过氧化物应使用厢式货车运输。　　(　　)

**答案:**✓

**题解:**《汽车运输危险货物规则》(JT 617—2004)第8.2.2条要求:"运输爆炸品、固体剧毒品、遇湿易燃物品、感染性物品和有机过氧化物时,应使用厢式货车运输,运输时应保证车门锁牢;对于运输瓶装气体的车辆,应保证车厢内空气流通。"

3. 道路运输腐蚀性液体、剧毒液体、易燃液体应使用专用罐车。　(　　)

**答案:**✓

**题解:**道路运输腐蚀性液体、易燃液体和液体剧毒品应选用化工物品专用罐车或罐式集装箱运输。有关技术要求,可参见《道路运输液体危险货物罐式车辆　第1部分　金属常压罐体技术要求》(GB 18564.1—2006)。

4. 装有危险货物的专用容器可使用栏板货车运输。　　(　　)

**答案:**✓

**题解**:如居民日常生活所需的瓶装液化石油气,可以选择栏板货车运输。一般来说,钢瓶装气体、小包装的易燃液体、易燃固体、自燃物品、无机氧化剂、毒害品(低毒)、固体腐蚀品可以选用栏板货车运输。

5. 道路运输有机过氧化物、感染性物质可选用没有控温装置的厢式车型。（　）

**答案**:×

**题解**:《汽车运输、装卸危险货物作业规程》(JT 618—2004)第 5.5.1.1 条要求:"有机过氧化物应选用控温厢型车;若货厢为铁质底板,需铺有防护衬垫。货厢应隔热、防雨、通风,保持干燥。"第 5.6.2.2.4 条对运输感染性物质的车辆要求:"车厢内温度应控制在所运送医疗废物要求的温度范围之内。"由此可知,道路运输有机过氧化物、感染性物质需选用控温厢式车型。

6. 道路危险货物运输车辆的排气管,必须符合国家标准《机动车排气火花熄灭器性能要求和试验方法》的规定。（　）

**答案**:✓

**题解**:参见选择题第 4 题,有关具体要求见《机动车排气火花熄灭器性能要求和实验方法》(GB 13365)。

7. 运输车辆必须在驾驶室安装便于驾驶人员能随时操作切断电源的总开关。（　）

**答案**:✓

**题解**:《汽车运输危险货物规则》(JT 617—2004)第 8.1.6 条要求:"车辆应有切断总电源和隔离电火花装置,切断总电源装置应安装在驾驶室内。"电路系统应有切断总电源的装置,这是因为车辆驾驶人员与紧急情况时便于操作。另外,有的车辆电源总开关在驾驶室外的后方,距蓄电池较近,而且是旋钮式的,一旦途中停车就餐或休息,很有可能被无关人员或儿童旋动而造成电路系统通电;若遇电线老化,容易产生电火花,会造成意想不到的事故,所以电源总开关应安装在驾驶室内,停车时应切断车辆总电源。

8. 大部分易燃易爆液体货物运输时会在罐内晃动、与罐体内壁接触面积增大,极易产生静电,应急时排除。因此,其运输车辆必须将导静电拖地带拖地,但空车时可以不接导静电拖地带。（　）

**答案**:×

**题解**:参见第四章选择题第 11 题。

9. 利用拖地橡胶带中的金属导体与地面接触,可以及时排除静电,以达到安全运输的目的。 ( )

**答案:**✓

**题解:**参见第四章选择题第11题。

10. 栏板车辆车厢底板必须平整完好,周围栏板必须牢固,周围没有栏板的车辆,可临时装运危险货物。 ( )

**答案:**×

**题解:**首先应明确,运输危险货物的车辆必须经过许可。没经过过许可的车辆,运输危险货物属"违法运输"。同时,在考虑具体车型时,栏板车辆一般可用于运输钢瓶装气体、小包装的易燃液体、易燃固体、自燃物品、无机氧化剂、毒害品(低毒)、固体腐蚀品。周围没有栏板的车辆一般不允许装运危险货物的。

11. 道路运输毒性物质和感染性物质的车辆,需要在每次运输后进行及时、彻底地清洗和消毒。 ( )

**答案:**✓

**题解:**《汽车运输危险货物规则》(JT 617—2004)第9.7条要求:"运输医疗废物时,应使用有明显医疗废物标识的专用车辆;医疗废物专用车辆应达到防渗漏、防遗撒以及其他环境保护和卫生要求;专用车辆使用后,应当在医疗废物集中处置场所内及时进行消毒和清洁;运送医疗废物的专用车辆不得运送其他物品。"《汽车运输、装卸危险货物作业规程》(JT 618—2004)第5.6.1.3.9条要求:"忌水的毒害品(如,磷化铝、磷化锌等),应防止受潮。装运毒害品之后的车辆及工、属具要严格清洗消毒,未经安全管理人员检验批准,不得装运食用品、药用品等。"由此可知,道路运输毒性物质和感染性物质的车辆,需要在每次运输后进行及时、彻底的清洗和消毒。

12. 道路危险货物运输车辆可以随意改装,以便有利于运输。 ( )

**答案:**×

**题解:**参见第一章判断题第19题。由此可知,危险货物运输车辆不允许随意改装。如企业(单位)的车辆在取得了《道路运输证》后,对上述情况或者经检测不符合国家强制性标准要求的专用车辆,道路运输管理机构应及时收回其《道路运输证》。

13. 罐体改装其他液体,必须经过清洗和安全处理,其污水应排入下水道内。 ( )

**答案:**×

**题解**:《汽车运输、装卸危险货物作业规程》(JT 617—2004)第6.3.1.2条要求:“装卸前应对罐体进行检查,罐体应符合下列要求:

a)罐体无渗漏现象;

b)罐体内应无与待装货物性质相抵触的残留物;

c)阀门应关紧,且无渗漏现象;

d)罐体与车身应紧固,罐体盖应严密;

e)装卸料导管状况应良好无渗漏;

f)装运易燃易爆的货物,导除静电装置应良好;

g)罐体改装其他液体时,应经过清洗和安全处理,检验合格后方可使用。清洗罐体的污水经处理后,按指定地点排放。”

污水是不允许排入下水道的,以免污染环境。

14. 道路运输液体危险货物,可以使用移动罐体车辆运输。 ( )

**答案**:×

**题解**:《危规》第二十三条规定:“ ……。禁止使用移动罐体(罐式集装箱除外)从事危险货物运输。”《汽车运输危险货物规则》(JT 617—2004)第8.2.3条要求:“运输液化气体、易燃液体和剧毒液体时,应使用不可移动罐体车、拖挂罐体车或罐式集装箱;罐式集装箱应符合GB/T 16563的规定。”

15. 厢式货车适宜运输爆炸品、遇水放出易燃气体、氧化性物质及毒性物质等危险货物,在运输中能防止危险货物货损、货差和丢失;能起到防雨、防雷等保护作用。 ( )

**答案**:✓

**题解**:参见第2题。

16. 罐式集装箱运输车辆主要用于运输固体危险货物。 ( )

**答案**:×

**题解**:参见第14题。

17. 控温厢式货车,其车厢内应有制冷或加温装置以及保温措施,驾驶室应有温度监控系统。 ( )

**答案**:✓

**题解**:控温厢式车多数从事有机过氧化物、疫苗、菌苗的运输,车厢内除了应有制冷或加温装置以及保温措施外,还需要根据所装危险货物的特殊要求,配备防振、防爆、隔热、防止产生火花、排除静电等装置,且厢体密封性能要好,不能因厢体不严密,造成温度升高或下降,要确保危险货物在恒温或冷藏条件下运输。

18. 控温厢式货车多数从事腐蚀性物质的运输。　　(　　)

**答案:**×

**题解:**参见第5题。

19. 罐式货车是将罐体固定在载货汽车的底盘上。罐体也可与车辆分离。　　(　　)

**答案:**×

**题解:**罐车的种类有:不可移动罐体车,罐体永久性固定在车辆底盘上,与车辆不可分离的罐体运输车;拖挂罐体车,罐体永久固定在挂车底盘上,与挂车不可分离,牵引车与挂车可分离的罐体运输车;罐式集装箱,由箱体框架和罐体两部分组成的集装箱。由此可知,无论是不可移动罐体车还是拖挂罐体车,罐体总是固定在车辆底盘上或者挂车底盘上的,不可与车辆分离。

20. 只要技术等级为一级的营运车辆,就可进行道路危险货物运输。　　(　　)

**答案:**×

**题解:**参见第一章选择题第44题。除了技术等级达到一级外,车辆的技术性能、外廓尺寸等都必须满足要求,另外,车辆还必须根据所运货物的特性,安装行驶记录仪或定位系统等设施。所以只要求车辆技术等级达到一级是不完全的。

# 第六章　常见危险货物应急处理措施

(115题,其中选择题70题、判断题45题)

## (一)选择题(70题)

1. 道路运输汽油的车辆着火时,不能使用(　　)灭火剂。

A. 水　　B. 二氧化碳　　C. 泡沫

**答案:**A

**题解:**汽油属于易燃液体,密度小于水,且不溶于水,一旦发生火灾,用水扑救时因水会沉在燃烧着的液体下面,并能形成喷溅、漂流而扩大火灾;另外汽油燃烧时所产生的热量较大,而其燃点又较低,很难使温度降低到其燃点以下。因此,运输汽油的车辆着火时,不能使用水作为灭火剂,而应采用泡沫、二氧化碳、干粉等扑救。

"汽油"的有关特性参见附录三中的表3-11。

2. 在道路运输毒性物质过程中，应随车携带(　　)。

A. 苫布　　B. 麻袋　　C. 防毒面具

**答案**：C

**题解**：毒性物质可以通过皮肤、呼吸道以及消化道等途径进入人体内，累积到一定量后会引起中毒。在道路运输毒性物质过程中应随车携带防毒面具，当发生泄漏事故时要及时佩戴好防毒面具以防止毒性物质通过呼吸道进入肌体。

3. 储运金属钠时，通常将其放入煤油或石蜡等矿物油中，主要是为了(　　)。

A. 防止碰撞　　B. 防止被盗

C. 防止与空气中的氧和钠接触

**答案**：C

**题解**：由于金属钠不与煤油、石蜡反应，所以把钠等浸没在这些矿物油中储存，使它们与空气中的氧和水蒸气隔离。应当注意，用于存放活泼金属的矿物油必须经过除水处理。这些物品的包装如损漏，则非常危险。

“金属钠”的有关特性参见附录三中的表3-12。

4. 金属钠遇水时发生剧烈反应并释放大量氢气而造成火灾，此类火灾只能用下列(　　)灭火。

A. 二氧化碳灭火剂　　B. 水　　C. 砂土

**答案**：C

**题解**：活泼金属禁用二氧化碳灭火剂进行扑救，因为钾、钠等具有极强的还原性，甚至能夺取二氧化碳中的氧，所以二氧化碳不但起不了灭火作用，反而会助长火势，所以不能选择A；金属钠遇水时发生剧烈反应并释放大量氢气而造成火灾，所以也不能选B。故选C。

5. 当爆炸物品发生大量撒漏时，应(　　)方式处理。

A. 用土覆盖就地掩埋

B. 用水湿润，撒以锯末或棉絮等松软物收集后，报请公安或消防人员处理

C. 收集起来，重新放入包装容器中

**答案**：B

**题解**：爆炸品通常有效的灭火方法是用水冷却达到灭火目的，但不能采用窒息法或隔离法。禁止使用砂土覆盖燃烧的爆炸品，否则会导致由燃烧转为爆炸。对爆炸物品撒漏物，应及时用水湿润，再撒以锯末或棉絮等松软

物收集后,报请公安或消防人员处理,绝对不允许将收集的撒漏物重新装入原包装内。

6. 正确处理易燃液体泄漏的方式是(　　)。

A. 用水冲刷至地沟、下水道或河流中　B. 用火点燃使之燃烧完

C. 用松软材料吸附后集中

**答案:**C

**题解:**易燃液体一旦发生撒漏时,应及时以砂土或松软材料覆盖吸附后,集中至空旷安全处处理。覆盖时,特别要注意防止液体流入下水道、河道等地方,以防污染环境。更主要的是如果易燃液体浮在下水道或河流的水面中,其火灾隐情也很严重。所以A是不正确的;用火点燃使之燃烧完也是不正确的处理方式,如果处理不当,可能引起更大更严重的火灾事故,所以也不能选B。故选C。

7. 火灾发生的三大要素是(　　)。

A. 着火源、可燃物、助燃物　B. 空气、热量、可燃物

C. 电源、空气、热

**答案:**A

**题解:**燃烧的三要素是:

(1)可燃物:凡是能与空气中的氧或其他氧化剂起剧烈化学反应的物质,一般都叫可燃物。如固体、固体粉尘、可燃液体、气体。

(2)助燃物:凡是能与可燃物发生反应并引起燃烧的物质,称为助燃物。如空气、氧、氯、溴、高锰酸钾、过氧化钠等都是助燃物。

(3)热能源:凡是能够引起可燃物质燃烧的热源,叫热能源,也叫着火源。如明火、赤热体、火星、电火星、电火花等都是常见的火源。

B选项中空气的范围太狭窄,除了空气之外,过氧化钠等这些物质也属于助燃物。C选项中的电源的范围也太狭窄,除了电源,明火、火星等都属于着火源。

8. 不属于着火源的是(　　)。

A. 摩擦　B. 静电　C. 太阳光

**答案:**C

**题解:**电火花和静电都是常见的火源,太阳光不属于着火源。

9. 当(　　)着火时,禁止使用砂土覆盖。

A. 散装爆炸品　B. 汽油　C. 硫酸

**答案:**A

**题解**:参见第5题。

10. 当(　　)着火时,禁止用水灭火。

A. 碳化钙(电石)　　B. 红磷　　C. 硫磺

**答案**:A

**题解**:电石有强烈的吸湿性,能从空气中吸收水分而发生反应,放出乙炔(电石气),并放出大量的热,乙炔气与空气中的氧混合极易发生爆炸。所以电石火灾不能用水扑救,也禁止用水蒸汽、水雾扑救。硫磺往往散装运输,由于性脆、颗粒小、易粉碎成粉末散在空气中,所以发生火灾时不能用加压水冲击,以防粉末飞扬,扩大事故,可用雾状水。

“红磷”、“电石”和“硫酸”的有关特性分别参见附录三中的表3-5、表3-7和表3-13。

11. 运输易燃气体途中遇有火情须迅速扑救,应将未着火的气瓶迅速移至安全处;对已着火的气瓶应使用大量(　　)喷洒在气瓶上,使其降温冷却。

A. 雾状水　　B. 热水　　C. 碱性水

**答案**:A

**题解**:气瓶一般用于运输压缩或液化气体,这些经过加压降温等措施,罐装在气瓶中,所以气瓶的内压比较高,一旦受到剧烈撞击、振动、高温或受热,就会使容器内压力骤增,该压力超过容器的耐受力时就会发生气瓶爆炸。另外,气瓶是不绝热的,即内外的温度一样,所以对已着火的气瓶可以使用大量水喷洒在气瓶上,使其降温冷却,降低内部气体的温度,抑制内压力的升高。

12. 道路运输易燃液体,车上人员不准(　　),车辆不得接近明火及高温场所。

A. 吸烟　　B. 进食　　C. 喝水

**答案**:A

**题解**:易燃液体极易燃,一旦遇到明火就有可能发生燃烧,甚至引起爆炸,而烟头上的火星属于明火,有点燃易燃液体的可能,所以车上人员严禁吸烟。

13. 当(　　)燃烧时会产生剧毒的五氧化二磷等气体,扑救时应穿戴防护服和防毒面具。

A. 黄磷　　B. 铝粉　　C. 萘

**答案**:A

**题解**:黄磷是白色或淡黄色的半透明繁荣蜡状固体,性质极活泼,暴露在空气中即被氧化,加之自燃点低,因此只需一、二分钟即自燃。黄磷与空气中的氧反应生成五氧化二磷气体,属于剧毒气体。铝粉在空气燃烧生成三氧化二铝。

"黄磷"、"铝粉"和"萘"的有关特性分别参见附录三中的表3-6、表3-14和表3-15。

14. 当(　　)着火后,被水扑灭只是暂时熄灭,残留物待水分挥发后又会自燃。

A. 萘　　B. 铝粉　　C. 黄磷

**答案**:C

**题解**:参见第13题。

15. 当(　　)着火时,可用水灭火。

A. 汽油　　B. 苯　　C. 硫磺

**答案**:C

**题解**:汽油系轻质石油产品中的一大类,不溶于水,用水扑救时因水会沉在燃烧着的液体下面,并能形成喷溅、漂流而扩大火灾。另外,汽油燃烧时所产生的热量较大,而其燃点又较低,很难使温度降低到燃点以下,所以不使用水作为灭火剂,故不选A;苯是无色透明液体,易挥发,易溶于有机溶剂,不溶于水,故不能用水扑救苯引起的火灾,B也是错误的;硫磺属于易燃固体,往往散装运输,由于性脆、颗粒小、易粉碎成粉末散在空气中,所以不能用加压水冲击,以防粉末飞扬,扩大事故。可用雾状水,故选C。

"苯"、"汽油"和"硫磺"的有关特性分别参见附录三中的表3-4、表3-11和表3-13。

16. 当(　　)着火时,不得用水作为灭火剂。

A. 铝粉　　B. 硫磺　　C. 萘

**答案**:A

**题解**:铝粉、钛粉等金属粉末能与水发生剧烈反应,产生可燃气体,因此不得用水扑救,应用干燥的砂土、干粉灭火器进行扑救。硫磺属于易燃固体,往往散装运输,由于性脆、颗粒小、易粉碎成粉末散在空气中,所以不能用加压水冲击,以防粉末飞扬,扩大事故,可用雾状水。当萘着火时,可用雾状水、二氧化碳、砂土。切勿将水流直接射至溶融物,以免引起严重的流淌火灾或引起剧烈的沸溅。

"硫磺"、"铝粉"和"萘"的有关特性分别参见附录三中的表3-13、表3-

14 和表 3-15。

17. 镁粉发生火灾时,应使用(    )灭火。

A. 水　　B. 特殊干粉　　C. 二氧化碳

**答案:**B

**题解:**镁粉能与水发生剧烈反应,产生可燃气体,因此不得用水扑救,镁粉也不能用二氧化碳灭火,因为它的金属性质十分活泼,能夺取二氧化碳中的氧,起化学反应而燃烧,故用干燥的砂土、干粉灭火器进行扑救。

“镁粉”的有关特性参见附录三中的表 3-16。

18. 氧化性物质撒漏后,应使用(    )工具来收集处理。

A. 惰性材质　　B. 金属　　C. 纸质

**答案:**A

**题解:**氧化性物质在遇酸、受热、受潮或接触有机物、还原剂后即有分解放出原子氧和热量,引起燃烧或形成爆炸性混合物的危险。金属大多带有正电荷,具有较强失去电子的能力,即还原性较强,而纸质属于有机物,都能与氧化性物质发生反应,所以应选 A。

19. 运输盛装碳化钙(电石)的钢桶中通常充入(    )稳定剂,确保运输安全。

A. 水　　B. 煤油　　C. 氮气

**答案:**C

**题解:**参见第 10 题。运输黄磷时必须将黄磷浸没在水中,以防止黄磷的自燃;运输钾、钠等活泼金属时,一般将其浸没在煤油、石蜡等矿物油中,使它们与空气中的氧和水蒸气隔离。碳化钙具有较强的吸湿性,吸收空气中的水分,即能发生化学反应产生易燃的乙炔气体,如果桶内乙炔气不能及时排出而积聚起来,运输时遇到滚动、碰撞等原因,桶内坚硬的碳化钙就会与铁桶壁碰撞产生火星,点燃桶内的乙炔气而发生爆炸。所以,装碳化钙的铁桶应严密到不漏气、不漏水,在桶内充氮抑制乙炔的产生,或者应有排放桶内乙炔气的通气孔,同时注意通气孔应能防止桶外的水进入桶内。故选 C。

20. 毒性物质氰化物发生火灾时,应用(    )扑救。

A. 水　　B. 酸碱灭火剂　　C. 泡沫灭火剂

**答案:**A

**题解:**氰化物遇酸性物质能生成剧毒气体氢化氰,故不能使用酸碱灭火器扑救。另外,部分氰化物(如氰化钠、氰化钾及其他氰化物等),遇泡沫中酸性物质能生成剧毒气体氰化氢。因此,也不能用泡沫灭火剂灭火,可用水及砂土扑救。

“氰化钾”的有关特性参见附录三中的表3-17。

21. 爆炸品通常采用(　　)灭火。

A. 水冷却法　　B. 窒息法或隔离法　　C. 砂土覆盖法

**答案:**A

**题解:**参见第5题。

22. 电石颗粒溅入眼睛内,应先用蘸(　　)或植物油的棉签去除颗粒后,再用水冲洗。

A. 石蜡油　　B. 机油　　C. 煤油

**答案:**A

**题解:**参见第10题。若电石、生石灰颗粒溅入眼内,应当先蘸石蜡油或植物油的棉签去除颗粒后,再用清水冲洗。机油和煤油本身对眼睛就有损伤。

23. 化学品事故的特点是发生突然、持续时间长、(　　)、涉及面广等。

A. 扩散迅速　　B. 迅速聚集　　C. 人员伤亡多

**答案:**A

**题解:**略。

24. 道路运输酒精过程中,酒精的主要危害是(　　)。

A. 助燃　　B. 易燃　　C. 刺激

**答案:**B

**题解:**酒精是乙醇的俗称,是我们日常所喝酒的主要成分,是一种无色透明、气味飘逸的易燃、易挥发液体,其沸点为78℃,冰点为-114℃。所以答案A和C都是错误选项。

“无水酒精”的有关特性参见附录三中的表3-18。

25. 液体危险货物装卸作业时,应使用(　　)保护面部。

A. 太阳镜　　B. 防护面罩　　C. 毛巾

**答案:**B

**题解:**大多数易燃液体的蒸气具有一定的毒性,会从呼吸道侵入人体,造成危害,因此操作人员在作业前或作业中应加强安全措施,采取必要的通风措施,同时也应该佩戴好防护面罩,站在上风处,尽量减少蒸气从呼吸道侵入的机会。

26. 扑救(　　)危险货物火灾时,扑救人员应先关闭管道或容器阀门,阻止其继续外溢,扩大灾情。

A. 液体　　B. 固体　　C. 粉状

**答案:**A

**题解:**由题可知,危险货物发生火灾时是向外溢出的,固体危险货物不可能从管道或容器阀门溢出,粉状危险货物只有在外力的作用下才能从管道或容器阀门输送出。故选 A。

27. 扑救(　　)危险货物火灾时,扑救人员应先关闭管道或容器阀门,阻止其继续外泄,扩大灾情。

A. 固体　　B. 气体　　C. 粉状

**答案:**B

**题解:**由题可知,危险货物发生火灾时是向外泄出的,固体危险货物不可能从管道或容器阀门泄出,粉状危险货物只有在外力的作用下才能从管道或容器阀门输送出。故选 B。

28. 大部分有毒气体能溶解于水,遇有泄漏时,若无法控制,可将气瓶推入(　　),并及时通知相关管理部门处理。

A. 水中　　B. 路边　　C. 无人的地方

**答案:**A

**题解:**由于大部分有毒气体能溶解于水,泄漏时将气瓶推入水中,一方面可以起到降温作用,另一方面水可以溶解部分有毒气体,防止事故扩大。

29. 从业人员进入危险货物作业现场,开启仓库、集装箱和封闭式车厢时要先(　　),以保障作业安全。

A. 搬运　　B. 装卸　　C. 通风排气

**答案:**C

**题解:**部分危险货物具有良好的挥发性,容易挥发出蒸气,蒸气在密封的集装箱或者车厢内积聚,达到一定浓度时一旦遇到明火就会发生燃烧爆炸。所以作业前必须先进行通风排气,防止蒸气聚集。

30. 硫磺在燃烧时产生(　　)和刺激性气体,扑救时必须注意戴好防毒面具。

A. 有毒　　B. 剧毒　　C. 碱性

**答案:**A

**题解:**参见第 15 题。硫磺在空气中燃烧产生二氧化硫气体,是一种无色有刺激性气味、有毒的气体,因此,扑救时必须注意戴好防毒面具。

31. 堆码货物时,桶口、箱盖一般应朝上。允许横倒的桶口及袋装货物的袋口应(　　)。

A. 朝里　　B. 朝外　　C. 朝里朝外都行

**答案:**A

**题解:**参见第四章选择题第4题。

32. 遇热、遇潮容易引起燃烧、爆炸或产生有毒气体的危险货物,在装运时应采用(　　)措施。

A. 隔热、防潮　　B. 密封　　C. 防尘

**答案:**A

**题解:**由于这部分危险货物在遇热、遇潮时容易燃烧、爆炸或产生有毒气体,所以,在装运这类危险货物时,应采取隔热、防潮措施,杜绝发生燃烧、爆炸危险的可能。

33. 从业人员装卸、运输毒性物质前后,禁止(　　)。

A. 喝水　　B. 进食　　C. 饮酒

**答案:**C

**题解:**因为饮酒后血管扩张,血流加速,皮肤表面血管通透性增高,毒性物质更容易透过皮肤血管进入血液,引起中毒。因此从业人员装卸、运输毒性物质前后禁止饮酒,否则容易吸收更多的有害物质,但洗手洗脸后可以进食、喝水。

34. 装运(　　)时,应先了解包装桶内有无充填保护气体。

A. 碳化钙(电石)　　B. 汽油　　C. 乙醇

**答案:**A

**题解:**参见第10题。电石有强烈的吸湿性,能从空气中吸收水分而发生反应,放出乙炔气体,如果桶内乙炔气不能及时排出而积聚起来,运输时遇到滚动、碰撞等原因,桶内坚硬的碳化钙就会与铁桶壁碰撞产生火星,点燃桶内的乙炔气而发生爆炸。因此需要在桶内充保护气体(氮)以隔离水分,抑制乙炔的产生。

35. 运输中发现有毒气体气瓶漏气时,根据(　　)做好相应的人身防护措施。

A. 气体性质　　B. 气体质量多少　　C. 车辆类型

**答案:**A

**题解:**由于有毒气体的性质不一,需采取的人身防护措施也完全不一样。当发现有毒气体泄漏时,应根据气体性质采取合适的防护措施,而不是根据气体的质量或者车辆类型。

36. 在道路危险货物运输中的任何情况,雷管和炸药都(　　)。

A. 可以同车装运　　B. 不得同车装运　　C. 没有装运限制

**答案:**B

**题解:**《汽车运输、装卸危险货物作业规程》(JT 618—2004)第5.1.3.4条要求:"任何情况下,爆炸品不得配装;装运雷管和炸药的两车不得同时在同一场地进行装卸。"雷管属于起爆器材,是用来起爆炸药的,如果同车装运或者同时在同一场地装卸,雷管接触到炸药一旦条件许可,就有可能引爆炸药,造成难以预料的事故。

37. 在任何情况下,装卸危险货物时,运输雷管和炸药的两车都(　　)。

A. 不可以同时在同一场地进行装卸

B. 可以同时在同一场地进行装卸

C. 不受限制

**答案:**A

**题解:**参见第36题。

38. 从业人员使用起重机装卸大型气瓶或罐式集装箱时,必须(　　)。

A. 穿好防护工作服　　B. 戴好防毒面具　　C. 戴好安全帽

**答案:**C

**题解:**《汽车运输、装卸危险货物作业规程》(JT 618—2004)第5.2.3.1条要求:"装卸人员应根据所装气体的性质穿戴好防护用品,必要时戴好防毒面具。用起重机装卸大型气瓶或气瓶集装架(格)时,应戴好安全帽。"

39. 易于自燃物质灭火时一般可用(　　)灭火。

A. 干粉灭火剂、砂土和二氧化碳　　B. 水

C. 碱性水

**答案:**A

**题解:**大部分易于自燃物质与水反应剧烈,如三异丁基铝、三氯化三甲基铝等,与水会发生剧烈反应,所以不能使用水灭火,因此B和C选项是错误的,故选择A。

40. 装运易燃液体的道路危险货物运输车辆若发生故障,在维修时应严格控制(　　)。

A. 夜晚作业　　B. 明火作业　　C. 中午作业

**答案:**B

**题解:**《汽车运输、装卸危险货物作业规程》(JT 618—2004)第4.1.11条要求:"对装有易燃易爆的和有易燃易爆残留物的运输车辆,不得动火修

理。确需修理的车辆,应向当地公安部门报告,根据所装载的危险货物特性,采取可靠的安全防护措施,并在消防员监控下作业。”易燃液体最主要的危险是其挥发性蒸气导致燃烧和爆炸,如果维修时使用明火作业,明火有可能点燃挥发出的易燃液体蒸气,而导致燃烧和爆炸事故。

41. 有机过氧化物、金属过氧化物着火时,可用(　　)扑救。

A. 水　　　　B. 泡沫灭火剂　　　　C. 砂土或干粉

**答案**:C

**题解**:有机过氧化物和金属过氧化物能与水反应生成氧气而帮助燃烧,扩大火势,所以不能使用水扑救,泡沫灭火器中的药剂是水溶液,故禁止使用泡沫灭火器扑救,只能用砂土、干粉、二氧化碳灭火剂。

42. 氰化物遇酸性物质能生成剧毒气体氢化氰,着火时,不得用(　　)扑救。

A. 酸碱灭火剂　　　　B. 水　　　　C. 砂土

**答案**:A

**题解**:参见第20题。由题可知,氰化物能够与酸性物质发生反应生成剧毒气体,所以不能使用酸碱灭火剂灭火,可以使用水或砂土进行扑救。

43. 当酸性危险货物大量泄漏后,应首先采用(　　)处理。

A. 大量水稀释　　　　B. 碱性物质中和　　　　C. 火点燃

**答案**:B

**题解**:酸性危险货物大量泄漏时,首先采用碱性物质中和,中和时,要防止发生剧烈反应。

“硫酸”的有关特性参见附录三中的表3-19。

44. 道路危险货物运输从业人员装运毒性物质时,如果皮肤破伤,(　　)。

A. 应继续作业,完工后进行处理

B. 应立即停止作业,并进行必要的医疗处理

C. 无需作任何处理

**答案**:B

**题解**:由于毒性物质少量误服、吸入或经皮肤黏膜接触进入肌体后,累积到一定的量,能与体液或组织发生生物化学作用或物理变化,扰乱和破坏肌体的正常生理功能,引起暂时性或持久性的病理状态,甚至危及生命。所以在装运毒性物质时,若皮肤破伤应立即停止作业,及时作处理。

45. 装运氧化性物质和有机过氧化物时,若发生包装破损,撒漏物(　　)。

A. 不得装入原包装内,必须另行处理

B. 可装入原包装内，继续装运

C. 应立即点燃

**答案**：A

**题解**：在装卸过程中，由于包装不良或操作不当，造成氧化剂撒漏时，应轻轻扫起，另行包装。这些从地上扫起重新包装的氧化剂，因接触过空气或混有可燃物等杂质，为防止发生化学变化，不得同车发运，须留在撒漏处适当地方，包括对撒漏的少量氧化剂或残留物均应清扫干净，另行处理。故选 A。

46. 装运的硫酸粘到手上后，应立即用(　　)清洗。

A. 清水　　B. 酒精　　C. 汽油

**答案**：A

**题解**：参见第 43 题。硫酸与酒精能发生反应，硫酸首先和酒精反应生成硫酸乙酯，硫酸乙酯再与余下的酒精反应生成乙醚释放出硫酸。所以不能选择 B。汽油对皮肤有去脂作用，汽油接触者皮肤干燥、破裂、角化、慢性湿疹和指甲黄染、变厚、下凹；有的引起急性皮炎和毛囊炎，出现红斑、丘疹、水疱及“灼伤”等皮肤损害，所以不能使用汽油清洗。硫酸能够溶于水，使用清水清洗可以稀释皮肤上的硫酸。

47. 从火场上救出的气瓶，如没有发生泄漏等情况，待(　　)可以继续运输。

A. 冷却后　　B. 加热后　　C. 泄漏完

**答案**：A

**题解**：气瓶一般用于运输压缩或液化气体，这些气体经过加压降温等措施，罐装在气瓶中，所以气瓶的内压比较高，一旦受到剧烈撞击、振动、高温或受热，就会使容器内压力骤增，该压力超过容器的耐受力时就会发生气瓶爆炸。另外，气瓶是不绝热的，即内外的温度一样，所以从火场上救出的气瓶，如没有发生泄漏等情况，必须待冷却后才可以继续运输。如气瓶需要继续使用，还应经质检部门检验。

48. 装卸腐蚀性物质的现场，应依据货物特性备有(　　)或苏打水、稀醋酸，以备急救。

A. 制冷装置　　B. 加温装置　　C. 水源

**答案**：C

**题解**：腐蚀品的灭火方法可概括为：大量用水、谨慎用水。无机腐蚀品发生着火或有机腐蚀品直接燃烧时，除具有与水反应特性的物品外，一般可用大量的水扑救。即使有些腐蚀品会与水反应,但这些物品量较少,而大量的水迅速扑上足以抑制热反应,也应用大量的水扑救。但用水时应谨慎,宜用雾状水,不可用高压水柱直接喷射物品,尤其是酸液。苏打水呈碱性,可以中和酸性腐蚀品的撒漏物,而稀酯酸呈酸性,可以中和碱性腐蚀品的撒漏物。

49. 装卸气瓶时,在同一车箱内不准有(　　)人以上同时往车上装瓶。

A. 2　　B. 4　　C. 3

**答案:**A

**题解:**《汽车运输、装卸危险货物作业规程》(JT 618—2004)第5.2.3.2条要求:"装车时要旋紧瓶帽,注意保护气瓶阀门,防止撞坏。车下人员须待车上人员将气瓶放置妥当后,才能继续往车上装瓶。在同一车厢内不准有二人以上同时单独往车上装瓶。"

50. 道路运输甲醇的车辆发生阀门泄漏时,首先应(　　),再通知本单位或有关部门。

A. 通知就近单位　　B. 通知运管部门

C. 采取有效封堵措施

**答案:**C

**题解:**对于任何危险货物运输事故,都是应先采取有效封堵措施,防止事故进一步扩大,然后再通知本单位或有关部门。

51. 易燃液体装卸始末,管道内流速不得超过(　　)。

A. 2m/s　　B. 4m/s　　C. 1m/s

**答案:**C

**题解:**《汽车运输、装卸危险货物作业规程》(JT 618—2004)第6.2.5条要求:"易燃液体装卸始末,管道内流速不得超过1m/s,正常作业流速不宜超过3m/s。其他液体产品可采用经济流速。"

52. 易燃液体正常装卸作业中流速不宜超过(　　)。

A. 2m/s　　B. 3m/s　　C. 4m/s

**答案:**B

**题解:**参见第51题。

53. 道路运输酒精的车辆着火时,应采用(　　)灭火。

A. 普通泡沫灭火剂　　B. 细砂　　C. 水

**答案:**B

**题解:**参见第24题。酒精着火时不能使用普通泡沫灭火剂和水来灭火,主要原因是因为泡沫灭火器的作用是利用喷出的泡沫笼罩燃烧的物质,使它与空气气流隔绝而停止燃烧。酒精本身是一种破乳剂,只要泡沫与酒精一接触,就会破坏喷出来的泡沫,这样就不能生成隔绝空气所必需的泡沫,也就不能起到灭火的作用。另外,酒精比水轻,用水扑救时因水会沉在燃烧着的液体下面,并能形成喷溅、漂流而扩大火灾。所以应使用细砂来灭火。

54. 道路危险货物运输车辆的轮胎爆破后,应(　　)。

A. 紧急制动　　B. 稳住方向,使车辆逐渐减速停止

C. 迅速转向,立即停车

**答案:**B

**题解:**车辆行驶时若遇到轮胎爆破,车辆的行驶方向会突然向一侧倾斜或危险地摇摆。尤其是前轮胎爆破时,这种现象更加明显,这时应紧握方向盘,全力控制住车辆的行驶方向,使车辆逐渐减速停止。如果慌乱间实施紧急制动或迅速转向,反而会引起方向失控,导致发生事故。

55. 道路危险货物运输从业人员的头部受到毒性物质污染时,首先应注意(　　)。

A. 打电话求援　　B. 用大量清水冲洗　　C. 用毛巾擦抹干净

**答案:**B

**题解:**略。

56. 高温天气运输液化气罐车途中因故障停车时,应注意(　　)。

A. 罐体遮阳,防止暴晒　　B. 就地修理

C. 通知运管部门

**答案:**A

**题解:**液化气具有挥发性,温度越高,挥发性越大。高温天气运输液化气罐车途中因故障停车时,一方面由于环境温度较高,液体的挥发量增大,挥发出来的蒸气容易引起罐体出现"鼓桶"现象;另一方面由于车辆处于静止状态,太阳光直射在罐体上,容易聚集热量使罐体温度升高,更易引起罐体爆炸事故。所以停车时应注意罐体遮阳,防止暴晒。

57. 道路运输硫酸的车辆着火时,应采用(　　)灭火。

A. 强大水流　　B. 雾状水　　C. 泡沫灭火剂

**答案:**B

**题解:**参见第43题。硫酸是属于腐蚀性物质,溶于水,可使用水作为灭火剂,但宜用雾状水,不能使用高压水柱直接喷射物品,以免飞溅的水珠带

上腐蚀品灼伤灭火人员,同时,要控制水的流向,以免带腐蚀性的水流破坏环境。

58. 道路运输硝酸的车辆着火时,应采用(　　)灭火。

A. 雾状水　　B. 强大水流　　C. 泡沫灭火剂

**答案:**A

**题解:**硝酸是属于腐蚀性物质,溶于水,可使用水作为灭火剂,但宜用雾状水,不能使用高压水柱直接喷射物品,以免飞溅的水珠带上腐蚀品灼伤灭火人员,同时,要控制水的流向,以免带腐蚀性的水流破坏环境。

"硝酸"的有关特性参见附录三中的表3-20。

59. 危险货物金属钾着火时,应采用(　　)灭火。

A. 雾状水　　B. 砂土、干粉、二氧化碳

C. 普通泡沫灭火剂

**答案:**B

**题解:**金属钾能够与水反应剧烈反应,所以不能使用雾状水灭火,普通泡沫灭火剂的溶液是水溶液,所以金属钾着火时,应使用砂土、干粉灭火。

更正:答案B中的二氧化碳不能作为活泼金属钾的灭火剂,原因参见第4题。

"钾"的相关特性参见附录三中的表3-21。

60. 危险货物乙炔着火时,采用(　　)灭火。

A. 砂土　　B. 干粉　　C. 碱性水

**答案:**B

**题解:**参见第10题。乙炔俗称电石气,是无色、无嗅的,非常容易燃烧,乙炔与水能够发生剧烈反应,所以不能使用碱性水,一般采用干粉灭火。

"乙炔"的有关特性参见附录三中的表3-22。

61. 危险货物二硫化碳发生小量泄漏时,可用(　　)。

A. 火点燃　　B. 水稀释　　C. 砂土吸收

**答案:**C

**题解:**二硫化碳不溶于水、极易燃,因此,发生泄漏时使用水稀释是无效的,故B是错误的。泄漏时若用火点燃,会产生大量有剧毒的二氧化硫和一氧化碳气体,所以A也是错误的。故选C。

"二硫化碳"的有关特性参见附录三中的表3-23。

62. 危险货物甲醇着火时,应采用(　　)灭火。

A. 酸性水　　B. 水　　C. 干粉

**答案:**C

**题解**:甲醇属于易燃液体,密度小于水,用水扑救时因水会沉在燃烧着的液体下面,并能形成喷溅、漂流而扩大火灾;另外,易燃液体燃烧时所产生的热量较大,而其燃点又较低,很难使温度降低到燃点以下。甲醇能与酸发生反应生成酯,而酯一般不溶于水,所以也不能使用酸性水灭火。

"甲醇"的有关特性参见附录三中的表3-24。

63. 危险货物粗制萘发生小量撒漏时,可用(　　)。

A. 风吹　　B. 干燥罐收集　　C. 砂土掩埋

**答案**:B

**题解**:"萘"的有关特性参见附录三中的表3-15。

64. 装卸硫磺时,不小心皮肤接触,可用(　　)处理。

A. 水冲洗　　B. 酸清洗　　C. 汽油冲洗

**答案**:A

**题解**:参见第15题。

65. 危险货物铝镁粉着火时,应用(　　)灭火。

A. 水　　B. 砂土　　C. 二氧化碳泡沫

**答案**:B

**题解**:参见第16、17题。铝镁等金属粉末能与水发生剧烈反应,产生可燃气体,所以不能使用水灭火,另外铝镁等活泼金属具有极强的还原性,甚至能夺取二氧化碳中的氧,所以二氧化碳不但起不了灭火作用,反而助长火势,故也不能使用二氧化碳泡沫灭火,应用砂土来灭火。

66. 危险货物硫磺粉着火时,可采用(　　)。

A. 雾状水扑救　　B. 加压水冲击　　C. 酸性加压水冲击

**答案**:A

**题解**:参见第15题。硫磺往往散装运输,由于性脆、颗粒小、易粉碎成粉末散在空气中,所以发生火灾时不能用加压水冲击,以防粉末飞扬,扩大事故。可用雾状水。

67. 危险货物精萘着火时,宜用(　　)灭火。

A. 雾状水　　B. 加压水冲击　　C. 泡沫灭火剂

**答案**:A

**题解**:参见第63题。工业萘别称煤焦油、精萘。白色易挥发晶体,有温和芳香气味,粗萘有煤焦油臭味。不溶于水,溶于无水乙醇、醚、苯,遇明火、高热可燃。燃烧时放出有毒的刺激性烟雾。与强氧化剂如铬酸酐、氯酸盐和高锰酸钾等接触,能发生强烈反应,引起燃烧或爆炸。当萘着火时,可用雾状水、二氧化碳、砂土。切勿将水流直接射至溶融物,以免引起严重的流淌火灾或引起剧烈的沸溅。

68. 在重大事故发生时,应拨打(　　)电话号码。

A. 114　　B. 121　　C. 110

**答案:**C

**题解:**114:电话查号台,121:天气预报。

69. 当爆炸物品发生撒漏时,(　　)将收集的撒漏物重新装入原包装内。

A. 可以　　B. 一般情况下可以　　C. 绝对不允许

**答案:**C

**题解:**当爆炸品发生撒漏时,绝对不允许将收集的撒漏物重新装入原包装内,这样做不符合安全要求,容易造成安全隐患。

70. 道路运输易燃易爆作业现场必须严禁烟火,作业现场应划定警戒区,一般半径(　　)m 内不得有热源或明火。

A. 10　　B. 15　　C. 30

**答案:**C

**题解:**略。

## (二)判断题(45题)

1. 乙炔气和氧气不能混装和混储。(　　)

**答案:**✓

**题解:**乙炔气能与氧气生剧烈反应,一旦发生气体泄漏,就有可能发生爆炸等危险事故,所以乙炔气和氧气不能混装和混储。

2. 氨气和氯气可以混装和混储。(　　)

**答案:**×

**题解:**氨能与氯气发生剧烈的反应,生成氯化氢和氮气,氯化氢吸湿性很强,能吸收空气中的水蒸气立即形成白雾状的盐酸,但如果不是微量的氨气与微量的氯气相遇,而是大量的氯和氨相遇,反应将会生成氯化铵和三氯化氮等,三氯化氮的性质很活泼,很不稳定,与有机物接触、遇热或被撞击,立即发生爆炸性分解,所以氯气和氨气不能在同一车厢配装,也不可在同一库房内混储。

3. 毒性物质主要是通过呼吸道、皮肤和消化道进入人体内,因此在装运过程中应重点防止上述3项传播途径。(　　)

**答案**:√

**题解**:毒性物质主要是通过呼吸道、皮肤和消化道进入人体内,经消化道进入的较少。整个呼吸道都能吸收毒害品,尤以肺泡的吸收能力最大;也有很多毒害品能通过皮肤吸收,吸收后不经过肝脏即直接进入血液循环。毒害品经消化道进入体内,一般都是在运输装卸作业后,被毒害品污染的手未彻底清洗就进食、吸烟或将食物、饮料带到作业场所被污染而误食。另外,一些进入呼吸道的粉尘状毒害品也可随唾液咽下而进入消化道。因此在装运过程中应重点防止上述3项传播途径。

4. 任何一种危险化学品发生火灾时均可用水施救。 (  )

**答案**:×

**题解**:不是任何一种危险化学品发生火灾时均可用水施救,比如遇水能发生剧烈反应的活泼金属钾、钠等就不行。还有其他相关物质或物品,由于其特性不同也不能用水施救火灾。

5. 燃烧可能产生毒性物质的危险货物着火时,应佩戴防毒面具,站在上风口进行扑救。 (  )

**答案**:√

**题解**:参见选择题第44题。对于燃烧可能产生毒性物质的危险货物着火时,佩戴防毒面具可以防止毒性物质经呼吸道进入肌体,站在上风口进行扑救也可以最大可能减少毒性物质进入体内的机会。

6. 大部分固态或液体氧化物遇水会发生化学反应并释放出氧气,故在装运过程中要特别注意防水。 (  )

**答案**:√

**题解**:一方面,大部分固态或液体氧化物遇水能够发生化学反应,导致货物的变质;另一方面,由于反应能释放出氧气,氧是助燃剂,若遇到有机物、易燃物,即引起燃烧,造成更大的危险。

7. 在运输易燃液体过程中最主要的危险是易挥发的蒸气易与空气混合,引发燃烧和爆炸。 (  )

**答案**:√

**题解**:易燃液体系指易燃的液体、液体混合物或含有固体物质的液体,但不包括由于其危险特性列入其他类别的液体。其闭杯试验闪点等于或低于61℃,但不同运输方式可确定适用的闪点,而不低于45℃。易燃液体的主要特性是易燃性,易燃液体的燃烧是通过其挥发的蒸气与空气形成可燃混合物,达到一定的浓度后遇火源而实现的。因此在运输易燃液体过程中最主要的危险是易挥发的蒸气易与空气混合,引发燃烧和爆炸。

8. 道路运输易于自燃物质时,要注意避免这类物品与空气接触。(　　)

**答案:**✓

**题解:**易于自燃物质的主要特点是不需外界火源作用,自身在空气中能缓慢氧化放热并积热不散,达到其自燃点而自行燃烧。对运输来讲,此项物品最主要的危险是自行发热、燃烧,有些物质甚至在无氧条件下也会自燃,所以一旦这些物品与空气接触,当热量积聚起来,使物品升到一定的温度时,就会引起燃烧。

9. 道路运输易燃气体途中,若发生燃烧,在灭火同时应迅速将未着火气瓶运至空旷安全处,并用大量水喷淋冷却气瓶,以防止灾害扩大。(　　)

**答案:**✓

**题解:**用大量水喷淋未着火的气瓶,最主要的目的是给气瓶冷却降温,防止瓶内压力升高,避免超过容器的耐受力而导致爆炸发生。

10. 道路危险货物运输途中,易燃液体发生燃烧,都应立即用大量水进行喷淋灭火。(　　)

**答案:**×

**题解:**大部分易燃液体的密度小于水,且不溶于水,一旦发生火灾,用水扑救时因水会沉在燃烧着的液体下面,并能形成喷溅、漂流而扩大火灾;另外,易燃液体燃烧时所产生的热量较大,而其燃点又较低,很难使温度降低至燃点以下。因此,扑灭易燃液体火灾的最有效方法,是采用泡沫、二氧化碳、干粉等扑救。

11. 道路运输遇水或酸产生剧毒气体的易燃固体时,必须为驾驶人员和押运人员配备防毒面具。(　　)

**答案:**✓

**题解:**由于这类易燃固体遇水或酸产生剧毒气体,使作业人员通过呼吸道等途径吸入有毒的气体,从而发生中毒事故,因此必须为驾驶人员和押运人员配备防毒面具。

12. 道路运输易燃易爆危险货物时,驾驶人员不能在车辆附近随意使用明火。(　　)

**答案:**✓

**题解:**参见选择题第40题。

13. 道路危险货物车辆夏季运输气体钢瓶时,当气瓶内的温度可能高于40°C时,应对瓶体实施遮阳、冷水喷淋、降温等措施。(　　)

**答案**:✓

**题解**:《汽车运输、装卸危险货物作业规程》(JT 618—2004)第5.2.1.2条要求:"夏季运输应检查并保证瓶体遮阳、瓶体冷水喷淋降温设施等安全有效。"第5.2.2.5条要求:"除另有限运规定外,当运输过程中瓶内气体的温度高于40°C时,应对瓶体实施遮阳、冷却喷淋降温等措施。"

14. 道路运输爆炸品时,无外包装的金属桶只能单层摆放,以免压力过大或撞击摩擦引起爆炸。 (  )

**答案**:✓

**题解**:《汽车运输、装卸危险货物作业规程》(JT 618—2004)第5.1.3.2条要求:"车厢装货总高度不得超过1.5米。无外包装的金属桶只能单层摆放,以免压力过大或撞击摩擦引起爆炸。"

15. 道路运输爆炸品,车上严禁搭乘无关人员和危及安全的其他物资。 (  )

**答案**:✓

**题解**:略。

16. 爆炸品着火时,也可采用窒息法或隔离法灭火。 (  )

**答案**:×

**题解**:参见选择题第5题。

17. 道路运输大型气瓶时,车上必须配备防止钢瓶滚动的紧固装置,如插桩、垫木、紧绳器等。 (  )

**答案**:✓

**题解**:气瓶一般用于运输压缩或液化气体,它们经过加压降温等措施,罐装在气瓶中,所以气瓶的内压比较高,一旦受到剧烈撞击、振动、高温或受热,就会使容器内压力骤增,该压力超过容器的耐受力时就会发生气瓶爆炸。所以运输大型气瓶时,车上必须配备防止钢瓶滚动的紧固装置,如插桩、垫木、紧绳器等,以防止气瓶因滚动而受到撞击或振动,发生爆炸。

18. 道路运输气体的罐车装卸作业时,应按指定位置停车,发动机正常工作,实施驻车制动。 (  )

**答案**:×

**题解**:参见第四章判断题第2题。主要是因为发动机正常工作时会产生火花,如果在装卸过程中发生气体泄漏,会引起火灾爆炸等事故。

19. 道路运输大型气瓶行车途中,应尽量避免紧急制动,防止气瓶因惯性作用而造成事故。 (  )

**答案**:✓

**题解**:参见第17题。运输大型气瓶行车途中,应尽量避免紧急制动,防止气瓶因惯性作用冲出车厢平台而受到剧烈撞击或振动,导致气瓶爆炸。

20. 易燃液体的蒸气与空气能形成爆炸性混合物,遇明火会发生燃烧爆炸,应注意安全作业。（　　）

**答案**:✓

**题解**:参见第7题。

21. 道路运输易燃液体的驾驶人员不得随身携带火种,可穿着一般工作服和工作鞋。（　　）

**答案**:×

**题解**:《汽车运输、装卸危险货物作业规程》(JT 618—2004)第4.1.4条要求:"进入易燃、易爆危险货物装卸作业区应:a)禁止随身携带火种;b)关闭随身携带的手机等通讯工具和电子设备;c)严禁吸烟;d)穿着不产生静电的工作服和不带铁钉的工作鞋。"

22. 装运易燃液体的罐车行驶时,导除静电装置应接地良好。（　　）

**答案**:✓

**题解**:参见第五章判断题第13题。

23. 夏季高温季节装运易燃液体时,应按有关部门和当地规定的作业时间进行作业,确保安全。（　　）

**答案**:✓

**题解**:易燃液体一般挥发性较强,环境温度越高,挥发量越大,与空气形成可燃混合气浓度越大,一旦遇到明火就有可能引起燃烧爆炸,所以在夏季高温季节装运易燃液体时,应按有关部门和当地规定的作业时间进行作业,尽量选择温度较低的早晚时段,减少易燃液体的挥发量,确保装运安全。

24. 扑灭易燃液体着火的最有效方法,是采用泡沫、二氧化碳、干粉灭火剂进行扑救。（　　）

**答案**:✓

**题解**:参见第10题。

25. 道路运输易燃液体一旦发生撒漏时,最有效的方法是用水稀释处理。（　　）

**答案**:×

**题解**:参见第10题。

26. 易挥发出易燃、有害及刺激性气体的危险货物装卸作业现场，应保持良好通风，防止中毒和燃烧爆炸。（ ）

**答案**：✓

**题解**：易挥发出易燃、有害及刺激性气体的危险货物，容易挥发出有毒蒸气，蒸气在密封的集装箱或者车厢内积聚，达到一定浓度时一旦遇到明火就会发生燃烧爆炸，所以作业前，必须先进行通风排气，防止中毒和燃烧爆炸。

27. 在雨雪天道路运输遇水放出易燃气体的物质，车辆必须配备有效的防水设施，不具备条件的车辆不得运输。（ ）

**答案**：✓

**题解**：《汽车运输、装卸危险货物作业规程》（JT 618—2004）第5.4.2.2条要求："雨雪天气运输遇湿易燃物品，应保证防雨雪、防湿潮措施切实有效。"遇湿易燃物品的化学特性极其活泼，遇水（包括受湿、酸类和氧化剂）会引起剧烈化学反应，放出可燃性气体和热量。当其可燃性气体和热量达到一定浓度或温度时，能立即引起自燃或在明火作用下引起燃烧，所以雨雪天运输遇水放出易燃气体物质的车辆必须配备有效的防水设施，不具备条件的车辆不得运输，以防货物接触水而发生反应。

28. 遇水反应的易燃固体着火时，不得用水灭火，应采用干砂、干粉灭火剂进行扑救。（ ）

**答案**：✓

**题解**：因为这些易燃固体能与水发生反应，如铝粉、钛粉等金属粉末能与水发生剧烈反应，产生可燃气体。因此应用干燥的砂土、干粉灭火器进行扑救，严禁用水、酸、碱灭火剂和泡沫灭火剂扑救。

29. 对火灾中抢救出来的赤磷要谨慎处理，因为赤磷在高温下会转化为黄磷，变成易于自燃物质。（ ）

**答案**：✓

**题解**：赤磷与黄磷是磷的同素异性体，但两者性质相差较大。赤磷为紫红色无定型正方板状结晶或粉末，着火点比黄磷高很多，易燃但不易自燃；黄磷是白色或淡黄色的半透明的蜡状固体，性质极其活泼，暴露在空气中即被氧化，加之自燃点低，因此只需一、二分钟即自燃，属于易自燃物品。赤磷在高温下会转化为黄磷，化学性质变得更加活泼，所以需要谨慎处理。

30. 遇水放出易燃气体的危险货物着火时，应用干砂、干粉灭火剂进行

灭火。（　）

**答案**:✓

**题解**:这类危险货物能与水发生反应,发出易燃气体,所以不能使用水扑救,如铝粉、钛粉等金属粉末能与水发生剧烈反应,产生可燃气体,故应用干砂、干粉灭火器进行灭火。

31. 遇水反应产生易燃或有毒气体的危险货物着火时,可使用泡沫灭火器扑救。（　）

**答案**:×

**题解**:泡沫灭火器中的药剂是水溶液,与遇水反应产生易燃或有毒气体的危险货物接触可发生反应,故禁止使用泡沫灭火器扑救。

32. 扑救遇水反应产生剧毒、腐蚀性气体的危险货物火灾时,应穿戴防护用品和自给式呼吸器。（　）

**答案**:✓

**题解**:自给式呼吸器由于其结构和功能,可避免扑救人员遭受剧毒、腐蚀性气体的侵害。

33. 有机过氧化物、金属过氧化物着火时,可用水进行扑救。（　）

**答案**:×

**题解**:发生火灾时,对有机过氧化物、金属过氧化物不能用水扑救,因为这类物品与水反应能生成氧气而帮助燃烧,扩大火势,只能用砂土、干粉、二氧化碳灭火剂进行扑救。

34. 装卸氧化剂过程中,若发生撒漏,应轻轻扫起撒漏物,重新包装,可以同车发运。（　）

**答案**:×

**题解**:参见选择题第45题。

35. 装运毒性物质时,必须携带劳动防护用品及防散失、防雨等工、属具。（　）

**答案**:✓

**题解**:参见选择题第44题。因此装运毒性物质时,必须配备防散失工具,以免遗失或扩大污染甚至造成不可估量的危害。另外毒性物质除了毒性以外,还具有可燃性、遇酸或水反应放出有毒气体、腐蚀性等特点,所以还得配备防雨等工、属具。

36. 道路运输有机毒性危险货物应避开高温、明火场所。（　）

**答案**:✓

**题解:**有机毒害品遇明火、高热或与氧化剂接触会燃烧爆炸,燃烧时会放出有毒气体,加剧毒害品的危险性,所以道路运输有机毒性危险货物应避开高温、明火场所。

37. 大部分毒性物质着火时,能产生有毒和刺激性气体及烟雾。扑救时,应尽可能站在上风处,并戴好防毒面具。 ( )

**答案:**✓

**题解:**毒性物质着火后可产生有毒和刺激性气体及烟雾,可以通过呼吸道进入肌体而使人员中毒,站在上风处并佩戴防毒面具可尽最大限度减少毒性气体的吸入量,防止中毒。

38. 对毒性物质的撒漏物不能任意处理,以免扩大污染甚至造成不可估量的危害。 ( )

**答案:**✓

**题解:**参见选择题第44题。毒性物质的撒漏物不能任意处理,以免落到不了解其性能的群众手里,或被犯罪分子利用,扩大污染甚至造成不可估量的危害。

39. 撒漏的液体毒性物质,应用砂土、锯末等松软物浸润、吸附收集后,盛入容器中,可将其交付运输管理部门处理。 ( )

**答案:**×

**题解:**撒漏的液体毒性物质,应用砂土、锯末等松软物浸润、吸附收集后,盛入容器中,可将其交付货主单位处理。

40. 放射性货物可以同其他危险货物同车装运。 ( )

**答案:**×

**题解:**《汽车运输危险货物规则》(JT 617—2004)附录D中的注h要求:"放射性货物与其他危险货物不可在同车厢内配装,与普通货物应按表D.2条件隔离。"

41. 酒精能缓解毒性物质引起的人体病态症状,所以饮酒可作为抢救毒性物质中毒的措施。 ( )

**答案:**×

**题解:**喝酒后全身血液循环加快,毛细血管充盈,毛孔扩张。饮酒可加快人体对毒性物质的溶解和吸收,引起或加剧中毒症状,所以饮酒不可以作为抢救毒性物质中毒的措施。

42. 道路运输腐蚀性物质前,应认真检查货物包装和容器封口情况,严禁运输无外包装的腐蚀性物质。 ( )

**答案**:✓

**题解**:腐蚀品具有腐蚀性,不仅对人体有伤害,对很多物品也有不同程度的腐蚀,它们会腐蚀金属的容器、车厢、货舱、机仓及设备等,即使这些金属物品不直接与腐蚀品接触,也会因腐蚀品蒸气的作用而锈蚀,如化工物品运输车辆的损耗程度要比普通运输车辆的损耗大得多,因此,严禁运输无外包装的腐蚀性物质。

43. 装运有易碎容器包装的腐蚀性物质时,驾驶人员要平稳驾驶,密切注意路面情况,对条件差的路段应缓慢通过。　(　)

**答案**:✓

**题解**:由于易碎容器的特性,在运输过程中很容易因颠簸而破碎,另外,腐蚀品具有腐蚀性,不仅对人体有伤害,对很多物品也有不同程度的腐蚀,它们会腐蚀金属的容器、车厢、货舱、机仓及设备等,即使这些金属物品不直接与腐蚀品接触,也会因腐蚀品蒸气的作用而锈蚀,腐蚀品甚至能腐蚀水泥建筑物,所以腐蚀品运输途中一定要密切注意包装是否泄漏,对条件差的路段应缓慢通过,防止包装受损。

44. 道路运输腐蚀性物质途中,应每隔一定时间停车检查车上货物情况,发现包装破漏要及时处理,防止酿成重大事故。　(　)

**答案**:✓

**题解**:参见第43题。

45. 液体腐蚀性物质撒漏时,应用干砂、干土覆盖吸收,打扫干净后,再用水洗刷污染处。　(　)

**答案**:✓

**题解**:液体腐蚀品撒漏时,应用干砂、干土覆盖吸收,打扫干净后,再用水洗刷污染处。大量溢出而用干砂、干土不足以吸收时,可视货物的酸碱性质,分别用稀碱或稀酸中和。中和时,要防止发生剧烈反应。用水洗刷撒漏现场时,不能用水直接喷射,只能缓慢的浇洗或用雾状水喷淋,以防水珠飞溅伤人。

# 第三篇 装卸管理人员从业资格考试题解(共465题)

## 第一章 危险货物运输的相关法规常识

(120题,其中选择题60题、判断题60题)

**(一)选择题**(60题)

1. 国务院第344号令《危险化学品安全管理条例》自(  )起施行。

A. 1988年8月1日 B. 2005年8月1日 C. 2002年3月15日

**答案**:C

**题解**:《危险化学品安全管理条例》①经2002年1月9日国务院第52次常务会议通过,自2002年3月15日起施行。此题强调《条例》实施日期。《条例》是交通部制订《道路危险货物运输管理规定》②主要法律依据之一。

2. 施行国务院第344号令《危险化学品安全管理条例》的目的是:为了加强对(  )的安全管理,保障人民生命、财产安全,保护环境。

A. 普通货物 B. 危险物 C. 危险化学品

**答案**:C

**题解**:《条例》第一条规定:"为了加强对危险化学品的安全管理,保障人民生命、财产安全,保护环境,制定本条例。"此题强调《条例》适用范围(管理对象)是:危险化学品。在此还应进一步明确,《条例》对"危险化学品"进行了定性、定量的表述,其概念、定义是法律层面的解释。这与化工专业和化学学科中的"化学品"概念不同。如潮湿的棉花(UN 1365、CN 42505)、动植物纤维(UN 1372)不是化学品,但它们是《条例》所指的"危险化学品。"

3. 在中华人民共和国境内生产、经营、储存、(  )、使用危险化学品和处置废弃危险化学品,必须遵守国务院第344号令《危险化学品安全管

① 以下将《危险化学品安全管理条例》简称为《条例》。

② 以下将《道路危险货物运输管理规定》简称为《危规》。

理条例》。

A. 购买　　　　B. 加工　　　　C. 运输

**答案**:C

**题解**:《条例》第二条规定:“在中华人民共和国境内生产、经营、储存、运输、使用危险化学品和处置废弃危险化学品,必须遵守本条例和国家有关安全生产的法律、其他行政法规的规定。”此题强调在境内运输危险化学品,必须遵守《条例》和国家有关安全生产的法律及其他行政法规的规定。这样,非经营性道路运输危险货物及外商投资道路运输业从事危险货物运输、港澳直通车从事危险货物运输等,不管其经济成分、管理模式、运输形式,只要在境内运输危险化学品的都要遵守《条例》的要求。

4. 国务院第344号令《危险化学品安全管理条例》中所称的危险化学品是指《危险货物品名表》(GB 12268—2005)9类当中的(　　)类。

A. 9　　　　B. 7　　　　C. 8

**答案**:B

**题解**:《条例》第三条规定:“本条例所称危险化学品,包括爆炸品、压缩气体和液化气体、易燃液体、易燃固体、自燃物品和遇湿易燃物品、氧化剂和有机过氧化物、有毒品和腐蚀品等。危险化学品列入以国家标准公布的《危险货物品名表》(GB 12268)。”此题强调危险化学品的种类。同时也说明了危险化学品以《危险货物品名表》(GB 12268)中的7类为准。具体地讲,危险货物的范畴大,有9类,见表1-1;危险化学品范畴小,是危险货物9类中的7类(不含第7类放射性物品和第9类杂类),见表1-2。这也是两者的区别。

**危险货物**　　　　表1-1

| 第1类(民用爆炸品、烟花爆竹) | 第2类 | 第3类 |
| --- | --- | --- |
| 第4类 | 第5类 | 第6类 |
| 第7类 | 第8类 | 第9类 |

**危险化学品**　　　　表1-2

| 第1类(~~民用爆炸品、烟花爆竹~~①) | 第2类 | 第3类 |
| --- | --- | --- |
| 第4类 | 第5类 | 第6类(剧毒化学品②) |
| ~~第7类~~ | 第8类 | ~~第9类~~ |

① 表中删除部分为不包含内容。

② 表中括号中内容为该类包含内容。

5. 道路运输危险化学品单位的(　　),应对本单位危险化学品运输安全全面负责。

A. 主要负责人　　B. 工会主席　　C. 安全负责人

**答案:**A

**题解:**《中华人民共和国安全生产法》第五条规定:"生产经营单位的主要负责人对本单位的安全生产工作全面负责";《中华人民共和国公司法》第三条规定:"有限责任公司和股份有限公司是企业法人。有限责任公司,股东以其出资额为限对公司承担责任,公司以其全部资产对公司的债务承担责任。股份有限公司,其全部资本分为等额股份,股东以其所持股份为限对公司承担责任,公司以其全部资产对公司的债务承担责任";《条例》第七十条规定:"危险化学品单位发生危险化学品事故造成人员伤亡、财产损失的,应当依法承担赔偿责任;拒不承担赔偿责任或者其负责人逃匿的,依法拍卖其财产,用于赔偿。"此题强调,危险化学品单位主要负责人的法律责任。同时强调公司以其全部资产承担债务、民事责任。由于企业的调度等管理人员、危险货物运输从业人员等都是企业职工,其调度、运输、押运等工作行为都是代表企业的职务行为和企业行为。故企业也要为其职务违法承担相关的法律责任。

6. 国务院规定,由(　　)负责危险化学品安全监督管理综合工作,负责危险化学品经营许可证的发放,负责国内危险化学品的登记,负责危险化学品事故应急救援的组织和协调。

A. 公安部　　B. 国家安全生产监督管理总局

C. 交通部

**答案:**B

**题解:**《条例》第五条规定:"对危险化学品的生产、经营、储存、运输、使用和对废弃危险化学品处置实施监督管理的有关部门,依照下列规定履行职责:(一)国务院经济贸易综合管理部门和省、自治区、直辖市人民政府经济贸易管理部门,依照本条例的规定,负责危险化学品安全监督管理综合工作,负责危险化学品生产、储存企业设立及其改建、扩建的审查,负责危险化学品包装物、容器(包括用于运输工具的槽罐,下同)专业生产企业的审查和定点,负责危险化学品经营许可证的发放,负责国内危险化学品的登记,负责危险化学品事故应急救援的组织和协调,并负责前述事项的监督检查;设区的市级人民政府和县级人民政府的负责危险化学品安全监督管理综合工作的部门,由各该级人民政府确定,依照本条例的规定履行职责;……。"

根据《条例》,国务院经济贸易综合管理部门,负责危险化学品安全监督管理综合工作。由于国务院机构改革,现已由国家安全生产监督管理总局代替国务院经济贸易综合管理部门。

7. 国务院第344号令《危险化学品安全管理条例》规定,有关部门派出的工作人员依法进行监督检查时,应当(　　)。

A. 事先通知　　B. 出示通知书　　C. 出示证件

**答案:**C

**题解:**《条例》第六条规定:"有关部门派出的工作人员依法进行监督检查时,应当出示证件。"此题强调,有关管理部门进行监督检查时,要出示证件。在实际工作中,根据"属地化管理原则",由危险货物道路运输企业所在地的有关管理部门对其进行监督检查。当国务院及有关部委组织对危险货物道路运输企业进行监督检查时,通常要通过地方人民政府有关部门组织实施。

8. 危险化学品生产企业销售其生产的危险化学品时,应当提供与危险化学品完全一致的化学品(　　),并在包装上加贴或者拴挂与包装内危险化学品完全一致的化学品安全标签。

A. 产品使用说明书　　B. 专利说明书　　C. 安全技术说明书

**答案:**C

**题解:**《条例》第十四条规定:"生产危险化学品的,应当在危险化学品的包装内附有与危险化学品完全一致的化学品安全技术说明书,并在包装(包括外包装件)上加贴或者拴挂与包装内危险化学品完全一致的化学品安全标签。"

化学品安全技术说明书(MSDS)为化学物质及其制品提供了有关安全、健康和环境保护方面的各种信息,并提供有关化学品的基础知识、防护措施和应急行动等方面的指导。MSDS是化学品生产供应企业,向用户提供包括运输、操作处置、储存和应急行动等基本信息的说明书。"化学品安全标签"用文字、图形符号和编码的组合形式表示化学品所具有的危险性和安全注意事项。有关详细内容,参见《道路运输危险货物实用手册》①第一章第二节中的《化学品安全技术说明书》、《化学品安全标签》、"安全技术说明书和安全标签"在运输中的主要作用。

9. 国家对危险化学品的运输实行(　　)制度。

---

① 以下简称《手册》。

A. 自由运输　　B. 资质认定　　C. 自主运输

**答案:**B

**题解:**《条例》第三十五条规定:“国家对危险化学品的运输实行资质认定制度;未经资质认定,不得运输危险化学品。危险化学品运输企业必须具备的条件由国务院交通部门规定。”此题强调未经资质认定,不得运输危险化学品。无资质承运危险化学品,属违法运输。根据《条例》,未取得危险化学品运输企业资质,擅自从事危险化学品公路运输的,由交通部门处2万元以上20万元以下的罚款。

10. 道路危险化学品运输企业必须具备的条件由(　　)规定。

A. 公安部门　　B. 国务院交通部门

C. 国家安全生产监督管理总局

**答案:**B

**题解:**参见第9题。此题强调危险化学品运输企业必须具备的条件由国务院交通部门规定。此条也是交通部制定《道路危险货物运输管理规定》的主要法律依据之一。

11. 国务院第344号令《危险化学品安全管理条例》规定,(　　)应当对危险化学品的包装物、容器的产品质量进行定期的或者不定期的检查。

A. 质检部门　　B. 交通部门　　C. 经贸部门

**答案:**A

**题解:**《条例》第五条第三款规定:“质检部门负责发放危险化学品及其包装物、容器的生产许可证,负责对危险化学品包装物、容器的产品质量实施监督,并负责前述事项的监督检查。”此题强调质检部门负责对危险化学品的包装物、容器的产品质量进行监督检查。尤其值得注意的是,质检部门负责道路运输危险货物罐车的罐体(包括压力罐体和常压罐体)检验。由于《危险货物品名表》(GB 12268—2005)将“熔融金属(UN 3257)”纳入危险货物,故装载“熔融金属”的容器——槽体,其检验也应由质检部门负责。这种“槽体”和罐车的罐体,在道路运输业内常统称为“槽罐”。

12. 驾驶人员、押运人员、装卸管理人员必须掌握危险化学品运输的安全知识,并经所在地设区的市级人民政府(　　)考核合格,取得从业资格证,方可上岗作业。

A. 交通部门　　B. 质检部门　　C. 经贸部门

**答案:**A

**题解:**《条例》第三十七条规定:“驾驶员、船员、装卸管理人员、押运人员必须掌握危险化学品运输的安全知识,并经所在地设区的市级人民政府交通部门考核合格(船员经海事管理机构考核合格),取得上岗资格证,方可上岗作业。”此条强调:一是从业人员必须掌握危险化学品运输的安全知识;二是强调所在地设区的市级人民政府交通部门负责考试;三是必须持证上岗。交通部颁布全国统一的考试大纲和考试题库,就是为了贯彻《条例》对从业人员考试的要求。

13. 通过公路运输剧毒化学品的,托运人应当向目的地的县级人民政府公安部门申请办理(　　)。

A. 交通运输许可证　　B. 剧毒化学品公路运输通行证

C. 道路占用证

**答案:**B

**题解:**《条例》第三十九条规定:“通过公路运输剧毒化学品的,托运人应当向目的地的县级人民政府公安部门申请办理剧毒化学品公路运输通行证。”此条强调运输剧毒化学品要申请办理剧毒化学品公路运输通行证,并要持证运输。根据《条例》第六十七条规定:“托运人未向公安部门申请领取剧毒化学品公路运输通行证,擅自通过公路运输剧毒化学品的,由公安部门责令改正,处2万元以上10万元以下的罚款;触犯刑律的,依照刑法关于危险物品肇事罪、重大环境污染事故罪或者其他罪的规定,依法追究刑事责任。”

14. 国务院(　　)制定了剧毒化学品公路运输通行证的式样和具体申领办法。

A. 交通部门　　B. 安全监管部门　　C. 公安部门

**答案:**C

**题解:**《条例》第三十九条规定:“剧毒化学品公路运输通行证的式样和具体申领办法由国务院公安部门制定。”公安部门根据《条例》,制订了《剧毒化学品购买和公路运输许可证件管理办法》(2005年5月25日公安部第77号令公布,自2005年8月1日起施行)、《关于贯彻执行〈剧毒化学品购买和公路运输许可证件管理办法〉有关问题的通知》(公通字〔2005〕38号)。

15. (　　)和未列入《危险货物品名表》(GB 12268—2005)的其他危险化学品,由国家安全生产监督管理总局会同国务院公安、环境保护、卫生、质检、交通部门确定并公布。

A. 剧毒化学品目录　B. 危险货物品名表　C. 危险废物品名表

**答案:**A

**题解**:《条例》第三条规定:“剧毒化学品目录和未列入《危险货物品名表》的其他危险化学品,由国务院经济贸易综合管理部门会同国务院公安、环境保护、卫生、质检、交通部门确定并公布。”根据《条例》,国务院八部委(国家安全生产监督管理局、公安部、国家环境保护总局、卫生部、国家质量监督检验检疫总局、铁道部、交通部、中国民用航空总局)联合发文公布了《剧毒化学品目录》(公告〔2003〕)第2号)。2003年,国务院八部委联合发文公布了《剧毒化学品目录(2002年版)补充和修正表》(安监管危化〔2003〕196号)。此题明确剧毒化学品是以《剧毒化学品目录》为准。

16. 国家实行(　　)登记制度,并提供安全管理、事故预防和应急救援技术、信息支持。

A. 危险化学品　　B. 普通货物　　C. 一般货物

**答案**:A

**题解**:《条例》第四十七条规定:“国家实行危险化学品登记制度,并为危险化学品安全管理、事故预防和应急救援提供技术、信息支持。”此题强调国家对危险化学品实行登记制度,即设立专门机构对危险化学品进行登记,并提供技术、信息支持。

17. 危险货物托运人应当委托具有道路危险货物运输资质的企业承运,严格按照国家有关规定包装,并向(　　)说明危险货物的品名、数量、危害、应急措施等情况。

A. 承运人　　B. 货主　　C. 托运人

**答案**:A

**题解**:《条例》第三十八条规定:“通过公路运输危险化学品的,托运人只能委托有危险化学品运输资质的运输企业承运。”第四十一条规定:“托运人托运危险化学品,应当向承运人说明运输的危险化学品的品名、数量、危害、应急措施等情况。”此题强调托运人的法律责任。同时,承运人也要主动向托运人索取相关资料,保证运输安全、保护自身安全。

18. 危险化学品(　　)必须为危险化学品事故应急救援提供技术指导和必要的协助。

A. 生产企业　　B. 经营企业　　C. 使用单位

**答案**:A

**题解**:《条例》第五十三条规定:“危险化学品生产企业必须为危险化学品事故应急救援提供技术指导和必要的协助。”此题强调危险化学品生产企业的法律责任。由于危险化学品生产企业最了解自己产品的性能,故危险化学品道路运输企业要与托运方(危险化学品生产企业)保持联系,得到必要指导和协助。同时,危险化学品道路运输企业,还可以针对本企业经常运输的危险化学品,请生产企业到本企业对有关人员(驾驶、押运等人员)进行专项业务培训。

19. 国务院第344号令《危险化学品安全管理条例》规定,未取得道路危险货物运输企业资质,擅自从事危险化学品公路运输的企业,由(　　)依据职责对其进行处罚。

A. 公安部门　　B. 交通部门　　C. 质检部门

**答案:**B

**题解:**《条例》第六十五条规定:"违反本条例的规定,未取得危险化学品运输企业资质,擅自从事危险化学品公路、水路运输,有违法所得的,由交通部门没收违法所得;违法所得5万元以上的,并处违法所得1倍以上5倍以下的罚款;没有违法所得或者违法所得不足5万元的,处2万元以上20万元以下的罚款;触犯刑律的,对负有责任的主管人员和其他直接责任人员依照刑法关于危险物品肇事罪或者其他罪的规定,依法追究刑事责任。"此题明确了交通部门是对违法运输危险化学品的执法主体。

20. 国务院第344号令《危险化学品安全管理条例》规定,未取得危险货物运输(　　),擅自从事危险化学品公路运输的企业,由交通部门依据职责对其进行处罚。

A. 企业资质　　B. 生产许可证　　C. 经营许可证

**答案:**A

**题解:**参见第19题。此题强调违法运输的法律责任。

21. 从事危险化学品公路运输的驾驶人员、押运人员、装卸管理人员未经考核合格,取得(　　)的,由交通部门处2万元以上10万元以下的罚款。

A. 生产许可证　　B. 营业执照　　C. 从业资格证

**答案:**C

**题解:**《条例》第六十六条规定:"违反本条例的规定,有下列行为之一的,由交通部门处2万元以上10万元以下的罚款;触犯刑律的,依照刑法关于危险物品肇事罪或者其他罪的规定,依法追究刑事责任:(一)从事危险化学品公路、水路运输的驾驶员、船员、装卸管理人员、押运人员未经考核合格,取得上岗资格证的;……。"此题强调危险货物运输从业人员须持证上岗,未持证上岗的,由交通部门处2万元以上10万元以下的罚款。值得注意的是，按《条例》第六十六条的原文，应是“取得上岗资格证的”。由于，《条例》中“上岗资格证”没有特指。在实际工作中，根据交通部规定，在道路运输业内一直使用《中华人民共和国道路运输从业人员从业资格证》（简称《从业资格证》）。尤其是2006年11月23日，交通部颁布的《道路运输从业人员管理规定》（交通部2006年9号令，2007年3月1日起实施），进一步规范了有关工作。即在道路运输业内，道路运输从业人员使用《从业资格证》。故答案为C。

22. 从事危险化学品公路运输的驾驶人员、押运人员、装卸管理人员未经考核合格，取得从业资格证的，由（　　）处2万元以上10万元以下的罚款。

A. 公安部门　　B. 质检部门　　C. 交通部门

**答案**：C

**题解**：参见第21题。此题强调持证上岗，对未持证上岗的，由交通部门执法。

23. 托运人托运剧毒危险化学品，未向（　　）申请领取剧毒化学品公路运输通行证，擅自通过公路运输剧毒化学品的，处2万元以上10万元以下的罚款。

A. 公安部门　　B. 质检部门　　C. 交通部门

**答案**：A

**题解**：《条例》第六十七条规定：“违反本条例规定，有下列行为之一的，由公安部门责令改正，处2万元以上10万元以下的罚款；触犯刑律的，依照刑法关于危险物品肇事罪、重大环境污染事故罪或者其他罪的规定，依法追究刑事责任：（一）托运人未向公安部门申请领取剧毒化学品公路运输通行证，擅自通过公路运输剧毒化学品的；……。”此题强调：一是向公安部门申请领取剧毒化学品公路运输通行证；二是违法运输剧毒化学品的，由公安部门处2万元以上10万元以下的罚款。

24. 道路危险货物运输单位发生危险货物运输事故造成人员伤亡、财产损失的，应当依法承担（　　）责任。

A. 保护　　B. 个人　　C. 赔偿

**答案**：C

**题解**：《条例》第七十条规定：“危险化学品单位发生危险化学品事故造成人员伤亡、财产损失的，应当依法承担赔偿责任；拒不承担赔偿责任或者其负责人逃匿的，依法拍卖其财产，用于赔偿。”此题强调了企业法人的责任。

25. 国务院规定,由(　　)负责危险化学品的公共安全管理,负责发放剧毒化学品购买凭证和准购证,负责审查核发剧毒化学品公路运输通行证,对危险化学品道路运输安全实施监督。

A. 公安部门　　B. 质检部门　　C. 交通部门

**答案**:A

**题解**:《条例》第五条规定:"对危险化学品的生产、经营、储存、运输、使用和对废弃危险化学品处置实施监督管理的有关部门,依照下列规定履行职责:……;(二)公安部门负责危险化学品的公共安全管理,负责发放剧毒化学品购买凭证和准购证,负责审查核发剧毒化学品公路运输通行证,对危险化学品道路运输安全实施监督,并负责前述事项的监督检查;……。"此题介绍了公安部门的职责。

26. 国务院规定,由(　　)负责发放危险化学品及其包装物、容器的生产许可证,负责对危险化学品包装物、容器的产品质量实施监督。

A. 公安部门　　B. 质检部门　　C. 交通部门

**答案**:B

**题解**:参见第11题。此题介绍了质检部门的职责。

27. 国务院规定,由(　　)负责危险化学品公路运输单位及其运输工具的安全管理,负责危险化学品公路运输单位、驾驶人员、装卸人员和押运人员的资质认定。

A. 公安部门　　B. 质检部门　　C. 交通部门

**答案**:C

**题解**:《条例》第五条规定:"对危险化学品的生产、经营、储存、运输、使用和对废弃危险化学品处置实施监督管理的有关部门,依照下列规定履行职责:……;(五)铁路、民航部门负责危险化学品铁路、航空运输和危险化学品铁路、民航运输单位及其运输工具的安全管理及监督检查。交通部门负责危险化学品公路、水路运输单位及其运输工具的安全管理,对危险化学品水路运输安全实施监督,负责危险化学品公路、水路运输单位、驾驶人员、船员、装卸人员和押运人员的资质认定,并负责前述事项的监督检查;……。"此题介绍了交通部门的职责。通过此条款可以总结出交通部门对危险货物运输安全管理的"三关一监督"职责:交通部门负责危险货物道路运输企业(单位)的资质认定、负责危险货物道路运输从业人员(驾驶人员、装卸人员、押运人员)的资格认证,负责危险货物道路运输车辆技术状况评定,并负责上述事项的监督检查。

28.《危险货物品名表》(GB 12268—2005)适用于危险货物(　　)、生产、储存、经营、使用和处置。

A. 买卖　　B. 包装　　C. 运输

**答案**:C

**题解**:《危险货物品名表》(GB 12268—2005)的适用范围:本标准适用于危险货物运输、生产、储存、经营、使用和处置。此题强调,道路运输危险货物,其危险货物的判定是以《危险货物品名表》(GB 12268)为准的。应注意交通部门、运输企业是《危险货物品名表》(GB 12268)的使用单位,没有权利对其进行解释。《危险货物品名表》(GB 12268)由国家危险化学品标准化技术委员会归口,故应由其进行解释和修订。

29. 道路危险货物运输专用车辆的技术性能应符合国家标准(　　)的要求。

A.《道路车辆外廓尺寸、轴荷和质量限值》(GB 1589)

B.《营运车辆综合性能要求和检验方法》(GB 18565)

C.《营运车辆技术等级划分和评定要求》(JT/T 198)

**答案**:B

**题解**:《危规》第八条规定:"专用车辆技术性能符合国家标准《营运车辆综合性能要求和检验方法》(GB 18565)的要求,车辆外廓尺寸、轴荷和质量符合国家标准《道路车辆外廓尺寸、轴荷和质量限值》(GB 1589)的要求,车辆技术等级达到行业标准《营运车辆技术等级划分和评定要求》(JT/T 198)规定的一级技术等级。"

30. 道路危险货物运输专用车辆的技术等级应符合行业标准(　　)规定的一级技术等级。

A.《道路车辆外廓尺寸、轴荷和质量限值》(GB 1589)

B.《营运车辆综合性能要求和检验方法》(GB 18565)

C.《营运车辆技术等级划分和评定要求》(JT/T 198)

**答案**:C

**题解**:参见第29题。此题强调道路运输危险货物专用车辆必须达到一级技术等级。注意《营运车辆技术等级划分和评定要求》(JT/T 198—2004,代替JT/T 198—95,JT/T 199—95),于2004年6月1日实施。该标准的"一级车"概念,不涉及使用年限,仅与车辆技术状况及指标有关。

31. 道路运输、装卸危险化学品,不符合国家有关法律、法规、规章和国家标准,并未按照危险化学品的特性采取必要安全防护措施的,由(　　)

处2万元以上10万元以下的罚款。

A. 安全监督部门　　B. 交通部门　　C. 工商部门

**答案**:B

**题解**:《条例》第六十六条规定:“违反本条例的规定,有下列行为之一的,由交通部门处2万元以上10万元以下的罚款;触犯刑律的,依照刑法关于危险物品肇事罪或者其他罪的规定,依法追究刑事责任:……;(五)运输、装卸危险化学品不符合国家有关法律、法规、规章的规定和国家标准,并按照危险化学品的特性采取必要安全防护措施的。”此题强调运输企业要依据国家法规和技术标准运输、装卸危险化学品。同时明确了对违反国家法规和技术标准运输的,由交通部门处2万元以上10万元以下的罚款。

32. 托运人在托运的普通货物中夹带危险货物或者将危险货物匿报、谎报为普通货物托运的,由(　)处2万元以上10万元以下的罚款。

A. 安全监督部门　　B. 公安部门　　C. 工商部门

**答案**:B

**题解**:《条例》第六十七条规定:“违反本条例的规定,有下列行为之一的,由公安部门责令改正,处2万元以上10万元以下的罚款;触犯刑律的,依照刑法关于危险物品肇事罪、重大环境污染事故罪或者其他罪的规定,依法追究刑事责任:……;(五)托运人在托运的普通货物中夹带危险化学品或者将危险化学品匿报、谎报为普通货物托运的。”第六十八条规定:“违反本条例的规定,邮寄或者在邮件内夹带危险化学品,或者将危险化学品匿报、谎报为普通物品邮寄的,由公安部门处2 000元以上2万元以下的罚款;触犯刑律的,依照刑法关于危险物品肇事罪或者其他罪的规定,依法追究刑事责任。”此题强调托运人在托运的普通货物中夹带危险货物或者将危险货物匿报、谎报为普通货物托运的法律责任。作为承运单位,尤其是仅具有普通货物道路运输资质的单位,要有自我保护意识,避免将“危险货物”当“普通货物”运输,更不能明知故犯。

33. 道路危险货物运输罐车的罐体应经(　)检测合格,并在罐体检验合格的有效期内承运危险货物。

A. 交通部门　　B. 安监部门　　C. 质检部门

**答案**:C

**题解**:《危规》第八条规定:“罐式专用车辆的罐体应当经质量检验部门检验合格。运输爆炸、强腐蚀性危险货物的罐式专用车辆的罐体容积不得超过20立方米,运输剧毒危险货物的罐式专用车辆的罐体容积不得超过

10立方米,但罐式集装箱除外。"此题强调了质检部门的职责。同时,罐体使用者也要按有关规定定期将罐体送到质检部门进行检验,在其检验有效期内使用。

34.《危险货物品名表》(GB 12268—2005)是危险货物运输作业的重要依据,具有确定危险货物的类别、项别和(　　)的作用。

A. 范围　　　B. 责任　　　C. 名称

**答案:**C

**题解:**《危险货物品名表》(GB 12268—2005)的范围:本标准规定了危险货物品名表的一般规定和结构,以及危险货物编号、名称和说明、英文名称、类别和项别、次要危险性及包装类别等内容。此题强调《危险货物品名表》(GB 12268—2005)的作用。注意危险货物名称,也称为"品名"。其编号有两种:联合国编号 UN(4位)、中国编号 CN(5位)。如黑火药(UN 0027、CN 11096)。

35. 道路危险货物运输企业的(　　)不需要取得道路危险货物运输从业人员从业资格证。

A. 押运人员　　　B. 驾驶人员　　　C. 财务人员

**答案:**C

**题解:**《危规》第八条规定:"从事道路危险货物运输的驾驶人员、装卸管理人员、押运人员经所在地设区的市级人民政府交通主管部门考试合格,取得相应从业资格证。"此题从另一个侧面强调,驾驶人员、押运人员应持证上岗。

36. 符合道路危险货物运输资质条件的是(　　)。

A. 专用车辆5辆以上　　　B. 专用车辆5辆以下

C. 专职驾驶人员不得少于20人

**答案:**A

**题解:**《危规》第八条规定:"申请从事道路危险货物运输经营的,应当具备下列条件:(一)有符合下列要求的专用车辆及设备:1. 自有专用车辆5辆以上;2. 专用车辆技术性能符合国家标准《营运车辆综合性能要求和检验方法》(GB 18565)的要求,车辆外廓尺寸、轴荷和质量符合国家标准《道路车辆外廓尺寸、轴荷和质量限值》(GB 1589)的要求,车辆技术等级达到行业标准《营运车辆技术等级划分和评定要求》(JT/T 198)规定的一级技术等级;3. 配备有效的通讯工具;……。"此题强调道路危险货物运输企业要有专用车辆5辆以上。

37. 符合道路危险货物运输资质条件的是(　　)。

A. 车辆技术等级达到二级　　B. 车辆技术等级达到一级

C. 专用车辆5辆以下

**答案:**B

**题解:**参见第36题。此题强调道路危险货物运输专用车辆技术等级要达到一级。

38. 符合道路危险货物运输资质条件的是(　　)。

A. 车辆技术等级达到二级　　B. 专用车辆5辆以下

C. 配备有效的通讯工具

**答案:**C

**题解:**参见第36题。此题强调道路危险货物运输专用车辆要配备有效的通讯工具。

39. 道路危险货物运输的罐车,其罐体必须(　　)时间进行一次检测。

A. 一年　　B. 半年　　C. 一季度

**答案:**A

**题解:**罐体包括压力罐体和常压罐体。质检部门在压力容器的检验、管理方面,已建立了完善的体系。有关常压罐体定期检验要求,见《道路运输液体危险货物罐式车辆 第1部分 金属常压罐体技术要求》(GB 18564.1—2006)。

40. 道路危险货物运输从业人员安全培训的内容包括(　　)。

A. 危险货物的性质　B. 销售知识　　C. 生产知识

**答案:**A

**题解:**《条例》第四条规定:"危险化学品单位从事生产、经营、储存、运输、使用危险化学品或者处置废弃危险化学品活动的人员,必须接受有关法律、法规、规章和安全知识、专业技术、职业卫生防护和应急救援知识的培训,并经考核合格,方可上岗作业。"第三十七条规定:"驾驶员、船员、装卸管理人员、押运人员必须掌握危险化学品运输的安全知识,并经所在地设区的市级人民政府交通部门考核合格(船员经海事管理机构考核合格),取得上岗资格证,方可上岗作业。"此题强调对道路运输危险货物从业人员的培训内容。

41. 道路危险货物运输从业人员安全培训的内容包括(　　)。

A. 销售知识　　B. 危险货物危害特性

C. 包装容器设计

**答案**:B

**题解**:参见第40题。

42. 道路危险货物运输驾驶人员应该掌握的业务知识包括(　　)。

A. 危险货物生产方式　　B. 危险货物买卖

C. 运输事故应急措施

**答案**:C

**题解**:参见第40题。

43. "危险货物"的定义是指(　　)。

A. 具有爆炸、易燃、毒害、腐蚀、放射性等特性,在运输、装卸和储存过程中,容易造成人身伤亡、财产毁损和环境污染而需要特别防护的货物

B. 价值极其昂贵需要特别防护的货物

C. 包装精美需要特别防护的货物

**答案**:A

**题解**:《危险货物分类和品名编号》(GB 6944—2005)第3.1条要求:"危险货物 具有爆炸、易燃、毒害、感染、腐蚀、放射性等危险特性,在运输、储存、生产、经营、使用和处置中,容易造成人身伤亡、财产损毁或环境污染而需要特别防护的物质和物品。"此题介绍危险货物的概念。

44. 在《危险货物分类和品名编号》(GB 6944—2005)中,第2类危险货物(气体)按化学性质分为3项,分别是(　　)。

A. 易燃气体、非易燃无毒气体和毒性气体

B. 氧气、氮气和氨气

C. 氧化性气体、非氧化性气体、惰性气体

**答案**:A

**题解**:根据气体在运输中的主要危险性第2类分为3项。第2.1项易燃气体;第2.2项非易燃无毒气体;第2.3项毒性气体。此题介绍危险货物有类别、项别和品名。

45. 办理道路危险货物托运时,承运人应注意危险货物品名、规格、件重、件数、起运日期,还要注意收、发货人详细地址和(　　)等。

A. 生产厂家　　B. 包装方法　　C. 危险特性

**答案**:C

**题解**:《汽车运输危险货物规则》(JT 617—2004)附录A"危险货物运单基本内容"包括:

a)托运、承运、收货者的单位名称、联系人、电话、传真、地址、邮编；
b)收发货地点、收发货时间；
c)危险货物品名、性质、编号、规格、数量、件重、包装形式、包装等级；
d)凭证运输证明文件、运输特殊要求；
e)运输注意事项。

46. 道路运输腐蚀性物质时,首先应考虑的安全问题是(　)。

A. 防止泄漏　　B. 防止燃烧　　C. 防止与空气接触

**答案**:A

**题解**:《汽车运输、装卸危险货物作业规程》(JT 618—2004)第5.8.2.1条要求:运输腐蚀品时"运输过程中发现货物撒漏时,要立即用干砂、干土覆盖吸收;货物大量溢出时,应立即向当地公安、环保等部门报告,并采取一切可能的警示和消除危害措施。"

47. 依据《道路危险货物运输管理规定》,道路危险货物运输不按照规定携带(　)的,由县级以上道路运输管理机构责令改正,处警告或者20元以上200元以下的罚款。

A. 驾驶证　　B. 道路运输证　　C. 身份证

**答案**:B

**题解**:《危规》第五十二条规定:"违反本规定,道路危险货物运输企业或者单位不按照规定携带《道路运输证》的,由县级以上道路运输管理机构责令改正,处警告或者20元以上200元以下的罚款。"此题强调随车携带《道路运输证》。同时还要注意,要严格按《道路运输证》许可的经营范围进行危险货物运输,不得超范围运输。

48. 依据《道路危险货物运输管理规定》,擅自改装已取得危险货物《道路运输证》的(　),由县级以上道路运输管理机构责令改正,并处5 000元以上2万元以下的罚款。

A. 专用车辆及罐式专用车辆罐体　　B. 驾驶室仪表

C. 危险品标志

**答案**:A

**题解**:《危规》第五十六条规定:"违反本规定,道路危险货物运输企业或者单位擅自改装已取得《道路运输证》的专用车辆及罐式专用车辆罐体的,由县级以上道路运输管理机构责令改正,并处5 000元以上2万元以下的罚款。"此题强调不得改装已获得运输危险货物《道路运输证》的专用车辆及罐式专用车辆罐体。

49. 不得使用运输毒性物质的道路危险货物专用车辆运输(　　)。

A. 强毒性货物　　B. 普通货物　　C. 弱毒性货物

**答案**:B

**题解**:《危规》第二十九条中规定:"不得使用罐式专用车辆或者运输有毒、腐蚀、放射性危险货物的专用车辆运输普通货物。其他专用车辆可以从事食品、生活用品、药品、医疗器具以外的普通货物运输活动,但应当对专用车辆进行消除危险处理,确保不对普通货物造成污染、损害。危险货物不得与普通货物混装。"

50. 危险货物运达卸货地点后,因故不能及时卸货的,且托运人不能及时妥善处理,承运人应当立即报告当地(　　)部门。

A. 交通　　B. 安监　　C. 公安

**答案**:C

**题解**:《汽车运输危险货物规则》(JT 617—2004)第7.5条要求:"危险货物运达卸货地点后,因故不能及时卸货的,应及时与托运人联系妥善处理;不能及时处理的,承运人应立即报告当地公安部门。"

51. 危险货物安全技术说明书和安全标签,是承运人制作(　　)的依据。

A. 托运证明文件　　B. 包装检查证明书

C. 道路运输危险货物安全卡

**答案**:C

**题解**:略。

52.《汽车运输、装卸危险货物作业规程》(JT 618),规定了汽车运输、装卸危险货物的基本要求和(　　)要求。

A. 生产　　B. 安全作业　　C. 经营

**答案**:B

**题解**:《汽车运输、装卸危险货物作业规程》(JT 618—2004)适用范围:"本标准规定了汽车运输、装卸危险货物的基本要求和安全作业要求。"

53. 根据《危险货物分类和品名编号》(GB 6944—2005),危险货物分为(　　)类。

A. 8　　B. 9　　C. 7

**答案**:B

**题解**:《危险货物分类和品名编号》(GB 6944—2005),按危险货物具有的危险性或最主要的危险性分为9个类别。有些类别再分成项别。应注意类别和项别的号码顺序并不是危险程度的顺序。

54. 雷雨天气装运危险货物时,应确认(　　)。

A. 货物数量　　B. 避雷电、防潮湿措施有效

C. 防滑措施是否有效

**答案:**B

**题解:**《汽车运输、装卸危险货物作业规程》(JT 618—2004)第4.1.5条要求:"雷雨天气装卸时,应确认避雷电、防湿潮措施有效。"

55. 危险货物的分类、分项、品名和品名编号应当按照国家标准《危险货物分类和品名编号》(GB 6944—2005)和(　　)执行。

A.《危险货物品名表》(GB 12268—2005)

B. 道路危险货物运输管理规定

C. 中华人民共和国安全生产法

**答案:**A

**题解:**《危规》第四条规定:"危险货物的分类、分项、品名和品名编号应当按照国家标准《危险货物分类和品名编号》(GB 6944)、《危险货物品名表》(GB 12268)执行。危险货物的危险程度依据国家标准《危险货物运输包装通用技术条件》(GB 12463),分为Ⅰ、Ⅱ、Ⅲ等级。"

危险货物品名及剧毒化学品目录查询参见附录三。

56.《道路运输证》的经营范围栏内注明了允许运输危险货物的类别、项别。道路危险货物运输车辆(　　)按照《道路运输证》规定的经营范围进行运输。

A. 不一定　　B. 必须　　C. 可以不

**答案:**B

**题解:**《危规》第十四条规定:"被许可人应当按照限定的时间落实拟投入车辆承诺书。做出许可决定的道路运输管理机构已核实被许可人落实了拟投入车辆承诺书且专用车辆符合许可要求、罐体经质检部门检验合格后,应当为专用车辆配发《道路运输证》,并在《道路运输证》经营范围栏内注明允许运输危险货物的类别、项别。其中对从事非经营性道路危险货物运输的,应当在其《道路运输证》上加盖'非经营性危险货物运输专用章'。"

57. 道路危险货物运输从业人员(　　)转让、出租道路危险货物运输许可证件。

A. 不可以　　B. 可以　　C. 不受限制

**答案:**A

**题解**:《危规》第二十八条规定:"道路危险货物运输企业或者单位应当严格按照道路运输管理机构决定的许可事项从事道路危险货物运输活动,不得转让、出租道路危险货物运输许可证件。"

58. 对托运人应该派押运人员而未派的放射性危险货物运输,道路危险货物运输企业(　　)承运。

A. 应该拒绝　　　　B. 可以

C. 可以根据具体情况决定是否

**答案**:A

**题解**:《汽车运输危险货物规则》(JT 617—2004)第7.6条要求:"承运人应拒绝运输托运人应派押运员而未派的危险货物"。《核反应堆乏燃料道路运输管理暂行规定》(科工法〔2003〕520号)第十八条规定:"托运人或托运代理人应选派熟悉乏燃料性质及有关安全措施的押运人员,并配备所需仪表与装备,承担乏燃料运输过程的核材料管理、实物保护与保密、辐射监测等方面的工作。"由于放射性危险货物运输的专业性很强,所以必须由托运方派押运人员。

59. 道路危险货物装卸作业时,应在装卸作业区设置警告标志。无关人员(　　)进入装卸作业区。

A. 允许　　　　B. 不允许　　　　C. 特殊情况下允许

**答案**:B

**题解**:《汽车运输、装卸危险货物作业规程》(JT 618—2004)第4.1.3条要求:"在危险货物装卸作业区应设置警告标志。无关人员不得进入装卸作业区。"

60. 危险货物的装卸作业,应当在(　　)的现场指挥下进行。

A. 押运人员　　　　B. 驾驶人员　　　　C. 装卸管理人员

**答案**:C

**题解**:《汽车运输、装卸危险货物作业规程》(JT 618—2004)第4.1.2条要求:"危险货物的装卸应在装卸管理人员的现场指挥下进行。"

**(二)判断题**(60题)

1. 国务院第344号令《危险化学品安全管理条例》只适用于危险化学品的生产管理。　　(　　)

**答案**:×

**题解**:《条例》第二条规定:"在中华人民共和国境内生产、经营、储存、运输、使用危险化学品和处置废弃危险化学品,必须遵守本条例和国家有关安全生产的法律、其他行政法规的规定。”此题强调生产、经营、储存、运输、使用、处置废弃危险化学品的6个环节。

2. 道路危险货物运输装卸管理人员的年龄不得超过50岁。　(　)

**答案:**×

**题解:**《道路运输从业人员管理规定》(2006年11月23日发,交通部令2006年第9号)第十二条规定:“道路危险货物运输装卸管理人员和押运人员应当符合下列条件:(一)年龄不超过60周岁;(二)初中以上学历;(三)接受相关法规、安全知识、专业技术、职业卫生防护和应急救援知识的培训,了解危险货物性质、危害特征、包装容器的使用特性和发生意外时的应急措施;(四)经考试合格,取得相应的从业资格证件。”

3. 装卸管理人员在受理道路运输剧毒品装卸业务后,要向承运人所在地公安部门申请装卸证。　(　)

**答案:**×

**题解:**没有相关法规要求装卸管理人员在受理道路运输剧毒品装卸业务后,要向承运人所在地公安部门申请装卸证,故此题错误。

4. 道路危险货物运输企业或者单位应当对从业人员进行经常性的安全、职业道德教育和业务知识、操作规程培训。　(　)

**答案:**✓

**题解:**《中华人民共和国安全生产法》第二十一条规定:“生产经营单位应当对从业人员进行安全生产教育和培训,保证从业人员具备必要的安全生产知识,熟悉有关的安全生产规章制度和安全操作规程,掌握本岗位的安全操作技能。未经安全生产教育和培训合格的从业人员,不得上岗作业。”《危规》第四十一条规定:“道路危险货物运输企业或者单位应当对从业人员进行经常性的安全、职业道德教育和业务知识、操作规程培训。”

5. 在我国现阶段,只要有车、有人、有货就可以从事道路危险货物运输。　(　)

**答案:**×

**题解:**参见选择题第9题。

6. 装卸危险货物时,应当根据所运危险货物的性质配备必需的应急处理器材和安全防护设施。　(　)

**答案:**✓

**题解:**为保证装卸危险货物时的安全,以及装卸过程中发生意外事故的应急处理,装卸作业时应配备必需的应急处理器材和安全防护设施。

7. 道路运输剧毒、爆炸、易燃、放射性危险货物的,应当具备罐式车辆或厢式车辆、专用容器,车辆应当安装行驶记录仪或定位系统。 ( )

**答案:**✓

**题解:**《危规》第八条规定:"运输剧毒、爆炸、易燃、放射性危险货物的,应当具备罐式车辆或厢式车辆、专用容器,车辆应当安装行驶记录仪或定位系统;……。"

8. 罐式专用车辆的罐体应当经质量检验部门检验合格,并在其有效期内承运危险货物。 ( )

**答案:**✓

**题解:**《危规》第二十六条规定:"罐式专用车辆的罐体应符合《钢制压力容器》(GB 150)和《汽车运输液体危险货物常压容器(罐体)通用技术条件》(GB 18564)等国家标准规定的技术条件。罐式专用车辆应当在罐体检验合格的有效期内承运危险货物。"

9. 道路运输未列入《危险货物品名表》(GB 12268—2005)的危险货物,托运人应出具《危险货物鉴定表》。 ( )

**答案:**✓

**题解:**《汽车运输危险货物规则》(JT 617—2004)第6.3条要求:"托运未列入GB 12268的危险货物时,应提交与托运的危险货物完全一致的安全技术说明书、安全标签和危险货物鉴定表,危险货物鉴定表见附录B(规范性附录)。"

10. 道路危险货物运输应由具备道路危险货物运输资质的企业承运。 ( )

**答案:**✓

**题解:**《危规》第二十七条规定:"危险货物托运人应当委托具有道路危险货物运输资质的企业承运,严格按照国家有关规定包装,并向承运人说明危险货物的品名、数量、危害、应急措施等情况。需要添加抑制剂或者稳定剂的,应当按照规定添加。托运危险化学品的还应提交与托运的危险化学品完全一致的安全技术说明书和安全标签。"

11. 在托运危险货物时,托运人必须向承运人提供该危险货物的安全技术说明书。 ( )

**答案:**✓

**题解:**参见第13题。

12. 道路运输液体危险货物时,无论使用何种材质的容器,只要能确保不破损即可。（　　）

**答案:**×

**题解:**《道路运输液体危险货物罐式车辆 第1部分 金属常压罐体技术要求》(GB 18564.1—2006)第5.2.1.4项要求:"与介质接触的罐体材料(包括衬里材料)不应与装运的介质发生危险化学反应,从而避免降低材料强度或形成危险化合物。"

13. 危险货物在装卸过程中发生的任何装卸事故,装卸人员均不需承担责任。（　　）

**答案:**×

**题解:**《汽车货物运输规则》第七十三条要求:"搬运装卸作业中,因搬运装卸人员过错造成货物毁损或灭失,站场经营人或搬运装卸经营者应负赔偿责任。"因此,在危险货物装卸过程中发生装卸事故,若由装卸人员的不安全行为导致,装卸人员必须承担相应的责任。

14. 道路危险货物运输的驾驶人员、装卸人员和押运人员必须了解所运载的危险化学品的性质、危害特性、包装容器的使用特性和发生意外时的应急措施。（　　）

**答案:**✓

**题解:**《汽车运输危险货物规则》(JT 617—2004)第10.2条要求:"从业人员应了解所运危险货物的特性、包装容器的使用特性、防护要求和发生事故时的应急措施,熟练掌握消防器材的使用方法。"

15. 所有道路危险货物运输的从业人员均应具备高中以上学历。（　　）

**答案:**×

**题解:**参见第2题。

16. 道路危险货物运输从业人员必须熟悉有关安全生产的法规、技术标准和安全生产规章制度、安全操作规程。（　　）

**答案:**✓

**题解:**《危规》第四十条规定:"道路危险货物运输从业人员必须熟悉有关安全生产的法规、技术标准和安全生产规章制度、安全操作规程,了解所装运危险货物的性质、危害特性、包装物或者容器的使用要求和发生意外事故时的处置措施。严格按照《汽车运输危险货物规则》(JT 617)和《汽车运输、装卸危险货物作业规程》(JT 618)操作,不得违章作业。"

17. 根据有关法律法规,道路危险货物从业人员专业知识要依靠员工自己学习和提高,企业没有责任和义务为员工提供任何培训。 ( )

**答案:**×

**题解:**《危规》第四十一条规定:"道路危险货物运输企业或者单位应当对从业人员进行经常性的安全、职业道德教育和业务知识、操作规程培训。"

18. 在个别情况下,普通货物运输车辆可以承运一次性或临时性的道路危险货物运输。 ( )

**答案:**×

**题解:**《条例》第三十五条规定:"国家对危险化学品的运输实行资质认定制度;未经资质认定,不得运输危险化学品。"《危规》第十五条规定:"道路运输管理机构不得许可一次性、临时性的道路危险货物运输。"此题从另一个角度强调道路运输危险货物要取得资质。否则,运输危险货物属违法行为,其违法运输与一次性、临时性无关。

19.《道路危险货物运输管理规定》要求,禁止使用移动罐体(罐式集装箱除外)从事道路危险货物运输。 ( )

**答案:**✓

**题解:**《危规》第二十三条规定:"禁止使用报废的、擅自改装的、检测不合格的、车辆技术等级达不到一级的和其他不符合国家规定的车辆从事道路危险货物运输。

除铰接列车、具有特殊装置的大型物件运输专用车辆外,严禁使用货车列车从事危险货物运输;倾卸式车辆只能运输散装硫磺、萘饼、粗蒽、煤焦沥青等危险货物。

禁止使用移动罐体(罐式集装箱除外)从事危险货物运输。"

20. 道路危险货物运输,是指使用专用车辆,通过道路运输危险货物的作业全过程。 ( )

**答案:**✓

**题解:**《危规》第三条规定:"本规定所称道路危险货物运输,是指使用专用车辆,通过道路运输危险货物的作业全过程。"此题要注意3个概念,一是"道路",出自《道路交通安全法》;二是"危险货物",以《危险货物品名表》(GB 12268)为准;三是"专用车辆","本规定所称道路危险货物运输车辆(以下简称专用车辆),是指从事道路危险货物运输的载货汽车。"

21. 道路危险货物运输车辆,是指从事道路危险货物运输的载货汽车。 (　)

**答案:**✓

**题解:**《危规》第三条规定:“本规定所称道路危险货物运输车辆(以下简称专用车辆),是指从事道路危险货物运输的载货汽车。”

22. 道路危险货物运输专用车辆,应到具备道路危险货物运输车辆维修条件的企业进行维修。 (　)

**答案:**✓

**题解:**《危规》第二十四条规定:“专用车辆应当到具备道路危险货物运输车辆维修条件的企业进行维修。”

23. 道路危险货物运输从业人员,应当严格按照道路运输管理机构决定的许可事项从事道路危险货物运输活动。 (　)

**答案:**✓

**题解:**《危规》第四十八条规定:“违反本规定,有下列情形之一的,由县级以上道路运输管理机构责令停止运输,有违法所得的,没收违法所得。运输货物属于危险化学品,违法所得5万元以上的,处违法所得1倍以上5倍以下的罚款;没有违法所得或违法所得不足5万元的,处2万以上20万以下的罚款。运输货物属于危险化学品以外的其他危险货物,有违法所得的,处违法所得2倍以上10倍以下的罚款;没有违法所得或者违法所得不足2万元的,处3万元以上10万元以下的罚款。”

24. 道路危险货物装卸作业场所的电气设备应符合规定要求,严禁使用明火灯具照明,照明灯应具有防爆性能。 (　)

**答案:**✓

**题解:**《汽车运输、装卸危险货物作业规程》(JT 618—2004)第4.2.3.1条要求:“装卸作业现场要远离热源,通风良好;电气设备应符合国家有关规定要求,严禁使用明火灯具照明,照明灯应具有防爆性能;易燃易爆货物的装卸场所要有防静电和避雷装置。”

25. 道路危险货物运输罐式集装箱,应使用集装箱运输专用车辆。 (　)

**答案:**✓

**题解:**《汽车运输危险货物规则》(JT 617—2004)第8.2.8条要求:“运输危险货物的罐式集装箱,应使用集装箱专用车辆。”

26.《危险货物品名表》(GB 12268—2005)中的编号采用4位的联合国编号(UN),备注中的编号采用5位的中国编号(CN)。 (　)

**答案**:✓

**题解**:《危险货物品名表》(GB 12268—2005)前言中注明:“修改了原标准中危险货物品名的编号方法,采用联合国编号。将原标准中的危险货物品名编号作为过渡列在‘备注’栏。”

27. 杂项危险物质和物品是指具有其他类别未包括的危险的物质和物品,如高温物质。（ ）

**答案**:✓

**题解**:《危险货物分类和品名编号》(GB 6944—2005)第4.9条要求:“第9类 杂项危险物质和物品

具有其他类别未包括的危险的物质和物品,如:

a)危害环境物质;

b)高温物质;

c)经过基因修改的微生物或组织。”

28.《危险货物品名表》(GB 12268—2005)中未列出的货物,均可按普通货物运输。（ ）

**答案**:×

**题解**:在此进一步强调“危险货物”的确定问题。危险货物以列入国家标准《危险货物品名表》(GB 12268)的为准。同时,要注意以下3个问题:

(1)根据《条例》,对未列入《剧毒化学品目录》和《危险货物品名表》的其他危险化学品,由国家安全生产安全监督管理总局会同国务院公安、环境保护、卫生、质检、交通部门确定并公布。如2003年6月24日,国家安全生产监督管理局、公安部、国家环境保护总局、卫生部、国家质量监督检验检疫总局、铁道部、交通部、中国民用航空总局等国务院八部委公布了《剧毒化学品目录》[公告(2003)第2号(2002年版)]。2003年12月30日,上述国务院八部委又印发了《剧毒化学品目录(2002年版)补充和修正表》(安监管危化〔2003〕196号)。

(2)国家法规有特殊要求的,纳入危险货物运输管理。如,《中华人民共和国固体废物污染环境防治法》第五十二条规定:“运输危险废物,必须采取防止污染环境的措施,并遵守国家有关危险货物运输管理的规定。”《医疗废物管理条例》第二十六条规定:“医疗废物集中处置单位运送医疗废物,应当遵守国家有关危险货物运输管理的规定,使用有明显医疗废物标识的专用车辆。医疗废物专用车辆应当达到防渗漏、防遗撒以及其他环境保护和卫生要求。”

(3)如有上述3种情况(国标GB 12268、国务院部委联合发文、法规特殊规定)之外的,应按《汽车运输危险货物规则》(JT 617—2004)第6.3条要求:"托运未列入GB l2268的危险货物时,应提交与托运的危险货物完全一致的安全技术说明书、安全标签和危险货物鉴定表",提交《危险货物鉴定表》。危险货物的鉴定单位是由国家安全生产监督管理局指定的。

29.《危险货物品名表》(GB 12268—2005)中所列的货物,均必须按危险货物进行运输。　　(　　)

**答案:**✓

**题解:**参见选择题第55题。

30.道路危险货物装卸过程中一旦发生事故,即有可能会引起泄漏、污染、爆炸等危及公共安全的事件,因此从事危险货物作业的装卸管理人员更应有社会责任感。　　(　　)

**答案:**✓

**题解:**略

31.托运凭证运输的危险货物,托运人可以不提交相关证明文件。(　　)

**答案:**×

**题解:**《汽车运输危险货物规则》(JT 617—2004)第6.11条要求:"托运凭证运输的危险货物,托运人应提交相关证明文件,并在运单上注明。"

32.由托运人负责鉴定货物的性质,当托运危险货物时,应委托具有道路危险货物运输资质的单位承运。　　(　　)

**答案:**✓

**题解:**参见第10题。

33.第9类杂项危险物质和物品是针对民用航空运输的,若采用汽车运输则不认为其是危险货物。　　(　　)

**答案:**×

**题解:**参见选择题第55题。

34.危险货物在运达目的地后,收货人因故拒收货物,导致危险货物无法及时卸货,若发生任何事故,驾驶人员、押运人员和装卸管理人员均不需承担责任。　　(　　)

**答案:**×

**题解:**参见选择题第50题。

35.道路运输剧毒危险品的罐式专用车辆,其罐体容积不得超过20立

方米。（ ）

**答案**:×

**题解**:参见选择题第33题。

36. 危险货物以列入《危险货物品名表》(GB 12268—2005)为准,未列入的按国家有关规定执行。（ ）

**答案**:✓

**题解**:《危规》第三条规定:"本规定所称危险货物,是指具有爆炸、易燃、毒害、腐蚀、放射性等特性,在运输、装卸和储存过程中,容易造成人身伤亡、财产毁损和环境污染而需要特别防护的货物。危险货物以列入国家标准《危险货物品名表》(GB 12268)的为准,未列入《危险货物品名表》的,以有关法律、行政法规的规定或者国务院有关部门公布的结果为准。"

37.《中华人民共和国安全生产法》规定生产经营单位运输危险物品,必须执行有关法律、法规和国家标准或者行业标准。（ ）

**答案**:✓

**题解**:《中华人民共和国安全生产法》第四条规定:"生产经营单位必须遵守本法和其他有关安全生产的法律、法规,加强安全生产管理,建立、健全安全生产责任制度,完善安全生产条件,确保安全生产。"

38. 从事爆炸品、剧毒性物质运输的驾驶人员、押运人员、装卸管理人员要有公安部门的政审材料。（ ）

**答案**:×

**题解**:所有法规中均没有提到这样的要求和规定。

39.《中华人民共和国安全生产法》规定机动车载运爆炸物品、易燃易爆化学物品以及剧毒、放射性等危险物品,应当经公安机关批准后,按指定的时间、路线、速度行驶,悬挂警示标志并采取必要的安全措施。（ ）

**答案**:✓

**题解**:《中华人民共和国道路交通安全法》第四十八条规定:"……。机动车载运爆炸物品、易燃易爆化学物品以及剧毒、放射性等危险物品,应当经公安机关批准后,按指定的时间、路线、速度行驶,悬挂警示标志并采取必要的安全措施。"

注:此题内容是正确的,故答案应为"✓"。但所引用的法律名称不对,作者将在今后题库修订时予以改正。

40. 2004年7月1日起实施的《中华人民共和国道路运输条例》,是我国第一部有关道路运输方面的管理条例。（ ）

**答案**：✓

**题解**：略。

41. 道路危险货物运输从业人员运输、装卸危险货物集装箱时，应查验危险货物装箱清单。（　）

**答案**：✓

**题解**：《汽车运输危险货物规则》(JT 617—2004)第6.6条要求："使用集装箱装运危险货物的，托运人应提交危险货物装箱清单。"第7.2条要求："承运人应核实所装运危险货物的收发货地点、时间以及托运人提供的相关单证是否符合规定，并核实货物的品名、编号、规格、数量、件重、包装、标志、安全技术说明书、安全标签和应急措施以及运输要求。"

42. 道路危险货物运输从业人员有权拒绝运输、装卸已有水渍、雨淋痕迹的遇水放出易燃气体的物质。（　）

**答案**：✓

**题解**：《汽车运输危险货物规则》(JT 617—2004)第7.7条要求："承运人应拒绝运输已有水渍、雨淋痕迹的遇湿易燃物品。"

43. 道路危险货物运输从业人员无权拒绝运输、装卸不符合国家有关危险货物运输规定的危险货物。（　）

**答案**：×

**题解**：《条例》第四十二条规定："运输、装卸危险化学品，应当依照有关法律、法规、规章的规定和国家标准的要求并按照危险化学品的危险特性，采取必要的安全防护措施。"

44. 严禁超范围运输危险货物，严禁超载、超限。（　）

**答案**：✓

**题解**：《汽车运输危险货物规则》(JT 617—2004)第7.1条要求："承运人应按照道路运输管理机构核准的经营范围受理危险货物的托运。"第9.1条要求："危险货物运输车辆严禁超经营范围运输。严禁超载、超限。"

45. 道路运输危险货物从业人员上岗时应当随身携带从业资格证。（　）

**答案**：✓

**题解**：《危规》第三十五条规定："驾驶人员、装卸管理人员和押运人员上岗时应当随身携带从业资格证。"

46. 道路运输不同性质的危险货物，应按《汽车运输危险货物规则》(JT 617)中的"危险货物配装表"进行配装。（　）

**答案：**✓

**题解：**《汽车运输危险货物规则》(JT 617—2004)第9.3条要求："运输不同性质危险货物，其配装应按'危险货物配装表'规定的要求执行，'危险货物配装表'见附录D。"

47. 医疗废物，是指医疗卫生机构在医疗、预防、保健以及其他相关活动中产生的具有直接或者间接感染性、毒性以及其他危害性的废物。（　　）

**答案：**✓

**题解：**《汽车运输危险货物规则》(JT 617—2004)第3.3条要求："医疗废物(medical disposal)是医疗卫生机构在医疗、预防、保健以及其他相关活动中产生的具有直接或者间接感染性、毒性以及其他危害性的废物。"

48. 医疗废物集中处置单位运送医疗废物，应当遵守国家有关危险货物运输管理的规定，使用有明显医疗废物标识的专用车辆。（　　）

**答案：**✓

**题解：**《医疗废物管理条例》第二十六条规定："医疗废物集中处置单位运送医疗废物，应当遵守国家有关危险货物运输管理的规定，使用有明显医疗废物标识的专用车辆。医疗废物专用车辆应当达到防渗漏、防遗撒以及其他环境保护和卫生要求。……。"

49. 医疗废物专用车辆应达到防渗漏、防遗撒以及其他环境保护和卫生要求。（　　）

**答案：**✓

**题解：**《医疗废物管理条例》第二十六条规定："医疗废物集中处置单位运送医疗废物，应当遵守国家有关危险货物运输管理的规定，使用有明显医疗废物标识的专用车辆。医疗废物专用车辆应当达到防渗漏、防遗撒以及其他环境保护和卫生要求。"

50. 运送医疗废物的专用车辆不得运送其他物品。（　　）

**答案：**✓

**题解：**《医疗废物管理条例》第二十六条规定："……。运送医疗废物的专用车辆不得运送其他物品。"

51. 道路运输危险废物，必须采取防止污染环境的措施，并遵守国家有关危险货物运输管理的规定。（　　）

**答案：**✓

**题解：**《中华人民共和国固体废物污染环境防治法》第五十二条规定："运输危险废物，必须采取防止污染环境的措施，并遵守国家有关危险货物运输管理的规定;……。”

52. 禁止将危险废物与旅客在同一辆运输工具上载运。　(　　)

**答案**:✓

**题解**:《中华人民共和国固体废物污染环境防治法》第五十二条规定:“……。禁止将危险废物与旅客在同一运输工具上载运。”

53. 危险废物是指列入国家危险废物名录或者根据国家规定的危险废物鉴别标准和鉴别方法认定的具有危险特性的废物。　(　　)

**答案**:✓

**题解**:《中华人民共和国固体废物污染环境防治法》第七十四条规定:“……。(四)危险废物,是指列入国家危险废物名录或者根据国家规定的危险废物鉴别标准和鉴别方法认定的具有危险特性的废物;……。”

54. 从事道路危险货物运输应当保障安全,依法运输,诚实信用。(　　)

**答案**:✓

**题解**:《危规》第五条规定:“从事道路危险货物运输应当保障安全,依法运输,诚实信用。”

55. 危险货物可以与普通货物适当混装运输。　(　　)

**答案**:×

**题解**:参见选择题第49题。

56. 道路危险货物运输从业人员应严格按照《汽车运输危险货物规则》(JT 617)、《汽车运输、装卸危险货物作业规程》(JT 618)操作,不得违章作业。　(　　)

**答案**:✓

**题解**:参见第16题。

57.《汽车运输、装卸危险货物作业规程》(JT 618)规定,危险货物装卸时的撒漏物和污染物应送到当地环保部门指定地点集中处理。　(　　)

**答案**:✓

**题解**:《汽车运输、装卸危险货物作业规程》(JT 618—2004)第4.2.3.8条要求:“危险货物装卸完毕,作业现场应清扫干净。装运过剧毒品和受到危险货物污染的车辆、工具应按JT 617—2004中附录E车辆清洗消毒方法洗刷和除污。危险货物的撒漏物和污染物应送到当地环保部门指定地点集中处理。”

58. 道路危险货物运输车辆可以超越《道路运输证》的许可范围(危险货物的类别、项别)进行运输。　(　　)

**答案**：×

**题解**：参见第44题。

59. 道路危险货物装卸过程中，装卸管理人员可以根据自己的操作习惯，改变装卸规程和方法。 （ ）

**答案**：×

**题解**：由于危险货物自身的特性，在装卸过程中稍有不慎，就有可能引起燃烧、爆炸、中毒等事故。所以在装卸过程中，必须按照相应的安全操作规程和方法，不能草率地依照个人的操作习惯进行作业，否则会发生不可预料的事故。

60. 道路危险货物装卸管理人员只要有力气，无须了解危险货物有关知识。 （ ）

**答案**：×

**题解**：《危规》第四十条规定："道路危险货物运输从业人员必须熟悉有关安全生产的法规、技术标准和安全生产规章制度、安全操作规程，了解所装运危险货物的性质、危害特性、包装物或者容器的使用要求和发生意外事故时的处置措施。严格按照《汽车运输危险货物规则》（JT 617）、《汽车运输、装卸危险货物作业规程》（JT 618）操作，不得违章作业。"《汽车运输危险货物规则》（JT 617—2004）第10.2条要求："从业人员应了解所运危险货物特性、包装容器的使用特性、防护要求和发生事故时的应急措施，熟练掌握消防器材的使用方法。"

# 第二章　常见危险货物的分类和相关特性

（85题，其中选择题45题、判断题40题）

**（一）选择题（45题）**

1. 氯气泄漏在空气中会（ ）沿地面扩散，使地面人员受害。

A. 沉在下部　　B. 浮在上方　　C. 沉在下部或浮在上方

**答案**：A

**题解**：氯气的蒸气密度为2.5kg/$m^3$，比空气重，所以，氯气泄漏在空气中会沉在下部沿地面扩散，使地面人员受害。

"氯"的有关特性参见附录三中的表3-1。

2. 当炸药中混入惰性物质（如石蜡、硬脂酸、机油等）时，则其撞击感度降低,危险性也(　　)。

A. 降低　　B. 升高　　C. 不变

**答案:**A

**题解:**撞击感度,指爆炸品在机械冲击的外力作用下对冲击能量的敏感程度,用发生爆炸次数的百分比表示。当炸药中混入惰性物质(如石蜡、硬脂酸、机油等)时,则其撞击感度降低,危险性也降低。

3. 储、运气瓶应(　　),防止日晒,注意通风散热。

A. 防潮　　B. 远离火源　　C. 控制湿度

**答案:**B

**题解:**气瓶一般用于储存压缩气体或液化气体,是一种耐压容器,根据不同气体的临界温度和临界压力,气瓶的内压也不同,最低的1MPa,最高达15MPa以上。由于气瓶的内压比较高,当其受到剧烈撞击、振动、高温、受热时,会使容器内压力骤增;当该压力超过容器的耐压力时,就会发生气瓶爆炸。所以气瓶应远离火源,防止日晒,注意通风散热。

4. 气体的临界温度(　　),危险性越大。

A. 越低　　B. 越高　　C. 越不确定

**答案:**A

**题解:**气体只有将温度降低到一定程度时施加压力才能被液化。若气体温度超过此值,则无论怎样增大压力都不能使之液化,只是随着压力的增加而加大其密度而已,这个加压使气体液化所允许的最高温度叫做临界温度。气体的临界温度越低,要使这些气体液化,必须相应的采用一定的低温技术,以使气体能达到它们各自的临界温度,然后再用增大压强的方法使其液化。所以储存这类气体的耐压容器的内压力非常大,并且非常危险。

临界温度低于常温的气体是压缩气体,临界温度高于常温的气体是液化气体。无论是处于压缩状态,还是处于液化状态,气体的临界温度越低,危险性越大。

5. 乙炔钢瓶经火烤以后(　　)。

A. 可以继续使用　　B. 不能再使用　　C. 冷却后再用

**答案:**B

**题解:**因乙炔钢瓶经火烤以后,不仅钢瓶要发生变形,更主要的是钢瓶经火烤后其质量(机械性能)要发生变化。这些都将直接影响钢瓶使用的安全性。

6. 氧几乎能与所有的元素化合。油脂在纯氧中的反应要比在空气中剧烈得多,所以氧气瓶(包括空瓶)(　　)。

A. 可以与油脂配装

B. 允许操作人员穿戴沾有油污的工作服和手套

C. 绝对禁油

**答案**:C

**题解**:油脂在纯氧中的反应要比在空气中剧烈得多,当高压氧气(即高压空气)喷射在油脂上就会引起燃烧或爆炸,实质就是油脂与纯氧的反应。所以氧气瓶(包括空瓶)绝对禁油。

7. 氢气不能与任何(　　)混储、混运,尤其是不能与氧气、氯气混储、混运。

A. 固体　　B. 氧化剂　　C. 液体

**答案**:B

**题解**:氢气有极强的还原性,能与许多非金属直接化合。如氢能在氯气中燃烧生成氯化氢;能与硫反应生成硫化氢。氢气在氯气中的爆炸极限为5.5% ~89%,氢和氯的混合气体在日光照射下就会发生剧烈的爆炸。所以氢气不能与任何氧化剂尤其是氧气、氯气混储、混运。

“氢气”的有关特性参见附录三中的表3-2。

8. 氯气是一种(　　),有强烈的刺激气味。

A. 黄绿色的剧毒气体　　B. 红色的气体

C. 绿色的气体

**答案**:A

**题解**:参见第1题。氯气(CN 23002),是一种黄绿色的剧毒气体,有强烈的刺激气味。临界温度144℃,临界压力7.61MPa。

9. 氯气溶于水,常温下1体积水可溶解2.5体积的氯气。氯气瓶漏气时,(　　)或迅速将其推入水池,或用潮湿的毛巾捂住口鼻,以减轻危害。

A. 用砂土掩埋　　B. 救援人员任何时候都不用戴防毒面具

C. 可大量浇水

**答案**:C

**题解**:参见第1题。氯气溶于水,常温下1体积水可溶解2.5体积的氯气。氯气瓶漏气时,可大量浇水或迅速将其推入水池,或用潮湿的毛巾捂住口鼻,以减轻危害。

10. 氨极易溶于水,有强烈的刺激性气味,能使人窒息死亡,属于有毒气体;氨能与氯气发生剧烈的反应。所以液氯和液氨不能在同一车厢配装,(　　)在同一库房内混储。

A. 可以　　　　B. 不能　　　　C. 一般情况下可以

**答案**:B

**题解**:氨是一种无色、无刺激性的气体,蒸气密度0.59kg/m³。氨不能在空气中燃烧,但能在纯净的氧气里燃烧。氨能与氯气发生剧烈反应,生成氯化氢和氮气,如果大量的氯和氨相遇,反应将会继续进行下去,生成氯化铵和三氯化氮等,三氯化氮的性质非常活泼,很不稳定,与有机物接触、遇热或被撞击,立即会发生爆炸性分解,所以液氯和液氨不能在同一车厢配装,也不可在同一库房内混储。

“氨”的有关特性参见附录三中的表3-3。

11. 液氯和液氨(　　)在同一车厢配装,不能在同一库房内混储。

A. 不能　　　　B. 可以　　　　C. 大多情况下可以

**答案**:A

**题解**:参见第10题。

12. 天然气(含甲烷,液化的),别名液化天然气,天然气(　　)。

A. 有腐蚀性　　　　B. 极易燃　　　　C. 不易燃烧

**答案**:B

**题解**:天然气是无色无嗅液体,主要成分为甲烷,也包括一定量的乙烷、丙烷和重质碳氢化合物。还有少量的氮气、氧气、二氧化碳和硫化物。天然气的性质与甲烷很相似,属于有机物,熔点和沸点都较低,在室温下易挥发,其蒸气与空气的混合物达到一定浓度范围时,只要有微小的电火花即可点燃,极易燃。液化天然气属危险货物的第2类第1项易燃气体(CN 21008,UN 1972),其与空气混合能形成爆炸性混合物,遇明火、高热等点火源会引起燃烧爆炸。

13. 闪点表示易燃液体的易燃程度。液体的闪点越低,易燃性越大,危险性(　　)。

A. 越小　　　　B. 不变　　　　C. 越大

**答案**:C

**题解**:闪点又叫闪燃点,是指可燃性液体表面上的蒸气和空气的混合物与火接触而初次发生闪光时的温度。各种油品的闪点可通过标准仪器测定。闪点是表示易燃液体燃爆危险性的一个重要指标,闪点越低,燃爆危险性越大。闪点温度比着火点温度低些。可燃液体的闪点随其浓度的变化而变化。

14. 液体的沸点越低,越易汽化,越易与空气形成爆炸性混合物,其危险性(　　)。

A. 越小　　B. 越大　　C. 不变

**答案:**B

**题解:**在一个大气压下,液体沸腾转化为气体时的温度称为沸点。液体的沸点越低,使液体沸腾的温度也就越低,液体越易汽化,越易与空气形成爆炸性混合物,危险性也越大。

15. 易燃液体的温度升高,挥发量增加,易燃易爆性(　　)。

A. 增大　　B. 减小　　C. 不变

**答案:**A

**题解:**易燃液体挥发成蒸气,与空气形成可燃性混合物,当气体混合物的浓度达到一定范围(即爆炸极限)时,遇明火就会燃烧和爆炸。液体的状态是随着温度和压力的变化而变化的。当压力不变时,随着液体的温度升高,液体的挥发增加,与空气形成可燃性混合物的浓度也越大,易燃易爆性增大。

16. 液体物质的受热膨胀系数较大,加上易燃液体具有易挥发性,装满易燃液体的容器受热后蒸气压增大,往往会造成容器胀裂而引起液体外溢。因此,易燃液体灌装时容器内应(　　)。

A. 留有足够的膨胀余位　　B. 一次性灌满

C. 没有液体外溢即可

**答案:**A

**题解:**热胀冷缩是物质的固有特性,在运输途中可能因为环境温度变化的影响,液体物质的挥发量增大,聚集在容器内使容器内压增大,而引起“鼓桶”现象,甚至爆炸。因此,易燃液体罐装时容器应充分注意,容器内应留有足够的膨胀余位,膨胀余位一般以体积的百分比计算。

17. 汽车罐车运输在灌装时,灌装流速过快极易积聚静电,一旦发生静电放电,就可能引起可燃性蒸气的燃烧爆炸,后果严重。因此装运易燃液体的罐车(　　)。

A. 配不配备导除静电的装置都行　　B. 必须配备导除静电的装置

C. 不必配备导除静电的装置

**答案:**B

**题解:**静电的产生与物质的导电性能有很大关系,它以电阻率来表示。

电阻率越小,导电性能越好,容易泄漏静电;电阻率大的则容易积聚静电。部分易燃液体的电阻率很大,在运输、装卸过程中,由于振动、摩擦的作用,极易积聚静电。特别是汽车罐车运输在灌装时,如果灌装流速过快,产生的静电若来不及释放极易积聚,一旦发生静电放电,就可能引起可燃性蒸气的燃烧爆炸,后果不堪设想。因此装运易燃液体的罐车必须配备导除静电的装置,使易燃液体罐装时不具备静电放电的条件。有关汽车导除静电的装置,参见《汽车导静电橡胶拖带》(JT 230)等标准。

18. 易燃液体的蒸气浓度越大,毒性(　　)。

A. 越小　　　B. 不变　　　C. 越大

**答案**:C

**题解**:大部分易燃液体除具有易燃易爆的危险特性外,还具有大小程度不等的毒性。易燃液体可以通过皮肤、消化道或呼吸道被人体吸收而中毒。特别是挥发性较大的易燃液体,其蒸气带来的毒性更不可忽视,即使挥发性很小的易燃液体,直接与之接触也是有害的。易燃液体的蒸气浓度越大,能够经皮肤、消化道或呼吸道被人体吸收的量也越大,毒性越大。

19. 苯是无色透明液体,易挥发,具有芳香气味;易溶于有机溶剂,不溶于水,故(　　)用水扑救苯引起的火灾。

A. 不能　　　B. 能　　　C. 完全可以

**答案**:A

**题解**:苯是无色透明液体,相对密度0.879;苯易溶于有机溶剂,但不溶于水,所以使用水扑救苯引起的火灾是无效的。

"苯"的有关特性参见附录三中的表3-4。

20. 易燃液体的蒸气与空气的混合物可被点燃产生瞬间闪光的最低温度称为(　　)。

A. 闪点　　　B. 着火点　　　C. 起爆点

**答案**:A

**题解**:参见第13题。闪点实质上与爆炸极限有密切关系。当液体受热而迅速挥发时,如果液面附近的蒸气浓度正好达到其爆炸下限浓度,则此时的温度就是闪点。可燃、易燃液体的闪点越低、其火灾危险性越大。

21. 易燃固体同时具备3个条件:燃点低;燃烧迅速;放出有毒烟雾或有毒气体。易燃固体燃点越低,其发生燃烧的可能性和危险性(　　)。

A. 恒定不变　　　B. 越小　　　C. 越大

**答案**:C

**题解**:危险货物分类第4.1项的易燃固体系指燃点低,对热、撞击、摩擦敏感,易被外部火源点燃,燃烧迅速,并可能散发出有毒烟雾或有毒气体的固体物质,但不包括已列入爆炸品的物质。其中燃点又叫着火点,是指可燃性液体表面上的蒸汽和空气的混合物与火接触而发生火焰能继续燃烧不少于5s时的温度。可在测定闪点后继续在同一标准仪器中测定。燃点越低,点燃时需要的温度低,越容易燃烧,其火灾危险性也越大。

22. 易燃固体需明火点燃;易于自燃物质(　　)受热和明火,会自行燃烧;遇水放出易燃气体的物质遇水(包括受湿、酸类和氧化剂)会引起剧烈化学反应,放出可燃性气体和热量。

A. 需要　　B. 不需要　　C. 有时需要

**答案**:B

**题解**:自燃是指不经明火点燃就自动着火燃烧的现象,自燃物品的主要特点是不需外界火源作用,自身在空气中能缓慢氧化放热并积热不散,达到其自燃点而自行燃烧。因此,对运输来讲,此项物品最主要的危险是自行发热、燃烧,有些物质甚至在无氧条件下也会自燃。

23. 物质在发生自燃时所需要的最低温度,叫做自燃点。自燃点越低,其发生燃烧的可能性和危险性(　　)。

A. 越大　　B. 越小　　C. 恒定不变

**答案**:A

**题解**:物质的自燃点越低,越容易在常温状态下发生燃烧,所以危险性也越大。

24. 遇水放出易燃气体的物质在常温或高温下受潮或与水剧烈反应,且反应速度快;遇酸和氧化剂也能发生反应,而且比与水的反应更为剧烈,因此危险性也(　　)。

A. 更大　　B. 更小　　C. 更弱

**答案**:A

**题解**:遇水放出易燃气体的物质遇酸和氧化剂也能发生反应,而且比与水的反应更为剧烈,危险性也更大。因为酸类物质和氧化剂都具有较强的氧化性(得到电子的能力),而遇水燃烧物质大多具有很强的还原性(失去电子的能力),所以当它们接触后,反应就更加剧烈。另外,多数的酸都是水的溶液,因此与本项物质接触能置换出酸中的氢,反应非常剧烈,危险性也更大。

25. 赤磷着火点比黄磷高得多,易燃(　　)。

A. 且易自燃　　B. 且遇湿自燃　　C. 但不易自燃

**答案:**C

**题解:**赤磷与黄磷是磷的同素异形体,但两者性质相差极大。赤磷为紫红色无定型正方板状结晶或粉末,无毒、无嗅;着火点比黄磷高得多,易燃但不易自燃,燃点200℃,自燃点240℃。黄磷是白色或淡黄色的半透明的蜡状固体,性质极活泼,暴露在空气中即被氧化,自燃点为30℃,即使是在冰天雪地的环境温度下,只要露在空气中黄磷也很容易自身发热积温到30℃而燃烧,故黄磷是自热自燃的易燃物品。

"赤磷"的有关特性参见附录三中的表3-5。

26. 黄磷(又称白磷)性质极活泼,暴露在空气中即被氧化,自燃点低,只需一、二分钟即自燃。所以,黄磷必须(　　),若包装破损出现渗漏,导致黄磷露出液面,就会自燃。

A. 浸没在水中　　B. 浸没在汽油中　　C. 浸没在丙酮中

**答案:**A

**题解:**参见第25题。黄磷是自热自燃的易燃物品,因此必须浸放在水中进行储存,以降低自身温度防止自燃现象发生。

"黄磷"的有关特性参见附录三中的表3-6。

27. 电石(学名碳化钙)为灰色的不规则的块状物,有强烈的吸湿性,能从空气中吸收水分而发生反应,放出(　　)易燃气体。

A. 甲烷　　B. 乙烷　　C. 乙炔

**答案:**C

**题解:**电石有强烈的吸湿性,能从空气中吸收水分而发生反应,放出乙炔(电石气),与水相遇反应更强烈:

$CaC_2$(电石) + $2H_2O$(水) = $Ca(OH)_2$(熟石灰或消石灰) + $C_2H_2$(乙炔气体)↑

放出的大量热量能很快达到乙炔的自燃点而起火燃烧,甚至爆炸。

"电石"的有关特性参见附录三中的表3-7。

28. 有机过氧化物很不稳定,容易分解,分解时的生成物为(　　),容易引起爆炸。

A. 易燃气体　　B. 气体　　C. 易燃液体

**答案:**A

**题解**:有机过氧化物①,是分子组成中含有过氧基的有机物,该物质为热不稳定物质,可能发生放热的自加速分解。尤其是受到振动、冲击、摩擦或遇热时即分解且放出热量,分解的产物大多属于易燃气体,容易引起爆炸。该类物质还可能具有以下一种或数种性质:a)可能发生爆炸性分解;b)迅速燃烧;c)对碰撞或摩擦敏感;d)与其他物质起危险反应;e)损害眼睛。它是危险货物第5.2项。其标志为:

29. 有机过氧化物(如过氧化甲乙酮)比无机氧化剂(如高锰酸钾)更(　　)分解;分解的产物几乎都是气体或易挥发的物质,再加上易燃性和自身氧化性,分解时易发生爆炸。

A. 容易　　B. 难　　C. 不容易

**答案**:A

**题解**:有机过氧化物比无机氧化剂更容易分解,其分解温度一般在150℃以下,有的甚至在常温或低温时即可分解,故需保持低温运输。

"过氧化甲乙酮"和"高锰酸钾"的有关特性分别参见附录三中的表3-8和表3-9。

30. 同属氧化性物质的物品,由于氧化性的强弱不同,相互混合后(　　)引起燃烧。

A. 不能　　B. 不一定　　C. 能

**答案**:C

**题解**:同属氧化性物质的物品,由于氧化性的强弱不同,相互混合后也能引起燃烧。如硝酸铵和亚硝酸钠,硝酸铵和氯酸盐等。

31. 硝酸钾,又称火硝。无色透明晶体或粉末,溶于水。遇热分解放出氧气,当硝酸钾与易燃物质混合后,受热甚至轻微的摩擦冲击也会(　　)。

A. 很安全　　B. 迅速地燃烧或爆炸

C. 很难燃烧

**答案**:B

① 《危险货物分类和品名编号》(GB 6944—2005)。

**题解:**硝酸钾,又称钾硝石、火硝。遇热分解出氧,当硝酸钾($KNO_3$)与易燃物质混合后,受热甚至轻微的摩擦冲击都会迅速地燃烧或爆炸。黑火药就是根据这个原理配制的,黑火药是木炭粉、硫磺粉和硝酸钾粉末的混合物,在混合物中,3种成分的质量分数大约为:硝酸钾75%、木炭15%、硫磺10%。

“硝酸钾”的有关特性参见附录三中的表3-10。

32. 含氰基的化合物叫氰化物,大多数氰化物属(　　)物质。

A. 剧毒　　B. 无毒　　C. 有害

**答案:**A

**题解:**凡带有氰基(CN—)的化合物,能在人体内释放出游离氰根,即可抑制细胞色素氧化酶,大多数氰化物属剧毒物质。如氰化钠,俗称山萘或七步倒,人仅服1~3mg走不出七步路即会死亡,属剧毒品。

33. 浓硫酸溶于水时,能释放出大量热量。因此,稀释浓硫酸时必须十分小心,应该(　　)。

A. 把水缓缓加入浓硫酸中　　B. 把浓硫酸缓缓加入水中

C. 把浓硫酸迅速倒入水中

**答案:**B

**题解:**如果把水倒入浓硫酸,开始时因为水较轻仍然浮在酸层的上部,当水扩散至酸中,即放出溶解热,可发生局部沸腾,会剧烈溅散而伤人。所以,稀释浓硫酸时,应把浓硫酸缓缓加入水中。

34. 腐蚀性物质本身的化学性质决定了自身各种不同的性质。腐蚀性物质(　　)混储配载。

A. 可以　　B. 可以大量地　　C. 不可以

**答案:**C

**题解:**腐蚀性物质构成复杂多样,有酸性腐蚀品、碱性腐蚀品等。各类腐蚀品都有其各自不同的特性,不能随意配装。例如:酸与碱会发生中和反应,不仅使货物失去原有特性,而且中和反应发生剧烈时还会引起爆炸,所以同是腐蚀品,酸性腐蚀品和碱性腐蚀品不能配装。无机酸性腐蚀品往往有氧化性,有机酸性腐蚀品则可以燃烧,所以,同是酸性腐蚀品,无机酸性腐蚀品和有机酸性腐蚀品不能配装。同理,无机酸性腐蚀品不得与可燃品配装;有机腐蚀品不论是酸性的还是碱性的,都不得与氧化剂配装。

35. 酸与碱不可以混装,氧化剂与还原剂(　　)进行配载。

A. 可以　　B. 不可以　　C. 一般情况下可以

**答案:**B

**题解:**酸与碱能够发生中和反应,氧化剂与还原剂在一起也能发生化学反应,所以氧化剂与还原剂不可以进行配载。

36. 毒性物质的颗粒(　　),越易引起中毒。

A. 越小　　B. 越大　　C. 越软

**答案:**A

**题解:**因为颗粒越小,越易进入呼吸道而被吸收,越易引起中毒。比如说,将氰化钠制成颗粒状进行运输或储存,就是为降低其毒性。

37. 毒性物质沸点(　　),越易引起中毒。

A. 越高　　B. 越低　　C. 越不确定

**答案:**B

**题解:**毒害品沸点越低,就越易挥发成蒸气,增加毒害品在空气中的浓度,而引起吸入中毒。所以说毒性物质的沸点越低,越易引起中毒。

38. 气温(　　),毒性物质的挥发性越大,同时还会增加毒性物质的溶解度和加剧人体呼吸的次数,从而增加毒害品进入人体的可能性。

A. 越低　　B. 越高　　C. 越不确定

**答案:**B

**题解:**物质的挥发性与温度有着密切的关系,温度升高后,物质也越易挥发成蒸气,增加毒害品在空气中的浓度,而引起吸入中毒。所以说气温越高,毒性物质的挥发量越大,同时还会增加毒性物质的溶解度和加剧人体呼吸的次数,越易引起中毒。

39. 动物致死所需某毒性物质的摄入量(或浓度)越小,则表示该毒性物质的毒性(　　)。

A. 越大　　B. 越小　　C. 无法确定

**答案:**A

**题解:**毒害品虽对人有毒害作用,但如果进入体内的毒害品剂量不足,则不会中毒,表示毒害品的摄入量与效应的关系称为毒性。毒性的计量单位是"毫克/千克",即把某毒害品使某动物死亡的最小量与该动物的体重相比,得到每千克的动物摄入某毒害品的毫克数。通常认为:动物致死所需某毒性物质的摄入量(或浓度)越小,则表示该毒性物质的毒性越大。

40. 有机毒性物质遇明火、高热或与氧化性物质接触会(　　),燃烧时会放出有毒气体,加剧毒性物质的危险性。

A. 很稳定　　B. 燃烧爆炸　　C. 很安全

**答案**:B

**题解**:毒性物质中的有机物都是可燃的,其中还有不少液体的闪点低于61℃,够得上易燃液体的标准,这些有机毒性物质遇明火、高热或者与氧化剂接触会燃烧爆炸,并放出有毒气体,加剧毒性物质的危险性。

41. 感染性物质(第6.2项)是指(　　),包括生物制品、诊断样品、基因突变的微生物、生物体和其他媒体,如病毒蛋白等。

A. 含有病原体的物质　　B. 不含有病原体的物质

C. 特殊情况下含有病原体的物质

**答案**:A

**题解**:《危险货物分类和编号》(GB 6944—2005)第6.2条要求:"感染性物质　含有病原体的物质,包括生物制品、诊断样品、基因突变的微生物、生物体和其他媒介,如病毒蛋白等。"

42. 感染性物质的运输过程(　　),应注意安全防护。

A. 存在感染性　　B. 不存在感染性

C. 大多不存在感染性

**答案**:A

**题解**:感染性物品单纯的存在状态多为菌种或毒种,其在实验室环境下发生感染的机会较多,感染的危害性更大,感染性物质的运输过程中也存在感染性,如鼠疫杆菌、霍乱弧菌等容器破损时,有可能感染作业人员,应注意安全防护。

43. 遇水反应的腐蚀性物质(如三氧化硫)都能与空气中的水汽发生剧烈反应,并同时放出大量热量。当满载这些物品的容器遇水后,则可能因漏进水滴而猛烈反应,使容器炸裂。所以尽管没有给这些物品贴上"遇潮时危险"的副标志,其防水要求也应和遇水放出易燃气体的物质(第4.3项)(　　)。

A. 有区别　　B. 不同　　C. 相同

**答案**:C

**题解**:遇水反应的腐蚀品都能与空气中的水汽发生反应而发烟(实质是雾,习惯上称烟),它对眼睛、咽喉和肺有强烈的刺激作用,而且有毒,危险性较大。所以尽管没有给这些物品贴上"遇潮时危险"的副标志,其防水要求也应和遇水放出易燃气体的物质(第4.3项)相同。

44. 某类危险货物除具有主要特性外,还具有一些次要特性,也称为副特性,即次要危险性。危险货物的副特性(　　)酿成大事故。

A. 也会　　　　B. 不会　　　　C. 绝对不会

**答案**:A

**题解**:不少货物表现出错综复杂的危险特性。所以,确定一种危险货物的主要危险特性时,要同时指出此种危险货物具有的其他(或称副)危险特性,并规定分别用危险货物包装主标志和副标志表示,以引起运输装卸储存人员的注意。比如:亚硝酸是氧化剂,副特性是"有毒",因亚硝酸的氧化性而发生事故的很少,而把亚硝酸误作食盐,食用造成中毒死亡的事件却常见。由此可知,危险货物的副特性也会酿成大事故,在危险货物的运输中,注意到一种货物的主要危险特性时,必须对其可能具有的其他危险特性也给予足够的重视。

45. 能放射射线的物质称为放射性物质。放射性物质所放出的射线对人体(　　)。

A. 危害较小

B. 产生极大的危害,可致病、致畸、致癌,甚至可致死

C. 没有危害

**答案**:B

**题解**:自然界各种各样的物质中有一些物质的原子核不稳定,能够从其原子核内部自发地(即不受外界温度、压力的影响)、不断地向周围放出穿透力很强而人的感觉器官(视觉、听觉、嗅觉、触觉)觉察不到的射线($\alpha$ 射线、$\beta$ 射线、$\gamma$ 射线和中子流),这些射线会破坏人体细胞中的蛋白质,使其细胞死亡或产生变异,进而可致病、致畸、致癌,甚至可致死。

**(二)判断题**(40 题)

1. 在物质变化过程中,仅是物质的外形或状态发生了变化而没有变成新物质的运动形式,称作化学变化。　　(　　)

**答案**:×

**题解**:这里混淆了化学变化和物理变化的概念,物理变化是指在物质变化过程中,仅是物质的外形或状态发生了变化而没有生成新的物质的运动形式,强调的是没有生成新的物质。而化学变化是指在物质变化过程中,生成新的物质的运动形式,强调的是生成新的物质。所以该题属于物理变化。

2. 在物质变化过程中,生成新物质的运动形式,称作物理变化。　　(　　)

**答案**:×

**题解**:参见第1题,此题中的变化属于化学变化。

3. 物质总是以一定的形态而存在的,主要有固态、气态和液态3种形态。 ( )

**答案**:✓

**题解**:物质总是以一定的形态而存在的,主要有固态、气态和液态3种形态,简称为物质的“三态”。物质的状态是随着温度和压力的变化而变化的,如水受热变成蒸汽,冷却至0℃时凝结成冰。

4. 一般地,气体的相对密度是以空气为标准的。相对密度大于1的气体会沉在下部地表面。 ( )

**答案**:✓

**题解**:相对密度是指相同温度、相同压力下两种物质的密度之比。一般地,气体的相对密度是以空气为标准的。相对密度大于1的气体会沉在下部地表面。了解危险货物的相对密度对安全运输具有重要意义。例如,由于二氧化碳的相对密度比空气大得多,将二氧化碳覆盖在火焰上可以隔绝空气与火焰的接触,从而实现灭火。

5. 一般地,液体的相对密度是以水为标准的。相对密度小于1的液体会浮在水面上,如汽油。 ( )

**答案**:✓

**题解**:参见第4题。一般地,液体的相对密度是以水为标准的。相对密度小于1的液体会浮在水面上。例如,由于汽油的相对密度比水小,若汽油失火时用水扑救,油就会浮在水面上继续燃烧并随着水的流动而扩大灾情。

6. 当液体受热而迅速挥发时,如果液面附近的蒸气浓度正好达到其爆炸下限浓度,此时的温度就是闪点。闪点越低危险性越大。 ( )

**答案**:✓

**题解**:参见选择题第13题。闪点是衡量液体易燃性的最重要的指标。如果可燃液体温度高于其闪点时,随时都有接触火源而被点燃的危险。液体的闪点越低,易燃性越大,所以危险性也越大。

7. 在一个大气压下,液体沸腾转化为气体时的温度称为沸点,运输温度不得高于危险货物的沸点。 ( )

**答案**:✓

**题解**:参见选择题第14题。液体的运输温度不得高于危险货物的沸点,以防止液体在运输途中发生沸腾,而造成不可预料的事故。

8. 某类危险货物只具有本类危险货物的主要特性。例如,腐蚀性物质只具有腐蚀特性。 ( )

**答案:**×

**题解:**《危险货物分类和品名编号》(GB 6944—2005)中,将危险货物按其主要特性和运输要求分为9类,但不少货物表现出错综复杂的危险特性,某类危险货物除具有本类危险货物的主要特性外,还具有一些次要特性,也成为副特性,即次要危险性,例如:列入易爆易燃的不少物品具有毒害性和腐蚀性;列入腐蚀性物质中有不少有机物,而有机物都是可燃物,其中有不少液体的闪点低于61℃,也称得上具有易燃性。

9. 有些物质,如萘、樟脑会从固态直接转化为气态,这种现象称为升华。 ( )

**答案:**✓

**题解:**升华是指一种物质从固态不经过液态直接转化为气态的过程,是物质在温度和气压低于三相点的时候发生的一种物态变化。与升华相反的过程称做凝华,指物质从气态直接变成固态。例如结霜。萘、樟脑都是属于易升华的物质。

10. 在物质变化过程中,仅是物质的外形或状态发生了变化,称作化学变化。 ( )

**答案:**×

**题解:**这里混淆了化学变化和物理变化的概念,物理变化是指在物质变化过程中,仅是物质的外形或状态发生了变化而没有生成新的物质的运动形式,强调的是没有生成新的物质。而化学变化是指在物质变化过程中,生成新的物质的运动形式,强调的是生成新的物质。所以该题属于物理变化。

11. 在物质变化过程中,生成新物质的变化,称作物理变化。 ( )

**答案:**×

**题解:**参见第10题,此题中的变化属于化学变化。

12. 列入危险货物的氧化物(如三氧化硫)除气体外,大部分都会与水发生反应生成碱或酸或释放出氧。所以,在运输过程中必须注意防水。 ( )

**答案:**✓

**题解:**由于这些氧化物能够与水发生反应而导致变质,甚至与水反应后释放出氧气,氧是助燃剂,若遇有机物、易燃物即引起燃烧,造成不可预料的危害,所以必须注意防水。

13. 含碳元素的化合物,或碳氢化合物及其衍生物总称为有机化合物,简称有机物。 ( )

**答案**:✓

**题解**:有机物是有机化合物的简称,它是含碳化合物(一氧化碳、二氧化碳、碳酸盐、金属碳化物等少数简单含碳化合物除外)或碳氢化合物及其衍生物的总称。

14. 有机物的熔点和沸点都较低,在室温下易于挥发,并具有较低的比热和着火温度,这些物理性质是有机物易点燃的原因。　(　)

**答案**:✓

**题解**:有机物的蒸气与空气的混合物达到一定浓度范围时,只要有微小的电火花即可点燃。有机物本身是极好的燃料,燃烧时放出的热量很大,过量的辐射热正是其火焰迅速蔓延的原因。大多数有机物对热的稳定性差,即使在没有空气的容器中受到射落其上的火焰热量时,也会炭化和分解。

15. 大多数有机物不溶于水,故用水来扑灭有机物燃烧的火焰通常无效,而应该用二氧化碳、泡沫或卤剂来扑救。　(　)

**答案**:✓

**题解**:大多有机化合物是不溶于水且比水轻,火苗可随水四处流动,引起大面积火灾,或遇水可发生更强烈的反应而引起更大的事故。小火可用湿布或石棉布盖熄,火势较大时,应该用二氧化碳、泡沫或卤剂来扑救。

16. 危险货物是指具有爆炸、易燃、毒害、感染、腐蚀、放射性等危险性,在运输、储存、生产、经营、使用和处置中,容易造成人身伤亡、财产损毁或环境污染而需要特别防护的物质和物品。　(　)

**答案**:✓

**题解**:《危险货物分类和品名编号》(GB 6944—2005)中定义:"危险货物是指具有爆炸、易燃、毒害、感染、腐蚀、放射性等危险性,在运输、储存、生产、经营、使用和处置中,容易造成人身伤亡、财产损毁或环境污染而需要特别防护的物质和物品。"

17.《危险货物分类和品名编号》(GB 6944—2005)中,按危险货物具有的危险性或最主要的危险性把危险货物分为9个类别。　(　)

**答案**:✓

**题解**:《危险货物分类和品名编号》(GB 6944—2005)的第4条分类:"按危险货物具有的危险性或最主要的危险性把危险货物分为9个类别。"有些类别再分成项别。类别和项别的号码顺序并不是危险程度的顺序。

18. 危险货物类别和项别的号码顺序并不是危险程度的顺序。(　)

**答案**:✓

**题解**:参见第 17 题。

19.《危险货物分类和品名编号》(GB 6944—2005)把第 1 类爆炸品划分为 6 项。 ( )

**答案**:✓

**题解**:《危险货物分类和品名编号》(GB 6944—2005)中将第 1 类爆炸品划分为:“第 1.1 项:有整体爆炸危险的物质和物品;第 1.2 项:有迸射危险,但无整体爆炸危险的物质和物品;第 1.3 项:有燃烧危险并有局部爆炸危险或局部迸射危险货这两种危险都有,但无整体爆炸危险的物质和物品;第 1.4 项:不呈现重大危险的物质和物品;第 1.5 项:有整体爆炸危险的非常不敏感的物质;第 1.6 项:无整体爆炸危险的极端不敏感物品。”

20.《危险货物分类和品名编号》(GB 6944—2005)中,根据气体在运输中的主要危险性把第 2 类气体分为 2.1 项易燃气体、2.2 项非易燃无毒气体、2.3 项毒性气体。 ( )

**答案**:✓

**题解**:《危险货物分类和品名编号》(GB 6944—2005)第 4.2 条要求:“第 2 类　气体

本类气体指:

a)在 50℃时,蒸气压力大于 300kPa 的物质;或

b)20℃时在 101.3kPa 标准压力下完全是气态的物质。

本类包括压缩气体、液化气体、溶解气体和冷冻液化气体、一种或多种气体与一种或多种其他类别物质的蒸气的混合物、充有气体的物品和烟雾剂。

第 2 类根据气体在运输中的主要危险性分为 3 项。

4.2.1　第 2.1 项　易燃气体

本项包括在 20℃和 101.3kPa 条件下:

a)与空气的混合物按体积分数占 13%或更少时可点燃的气体;或

b)不论易燃下限如何,与空气混合,燃烧范围的体积分数至少为 12%的气体。

4.2.2　第 2.2 项　非易燃无毒气体

在 20℃压力不低于 280kPa 条件下运输或以冷冻液体状态运输的气体,并且是:

a)窒息性气体——会稀释或取代通常在空气中的氧气的气体;或

b)氧化性气体——通过提供氧气比空气更能引起或促进其他材料燃

烧的气体;或

c)不属于其他项别的气体。

4.2.3　第2.3项　毒性气体

本项包括:

a)已知对人类具有的毒性或腐蚀性强到对健康造成危害的气体;或

b)半数致死浓度$LC_{50}$值不大于5 000mL/m$^3$,因而推定对人类具有毒性或腐蚀性的气体。"

注:具有两个项别以上危险性的气体和气体混合物,其危险性先后顺序为2.3项优先于其他项,2.1项优先于2.3项。

21.《危险货物分类和品名编号》(GB 6944—2005)中,第3类易燃液体不分项。　(　　)

**答案:**✓

**题解:**《危险货物分类和品名编号》(GB 6944—2005)第4.3条要求:"第3类　易燃液体

本类包括:

a)易燃液体:

在其闪点温度(其闭杯试验闪点不高于60.5℃,或其开杯试验闪点不高于65.6℃)时放出易燃蒸气的液体或液体混合物,或是在溶液或悬浮液中含有固体的液体;本项还包括:在温度等于或高于其闪点的条件下提交运输的液体;或以液态在高温条件下运输或提交运输、并在温度等于或低于最高运输温度下放出易燃蒸气的物质。

b)液态退敏爆炸品。"

22.《危险货物分类和品名编号》(GB 6944—2005)中,第4类易燃固体、易于自燃物质、遇水放出易燃气体的物质分为4.1项易燃固体、4.2项易于自燃物质、4.3项遇水放出易燃气体的物质。　(　　)

**答案:**✓

**题解:**《危险货物分类和品名编号》(GB 6944—2005)第4.4条要求:"第4类　易燃固体、易于自燃物质、遇水放出易燃气体的物质

第4类分为3项。

4.4.1　第4.1项　易燃固体

本项包括:

a)容易燃烧或摩擦可能引燃或助燃的固体;

b)可能发生强烈放热反应的自反应物质;

c)不充分稀释可能发生爆炸的固态退敏爆炸品。

4.4.2　第4.2项　易于自燃的物质

本项包括：

a)发火物质；

b)自热物质。

4.4.3　第4.3项　遇水放出易燃气体的物质

与水相互作用易变成自燃物质或能放出危险数量的易燃气体的物质。”

23.《危险货物分类和品名编号》(GB 6944—2005)中，第5类氧化性物质和有机过氧化物分为5.1项氧化性物质、5.2项有机过氧化物。　(　　)

**答案**：✓

**题解**：《危险货物分类和品名编号》(GB 6944—2005)第4.5条要求：“第5类　氧化性物质和有机过氧化物

第5类分为2项。

4.5.1　第5.1项　氧化性物质

本身不一定可燃，但通常因放出氧或起氧化反应可能引起或促使其他物质燃烧的物质。

4.5.2　第5.2项　有机过氧化物

分子组成中含有过氧基的有机物质，该物质为热不稳定物质，可能发生放热的自加速分解。该类物质还可能具有以下一种或数种性质：

a)可能发生爆炸性分解；

b)迅速燃烧；

c)对碰撞或摩擦敏感；

d)与其他物质起危险反应；

e)损害眼睛。”

24.《危险货物分类和品名编号》(GB 6944—2005)中，第6类毒性物质和感染性物质分为6.1项毒性物质、6.2项感染性物质。　(　　)

**答案**：✓

**题解**：《危险货物分类和品名编号》(GB 6944—2005)第4.6条要求：“第6类　毒性物质和感染性物质

第6类分为2项。

4.6.1　第6.1项　毒性物质

经吞食、吸入或皮肤接触后可能造成死亡或严重受伤或健康损害的物质。

毒性物质的毒性分为急性口服毒性、皮肤接触毒性和吸入毒性。分别用口服毒性半数致死量 $LD_{50}$、皮肤接触毒性半数致死量 $LD_{50}$,吸入毒性半数致死浓度 $LC_{50}$ 衡量。

经口摄取半数致死量:固体 $LD_{50} \leqslant 200mg/kg$,液体 $LD_{50} \leqslant 500\ mg/kg$;经皮肤接触 24h,半数致死量 $LD_{50} \leqslant 1\ 000mg/kg$;粉尘、烟雾吸入半数致死浓度 $LC_{50} \leqslant 10mg/L$ 的固体或液体。

4.6.2 第6.2项 感染性物质

含有病原体的物质,包括生物制品、诊断样品、基因突变的微生物、生物体和其他媒介,如病毒蛋白等。"

25.《危险货物分类和品名编号》(GB 6944—2005)中,第7类放射性物质不分项。 (  )

**答案:**✓

**题解:**《危险货物分类和品名编号》(GB 6944—2005)第4.7条要求:"第7类 放射性物质

含有放射性核素且其放射性活度浓度和总活度都分别超过 GB 11806 规定的限值的物质。"

26.《危险货物分类和品名编号》(GB 6944—2005)中,第8类腐蚀性物质不分项。 (  )

**答案:**✓

**题解:**《危险货物分类和品名编号》(GB 6944—2005)第4.8条要求:"第8类 腐蚀性物质

通过化学作用使生物组织接触时会造成严重损伤、或在渗漏时会严重损害甚至毁坏其他货物或运载工具的物质。

腐蚀性物质包含与完好皮肤组织接触不超过4h,在14d的观察期中发现引起皮肤全厚度损毁,或在温度55℃时,对S235JR + CR型或类似型号钢或无覆盖层铝的表面均匀年腐蚀率超过6.25mm/a的物质。"

27.《危险货物分类和品名编号》(GB 6944—2005)中,第9类杂项危险物质和物品不分项。 (  )

**答案:**✓

**题解:**《危险货物分类和品名编号》(GB 6944—2005)第4.9条要求:"第9类 杂项危险物质和物品

具有其他类别未包括的危险的物质和物品,如:

a)危害环境物质;

b)高温物质；

c)经过基因修改的微生物或组织。”

28. 每一种危险货物对应一个编号，每一个编号只对应一种危险货物。 (　　)

**答案:**×

**题解:**《危险货物分类和品名编号》(GB 6944—2005)的第5条品名编号规定:“每一危险货物对应一个编号，但对其性质基本相同，运输、存储条件和灭火、急救、处置方法相同的危险货物，也可使用同一编号。”

29. 每一种危险货物对应一个编号，每一个编号对应一种或一种以上危险货物。 (　　)

**答案:**✓

**题解:**参见第28题。

30. 危险货物按其具有的危险程度划分为3个包装类别:I类包装——具有高度危险性的物质;II类包装——具有中等危险性的物质;III类包装——具有轻度危险性的物质。 (　　)

**答案:**✓

**题解:**《危险货物品名表》(GB 12268—2005)第4.2条要求:“除第1类、第2类、第7类、5.2项和6.2项物质以及4.1项自反应物质以外，需要包装的危险货物按其具有的危险程度划分为3个包括类别:

——I类包装:具有高度危险性的物质;

——II类包装:具有中等危险性的物质;

——III类包装:具有轻度危险性的物质。”

31. 在《危险货物品名表》(GB 12268—2005)中，可查到表示危险货物危险程度的包装类别(I、II、III类)。 (　　)

**答案:**✓

**题解:**《危险货物品名表》(GB 12268—2005)第5条要求:“危险货物品名表分为7栏，其中第6栏‘包装类别’是按照联合国包装类别给危险货物划定的类别号码，用I、II、III表示。”即可以在第6栏中查到表示危险货物危险程度的包装类别。

32.《危险货物品名表》(GB 12268—2005)规定，危险货物品名的“编号”采用联合国编号，即4位数编号。 (　　)

**答案:**✓

**题解:**《危险货物品名表》(GB 12268—2005)的前言中要求:“修改了原

标准中危险货物品名的编号方法,采用联合国编号。将原标准中的危险货物品名编号作为过渡列在'备注'栏。"这里的原标准是指《危险货物品名表》(GB 12268—1990)。

33. 化学爆炸必须同时具备3个因素:(1)反应速度快;(2)释放出大量的热;(3)产生大量气体生成物。　　(　　)

**答案:**✓

**题解:**化学爆炸是指物质因得到起爆的能量而迅速分解,释放出大量的气体和热量的过程。化学爆炸必须同时具备3个因素:(1)反应速度快;变化以高速进行,并在瞬间完成。只有高速才能使爆炸产物的体积、能量、密度急骤增大而致爆。(2)释放出大量的热;热量是爆炸作功的能量来源,没有大量的热放出,爆炸反应不可能完成,更不能形成高温、高压、高能量气体而膨胀作功。(3)产生大量气体生成物。

34. 引起某爆炸品爆炸所需的起爆能量越小,该爆炸品的敏感度越高,危险性也越小。　　(　　)

**答案:**×

**题解:**爆炸品需要外界提供一定量的能量才能触发爆炸反应,否则爆炸反应就不能进行。外界提供的能量也称为起爆能,通常是以引起爆炸反应的最小外界能量来表示。引起某爆炸品爆炸所需的起爆能量越小,说明该爆炸品的敏感度越高,越容易爆炸,危险性也越大。

35. 气体的爆炸范围越大,则其燃烧的可能性越大。　　(　　)

**答案:**✓

**题解:**燃烧需要氧气,空气中含有1/5的氧气即可助燃。某种可燃气体散发在空间与空气混合后,如果可燃气浓度太低,则可供燃烧的物质太少,燃烧不能进行;反之,如果可燃气浓度太高,则供氧不足,也不能使燃烧进行。混合气体能发生燃烧爆炸的最低浓度称爆炸下限,最高浓度称爆炸上限。爆炸上限和爆炸下限之差,为爆炸范围。气体的爆炸范围越大、爆炸下限越低和爆炸上限越高时,其燃烧的可能性越大,也就越易燃,越危险。这是因为爆炸极限越宽则出现爆炸条件的机会就多;爆炸下限越低则可燃物稍有泄漏就会形成爆炸条件;爆炸上限越高则有少量空气渗入容器,就能与容器内的可燃物形成爆炸条件。

36. 临界温度低于常温的气体是压缩气体,临界温度高于常温的气体是液化气体。　　(　　)

**答案:**✓

**题解**:参见选择题第4题。

37. 氧化性物质本身不一定可燃,但可以放出氧而引起其他物质的燃烧。（　）

**答案**:✓

**题解**:《危险货物分类和品名编号》(GB 6944—2005)中将第5.1项氧化性物质定义为:“本身不一定可燃,但通常因放出氧或起氧化反应可能引起或促使其他物质燃烧的物质。”

38. 所有的可燃物都是危险货物。（　）

**答案**:×

**题解**:可燃物,顾名思义,就是可以燃烧的物质。但并不是所有的可燃物都是危险货物,也有一些不属于危险货物,例如:木材是可燃物,但不是危险货物。

39. 如果一种危险货物既有主要危险性,也具有比较重要的次危险性,那么在运输此类物质时,应在包装上分别标有主次两种危险性标志。（　）

**答案**:✓

**题解**:参见第8题。这些次要特性也会酿成大事故,所以在运输过程中,不仅要在包装上标有主标志,还需要副标志,以引起运输装卸及储存人员的注意。

40. 当炸药内混入坚硬物质如玻璃、铁屑、砂石等时,则其撞击感度增加,危险性降低。（　）

**答案**:×

**题解**:炸药的纯净度对炸药的撞击感度有很大的影响,当炸药内混入坚硬物质如玻璃、铁屑、砂石等时,撞击感度增加,危险性也增大。

# 第三章　包装及装卸安全知识

(110题,其中包装知识题50题、装卸安全知识题60题)

**一)危险货物运输包装知识**(50题,其中选择题30题、判断题20题)

**(一)选择题**(30题)

1. 压缩气体和液化气体,处于较高压力下使用的是(　　)包装。

A. 玻璃瓶　　B. 耐压钢瓶　　C. 普通铁桶

**答案**:B

**题解**:无论是压缩气体还是液化气体,都必须经过加压才能储存于容器中,所以其专用包装都必须能承受一定程度的内压力,一般都是使用耐压钢瓶盛装压缩气体和液化气体的。不同气体的临界温度和临界压力不同,耐压钢瓶所承受的内压也不同。

这里介绍一下道路危险货物运输常用的压力容器:

(1)压力容器(罐体)——承压容器,是指盛装气体或者液体,承载一定压力的密闭设备,其范围规定为最高工作压力大于或者等于0.1MPa(表压),且压力与容积的乘积大于或者等于2.5MPa·L的气体、液化气体和最高工作温度高于或者等于标准沸点的液体的固定式容器和移动式容器①。

(2)气瓶是指盛装公称工作压力大于或者等于0.2MPa(表压),且压力与容积的乘积大于或者等于1.0 MPa·L的气体、液化气体和标准沸点等于或者低于60℃液体的压力容器②。

2.一般来说,液体货物的包装强度应(　　)。

A.比固体货物的高　B.比固体货物的低　C.和固体货物的一样

**答案**:A

**题解**:盛装液体货物的包装,考虑到液体货物热胀冷缩系数比固体大,在温度变化时容易出现"鼓桶",甚至爆炸等现象。同时,液体的流动性好,易泄漏。所以液体货物的包装强度应比固体的高。

3.下列需要采取严密包装的货物是(　　)。

A.油浸的纸、棉、绸、麻等及其制品　B.液氧

C.双氧水

**答案**:B

**题解**:油浸的纸、棉、绸、麻等及其制品需要用透笼箱包装,以保持良好的通风;双氧水受热或经振动即分解释放出原子氧,有爆炸危险。所以,双氧水($H_2O_2$)的包装应有出气小孔,以随时排出分解出的$O_2$,释放出容器内的压力。液氧一般使用完全密封的耐压钢瓶装,故选择B。

4.根据包装性能的要求,严密封口可分为气密封口、牢固封口和(　　)3种。

A.不透气封口　B.固态封口　C.液密封口

**答案**:C

---

①《特种设备安全监察条例》第八十八条。

②《特种设备安全监察条例》第八十八条。

**题解**:根据包装性能的要求,严密封口可分为气密封口(即不透气的封口)、牢固封口(即封口关闭的严密程度应使所装的干燥物质在正常运输过程中不致漏出)和液密封口(即不透水的封口)3种。

5. 国家标准(　　)中,有说明货物在装卸、保管、运输、开启时应注意的事项。

A.《危险货物包装标志》(GB 190)

B.《包装储运图示标志》(GB 191)

C.《危险货物运输包装通用技术条件》(GB 12463)

**答案**:B

**题解**:包装储运图示标志是根据货物对易碎、易残损、易变质、怕热、怕冻等有特殊要求所提出的搬运、储存、保管以及运输安全等的注意事项。《包装储运图示标志》(GB 191)中规定了包装储运图示标志的名称、图形、尺寸、颜色及使用方法,这些标志用于说明货物在装卸、保管、运输、开启时应注意的事项。其适用于各种货物的运输包装。

6. 压缩气体和液化气体危险货物的专用包装,其最显著的特点是能承受一定程度的内压力,所以称为(　　)。

A. 安瓿瓶　　B. 压力容器包装　　C. 玻璃瓶

**答案**:B

**题解**:压缩气体和液化气体都是经压缩或降温加压后,储存于耐压容器或特制的高绝热耐压容器(俗称钢瓶)内或装有特殊溶剂的耐压容器中,这些容器都具有能承受一定压力的特点,所以统称为压力容器包装。

7. 用于盛装危险货物的木桶,一般规定容积不得超过(　　),净重不得超过50kg。

A. 40L　　B. 50L　　C. 60L

**答案**:C

**题解**:木桶主要有桩形木桶、鼓形木桶(即琵琶桶)、胶合板桶、纤维板桶包装等,用于盛装危险货物的木桶,一般规定容积不得超过60L,净重不得超过50kg。

**答案**:B

**题解**:《公路水路危险货物运输包装基本要求和性能试验》(JT 0017—88)第6.5条要求:

"6.5 木桶　1C

木琵琶桶　2C

6.5.1　所用木材应质量良好,……。

……

6.5.5　最大容积为50L。

6.5.6　最大净重为50kg。”

8. 一般(　　)适用于装腐蚀性液体。

A. 胶合板桶　　B. 铝桶　　C. 铁桶

**答案:** B

**题解:** 胶合板桶适用于装粉末状货物,铁桶可以用来盛放液体,但不能用于腐蚀性液体,因为腐蚀性液体对铁有腐蚀作用,而铝桶具有很好的抗腐蚀性,一般用铝桶来装腐蚀性液体。

9. 国际标准的集装箱(20ft、40ft),是以(　　)尺寸来划分规格的。

A. 高度　　B. 宽度　　C. 长度

**答案:** C

**题解:** 集装箱是一种现代化的运输单元,实际也是一种容器。考虑到国际间和各种运输方式之间的联运,集装箱的大小和规格都有国际标准;国际标准的集装箱宽为8ft(英尺),高为8ft或8ft 6in(8英尺6英寸),长有10ft、20ft、30ft、40ft不等。因其断面尺寸基本相同,箱子的大小在于长度的变化,即以长度的尺寸作为集装箱的规格,如20ft、40ft箱等。

10. 铁皮箱一般用于盛装(　　)。

A. 腐蚀性的液体　　B. 黏稠状的液体

C. 块状固体或作销售包装的外包装

**答案:** C

**题解:** 铁皮箱采用黑铁皮或白铁皮制成,箱内用合适材料作为衬套;铁皮箱一般用于装块状固体或作销售包装的外包装;液体货物(如腐蚀性液体)一般使用铝桶装,固体、粉状等一般使用木板桶装。

11. 运输包装标志是在收货、装卸、搬运、储存保管、送达直至交付的运输全过程中(　　)的重要基础。

A. 区别与辨认货物　　B. 辨认货物　　C. 交付货物

**答案:** A

**题解:** 货物运输包装标志的基本含义,是指用图形或者文字(文字说明、字母标记或阿拉伯数字)在货物运输包装上制作的特定记号和说明事项。运输包装标志有3个方面的内涵:一是运输包装标志是在收货、装卸、搬运、储存保管、送达直至交付的运输全过程中区别与辨认货物的重要基础;二是运输包装标志是一般贸易合同、发货单据和运输保险文件中记载有关事项的基本组成部分;三是运输包装标志还是包装货物正确交接、安全运输、完整交付的基本保证。

12. 按照《包装储运图示标志》(GB 191)规定,图示表示(　　)标志。

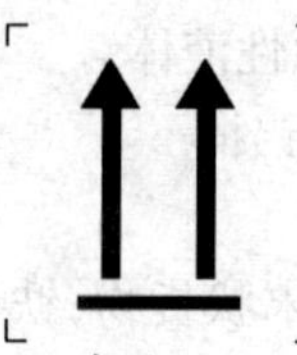

A. 禁止翻滚　　B. 向上　　C. 小心轻放

**答案:**B

**题解:**参见附录四表 4-1 中的序号 3。

13. 按照《包装储运图示标志》(GB 191)规定,图示表示(　　)标志。

A. 禁止翻滚　　B. 向上　　C. 易碎物品

**答案:**C

**题解:**参见附录四表 4-1 中的序号 1。

14. 按照《包装储运图示标志》(GB 191)规定,图示表示(　　)标志。

A. 禁止手钩　　B. 向上　　C. 小心轻放

**答案:**A

**题解:**参见附录四表 4-1 中的序号 2。

15. 按照《包装储运图示标志》(GB 191)规定,图示表示(　　)标志。

A. 禁止翻滚　　　B. 怕晒　　　C. 小心轻放

**答案**:B

**题解**:参见附录四表4-1 中的序号4。

16. 按照《包装储运图示标志》(GB 191)规定,图示表示(　　)标志。

A. 怕雨　　　B. 向上　　　C. 小心轻放

**答案**:A

**题解**:参见附录四表4-1 中的序号6。

17. 按照《包装储运图示标志》(GB 191)规定,图示表示(　　)标志。

A. 禁止翻滚　　　B. 向上　　　C. 重心

**答案**:C

**题解**:参见附录四表4-1 中的序号7。

18. 按照《包装储运图示标志》(GB 191)规定,图示表示(　　)标志。

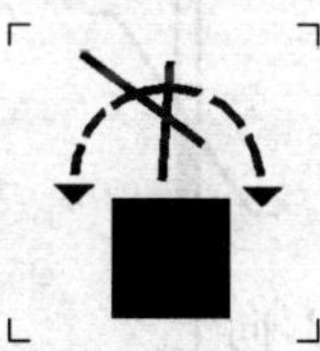

A. 禁止翻滚　　　B. 向上　　　C. 小心轻放

**答案**:A

**题解**:参见附录四表4-1 中的序号8。

19. 按照《包装储运图示标志》(GB 191)规定,图示表示(　　)标志。

A. 禁止翻滚　　B. 向上　　C. 由此夹起

**答案**：C

**题解**：参见附录四表 4-1 中的序号 11。

20. 按照《包装储运图示标志》(GB 191)规定,图示表示(　　)标志。

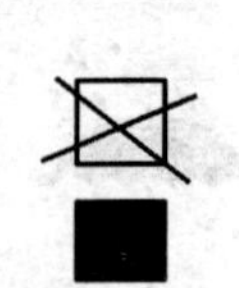

A. 禁止翻滚　　B. 禁止堆码　　C. 小心轻放

**答案**：B

**题解**：参见附录四表 4-1 中的序号 15。

21. 按照《包装储运图示标志》(GB 191)规定,图示表示(　　)标志。

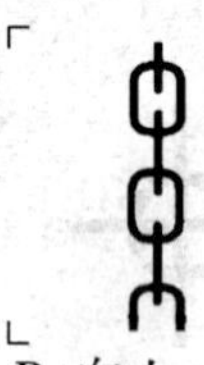

A. 由此吊起　　B. 向上　　C. 小心轻放

**答案**：A

**题解**：参见附录四表 4-1 中的序号 16。

22. 按照《包装储运图示标志》(GB 191)规定,图示表示(　　)标志。

A. 禁止翻滚　　B. 向上　　C. 温度极限

**答案**：C

**题解**：参见附录四表 4-1 中的序号 17。

23. 危险化学品标志的使用原则是,当一种危险化学品具有一种以上的危险性时,应用主标志表示主要危险性类别,并用副标志来表示(　　)危险性类别。

A. 重要　　B. 全部　　C. 次要

**答案**：C

**题解**：《常用危险化学品的分类及标志》(GB 13690—92)第 4.4.1 条要

求:“标志的使用原则,当一种危险化学品具有一种以上的危险性时,应用主标志表示主要危险性类别,并用副标志来表示重要的其他的危险性类别。”

24. 危险化学品标志的使用原则是,当一种危险化学品具有一种以上的危险性时,应用( )表示主要危险性类别,并用副标志来表示次要危险性类别。

A. 标志　　B. 主标志　　C. 指示灯

**答案:**B

**题解:**参见第23题。

25. 危险化学品标志的使用原则是,当一种危险化学品具有一种以上的危险性时,应用主标志表示主要危险性类别,并用( )来表示次要危险性类别。

A. 标志　　B. 符号　　C. 副标志

**答案:**C

**题解:**参见第23题。

26. 危险化学品标志的使用原则是,当一种危险化学品具有一种以上的危险性时,应用主标志表示主要危险性类别,并用副标志来表示( )类别。

A. 品名　　B. 次要危险性　　C. 加工

**答案:**B

**题解:**参见第23题。

27. 道路危险货物运输车辆标志灯上的文字应为( )。

A. 化学品　　B. 危险　　C. 危险物

**答案:**B

**题解:**《道路运输危险货物车辆标志》(GB 13392—2005)第3.2.1.1条要求:“结构　标志灯正、反面中间印有‘危险’字样,侧面印有‘!’,灯罩正面下沿中间嵌有标志灯编号牌。”

28. 道路危险货物运输车辆标志牌的材质为金属板材,形状为( )。

A. 圆形　　B. 三角形　　C. 菱形

**答案:**C

**题解:**《道路运输危险货物车辆标志》(GB 13392—2005)第3.2.2.1条要求:标志牌的材质为金属板材,形状为菱形。

29. 危险货物包装的主要作用是( )。

A. 使商品美观大方　　B. 便于销售　　C. 防止货物泄漏

**答案**:C

**题解**:对于一般商品来说,其包装的主要作用表现为:一是保护商品,便于运输,这是包装最基本的功能;二是扩大销售,增加利润,这是商品市场竞争的必然要求;三是商品包装在一定程度上还反映出一个国家生产力和科学技术的水平,这是一个国家综合国力和科技水平的外在表现。对于危险货物运输包装来说,它是采用一定的材料和技术对危险货物施加的一种保护性措施,以保证其在运输过程种完好无损,是保证运输危险货物安全的基础。

30. 包装是安全的保障,对货物进行包装并确保其符合国家安全运输的要求是(　　)的责任。

A. 经销商　　B. 货主　　C. 托运人

**答案**:C

**题解**:1999 年 10 月 1 日实施的《中华人民共和国合同法》第三百零七条规定:"托运人托运易燃、易爆、有毒、有腐蚀性、有放射性等危险物品的,应当按照国家有关危险物品运输的规定对危险物品妥善包装,作出危险物标志和标签,并将有关危险物品的名称、性质和防范措施的书面材料提交承运人。托运人违反前款规定的,承运人可以拒绝运输,也可以采取相应措施以避免损失的发生,因此产生的费用由托运人承担。"

**(二)判断题**(20 题)

1. 道路运输爆炸品、剧毒化学品的车辆,应在车辆两侧面厢板几何中心部位附近的适当位置各增加悬挂一块标志牌。(　　)

**答案**:✓

**题解**:《道路运输危险货物车辆标志》(GB 13392—2005)第 8.2.2 条要求:"运输爆炸、剧毒危险货物的车辆,应在车辆两侧面厢板几何中心部位附近的适当位置各增加悬挂一块标志牌。"参见附录六。

2. 道路危险货物运输车辆标志是道路危险货物运输车辆区别于其他车辆的主要标示,在危险货物运输过程中起到警示及救援参照作用。(　　)

**答案**:✓

**题解**:《关于认真贯彻国家标准〈道路运输危险货物车辆标志〉的通知》(交公路发〔2006〕204 号)中注明:"道路运输危险货物车辆标志是道路危

险货物运输车辆区别于其他车辆的主要标识,在危险货物运输过程中起到了重要的警示及救援参照作用,一旦发生运输安全事故,抢险救灾部门可根据标志提示,迅速确定危险货物的类别、项别,及时、正确地制订抢险方案,将事故危害降到最低程度。”

3. 质检部门应当对危险化学品的包装物、容器的产品质量进行定期的或者不定期的检查。　(　　)

**答案:**✓

**题解:**《条例》第二十一条规定:“危险化学品的包装物、容器,必须由省、自治区、直辖市人民政府经济贸易管理部门审查合格的专业生产企业定点生产,并经国务院质检部门认可的专业检测、检验机构检测、检验合格,方可使用。

重复使用的危险化学品包装物、容器在使用前,应当进行检查,并作出记录;检查记录应当至少保存2年。

质检部门应当对危险化学品的包装物、容器的产品质量进行定期的或者不定期的检查。”

4.《道路危险货物运输车辆标志》(GB 13392—2005)规定,道路危险货物运输车辆标志分为标志灯和标志牌两类。　(　　)

**答案:**✓

**题解:**《道路危险货物运输车辆标志》(GB 13392—2005)第3.1条要求:“分类 道路运输危险货物车辆标志分为标志灯和标志牌。”

5.《道路危险货物运输车辆标志》(GB 13392—2005)规定,车辆载质量不同,标志灯大小尺寸也不同。　(　　)

**答案:**✓

**题解:**《道路危险货物运输车辆标志》(GB 13392—2005)第3.2.1条对标志灯分类作了具体要求,第3.3.1条对标志灯规格和尺寸作了具体要求。参见附录七。

因此,标志灯是按车辆载质量、安装方式分型的。车辆的载质量不同,标志灯的尺寸大小不同。

6.《道路危险货物运输车辆标志》(GB 13392—2005)规定,车辆载质量不同,标志牌大小尺寸也不同。　(　　)

**答案:**✓

**题解:**《道路危险货物运输车辆标志》(GB 13392—2005)第3.3.2条要求:“标志牌　菱形标志牌的四个内角均为直角,边长、厚度按车辆载质量分型方式确定”。参见附录八。

因此,标志牌也是按照车辆载质量分类的。不同的载质量,标志牌尺寸也不同。

7. 危险货物的衬垫材料应具备缓冲、吸附和缓解作用。 ( )

**答案**:✓

**题解**:衬垫材料一般位于外包装和内包装之间,因为危险货物的特性,对衬垫材料有以下特殊要求:

(1)衬垫材料应具有一定的缓冲作用。即衬垫要能防止冲撞、振动、摩擦等情况发生而对内包装产生机械等方面的损害。

(2)衬垫材料应具有吸附作用,当机械损害力量过分强,以致突破缓冲作用仍使内包装产生损坏隐患时,如果内包装的是液体物质,衬垫材料应能将此液体物质充分吸收,确保其渗漏不会影响到外包装;如果内包装的是粉末状货物,衬垫材料应将其充分吸附,不使其撒漏。

(3)衬垫材料应具有缓解作用,正因为要求衬垫材料有吸附所装货物的作用,衬垫材料有可能直接接触危险货物,因此应对所装货物的危险特性有一定的缓解作用。

8. 具有氧化性的货物,可以使用有机材料作为衬垫。 ( )

**答案**:×

**题解**:有机材料极不稳定,能与氧化性物质发生反应,所以不能使用有机材料作为衬垫。

9.《道路危险货物运输车辆标志》(GB 13392—2005)规定,标志灯按安装方式分为磁吸式、顶檐支撑式、金属托架式3种。 ( )

**答案**:✓

**题解**:《道路危险货物运输车辆标志》(GB 13392—2005)第8.1.1条要求:“标志灯安装于驾驶室顶部外表面中前部(从车辆侧面看)中间(从车辆正面看)位置,以磁吸或顶檐支撑、金属托架方式安装固定。”由此可知,标志灯按安装方式分为磁吸式、顶檐支撑式、金属托架式。

10. 一般来说,危险性大的货物,单件货物重量要小一些。 ( )

**答案**:✓

**题解**:危险性大的货物,发生事故时对周围环境、人民生命财产会造成更大的损失,单件货物重量小一些,可以有效减少引发事故的危险货物数量,降低事故危害,确保安全运输。

11. 道路危险货物运输车辆标志牌按《危险货物分类和品名编号》

(GB 6944—2005)规定的危险货物的类、项和车辆载质量分型。 (　)

**答案:**✓

**题解:**《道路危险货物运输车辆标志》(GB 13392—2005)第8.2.6条要求:"悬挂的标志牌应按GB 6944与所运载危险货物(一种危险货物具有多重危险性时与主要危险性,多种危险货物混装时与主要危险货物的主要危险性)的类、项相对应,与标志灯同时使用。"

12. 一种危险货物同时具有两种以上危险性质的,包装上可以只有表明该货物主特性的主标志。 (　)

**答案:**×

**题解:**《危险货物包装标志》(GB 190—90)第5.3条要求:"每种危险品包装件应按其类别贴相应的标志。但如果某种物质或物品还有属于其他类别的危险性质,包装上除了粘贴该类标志作为主标志以外,还应粘贴表明其他危险性的标志作为副标志,副标志图形的下角不应标有危险货物的类项号。"

13. 一个包装件内装有几种不同性质的危险货物时,这些危险货物的包装标志都应在包装件的外表面上标示。 (　)

**答案:**✓

**题解:**因为危险货物的性质各异,装卸运输的注意事项不同,所以当同一包装件内有不同性质的危险货物时,包装件的外表面均应有危险货物的相应标志。

14. 爆炸品的运输包装必须进行专用包装。 (　)

**答案:**✓

**题解:**由于爆炸品的危害性极大,其运输包装必须进行专用包装,甚至在爆炸品之间都不能相互替用。一般来说,为了保证爆炸品在储运过程中的安全,爆炸品的生产设计者在设计、生产爆炸品时,往往根据本爆炸品所必须满足的防火、防振、防磁等要求,同时也设计了该爆炸品的包装物,而且其包装设计需与爆炸品的设计同时被批准,否则不得进行爆炸品的生产。

15. 某种腐蚀品只能用某种材料包装,若某件包装用于一种腐蚀品后,如能重复使用,也只能用于该腐蚀品而不能移作他用。 (　)

**答案:**✓

**题解:**参见第二章选择题第34题。另外,由于腐蚀性物品对其包装的材料具有一定的腐蚀性,所以需用各种不同的材料来包装各类腐蚀品。某种腐蚀品也只能用某种材料包装，某种包装用于一种腐蚀品后，如能重复使用，也只能用于该种腐蚀品而不能移作他用，以防止两种腐蚀性物质之间发生反应。

16. 国标《危险货物包装标志》(GB 190)把危险货物包装标志分为主标志和副标志两类。 ( )

**答案：**✓

**题解：**参见第12题。由此可知，危险货物包装标志分为主标志和副标志，副标志与主标志的差别是下角是否有危险货物类项号。

17.《道路危险货物运输车辆标志》(GB 13392—2005)规定，标志灯应该是荧光的，标志牌应该是反光的。 ( )

**答案：**✓

**题解：**《道路危险货物运输车辆标志》(GB 13392—2005)第4.1.1条要求："标志灯的光源为荧光物质。按照GB 2893中安全色与对比色的规定，灯罩为荧光黄色，正反面边框线条为黑色，字体为黑色黑体；侧面'!'为黑色黑体，线条、字体和符号使用反光材料附着或印刷。"

18.《包装储运图示标志》(GB 191)中，图示标志名称为"此处不能卡夹"，表明装卸货物时此处不能用夹钳夹持。 ( )

**答案：**✓

**题解：**参见附录四表4-1中的序号12。

19.《包装储运图示标志》(GB 191)中，图示标志名称为"禁用叉车"，表明不能用升降叉车搬运的包装件。 ( )

**答案：**✓

**题解：**参见附录四表4-1中的序号10。

20.《包装储运图示标志》(GB 191)中，图示标志名称为"此面禁用手推车"，表明搬运货物时此面禁放手推车。 ( )

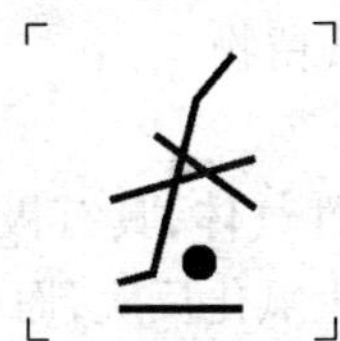

**答案:**✓

**题解:**参见附录四表4-1中的序号9。

**二)装卸安全知识**(60题,其中选择题30题、判断题30题)

**(一)选择题**(30题)

1. 车辆在装运易燃易爆危险货物时,应使用(　　)防护衬垫。

A. 木板或橡胶板　　B. 铁板　　C. 铜板

**答案:**A

**题解:**《汽车运输危险货物规则》(JT 617—2004)第8.1.7条要求:"车辆车厢底板应平整完好,周围栏板应牢固;在装运易燃易爆危险货物时,应使用木质底板等防护衬垫措施。"铁制或铜质防护衬垫都有可能产生电火花,有点燃易燃易爆危险货物的危险。

2. 道路危险货物运输车辆应具有一些特殊的安全设备,如(　　)。

A. 导静电拖地带　　B. 千斤顶　　C. 安全带

**答案:**A

**题解:**《汽车运输危险货物规则》(JT 617—2004)第8.1.5条要求:"运输易燃易爆危险货物车辆的排气管,应安装隔热和熄灭火星装置,并配装符合JT 230规定的导静电橡胶拖地带装置。"由于大部分易燃易爆液体的电阻率大,容易聚集静电,尤其是罐车。其罐体容积大,车辆运行时,液体在罐内漂动、与罐体内壁接触面积增大,极易产生静电,且急需排除。因此,必须安装导静电拖地带。通过拖地带橡胶层中的金属导体与地面接触及时排除静电,从而减少静电的聚集,达到安全运输的目的。同时要求无论重车还是空车,必须将拖地带的一端接地,避免需要排除静电时而没有接地造成意外。有关阻火器、导静电拖地带的技术要求等,参见《机动车排气火花熄灭器性能要求和实验方法》(GB 13365)和《汽车导静电橡胶拖地带》(JT 230)。千斤顶和安全带是普通运输车辆都必须配备的安全设备。

3. 在装运氧气等强氧化性气体时,应对车厢进行清理,绝对不能在车厢内存留(　　)。

A. 木板、橡胶板　　B. 钢索、铁架

C. 油脂或含有油脂的残留物

**答案:**C

**题解:**由于氧气等强氧化性气体,具有极强的氧化性,当遇到可燃的油脂类物质时,能使油脂迅速发生氧化反应,而且高压气流与瓶口摩擦产生的热量又进一步加速氧化反应的进行,沾染在氧气瓶或减压阀上的油脂就会迅速引起燃烧,甚至爆炸。所以,在装运氧气等强氧化性气体时,应对车厢进行清理,绝对不能在车厢内存留油脂或含有油脂的残留物。

4. 盛装过危险货物的空容器,未经清洗、消毒处理的,必须按(　　)条件办理托运。

A. 原装货物　　B. 普通货物

C. 原装货物或普通货物

**答案:**A

**题解:**《汽车运输危险货物规则》(JT 617—2004)第 6.5 条要求:"盛装过危险货物的空容器,未经消除危险处理、有残留物的,仍按原装危险货物办理托运。"主要是因为容器内的残留物仍具有危险性(如装液氯的容器卸货时,容器要留有预压力,不能放干净)。且不同危险货物之间可能会发生反应,可能造成不可预料的事故。

5. 道路运输易燃危险货物的作业现场必须严禁烟火,应划定警戒区,一般半径(　　)米内不得有热源或明火。

A. 10　　B. 15　　C. 30

**答案:**C

**题解:**略。

6. 装载货物时,高出栏板的最上一层包装件,堆码应从车厢两面向内错位骑缝,超出车厢前挡板的部分不得大于包装件高度的(　　)。

A. 1/2　　B. 1/3　　C. 1/4

**答案:**A

**题解:**《汽车运输、装卸危险货物作业规程》(JT 618—2004)第 4.2.3.5 条要求:"装卸作业时应根据危险货物包装的类型、体积、重量、件数等情况和包装储运图示标志的要求,采取相应的措施,轻装轻卸,谨慎操作。同时应做到:

a)堆码整齐,紧凑牢靠,易于点数;

b)装车堆码时,桶口、箱盖朝上,允许横倒的桶口及袋装货物的袋口应朝里;卸车堆码时,桶口、箱盖朝上,允许横倒的桶口及袋装货物的袋口应

朝外;

c)装卸平衡;堆码时应从车厢两侧向内错位骑缝堆码,高出栏板的最上一层包装件,堆码超出车厢前挡板的部分不得大于包装件本身高度的二分之一;

d)装车后,货物应用绳索捆扎牢固;易滑动的包装件,需用防散失的网罩覆盖并用绳索捆扎牢固或用毡布覆盖严密;需用多块毡布覆盖货物时,两块毡布中间接缝处须有大于15cm的重叠覆盖,且货厢前半部分毡布需压在后半部分的毡布上面;

e)包装件体积为450L以上的易滚动危险货物应紧固;

f)带有通气孔的包装件不准倒置、侧置,防止所装货物泄漏或混入杂质造成危害。"

7. 装运高出栏板的货物,装车后,必须用绳索捆扎牢固,易滑动的包装件,需用两块苫布覆盖货物时,中间接缝处须有大于(　　)的重叠覆盖。

A. 10cm　　B. 15cm　　C. 5cm

**答案**:B

**题解**:参见第6题d)。

8. 装卸爆炸品、有机过氧化物、剧毒品时,装卸机具应按小于额定负荷的(　)使用。

A. 90%　　B. 100%　　C. 75%

**答案**:C

**题解**:《汽车运输、装卸危险货物作业规程》(JT 618—2004)第4.2.3.7条要求:"装卸危险货物的托盘、手推车应尽量专用。装卸前,要对装卸机具进行检查。装卸爆炸品、有机过氧化物、剧毒品时,装卸机具的最大装载量应小于其额定负荷的75%。"

9. 用两块苫布覆盖车厢内的危险货物时,中间接缝必须(　　)。

A. 前苫布压在后苫布上　　B. 后苫布压在前苫布上

C. 前苫布与后苫布可以随意搭接

**答案**:A

**题解**:参见第6题d)。

10. 道路危险货物运输从业人员,在装卸、运输危险货物时(　　)。

A. 可以吸烟　　B. 严禁吸烟　　C. 吸不吸烟都行

**答案**:B

**题解**:有些危险货物极易燃,一旦遇到明火就有可能被点燃甚至发生爆炸,吸烟时产生的火星属于明火,一旦火星接触到危险货物就会发生燃烧爆炸事故,造成难以挽回的损失,所以道路危险货物运输从业人员,在装卸、运输危险货物时严禁吸烟。

11. 装卸加入稳定剂的危险货物时,若包装物变形、发热等异常现象,应(　　)。

A. 继续装卸　　B. 拒绝装卸　　C. 协商装卸

**答案:**B

**题解:**《汽车运输、装卸危险货物作业规程》(JT 618—2004)第5.5.3.1条要求:"对加入稳定剂或需控温运输的氧化剂和有机氧化物,作业时应认真检查包装,密切注意包装有无渗漏及膨胀(鼓桶)情况,发现异常应拒绝装运。"

12. 道路危险货物运输车辆停靠货垛时,应听从作业区指挥人员的指挥,车辆与货垛之间要(　　)。

A. 留有人行通道　　B. 留有安全距离　　C. 紧靠

**答案:**B

**题解:**《汽车运输、装卸危险货物作业规程》(JT 618—2004)第4.2.3.2条要求:"运输危险货物的车辆应按装卸作业的有关安全规定驶入装卸作业区,应停放在容易驶离作业现场的方位上,不准堵塞安全通道。停靠货垛时,应听从作业区业务管理人员的指挥,车辆与货垛之间要留有安全距离。待装卸的车辆与装卸中的车辆应保持足够的安全距离。"

13. 装车完毕后车辆起步前,(　　)应对货物的堆码、遮盖、捆扎等安全措施及对影响车辆起动的不安全因素进行检查,确认无不安全因素后,方可起步。

A. 驾驶人员　　B. 押运人员　　C. 装卸管理人员

**答案:**A

**题解:**《汽车运输、装卸危险货物作业规程》(JT 618—2004)第4.2.1.6条要求:"装车完毕后车辆起步前,驾驶人员应对货物的堆码、遮盖、捆扎等安全措施及对影响车辆起动的不安全因素进行检查,确认无不安全因素后方可起步。"

14. 装运液化石油气的罐车,当罐车内温度达到(　　)时,应采取遮阳或罐外冷水降温措施。

A. 30℃　　B. 40℃　　C. 50℃

**答案:**B

**题解:**《汽车运输、装卸危险货物作业规程》(JT 618—2004)第8.1.1.1条要求:"运输液化石油气罐车应按当地公安部门规定的路线、时间和车速行驶,不准带拖挂车,不得携带其他易燃、易爆危险物品。罐体内温度达到40℃时,应采取遮阳或罐外冷水降温措施。"

15. 装载易燃液体罐车必须配备不少于(　　)个与所装载液体危险货物相适应的灭火器或有效的灭火设施。

A. 1　　B. 4　　C. 2

**答案:**C

**题解:**《汽车运输液体危险货物常压容器(罐体)通用技术条件》(GB 18564—2001)第4.12.1条要求:"车辆必须配备不少于2个与所载液体相适应的灭火器或有效的灭火设施。"以防止在事故救援过程时因某一灭火器故障或失效,而延误最佳救援时机,扩大事故后果。

16. 罐车装卸时,现场人员应站在(　　)处,密切注视进料情况,防止货物溢出。

A. 上风　　B. 下风　　C. 上风下风均可

**答案:**A

**题解:**《汽车危险货物运输、装卸作业规程》(JT 618—2004)第6.3.3.1条要求:"装卸作业现场应通风良好。装卸作业时操作人员应站在上风处工作。"第6.3.3.2条要求:"装卸前要联好防静电装置。易燃易爆品的装卸工具要有防止产生火花的性能。装卸时应轻开、轻关孔盖,密切注视进出料情况,防止溢出。"罐车在装卸危险货物时,如发生泄漏、溢出,当现场人员应站在上风处,可以避免或减少危险货物的伤害。

17. 各种易燃气体压力罐车装卸时,应检查管道接头、仪表、泄压阀等安全装置的情况良好,并接通(　　)装置。

A. 导除静电　　B. 电路　　C. 油路

**答案:**A

**题解:**参见第2题。

18. 集装箱装箱作业前应进行检查,确认集装箱技术状态良好并清扫干净,应(　　)。

A. 去除无关标志、标记和标识　　B. 先装普货再装危货

C. 先装危货再装普货

**答案:**A

**题解:**《汽车运输、装卸危险货物作业规程》(JT 618—2004)第7.1条要

求:"装箱作业前,应详细检查所装集装箱,确认集装箱技术状态良好并清扫干净,去除无关标志、标记和标牌。"

19. 液化石油气装卸作业前应接好(　　),以保障作业安全。

A. 灯光　　B. 导除静电装置　　C. 喇叭

**答案:**B

**题解:**《汽车运输危险货物规则》(JT 617—2004)第 8.1.5 条要求:"运输易燃易爆危险货物车辆的排气管,应安装隔热和熄灭火星装置,并配装符合 JT230 规定的导静电橡胶拖地带装置。"《汽车运输、装卸危险货物作业规程》(JT 618—2004)第 8.1.2.1 条要求:"作业前应接好安全地线,管道和管接头连接应牢固,并排尽空气。"液化石油气属于易燃易爆危险货物,装卸作业前必须先接好导除静电装置,防止静电积聚,以保障作业安全。

20. 装卸危险货物过程中,需要移动车辆,应先(　　),在保证安全的情况下,才能移动。

A. 进食　　B. 休息　　C. 关上车厢门或栏板

**答案:**C

**题解:**《汽车运输、装卸危险货物作业规程》(JT 618—2004)第 4.2.3.6 条要求:"装卸过程中需要移动车辆时,应先关上车厢门或栏板。若车厢门或栏板在原地关不上时,应有人监护,在保证安全的前提下才能移动车辆。起步要慢,停车要稳。"

21. 道路危险货物运输罐车卸货前,应确认所卸货物与贮罐所标货物名称是否(　　)。

A. 相似　　B. 相符　　C. 不同

**答案:**B

**题解:**《汽车运输、装卸危险货物作业规程》(JT 618—2004)第 6.3.3.4 条要求:"卸料时,贮罐所标货名应与所卸货物相符;卸料导管应支撑固定,保证卸料导管与阀门的连接坚固;要逐渐缓慢开启阀门。"

22. 散装煤焦油沥青在高温季节应在(　　)时间段进行运输装卸作业。

A. 中午　　B. 早晚　　C. 吃饭

**答案:**B

**题解:**《汽车运输、装卸危险货物作业规程》(JT 618—2004)第 6.1.4 条要求:"高温季节,散装煤焦沥青应在早晚时段进行装卸。"

23. 装运腐蚀性物质的车厢和装卸工具不得沾有(　　)。

A. 玻璃碴　　B. 砂土　　C. 氧化性物质

**答案:**C

**题解:**《汽车运输、装卸危险货物作业规程》(JT 618—2004)第5.8.3.4条要求:"有机腐蚀品严禁接触明火、高温或氧化剂。"

24. 道路危险货物运输的车辆应按(　　)驶入装卸作业区。

A. 个人习惯　　B. 任意路线

C. 装卸作业的有关安全规定

**答案:**C

**题解:**参见第12题。

25. 装卸人员在装卸危险货物时,发现有包装破损的危险货物,应(　　)。

A. 继续装运　　B. 拒绝装运　　C. 商量装运

**答案:**B

**题解:**《汽车运输、装卸危险货物作业规程》(JT 618—2004)第4.2.3.4条要求:"装卸作业前应对照运单,核对危险货物名称、规格、数量,并认真检查货物包装。货物的安全技术说明书、安全标志、标识、标志等与运单不符或包装破损、包装不符合有关规定的货物应拒绝装车。"

26. 装卸易燃易爆危险货物的作业场所应有(　　)和避雷装置。

A. 加温　　B. 防静电　　C. 冷却

**答案:**B

**题解:**《汽车运输、装卸危险货物作业规程》(JT 618—2004)第4.2.3.1条要求:"装卸作业现场要远离热源,通风良好;电器设备应符合国家有关规定要求,严禁使用明火灯具照明,照明灯应具有防爆性能;易燃易爆货物的装卸场所要有防静电和避雷装置。"

27. 装卸电石时,不宜在(　　)环境下作业。

A. 高温　　B. 夜晚　　C. 潮湿

**答案:**C

**题解:**《汽车运输、装卸危险货物作业规程》(JT 618—2004)第5.4.3.4条要求:"遇湿易燃物品,不宜在潮湿的环境下装卸。若不具备防雨雪、防潮湿的条件,不准进行装卸作业。"电石是遇湿易燃物品,有强烈的吸湿性,能从空气中吸收水分而发生反应,放出乙炔(电石气),并放出大量的热,乙炔气与空气中的氧混合极易发生爆炸。所以装卸电石时,不宜在潮湿环境下作业。

“电石”和“乙炔”的有关特性分别参见附录三中的表3-7和表3-22。

28. 危险货物装车时，必须进行(　　)。

A. 开封检验　　B. 核查登记　　C. 过磅秤重

**答案:**B

**题解:**《汽车运输、装卸危险货物作业规程》(JT 618—2004)第4.2.3.4条要求：“装卸作业前应对照运单，核对危险货物名称、规格、数量，并认真检查货物包装。货物的安全技术说明书、安全标志、标识、标志等与运单不符或包装破损、包装不符合有关规定的货物应拒绝装车。”

29. 道路危险货物装卸完毕后，作业现场应(　　)。

A. 保持原样　　B. 清扫干净　　C. 加大照明

**答案:**B

**题解:**参见第一章判断题第57题。

30. 装卸易燃液体危险货物时，不准(　　)。

A. 桶口朝上　　B. 箱口朝上　　C. 撞击、摩擦

**答案:**C

**题解:**《汽车运输、装卸危险货物作业规程》(JT 618—2004)第5.3.3.1条要求：“装卸作业现场应远离火种、热源。操作时货物不准撞击、摩擦、拖拉；装车堆码时桶口，箱盖一律向上，不得倒置；集装货物，堆码整齐；装卸完毕，应罩好网罩，捆扎牢固。”

**(二)判断题**(30题)

1. 装卸氧化性物质或有机过氧化物时，应根据装卸工具和场地的操作规程，防止货物剧烈振动、摩擦。(　　)

**答案:**✓

**题解:**氧化性物质或有机过氧化物，性质都不稳定，受热易分解，尤其是受到振动、冲击、摩擦或遇热时即分解且放出热量，容易引起燃烧或形成爆炸性混合物。因此，在装卸氧化性物质或有机过氧化物时，应根据装卸工具和场地的操作规程，防止货物剧烈振动和摩擦。

2. 为方便随时移车，装卸危险货物时车辆发动机必须始终保持运转状态。(　　)

**答案:**×

**题解:**《汽车运输、装卸危险货物作业规程》(JT 618—2004)第4.2.3.3条要求：“装卸作业前，车辆发动机应熄火，并切断总电源(需从车辆上取得

动力的除外)。在有坡度的场地装卸货物时,应采取防止车辆溜坡的有效措施。”

3. 为保证照明,道路危险货物装卸场所的照明灯具一般选用较大瓦数的白炽灯。 (　)

**答案:**×

**题解:**白炽灯泡表面温度很高,能烤燃与其接触或邻近的可燃物。在一般散热条件下,白炽灯泡的表面温度随着其功率增大而增大。所以道路危险货物装卸场所的照明灯具不能选用较大瓦数的白炽灯,应按照要求合理配置照明设施。

4. 凡重复使用的包装,所装货物必须与原装货物无抵触。 (　)

**答案:**✓

**题解:**因危险货物性质各异,相抵触的危险货物会发生反应,故重复使用的包装,所装货物必须与原装货物无抵触。

5. 装车前发现危险货物包装破损,应由发货人调换包装或修理加固后,方可运输。 (　)

**答案:**✓

**题解:**《汽车运输危险货物规则》(JT 617—2004)第7.3条要求:“危险货物装运前应认真检查包装的完好情况,当发现破损、撒漏,托运人应调换包装或修理加固,否则承运人应拒绝运输。”

6. 被危险货物污染过的车辆和工具必须洗刷消毒。 (　)

**答案:**✓

**题解:**参见第一章判断题第57题。

7. 装卸易撒漏、易飞扬的散装粉状危险货物时,应用苫布垫盖,必要时洒水润湿后方可装卸。 (　)

**答案:**×

**题解:**某些危险货物可与水反应,做洒水处理可能会导致货物变质或引发事故。应按《汽车运输、装卸危险货物作业规程》(JT 618—2004)第6.1.2条要求:“易撒漏、飞扬的散装粉状危险货物,装车后应用苫布遮盖严密,必要时应捆扎结实,防止飞扬,包装良好方可装运”处理。

8. 装卸爆炸品应轻拿轻放,严防跌落、摔碰、撞击、拖拉、翻滚、投掷和倒置等。 (　)

**答案:**✓

**题解:**爆炸品在外界作用下(如受热、撞击等),能发生剧烈的化学反应,瞬时产生大量的气体和热量,使周围压力急剧上升而发生爆炸。所以装卸爆炸品应轻拿轻放,严防跌落、摔碰、撞击、拖拉、翻滚、投掷和倒置等。

9. 装运氧气瓶应横向放置平稳,气瓶头部朝向一方,最上一层超过栏板高度时应捆扎牢固。 (  )

**答案:**×

**题解:**《汽车运输、装卸危险货物作业规程》(JT 618—2004)第5.2.3.3条要求:"气瓶应尽量采用直立运输,直立气瓶高出栏板部分不得大于气瓶高度的四分之一。不允许纵向水平装载气瓶。水平放置的气瓶均应横向平放,瓶口朝向应统一;水平放置最上层气瓶不得超过车厢栏板高度。"

10. 新液化气体罐车或检修后首次充装的罐车,允许直接充装,但需特别谨慎。 (  )

**答案:**×

**题解:**《汽车运输、装卸危险货物作业规程》(JT 618—2004)第8.1.2.3条要求:"新罐车或检修后、首次允装的罐车,充装前应作抽真空或充氮置换处理,严禁直接充装。"

11. 装运易燃液体的新罐车,可以不配备静电导除装置。 (  )

**答案:**×

**题解:**《汽车运输、装卸危险货物作业规程》(JT 618—2004)第6.2.1条要求:"运输易燃液体的罐车应有阻火器和呼吸阀,应配备导除静电装置;排气管应安装熄灭火星装置;罐体内应设置防波挡板,以减少液体震荡产生静电。"无论是新罐车还是旧罐车,只要装运易燃液体的车辆,必须装导除静电装置。

12. 盛装易燃液体的钢桶,不得从高处翻滚溜放卸车。装卸时应采取措施防止产生火花,周围需有人员接应,严防钢桶撞击致损。 (  )

**答案:**✓

**题解:**《汽车运输、装卸危险货物作业规程》(JT 618—2004)第5.3.3.2条要求:"钢桶盛装的易燃液体,不得从高处翻滚溜放卸车。装卸时应采取措施防止产生火花,周围需有人员接应,严防钢桶撞击致损。"

13. 撒漏的易燃固体,收集的残留物不能任意排放、抛弃,而应置于原包装内。 (  )

**答案:**×

**题解:**撒漏的易燃固体,收集的残留物不能任意排放、抛弃,而应该另行包装。还应注意,对注有稳定剂的物品,残留物收集后重新包装,也应注入相应的稳定剂。如炸药的纯净度对炸药的撞击感度有很大的影响,当炸药内混入坚硬物质如玻璃、铁屑、砂石等时,撞击感度增加,危险性也增大。

14. 车辆停靠货垛时,应听从作业区指挥人员的指挥,待装、待卸车辆与装卸货物的车辆应保持足够的安全距离,不准堵塞安全通道。（　）

**答案:**√

**题解:**参见选择题第12题。

15. 装运危险货物的集装箱专用车辆,必须配备有效的紧固装置,其紧固装置必须牢固安全、有效。（　）

**答案:**√

16. 集装箱装运危险货物,应考虑危险货物化学性质的抵触性、敏感性。在同一箱体内可适当装入性质相抵触的危险货物。（　）

**答案:**×

**题解:**《汽车运输、装卸危险货物作业规程》(JT 618—2004)第7.2条要求:"装箱作业前,应检查集装箱内有无与待装危险货物性质相抵触的残留物。发现问题,应及时通知发货人进行处理。"集装箱运输时,同一箱体内绝对不能配装化学性质相互抵触的货物,另外,更要注意危险货物的配载规定,如果小箱体达不到隔离间距时,不应强行配装,避免发生不应有的事故。

17. 在装卸毒性物质时,装卸管理人员不能在货物上坐卧、休息,不能用衣袖擦汗。（　）

**答案:**√

**题解:**略。

18. 道路运输易燃易爆危险货物的车辆车厢为铁质底板的,应当采取衬垫防护措施,如铺垫木板、胶合板、橡胶板等。（　）

**答案:**√

**题解:**因为铁底板容易产生电火花,一旦遇到挥发出的易燃易爆危险货物蒸气,就有可能发生燃烧爆炸事故,所以需要铺垫木板、胶合板、橡胶板这些不易产生电火花的衬垫,以确保运输安全。

19. 装卸氧化性物质和有机过氧化物时,车厢内不得有任何酸类及煤屑、木屑、硫磺、磷等可燃物的残留物,车厢必须干净。（　）

**答案:**√

**题解:**《汽车运输、装卸危险货物作业规程》(JT 618—2004)第5.5.1.2条要求运输氧化剂和过氧化物的车辆出车前:"运输货物的车厢与随车工具不得沾有酸类、煤炭、砂糖、面粉、淀粉、金属粉、油脂、磷、硫、洗涤剂、润滑剂或其他松软、粉状可燃物质。”因为氧化性物质和有机过氧化物的化学性质活泼，在遇酸、受热、受潮或接触有机物、还原后即可分解放出热量和原子氧，引起燃烧或形成爆炸性混合物。

20. 道路危险货物运输车辆装卸完散装液体后，应将装卸管道内剩余的液体清扫干净；可采用泵吸或氮气清扫易燃液体装卸管道。（　）

**答案：**✓

**题解：**《汽车运输、装卸危险货物作业规程》（JT 618—2004）第6.2.7条要求：“装卸作业结束后，应将装卸管道内剩余的液体清扫干净；可采用泵吸或氮气清扫易燃液体装卸管道。”

21. 装卸液化石油气时，驾驶人员可以随意启动车辆。（　）

**答案：**×

**题解：**《液化石油气汽车槽车安全管理规定》第四十三条对槽车的装卸作业必须遵守下列规定：“……。（4）槽车的装卸作业人员应相对稳定，并经培训和考试合格。装卸作业时，操作人员和槽车押运员均不得离开现场。在正常装卸时，不得随意启动车辆。”

22. 装卸爆炸品时，严禁使用会产生火花的工具、机具。（　）

**答案：**✓

**题解：**《汽车运输、装卸危险货物作业规程》（JT 618—2004）第5.1.3.1条对爆炸品的装卸要求：“严禁接触明火和高温；严禁使用会产生火花的工具、机具。”

23. 危险货物装卸作业和一般货物装卸作业的要求完全相同。（　）

**答案：**×

**题解：**由于危险货物自身的特性，在装卸操作环节中容易发生人身损害和财产损失等安全事故。因此，危险货物装卸作业应按相关特性进行作业。

24. 安全装卸是指装卸管理人员只需要把货物按规定数量进行装卸。（　）

**答案：**×

**题解：**安全装卸不仅指把货物按规定数量进行装卸，还应确保整个装卸过程的安全作业。

25. 气瓶直立运输比水平运输更安全、更有效。道路运输气瓶时，应尽量采用直立运输。（　）

**答案：**✓

**题解：**参见第9题。

26. 在任何情况下,均可在装卸作业区内维修道路运输危险货物车辆。 (　　)

**答案:**×

**题解:**《汽车运输、装卸危险货物作业规程》(JT 618—2004)第4.1.10条要求:“禁止在装卸作业区内维修道路运输危险货物车辆。”第4.1.11条要求:“对装有易燃易爆的和有易燃易爆残留物的运输车辆,不得动火修理。确需修理的车辆,应向当地公安部门报告,根据所装载的危险货物特性,采取可靠的安全防护措施,并在消防员监控下作业。”

27. 卸完汽油的油罐车,可以随时动火修理。 (　　)

**答案:**×

**题解:**《汽车运输、装卸危险货物作业规程》(JT 618—2004)第4.1.11条要求:“对装有易燃易爆的和有易燃易爆残留物的运输车辆,不得动火修理。确需修理的车辆,应向当地公安部门报告,根据所装载的危险货物特性,采取可靠的安全防护措施,并在消防员监控下作业。”对卸完汽油的油罐车,不可以立即动火修理,因油罐车内还残存部分汽油,一旦动火修理可能会引起燃烧爆炸。

28. 道路运输燃油罐车卸油时,应确认所卸油品与储油罐所储的油品种类相同时,方可缓慢开启卸油阀门。 (　　)

**答案:**✓

**题解:**《汽车运输、装卸危险货物作业规程》(JT 618—2004)第8.2.2.5条要求:“卸油时应夹好导静电接线,接好卸油胶管,当确认所卸油品与贮油罐所贮的油品种类相同时方可缓慢开启卸油阀门。”

29. 气瓶卸货时,不得溜放或摔掼。 (　　)

**答案:**✓

**题解:**《汽车运输、装卸危险货物作业规程》(JT 618—2004)第5.2.3.5条要求:运输压缩气体或液化气体“卸车时,要在气瓶落地点铺上铅垫或橡皮垫;应逐个卸车,严禁溜放。”这是因为气瓶承受着一定的内压力,当受到剧烈撞击、振动、高温、受热时,会使容器内压力骤增,该压力超过容器的耐受力时就会发生气瓶爆炸。因此卸货时,不得溜放、摔掼。

30. 不具备防雨雪条件的车辆和场所,不准进行遇水放出易燃气体的危险货物运输作业。 (　　)

**答案:**✓

**题解:**参见选择题第27题。

# 第四章　运输危险货物车辆的基本要求

（40题，其中选择题20题、判断题20题）

**（一）选择题**（20题）

1. 运输（　　）时，车辆的排气管必须安装阻火器和导静电拖地带。

A. 毒性物质　　B. 易燃物品　　C. 腐蚀性物质

**答案：**B

**题解：**汽车在运行中，排气管的排气温度很高，有时可使排气管烧红，由于高温、高热引起的热传导或热辐射有可能使汽油、苯、溶剂油灯易燃物质引起燃烧、甚至爆炸。因此，运输易燃物品车辆的排气管必须安装阻火器，以确保安全运输。另外，由于大部分易燃易爆液体的电阻率大，容易聚集静电，尤其是罐车。罐体容积大，车辆运行时，液体在罐内漂动、与罐体内壁接触面积增大，极易产生静电，且急须排除。因此，必须安装导静电拖地带，通过拖地带橡胶层中的金属导体与地面接触及时排除静电，从而减少静电的聚集，达到安全运输的目的。同时要求无论重车还是空车，必须将拖地带的一端接地，避免需要排除静电时而没有接地造成意外。有关阻火器、导静电拖地带的技术要求等，参见《机动车排气火花熄灭器性能要求和实验方法》（GB 13365）和《汽车导静电橡胶拖地带》（JT 230）。

2.《道路危险货物运输管理规定》要求道路运输爆炸、强腐蚀性危险货物罐式专用车辆的罐体容积不得超过（　　）立方米。

A. 10　　B. 20　　C. 40

**答案：**B

**题解：**参见第一章选择题第33题。

注：爆炸危险货物，是指《危险货物品名表》中的爆炸品。

3.《道路危险货物运输管理规定》要求道路运输剧毒、爆炸、强腐蚀性危险货物的非罐式专用车辆，核定载质量不得超过（　　）吨。

A. 10　　B. 20　　C. 40

**答案：**A

**题解：**《危规》第八条中规定："运输剧毒、爆炸、强腐蚀性危险货物的非罐式专用车辆，核定载质量不得超过10吨"。

注：剧毒危险货物，是以《剧毒化学品目录》为准。

4. 道路运输易燃危险货物的车辆,应具有一些特殊的安全设施,如(　　)。

A. 熄灭火星装置　　B. 千斤顶　　C. 安全带

**答案**:A

**题解**:《汽车运输液体危险货物常压容器(罐体)通用技术条件》(GB 18564—2001)第4.12.4条要求:"罐车应安装火星熄灭器,并符合GB13365的规定。"其中GB 13365指的是《机动车排气火星熄灭器性能要求和试验方法》(GB 13365—1992),该标准于2005年进行了修订并更名为《机动车排气火花熄灭器》(GB 13365—2005)。因为,汽车在运行中排气管的排气温度很高,排出的废气中难免有火星,一旦遇到易燃危险货物,就会燃烧,甚至爆炸。所以,从事运输易燃危险货物车辆,必须安装熄灭火星装置,以确保安全运输。

5. 道路运输遇水放出易燃气体物质的车辆,必须具备有效的(　　)设备。

A. 防静电拖地带　　B. 防水　　C. 加热

**答案**:B

**题解**:遇水放出易燃气体的物质是指与水相互作用易变成自燃物质或能放出危险易燃气体的物质。该项物品化学性质极其活泼,遇水(包括受湿、酸类和氧化剂)会引起剧烈化学反应,放出可燃性气体和热量。因此,运输此类物质的车辆必须具备有效的防水设备。

6. 压力专用罐车的罐体必须每年定期进行(　　)次检验。

A. 2　　B. 3　　C. 1

**答案**:C

**题解**:《液化石油气汽车槽车安全管理规定》第四十五条规定:"槽车的定期检验:

(1)槽车的定期检验包括对罐体和各种附件的检查和修理。槽车底盘和车辆行走部分的检查和修理按底盘说明书以及公安部门和交通部门的有关规定执行。

(2)槽车的定期检验分为年度检验和全面检验两种。年度检验每年进行一次。全面检验每五年进行一次,但新槽车在投入使用后的第二年必须进行首次全面检验。年度检验如发现严重缺陷,应提前进行全面检验。"

7.《道路危险货物运输管理规定》要求,(　　)只能运输散装硫磺、萘饼、粗蒽、煤焦沥青等危险货物。

A. 货车列车　　B. 厢式汽车　　C. 倾卸式汽车

**答案**:C

**题解**:参见第一章判断题第19题。

8. 罐车压力表每隔(　　)个月至少检验一次,损坏或失灵后,应予以更换。

A. 4　　B. 5　　C. 6

**答案**:C

**题解**:《液化石油气汽车槽车安全管理规定》的第四十四条规定:"槽车的维护保养:

(1)槽车必须加强日常的检查和维护保养。发生故障应及时排除,保持车辆性能经常处于最佳状态。

(2)使用槽车的单位,必须制定槽车的维修与保养规定和计划,并严格执行。

(3)经常保持槽车的干净和漆色完好。

(4)必须经常检查各种安全装置和附件(包括安全阀、压力表、液面计、温度计、紧急切断装置、管接头、液泵、入孔、管道、各种阀门、接地链和灭火器等)性能是否正常或有无泄漏和损伤等。凡有异常者,应及时进行妥善处理。

(5)压力表每隔六个月至少校验一次,损坏或失灵者应予更换。经检验合格的压力表应有铅封和检验合格证。"

9. 经检验合格的道路危险货物运输罐车压力表,应有铅封和(　　)。

A. 检验合格证　　B. 销售合格证　　C. 出厂合格证

**答案**:A

**题解**:参见第8题。

10. 运油车罐体两侧要有明显的(　　)字样。

A. 严禁烟火　　B. 注意安全　　C. 保持距离

**答案**:A

**题解**:《液化石油气汽车槽车安全管理规定》第三十九条规定:"槽车的涂色与标志:

(1)槽车罐体外表面应涂银灰色。沿罐体水平中心线四周涂刷一道宽度不小于150mm的红色色带。

(2)罐体两侧中央部位(此处色带留空不涂色)应用红色喷写'严禁烟火'字样,字高不小于200mm。

(3)槽车的其余裸露部分涂色规定如下：

安全阀——红色;气相管——红色;液相管——银灰色;阀门——银灰色;其他——不限。

(4)在罐体一侧后端部色带下方的适当部位,喷写‘罐体下次检验日期:×年×月’字样,字高100mm左右。”

11. 运输爆炸品、剧毒化学品的车辆,应在车辆两侧各增加一块标志牌,悬挂位置一般(　　)。

A. 居前　　B. 居中　　C. 居后

**答案:**B

**题解:**参见第三章第一部分判断题第1题。

12. 道路危险货物车辆标志灯应安装在(　　)位置。

A. 驾驶室顶部中间　B. 驾驶室顶部左侧　C. 驾驶室顶部右侧

**答案:**A

**题解:**《道路运输危险货物车辆标志》(GB 13392—2005)第8.1.1条要求:“标志灯安装于驾驶室顶部外表面中前部(从车辆侧面看)中间(从车辆正面看)位置,以磁吸或顶檐支撑、金属托架方式安装固定。”参见附录九。

13. 在有坡度的场地装卸危险货物时,应采取防止车辆(　　)的有效措施。

A. 熄火　　B. 溜坡　　C. 温升

**答案:**B

**题解:**参见第三章第一部分判断题第2题。

14. 装运大型气瓶的车辆必须配置活络插桩、三角垫木、(　　)等工具。

A. 紧绳器　　B. 苫布　　C. 麻袋

**答案:**A

**题解:**《汽车运输、装卸危险货物作业规程》(JT 618—2004)第5.2.3.7条要求:“装运大型气瓶(盛装净重在0.5t以上的)或成组集装气瓶时,气瓶与气瓶、集装架与集装架之间需填牢填充物,在车厢后栏板与气瓶空隙处应有固定支撑物,并用紧绳器紧固,严防气瓶滚动,重瓶不准多层装载。”配备活络活络插桩、三角垫木、紧绳器等工具的目的是为了保证车辆装载平衡,防止气瓶在行驶过程中滚动,以保证运输安全。

15. 道路运输医疗废弃物应使用(　　)。

A. 罐式车辆　　B. 栏板货车　　C. 厢式货车

**答案**:C

**题解**:《汽车运输危险货物规则》(JT 617—2004)第 8.2.2 条要求:"运输爆炸品、固体剧毒品、遇湿易燃物品、感染性物品和有机过氧化物时,应使用厢式货车运输,运输时应保证车门锁牢;对于运输瓶装气体的车辆,应保证车厢内空气流通。"该条中所指的感染性物品包括遗传性的微生物和生物、生物制剂、诊断标本和临床及医疗废物。

《医疗废物管理条例》第二十六条规定:"医疗废物集中处置单位运送医疗废物,应当遵守国家有关危险货物运输管理的规定,使用有明显医疗废物标识的专用车辆。医疗废物专用车辆应当达到防渗漏、防遗撒以及其他环境保护和卫生要求。"

16. 道路运输遇水放出易燃气体的固体,应使用(　　)运输。

A. 栏板货车　　B. 厢式货车　　C. 罐式车辆

**答案**:B

**题解**:参见第 15 题。

17. 受压专用罐车适用于运输(　　)、丙烯、丙烷及低温的液氧、液氮等。

A. 酒精　　B. 油漆　　C. 液化石油气

**答案**:C

**题解**:受压专用罐车又称压力容器专用罐车,适用于运输液化石油气、丙烯、丙烷及低温的液氧、液氮等。

"液化石油气"的有关特性参见附录三中的表 3-25。

18. 常压专用罐车可运输(　　)液体危险货物。

A. 硫酸　　B. 液化气　　C. 液氨

**答案**:A

**题解**:常压专用罐车适用于运输液体危险货物,如轻质燃油、硫酸、盐酸、硝酸、烧碱、甲醇、甲苯等。

19. 运输剧毒液体的罐车,装卸时应配备抽吸式或增压式装置,该装置应设在罐体(　　)。

A. 下部　　B. 上部　　C. 底部

**答案**:B

**题解**:《汽车运输液体危险货物常压容器(罐体)通用技术条件》(GB 18564—2001)第 4.7.5 条要求:"所载剧毒液体的罐体,应配备抽吸式或增压式装置,该装置应设在罐体上部。"

20. 危险货物装卸完毕,作业场所必须彻底清扫干净,受到危险货物污染的车辆、工具(　　)。

A. 不需进行相关处理　　B. 必须洗刷和除污

C. 可以随意处理

**答案:**B

**题解:**参见第一章判断题第57题。

**(二)判断题**(20题)

1. 装运易燃液体时,车厢内不得有氧化性物质、自燃物品、强碱等残留物。(　　)

**答案:**✓

**题解:**易燃液体遇到氧化剂或具氧化性的强酸如高锰酸钾、硫酸、硝酸会剧烈反应而自行燃烧。所以道路运输易燃液体时,车厢内不得有强酸、氧化性物质等残留物,另外,自燃物品能够可以自行发热、燃烧,从而点燃易燃液体,所以车厢内也不得留有自燃物品。

"高锰酸钾"、"硫酸"和"硝酸"的有关特性分别参见附录三中的表3-9、表3-19和表3-20。

2. 爆炸品、遇水放出易燃气体的物质、固体剧毒物品、感染性物质、放射性物品和有机过氧化物应使用厢式货车运输。(　　)

**答案:**✓

**题解:**《汽车运输危险货物规则》(JT 617—2004)第8.2.2条要求:"运输爆炸品、固体剧毒品、遇湿易燃物品、感染性物品和有机过氧化物时,应使用厢式货车运输,运输时应保证车门锁牢;对于运输瓶装气体的车辆,应保证车厢内空气流通。"

3. 道路运输腐蚀性液体、剧毒液体、易燃液体应使用专用罐车。(　　)

**答案:**✓

**题解:**道路运输腐蚀性液体、易燃液体和液体剧毒品应选用化工物品专用罐车或罐式集装箱运输。有关技术要求,可参见《道路运输液体危险货物罐式车辆 第1部分 金属常压罐体技术要求》(GB 18564.1—2006)。

4. 装有危险货物的专用容器可使用栏板货车运输。(　　)

**答案:**✓

**题解:**如居民日常生活所需的瓶装液化石油气,可以选择栏板货车运输。一般来说,钢瓶装气体、小包装的易燃液体、易燃固体、自燃物品、无机氧化剂、毒害品(低毒)、固体腐蚀品可以选用栏板货车运输。

5. 道路运输易燃易爆危险货物时,车辆必须安装火花熄灭器,以确保运输安全。 (  )

**答案:**✓

**题解:**《汽车运输危险货物规则》(JT 617—2004)第 8.1.5 条要求:“运输易燃易爆危险货物车辆的排气管,应安装隔热和熄灭火星装置,并配装符合 JT 230 规定的导静电橡胶拖地带装置。”汽车在运行中,排气管的排气温度很高,有时可使排气管烧红,由于高温、高热引起的热传导或热辐射有可能使汽油、苯、溶剂油灯易燃物质引起燃烧、甚至爆炸。因此,运输易燃物品车辆的排气管必须安装阻火器,以确保安全运输。另外,由于大部分易燃易爆液体的电阻率大,容易聚集静电,尤其是罐车。其罐体容积大,车辆运行时,液体在罐内漂动、与罐体内壁接触面积增大,极易产生静电,且急需排除。因此,必须安装导静电拖地带。通过拖地带橡胶层中的金属导体与地面接触及时排除静电,从而减少静电的聚集,达到安全运输的目的。同时要求无论重车还是空车,必须将拖地带的一端接地,避免需要排除静电时而没有接地造成意外。

6. 道路运输容易升华、挥发出易燃、有害或刺激性气体的危险货物时,应保持车厢封闭良好。 (  )

**答案:**×

**题解:**由于这类危险货物容易升华,能挥发出易燃、有害或有刺激性气体,蒸气积聚在密封厢体内与空气混合形成爆炸性混合物,一旦遇明火就会发生燃烧爆炸。另外,挥发出的有害气体若不能得到扩散,浓度达到一定程度时会引起作业人员中毒,所以应加强车厢的排气通风,而不能封闭车厢。

7. 因铁质容器坚固,可以有效保护货物不受损坏,故所有危险货物均应用其包装。 (  )

**答案:**×

**题解:**铁制容器虽然坚固,但不适合于所有的危险货物,比如:装腐蚀性液体不适合使用铁桶。

8. 大部分易燃易爆液体货物装运时会在罐内晃动、与罐体内壁接触面积增大,极易产生静电,应急时排除。因此,其运输车辆必须将导静电拖地带拖地,但空车时可以不接导静电拖地带。 (  )

**答案:**×

**题解:**参见第 5 题。

9. 利用拖地橡胶带中的金属导体与地面接触,可以及时排除静电,以达到安全运输的目的。　　(　　)

**答案:**✓

**题解:**参见第5题。

10. 栏板车辆车厢底板必须平整完好,周围栏板必须牢固,周围没有栏板的车辆,可临时装运危险货物。　　(　　)

**答案:**×

**题解:**首先应明确,运输危险货物的车辆必须经过许可。没经过过许可的车辆,运输危险货物属"违法运输"。同时,在考虑具体车型时,栏板车辆一般可用于运输钢瓶装气体、小包装的易燃液体、易燃固体、自燃物品、无机氧化剂、毒害品(低毒)、固体腐蚀品。周围没有栏板的车辆一般不允许装运危险货物的。

11. 道路危险货物运输罐体一侧的适当部位,喷写"罐体下次检验日期:××××年××月"字样,以提示到期进行强制性检测。　　(　　)

**答案:**✓

**题解:**参见选择题第10题。

12. 道路危险货物运输车辆可以随意改装,以便有利于运输。　　(　　)

**答案:**×

**题解:**参见第一章判断题第19题。由此可知,危险货物运输车辆不允许随意改装。如企业(单位)的车辆在取得了《道路运输证》后,对上述情况或者经检测不符合国家强制性标准要求的专用车辆,道路运输管理机构应及时收回其《道路运输证》。

13. 罐体改装其他液体,必须经过清洗和安全处理,其污水应排入下水道内。　　(　　)

**答案:**×

**题解:**《汽车运输、装卸危险货物作业规程》(JT 617—2004)第6.3.1.2条要求:"装卸前应对罐体进行检查,罐体应符合下列要求:

a)罐体无渗漏现象;

b)罐体内应无与待装货物性质相抵触的残留物;

c)阀门应关紧,且无渗漏现象;

d)罐体与车身应紧固,罐体盖应严密;

e)装卸料导管状况应良好无渗漏;

f)装运易燃易爆的货物,导除静电装置应良好;

g)罐体改装其他液体时,应经过清洗和安全处理,检验合格后方可使用。清洗罐体的污水经处理后,按指定地点排放。"

污水是不允许排入下水道的,以免污染环境。

14. 道路运输液体危险货物,可以使用移动罐体车辆运输。 ( )

**答案:**×

**题解:**《危规》第二十三条规定:" ……。禁止使用移动罐体(罐式集装箱除外)从事危险货物运输。"《汽车运输危险货物规则》(JT 617—2004)第8.2.3条要求:"运输液化气体、易燃液体和剧毒液体时,应使用不可移动罐体车、拖挂罐体车或罐式集装箱;罐式集装箱应符合GB/T 16563的规定。"

15. 厢式货车适宜运输爆炸品、遇水放出易燃气体、氧化性物质及毒性物质等危险货物,在运输中能防止危险货物货损、货差和丢失;能起到防雨、防雷等保护作用。 ( )

**答案:**✓

**题解:**参见第2题。

16. 罐式集装箱运输车辆主要用于运输固体危险货物。 ( )

**答案:**×

**题解:**参见第14题。

17. 控温厢式货车多数从事腐蚀性物质的运输。 ( )

**答案:**×

**题解:**《汽车运输、装卸危险货物作业规程》(JT 618—2004)第5.5.1.1条要求:"有机过氧化物应选用控温厢型车;若货厢为铁质底板,需铺有防护衬垫。货厢应隔热、防雨、通风,保持干燥。"第5.6.2.2.4条对运输感染性物质的车辆要求:"车厢内温度应控制在所运送医疗废物要求的温度范围之内。"由此可知,道路运输有机过氧化物、感染性物质需选用控温厢型车。

18. 罐式货车是将罐体固定在载货汽车的底盘上。罐体也可与车辆分离。 ( )

**答案:**×

**题解:**罐车的种类有:不可移动罐体车,罐体永久性固定在车辆底盘上,与车辆不可分离的罐体运输车;拖挂罐体车,罐体永久固定在挂车底盘上,与挂车不可分离,牵引车与挂车可分离的罐体运输车;罐式集装箱,由箱体框架和罐体两部分组成的集装箱。由此可知,无论是不可移动罐体车还是拖挂罐体车,罐体总是固定在车辆底盘上或者挂车底盘上的,不可与车辆分离。

19. 拖挂罐体车是将罐体永久固定在挂车上，与挂车不可分离，牵引车与挂车可分离。 (　　)

**答案：**✓

**题解：**《汽车运输危险货物规则》(JT 617—2004)第3.5条将拖挂罐体车定义为："罐体永久性固定在挂车底盘上，与挂车不可分离，牵引车与挂车可分离的罐体运输车。"

20. 只要技术等级为一级的营运车辆，就可进行道路危险货物运输。 (　　)

**答案：**×

**题解：**参见第一章选择题第36题。除了技术等级达到一级外，车辆的技术性能、外廓尺寸等都必须满足要求，另外，车辆还必须根据所运货物的特性，安装行驶记录仪或定位系统等设施。所以只要求车辆技术等级达到一级是不完全的。

# 第五章　常见危险货物应急处理措施

(110题，其中选择题65题、判断题45题)

## (一)选择题(65题)

1. 道路运输汽油的车辆着火时，不能使用(　　)灭火剂。

A. 水　　B. 二氧化碳　　C. 泡沫

**答案：**A

**题解：**汽油属于易燃液体，密度小于水，且不溶于水，一旦发生火灾，用水扑救时因水会沉在燃烧着的液体下面，并能形成喷溅、漂流而扩大火灾；另外汽油燃烧时所产生的热量较大，而其燃点又较低，很难使温度降低到其燃点以下。因此，运输汽油的车辆着火时，不能使用水作为灭火剂，而应采用泡沫、二氧化碳、干粉等扑救。

"汽油"的有关特性参见附录三中的表3-11。

2. 储运金属钠时，通常将其放入煤油或石蜡等矿物油中，主要是为了(　　)。

A. 防止碰撞　　B. 防止被盗

C. 防止与空气中的氧和钠接触

**答案**:C

**题解**:由于金属钠不与煤油、石蜡反应,所以把钠等浸没在这些矿物油中储存,使它们与空气中的氧和水蒸气隔离。应当注意,用于存放活泼金属的矿物油必须经过除水处理。这些物品的包装如损漏,则非常危险。

“金属钠”的有关特性参见附录三中的表3-12。

3. 金属钠遇水时发生剧烈反应并释放大量氢气而造成火灾,此类火灾只能用下列(　　)灭火。

A. 二氧化碳灭火剂　　B. 水　　C. 砂土

**答案**:C

**题解**:活泼金属禁用二氧化碳灭火剂进行扑救,因为钾、钠等具有极强的还原性,甚至能夺取二氧化碳中的氧,所以二氧化碳不但起不了灭火作用,反而会助长火势,所以不能选择A;金属钠遇水时发生剧烈反应并释放大量氢气而造成火灾,所以也不能选B。故选C。

4. 当爆炸物品发生大量撒漏时,应(　　)方式处理。

A. 用土覆盖就地掩埋

B. 用水湿润,撒以锯末或棉絮等松软物收集后,报请公安或消防人员处理

C. 收集起来,重新放入包装容器中

**答案**:B

**题解**:爆炸品通常有效的灭火方法是用水冷却达到灭火目的,但不能采用窒息法或隔离法。禁止使用砂土覆盖燃烧的爆炸品,否则会导致由燃烧转为爆炸。对爆炸物品撒漏物,应及时用水湿润,再撒以锯末或棉絮等松软物收集后,报请公安或消防人员处理,绝对不允许将收集的撒漏物重新装入原包装内。

5. 正确处理易燃液体泄漏的方式是(　　)。

A. 用水冲刷至地沟、下水道或河流中

B. 用火点燃使之燃烧完

C. 用松软材料吸附后集中

**答案**:C

**题解**:易燃液体一旦发生撒漏时,应及时以砂土或松软材料覆盖吸附后,集中至空旷安全处处理。覆盖时,特别要注意防止液体流入下水道、河道等地方,以防污染环境。更主要的是如果易燃液体浮在下水道或河流的水面中,其火灾隐情也很严重。所以A是不正确的;用火点燃使之燃烧完

也是不正确的处理方式,如果处理不当,可能引起更大更严重的火灾事故,所以也不能选B。故选C。

6. 火灾发生的三大要素是(　　)。

A. 着火源、可燃物、助燃物　　B. 空气、热量、可燃物

C. 电源、空气、热

**答案:**A

**题解:**燃烧的三要素是:

(1)可燃物:凡是能与空气中的氧或其他氧化剂起剧烈化学反应的物质,一般都叫可燃物。如固体、固体粉尘、可燃液体、气体。

(2)助燃物:凡是能与可燃物发生反应并引起燃烧的物质,称为助燃物。如空气、氧、氯、溴、高锰酸钾、过氧化钠等都是助燃物。

(3)热能源:凡是能够引起可燃物质燃烧的热源,叫热能源,也叫着火源。如明火、赤热体、火星、电火星、电火花等都是常见的火源。

B选项中空气的范围太狭窄,除了空气之外,过氧化钠等这些物质也属于助燃物。C选项中的电源的范围也太狭窄,除了电源,明火、火星等都属于着火源。

7. 不属于着火源的是(　　)。

A. 摩擦　　B. 静电　　C. 太阳光

**答案:**C

**题解:**电火花和静电都是常见的火源,太阳光不属于着火源。

8. 当(　　)着火时,禁止使用砂土覆盖。

A. 散装爆炸品　　B. 汽油　　C. 硫酸

**答案:**A

**题解:**参见第4题。

9. 当(　　)着火时,禁止用水灭火。

A. 碳化钙(电石)　　B. 红磷　　C. 硫磺

**答案:**A

**题解:**电石有强烈的吸湿性,能从空气中吸收水分而发生反应,放出乙炔(电石气),并放出大量的热,乙炔气与空气中的氧混合极易发生爆炸。所以电石火灾不能用水扑救,也禁止用水蒸汽、水雾扑救。硫磺往往散装运输,由于性脆、颗粒小、易粉碎成粉末散在空气中,所以发生火灾时不能用加压水冲击,以防粉末飞扬,扩大事故,可用雾状水。

"红磷"、"电石"和"硫酸"的有关特性分别参见附录三中的表3-5、表

3-7 和表 3-13。

10. 运输易燃气体途中遇有火情须迅速扑救,应将未着火的气瓶迅速移至安全处;对已着火的气瓶应使用大量(　　)喷洒在气瓶上,使其降温冷却。

A. 雾状水　　B. 热水　　C. 碱性水

**答案:**A

**题解:**气瓶一般用于运输压缩或液化气体,这些经过加压降温等措施,罐装在气瓶中,所以气瓶的内压比较高,一旦受到剧烈撞击、振动、高温或受热,就会使容器内压力骤增,该压力超过容器的耐受力时就会发生气瓶爆炸。另外,气瓶是不绝热的,即内外的温度一样,所以对已着火的气瓶可以使用大量水喷洒在气瓶上,使其降温冷却,降低内部气体的温度,抑制内压力的升高。

11. 道路运输易燃液体,车上人员不准(　　),车辆不得接近明火及高温场所。

A. 吸烟　　B. 进食　　C. 喝水

**答案:**A

**题解:**易燃液体极易燃,一旦遇到明火就有可能发生燃烧,甚至引起爆炸,而烟头上的火星属于明火,有点燃易燃液体的可能,所以车上人员严禁吸烟。

12. 当(　　)燃烧时会产生剧毒的五氧化二磷等气体,扑救时应穿戴防护服和防毒面具。

A. 黄磷　　B. 铝粉　　C. 萘

**答案:**A

**题解:**黄磷是白色或淡黄色的半透明繁荣蜡状固体,性质极活泼,暴露在空气中即被氧化,加之自燃点低,因此只需一、二分钟即自燃。黄磷与空气中的氧反应生成五氧化二磷气体,属于剧毒气体。铝粉在空气燃烧生成三氧化二铝。

“黄磷”、“铝粉”和“萘”的有关特性分别参见附录三中的表 3-6、表3-14 和表 3-15。

13. 当(　　)着火后,被水扑灭只是暂时熄灭,残留物待水分挥发后又会自燃。

A. 萘　　B. 铝粉　　C. 黄磷

**答案:**C

**题解**:参见第12题。

14. 当(　　)着火时,可用水灭火。

A. 汽油　　　B. 苯　　　C. 硫磺

**答案**:C

**题解**:汽油系轻质石油产品中的一大类,不溶于水,用水扑救时因水会沉在燃烧着的液体下面,并能形成喷溅、漂流而扩大火灾。另外,汽油燃烧时所产生的热量较大,而其燃点又较低,很难使温度降低到燃点以下,所以不使用水作为灭火剂,故不选A;苯是无色透明液体,易挥发,易溶于有机溶剂,不溶于水,故不能用水扑救苯引起的火灾,B也是错误的;硫磺属于易燃固体,往往散装运输,由于性脆、颗粒小、易粉碎成粉末散在空气中,所以不能用加压水冲击,以防粉末飞扬,扩大事故。可用雾状水,故选C。

"苯"、"汽油"和"硫磺"的有关特性分别参见附录三中的表3-4、表3-11和表3-13。

15. 当(　　)着火时,不得用水作为灭火剂。

A. 铝粉　　　B. 硫磺　　　C. 萘

**答案**:A

**题解**:铝粉、钛粉等金属粉末能与水发生剧烈反应,产生可燃气体,因此不得用水扑救,应用干燥的砂土、干粉灭火器进行扑救。硫磺属于易燃固体,往往散装运输,由于性脆、颗粒小、易粉碎成粉末散在空气中,所以不能用加压水冲击,以防粉末飞扬,扩大事故,可用雾状水。当萘着火时,可用雾状水、二氧化碳、砂土。切勿将水流直接射至溶融物,以免引起严重的流淌火灾或引起剧烈的沸溅。

"硫磺"、"铝粉"和"萘"的有关特性分别参见附录三中的表3-13、表3-14和表3-15。

16. 镁粉发生火灾时,应使用(　　)灭火。

A. 水　　　B. 特殊干粉　　　C. 二氧化碳

**答案**:B

**题解**:镁粉能与水发生剧烈反应,产生可燃气体,因此不得用水扑救,镁粉也不能用二氧化碳灭火,因为它的金属性质十分活泼,能夺取二氧化碳中的氧,起化学反应而燃烧,故用干燥的砂土、干粉灭火器进行扑救。

"镁粉"的有关特性参见附录三中的表3-16。

17. 氧化性物质撒漏后,应使用(　　)工具来收集处理。

A. 惰性材质　　　B. 金属　　　C. 纸质

**答案**:A

**题解**:氧化性物质在遇酸、受热、受潮或接触有机物、还原剂后即有分解放出原子氧和热量,引起燃烧或形成爆炸性混合物的危险。金属大多带有正电荷,具有较强失去电子的能力,即还原性较强,而纸质属于有机物,都能与氧化性物质发生反应,所以应选 A。

18. 运输盛装碳化钙(电石)的钢桶中通常充入(　　)稳定剂,确保运输安全。

A. 水　　　　B. 煤油　　　　C. 氮气

**答案**:C

**题解**:参见第 9 题。运输黄磷时必须将黄磷浸没在水中,以防止黄磷的自燃;运输钾、钠等活泼金属时,一般将其浸没在煤油、石蜡等矿物油中,使它们与空气中的氧和水蒸气隔离。碳化钙具有较强的吸湿性,吸收空气中的水分,即能发生化学反应产生易燃的乙炔气体,如果桶内乙炔气不能及时排出而积聚起来,运输时遇到滚动、碰撞等原因,桶内坚硬的碳化钙就会与铁桶壁碰撞产生火星,点燃桶内的乙炔气而发生爆炸。所以,装碳化钙的铁桶应严密到不漏气、不漏水,在桶内充氮抑制乙炔的产生,或者应有排放桶内乙炔气的通气孔,同时注意通气孔应能防止桶外的水进入桶内。故选 C。

19. 毒性物质氰化物发生火灾时,应用(　　)扑救。

A. 水　　　　B. 酸碱灭火剂　　　　C. 泡沫灭火剂

**答案**:A

**题解**:氰化物遇酸性物质能生成剧毒气体氢化氰,故不能使用酸碱灭火器扑救。另外,部分氰化物(如氰化钠、氰化钾及其他氰化物等),遇泡沫中酸性物质能生成剧毒气体氰化氢。因此,也不能用泡沫灭火剂灭火,可用水及砂土扑救。

“氰化钾”的有关特性参见附录三中的表 3-17。

20. 爆炸品通常采用(　　)灭火。

A. 水冷却法　　　　B. 窒息法或隔离法　　　　C. 砂土覆盖法

**答案**:A

**题解**:参见第 4 题。

21. 电石颗粒溅入眼睛内,应先用蘸(　　)或植物油的棉签去除颗粒后,再用水冲洗。

A. 石蜡油　　　　B. 机油　　　　C. 煤油

**答案**:A

**题解:**参见第9题。若电石、生石灰颗粒溅入眼内,应当先蘸石蜡油或植物油的棉签去除颗粒后,再用清水冲洗。机油和煤油本身对眼睛就有损伤。

22. 化学品事故的特点是发生突然、持续时间长、(　　)、涉及面广等。

A. 扩散迅速　　B. 迅速聚集　　C. 人员伤亡多

**答案:**A

**题解:**略。

23. 道路危险货物装运中,酒精的主要危害是(　　)。

A. 助燃　　B. 易燃　　C. 刺激

**答案:**B

**题解:**酒精是乙醇的俗称,是我们日常所喝酒的主要成分,是一种无色透明、气味飘逸的易燃、易挥发液体,其沸点为78℃,冰点为-114℃。所以答案A和C都是错误选项。

"无水酒精"的有关特性参见附录三中的表3-18。

24. 液体危险货物装卸作业时,应使用(　　)保护面部。

A. 太阳镜　　B. 防护面罩　　C. 毛巾

**答案:**B

**题解:**大多数易燃液体的蒸气具有一定的毒性,会从呼吸道侵入人体,造成危害,因此操作人员在作业前或作业中应加强安全措施,采取必要的通风措施,同时也应该佩戴好防护面罩,站在上风处,尽量减少蒸气从呼吸道侵入的机会。

25. 扑救(　　)危险货物火灾时,扑救人员应先关闭管道或容器阀门,阻止其继续外溢,扩大灾情。

A. 液体　　B. 固体　　C. 粉状

**答案:**A

**题解:**由题可知,危险货物发生火灾时是向外溢出的,固体危险货物不可能从管道或容器阀门溢出,粉状危险货物只有在外力的作用下才能从管道或容器阀门输送出。故选A。

26. 扑救(　　)危险货物火灾时,扑救人员应先关闭管道或容器阀门,阻止其继续外泄,扩大灾情。

A. 固体　　B. 气体　　C. 粉状

**答案:**B

**题解:**由题可知,危险货物发生火灾时是向外泄出的,固体危险货物不可能从管道或容器阀门泄出,粉状危险货物只有在外力的作用下才能从管道或容器阀门输送出。故选 B。

27. 大部分有毒气体能溶解于水,遇有泄漏时,若无法控制,可将气瓶推入(　　),并及时通知相关管理部门处理。

A. 水中　　B. 路边　　C. 无人的地方

**答案:**A

**题解:**由于大部分有毒气体能溶解于水,泄漏时将气瓶推入水中,一方面可以起到降温作用,另一方面水可以溶解部分有毒气体,防止事故扩大。

28. 从业人员进入危险货物作业现场,开启仓库、集装箱和封闭式车厢时要先(　　),以保障作业安全。

A. 搬运　　B. 装卸　　C. 通风排气

**答案:**C

**题解:**部分危险货物具有良好的挥发性,容易挥发出蒸气,蒸气在密封的集装箱或者车厢内积聚,达到一定浓度时一旦遇到明火就会发生燃烧爆炸。所以作业前必须先进行通风排气,防止蒸气聚集。

29. 硫磺在燃烧时产生(　　)和刺激性气体,扑救时须注意戴好防毒面具。

A. 有毒　　B. 剧毒　　C. 碱性

**答案:**A

**题解:**参见第 14 题。硫磺在空气中燃烧产生二氧化硫气体,是一种无色有刺激性气味、有毒的气体,因此,扑救时必须注意戴好防毒面具。

30. 堆码货物时,桶口、箱盖一般应朝上。允许横倒的桶口及袋装货物的袋口应(　　)。

A. 朝里　　B. 朝外　　C. 朝里朝外都行

**答案:**A

**题解:**参见第三章第二部分选择题第 6 题。

31. 遇热、遇潮容易引起燃烧、爆炸或产生有毒气体的危险货物,在装运时应采用(　　)措施。

A. 隔热、防潮　　B. 密封　　C. 防尘

**答案:**A

**题解:**由于这部分危险货物在遇热、遇潮时容易燃烧、爆炸或产生有毒气体,所以,在装运这类危险货物时,应采取隔热、防潮措施,杜绝发生燃烧、爆炸危险的可能。

32. 从业人员装卸、运输毒性物质前后,禁止(　　)。

A. 喝水　　B. 进食　　C. 饮酒

**答案**:C

**题解**:因为饮酒后血管扩张,血流加速,皮肤表面血管通透性增高,毒性物质更容易透过皮肤血管进入血液,引起中毒。因此从业人员装卸、运输毒性物质前后禁止饮酒,否则容易吸收更多的有害物质,但洗手洗脸后可以进食、喝水。

33. 装运(　　)时,应先了解包装桶内有无充填保护气体。

A. 碳化钙(电石)　　B. 汽油　　C. 乙醇

**答案**:A

**题解**:参见第9题。电石有强烈的吸湿性,能从空气中吸收水分而发生反应,放出乙炔气体,如果桶内乙炔气不能及时排出而积聚起来,运输时遇到滚动、碰撞等原因,桶内坚硬的碳化钙就会与铁桶壁碰撞产生火星,点燃桶内的乙炔气而发生爆炸。因此需要在桶内充保护气体(氮)以隔离水分,抑制乙炔的产生。

34. 运输中发现有毒气体气瓶漏气时,根据(　　)做好相应的人身防护措施。

A. 气体性质　　B. 气体质量多少　　C. 车辆类型

**答案**:A

**题解**:由于有毒气体的性质不一,需采取的人身防护措施也完全不一样。当发现有毒气体泄漏时,应根据气体性质采取合适的防护措施,而不是根据气体的质量或者车辆类型。

35. 在道路危险货物运输中的任何情况,雷管和炸药都(　　)。

A. 可以同车装运　　B. 不得同车装运　　C. 没有装运限制

**答案**:B

**题解**:《汽车运输、装卸危险货物作业规程》(JT 618—2004)第5.1.3.4条要求:"任何情况下,爆炸品不得配装;装运雷管和炸药的两车不得同时在同一场地进行装卸。"雷管属于起爆器材,是用来起爆炸药的,如果同车装运或者同时在同一场地装卸,雷管接触到炸药一旦条件许可,就有可能引爆炸药,造成难以预料的事故。

36. 在任何情况下,装卸危险货物时,运输雷管和炸药的两辆车都(　　)。

A. 不可以同时在同一场地进行装卸

B. 可以同时在同一场地进行装卸

C. 不受限制地进行装卸

**答案:**A

**题解:**参见第35题。

37. 从业人员使用起重机装卸大型气瓶或罐式集装箱时,必须(　　)。

A. 穿好防护工作服　B. 戴好防毒面具　C. 戴好安全帽

**答案:**C

**题解:**《汽车运输、装卸危险货物作业规程》(JT 618—2004)第5.2.3.1条要求:"装卸人员应根据所装气体的性质穿戴好防护用品,必要时戴好防毒面具。用起重机装卸大型气瓶或气瓶集装架(格)时,应戴好安全帽。"

38. 易于自燃物质灭火时一般可用(　　)灭火。

A. 干粉灭火剂、砂土和二氧化碳

B. 水

C. 碱性水

**答案:**A

**题解:**大部分易于自燃物质与水反应剧烈,如三异丁基铝、三氯化三甲基铝等,与水会发生剧烈反应,所以不能使用水灭火,因此B和C选项是错误的,故选择A。

39. 装运易燃液体的道路危险货物运输车辆若发生故障,在维修时应严格控制(　　)。

A. 夜晚作业　B. 明火作业　C. 中午作业

**答案:**B

**题解:**《汽车运输、装卸危险货物作业规程》(JT 618—2004)第4.1.11条要求:"对装有易燃易爆的和有易燃易爆残留物的运输车辆,不得动火修理。确需修理的车辆,应向当地公安部门报告,根据所装载的危险货物特性,采取可靠的安全防护措施,并在消防员监控下作业。"易燃液体最主要的危险是其挥发性蒸气导致燃烧和爆炸,如果维修时使用明火作业,明火有可能点燃挥发出的易燃液体蒸气,而导致燃烧和爆炸事故。

40. 有机过氧化物、金属过氧化物着火时,可用(　　)扑救。

A. 水　B. 泡沫灭火剂　C. 砂土或干粉

**答案:**C

**题解:**有机过氧化物和金属过氧化物能与水反应生成氧气而帮助燃烧,扩大火势,所以不能使用水扑救,泡沫灭火器中的药剂是水溶液,故禁止使用泡沫灭火器扑救,只能用砂土、干粉、二氧化碳灭火剂。

41. 氰化物遇酸性物质能生成剧毒气体氢化氰,着火时,不得用(　　)扑救。

A. 酸碱灭火剂　　B. 水　　C. 砂土

**答案:**A

**题解:**参见第19题。由题可知,氰化物能够与酸性物质发生反应生成剧毒气体,所以不能使用酸碱灭火剂灭火,可以使用水或砂土进行扑救。

42. 当酸性危险货物大量泄漏后,应首先采用(　　)处理。

A. 大量水稀释　　B. 碱性物质中和　　C. 火点燃

**答案:**B

**题解:**酸性危险货物大量泄漏时,首先采用碱性物质中和,中和时,要防止发生剧烈反应。

"硫酸"的有关特性参见附录三中的表3-19。

43. 从业人员装运毒性物质时,如果皮肤破伤,(　　)。

A. 应继续作业,完工后进行处理

B. 应立即停止作业,并进行必要的医疗处理

C. 无需作任何处理

**答案:**B

**题解:**由于毒性物质少量误服、吸入或经皮肤黏膜接触进入肌体后,累积到一定的量,能与体液或组织发生生物化学作用或物理变化,扰乱和破坏肌体的正常生理功能,引起暂时性或持久性的病理状态,甚至危及生命。所以在装运毒性物质时,若皮肤破伤应立即停止作业,及时作处理。

44. 装运氧化性物质和有机过氧化物时,若发生包装破损,撒漏物(　　)。

A. 不得装入原包装内,必须另行处理

B. 可装入原包装内,继续装运

C. 应立即点燃

**答案:**A

**题解:**在装卸过程中,由于包装不良或操作不当,造成氧化剂撒漏时,应轻轻扫起,另行包装。这些从地上扫起重新包装的氧化剂,因接触过空气或混有可燃物等杂质,为防止发生化学变化,不得同车发运,须留在撒漏处适当地方,包括对撒漏的少量氧化剂或残留物均应清扫干净,另行处理。故选A。

45. 装运的硫酸粘到手上后，应立即用(    )清洗。

A. 清水　　B. 酒精　　C. 汽油

**答案**：A

**题解**：参见第43题。硫酸与酒精能发生反应，硫酸首先和酒精反应生成硫酸乙酯，硫酸乙酯再与余下的酒精反应生成乙醚释放出硫酸。所以不能选择B。汽油对皮肤有去脂作用，汽油接触者皮肤干燥、破裂、角化、慢性湿疹和指甲黄染、变厚、下凹；有的引起急性皮炎和毛囊炎，出现红斑、丘疹、水疮及“灼伤”等皮肤损害，所以不能使用汽油清洗。硫酸能够溶于水，使用清水清洗可以稀释皮肤上的硫酸。

46. 从火场上救出的气瓶，如没有发生泄漏等情况，待(    )可以继续运输。

A. 冷却后　　B. 加热后　　C. 泄漏完

**答案**：A

**题解**：气瓶一般用于运输压缩或液化气体，这些气体经过加压降温等措施，罐装在气瓶中，所以气瓶的内压比较高，一旦受到剧烈撞击、振动、高温或受热，就会使容器内压力骤增，该压力超过容器的耐受力时就会发生气瓶爆炸。另外，气瓶是不绝热的，即内外的温度一样，所以从火场上救出的气瓶，如没有发生泄漏等情况，必须待冷却后才可以继续运输。如气瓶需要继续使用，还应经质检部门检验。

47. 装卸腐蚀性物质的现场，应依据货物特性备有(    )或苏打水、稀酯酸，以备急救。

A. 制冷装置　　B. 加温装置　　C. 水源

**答案**：C

**题解**：腐蚀品的灭火方法可概括为：大量用水、谨慎用水。无机腐蚀品发生着火或有机腐蚀品直接燃烧时，除具有与水反应特性的物品外，一般可用大量的水扑救。即使有些腐蚀品会与水反应，但这些物品量较少，而大量的水迅速扑上足以抑制热反应，也应用大量的水扑救。但用水时应谨慎，宜用雾状水，不可用高压水柱直接喷射物品，尤其是酸液。苏打水呈碱性，可以中和酸性腐蚀品的撒漏物，而稀酯酸呈酸性，可以中和碱性腐蚀品的撒漏物。

48. 装卸气瓶时，在同一车箱内不准有(    )人以上同时往车上装瓶。

A. 2　　B. 4　　C. 3

**答案**：A

**题解**:《汽车运输、装卸危险货物作业规程》(JT 618—2004)第5.2.3.2条要求:“装车时要旋紧瓶帽,注意保护气瓶阀门,防止撞坏。车下人员须待车上人员将气瓶放置妥当后,才能继续往车上装瓶。在同一车厢内不准有二人以上同时单独往车上装瓶。”

49. 道路运输甲醇的车辆发生阀门泄漏时,首先应(　　),再通知本单位或有关部门。

A. 通知就近单位　　B. 通知运管部门　　C. 采取有效封堵措施

**答案**:C

**题解**:对于任何危险货物运输事故,都是应先采取有效封堵措施,防止事故进一步扩大,然后再通知本单位或有关部门。

50. 易燃液体装卸始末,管道内流速不得超过(　　)。

A. 2m/s　　B. 4m/s　　C. 1m/s

**答案**:C

**题解**:《汽车运输、装卸危险货物作业规程》(JT 618—2004)第6.2.5条要求:“易燃液体装卸始末,管道内流速不得超过1m/s,正常作业流速不宜超过3m/s。其他液体产品可采用经济流速。”

51. 易燃液体正常装卸作业中流速不宜超过(　　)。

A. 2m/s　　B. 3m/s　　C. 4m/s

**答案**:B

**题解**:参见第50题。

52. 装运酒精的车辆着火时,应采用(　　)灭火。

A. 普通泡沫灭火剂　　B. 细砂　　C. 水

**答案**:B

**题解**:参见第23题。酒精着火时不能使用普通泡沫灭火剂和水来灭火,主要原因是因为泡沫灭火器的作用是利用喷出的泡沫笼罩燃烧的物质,使它与空气气流隔绝而停止燃烧。酒精本身是一种破乳剂,只要泡沫与酒精一接触,就会破坏喷出来的泡沫,这样就不能生成隔绝空气所必需的泡沫,也就不能起到灭火的作用。另外,酒精比水轻,用水扑救时因水会沉在燃烧着的液体下面,并能形成喷溅、漂流而扩大火灾。所以应使用细砂来灭火。

53. 道路运输危险货物从业人员的头部受到毒性物质污染时,首先应注意(　　)。

A. 打电话求援　　B. 用大量清水冲洗　　C. 用毛巾擦抹干净

**答案**:B

**题解**:略。

54. 道路运输硫酸的车辆着火时,应采用(　　)灭火。

A. 强大水流　　B. 雾状水　　C. 泡沫灭火剂

**答案**:B

**题解**:参见第42题。硫酸是属于腐蚀性物质,溶于水,可使用水作为灭火剂,但宜用雾状水,不能使用高压水柱直接喷射物品,以免飞溅的水珠带上腐蚀品灼伤灭火人员,同时,要控制水的流向,以免带腐蚀性的水流破坏环境。

55. 道路运输硝酸的车辆着火时,应采用(　　)灭火。

A. 雾状水　　B. 强大水流　　C. 泡沫灭火剂

**答案**:A

**题解**:硝酸是属于腐蚀性物质,溶于水,可使用水作为灭火剂,但宜用雾状水,不能使用高压水柱直接喷射物品,以免飞溅的水珠带上腐蚀品灼伤灭火人员,同时,要控制水的流向,以免带腐蚀性的水流破坏环境。

"硝酸"的有关特性参见附录三中的表3-20。

56. 危险货物金属钾着火时,应采用(　　)灭火。

A. 雾状水　　B. 砂土、干粉、二氧化碳

C. 普通泡沫灭火剂

**答案**:B

**题解**:金属钾能够与水反应剧烈反应,所以不能使用雾状水灭火,普通泡沫灭火剂的溶液是水溶液,所以金属钾着火时,应使用砂土、干粉灭火。

更正:答案B中的二氧化碳不能作为活泼金属钾的灭火剂,原因参见第4题。

"钾"的相关特性参见附录三中的表3-21。

57. 危险货物乙炔着火时,采用(　　)灭火。

A. 砂土　　B. 干粉　　C. 碱性水

**答案**:B

**题解**:参见第9题。乙炔俗称电石气,是无色、无嗅的,非常容易燃烧,乙炔与水能够发生剧烈反应,所以不能使用碱性水,一般采用干粉灭火。

"乙炔"的有关特性参见附录三中的表3-22。

58. 危险货物二硫化碳发生小量泄漏时,可用(　　)。

A. 火点燃　　B. 水稀释　　C. 砂土吸收

**答案**:C

**题解:**二硫化碳不溶于水、极易燃,因此,发生泄漏时使用水稀释是无效的,故B是错误的。泄漏时若用火点燃,会产生大量有剧毒的二氧化硫和一氧化碳气体,所以A也是错误的。故选C。

"二硫化碳"的有关特性参见附录三中的表3-23。

59. 危险货物甲醇着火时,应采用(　　)灭火。

A. 酸性水　　B. 水　　C. 干粉

**答案:**C

**题解:**甲醇属于易燃液体,密度小于水,用水扑救时因水会沉在燃烧着的液体下面,并能形成喷溅、漂流而扩大火灾;另外,易燃液体燃烧时所产生的热量较大,而其燃点又较低,很难使温度降低到燃点以下。甲醇能与酸发生反应生成酯,而酯一般不溶于水,所以也不能使用酸性水灭火。

"甲醇"的有关特性参见附录三中的表3-24。

60. 危险货物粗制萘发生小量撒漏时,可用(　　)。

A. 风吹　　B. 干燥罐收集　　C. 砂土掩埋

**答案:**B

**题解:**"萘"的有关特性参见附录三中的表3-15。

61. 装卸硫磺时,不小心皮肤接触,可用(　　)处理。

A. 水冲洗　　B. 酸清洗　　C. 汽油冲洗

**答案:**A

**题解:**参见第14题。

62. 危险货物铝镁粉着火时,应用(　　)灭火。

A. 水　　B. 砂土　　C. 二氧化碳泡沫

**答案:**B

**题解:**参见第15、16题。铝镁等金属粉末能与水发生剧烈反应,产生可燃气体,所以不能使用水灭火,另外铝镁等活泼金属具有极强的还原性,甚至能夺取二氧化碳中的氧,所以二氧化碳不但起不了灭火作用,反而助长火势,故也不能使用二氧化碳泡沫灭火,应用砂土来灭火。

63. 危险货物硫磺粉着火时,可采用(　　)。

A. 雾状水扑救　　B. 加压水冲击　　C. 酸性加压水冲击

**答案:**A

**题解:**参见第14题。硫磺往往散装运输,由于性脆、颗粒小、易粉碎成粉末散在空气中,所以发生火灾时不能用加压水冲击,以防粉末飞扬,扩大事故。可用雾状水。

64. 危险货物精萘着火时，宜用(　　)灭火。

A. 雾状水　　B. 加压水冲击　　C. 泡沫灭火器

**答案：**A

**题解：**参见第60题。工业萘别称煤焦油、精萘。白色易挥发晶体，有温和芳香气味，粗萘有煤焦油臭味。不溶于水，溶于无水乙醇、醚、苯，遇明火、高热可燃。燃烧时放出有毒的刺激性烟雾。与强氧化剂如铬酸酐、氯酸盐和高锰酸钾等接触，能发生强烈反应，引起燃烧或爆炸。当萘着火时，可用雾状水、二氧化碳、砂土。切勿将水流直接射至溶融物，以免引起严重的流淌火灾或引起剧烈的沸溅。

65. 当爆炸物品发生撒漏时，(　　)将收集的撒漏物重新装入原包装内。

A. 可以　　B. 一般情况下可以　　C. 绝对不允许

**答案：**C

**题解：**当爆炸品发生撒漏时，绝对不允许将收集的撒漏物重新装入原包装内，这样做不符合安全要求，容易造成安全隐患。

**(二)判断题**(45题)

1. 乙炔气和氧气不能混装和混储。　　(　　)

**答案：**✓

**题解：**乙炔气能与氧气发生剧烈反应，一旦发生气体泄漏，就有可能发生爆炸等危险事故，所以乙炔气和氧气不能混装和混储。

2. 氨气和氯气可以混装和混储。　　(　　)

**答案：**×

**题解：**氨能与氯气发生剧烈的反应，生成氯化氢和氮气，氯化氢吸湿性很强，能吸收空气中的水蒸气立即形成白雾状的盐酸，但如果不是微量的氨气与微量的氯气相遇，而是大量的氯和氨相遇，反应将会生成氯化铵和三氯化氮等，三氯化氮的性质很活泼，很不稳定，与有机物接触、遇热或被撞击，立即发生爆炸性分解，所以氯气和氨气不能在同一车厢配装，也不可在同一库房内混储。

3. 毒性物质主要是通过呼吸道、皮肤和消化道进入人体内，因此在装运过程中应重点防止上述3项传播途径。　　(　　)

**答案：**✓

**题解：**毒性物质主要是通过呼吸道、皮肤和消化道进入人体内，经消化道进入的较少。整个呼吸道都能吸收毒害品,尤以肺泡的吸收能力最大;也有很多毒害品能通过皮肤吸收,吸收后不经过肝脏即直接进入血液循环。毒害品经消化道进入体内,一般都是在运输装卸作业后,被毒害品污染的手未彻底清洗就进食、吸烟或将食物、饮料带到作业场所被污染而误食。另外,一些进入呼吸道的粉尘状毒害品也可随唾液咽下而进入消化道。因此在装运过程中应重点防止上述3项传播途径。

4. 任何一种危险化学品发生火灾时均可用水施救。 ( )

**答案:**×

**题解:**不是任何一种危险化学品发生火灾时均可用水施救,比如遇水能发生剧烈反应的活泼金属钾、钠等就不行。还有其他相关物质或物品,由于其特性不同也不能用水施救火灾。

5. 燃烧可能产生毒性物质的危险货物着火时,应佩戴防毒面具,站在上风口进行扑救。 ( )

**答案:**✓

**题解:**参见选择题第43题。对于燃烧可能产生毒性物质的危险货物着火时,佩戴防毒面具可以防止毒性物质经呼吸道进入肌体,站在上风口进行扑救也可以最大可能减少毒性物质进入体内的机会。

6. 大部分固态或液体氧化物遇水会发生化学反应并释放出氧气,故在装运过程中要特别注意防水。 ( )

**答案:**✓

**题解:**一方面,大部分固态或液体氧化物遇水能够发生化学反应,导致货物的变质;另一方面,由于反应能释放出氧气,氧是助燃剂,若遇到有机物、易燃物,即引起燃烧,造成更大的危险。

7. 在装运易燃液体过程中最主要的危险是易挥发的蒸气易与空气混合,引发燃烧和爆炸。 ( )

**答案:**✓

**题解:**易燃液体系指易燃的液体、液体混合物或含有固体物质的液体,但不包括由于其危险特性列入其他类别的液体。其闭杯试验闪点等于或低于61℃,但不同运输方式可确定适用的闪点,而不低于45℃。易燃液体的主要特性是易燃性,易燃液体的燃烧是通过其挥发的蒸气与空气形成可燃混合物,达到一定的浓度后遇火源而实现的。因此在运输易燃液体过程中最主要的危险是易挥发的蒸气易与空气混合,引发燃烧和爆炸。

8. 在装运易于自燃物质时,要注意避免这类物品与空气接触。 ( )

**答案**:√

**题解**:易于自燃物质的主要特点是不需外界火源作用,自身在空气中能缓慢氧化放热并积热不散,达到其自燃点而自行燃烧。对运输来讲,此项物品最主要的危险是自行发热、燃烧,有些物质甚至在无氧条件下也会自燃,所以一旦这些物品与空气接触,当热量积聚起来,使物品升到一定的温度时,就会引起燃烧。

9. 装运易燃气体中,若发生燃烧,在灭火同时应迅速将未着火气瓶运至空旷安全处,并用大量水喷淋冷却气瓶,以防止灾害扩大。（ ）

**答案**:√

**题解**:用大量水喷淋未着火的气瓶,最主要的目的是给气瓶冷却降温,防止瓶内压力升高,避免超过容器的耐受力而导致爆炸发生。

10. 装运危险货物过程中,若易燃液体发生燃烧,都应立即用大量水进行喷淋灭火。（ ）

**答案**:×

**题解**:大部分易燃液体的密度小于水,且不溶于水,一旦发生火灾,用水扑救时因水会沉在燃烧着的液体下面,并能形成喷溅、漂流而扩大火灾;另外,易燃液体燃烧时所产生的热量较大,而其燃点又较低,很难使温度降低至燃点以下。因此,扑灭易燃液体火灾的最有效方法,是采用泡沫、二氧化碳、干粉等扑救。

11. 装卸遇水或酸产生剧毒气体的易燃固体时,必须为装卸人员配备防毒面具。（ ）

**答案**:√

**题解**:由于这类易燃固体遇水或酸产生剧毒气体,使作业人员通过呼吸道等途径吸入有毒的气体,从而发生中毒事故,因此必须为驾驶人员和押运人员配备防毒面具。

12. 道路运输易燃易爆危险货物时,不能在车辆附近随意使用明火。（ ）

**答案**:√

**题解**:参见选择题第39题。

13. 道路危险货物车辆夏季运输气体钢瓶时,当气瓶内的温度可能高于40℃时,应对瓶体实施遮阳、冷水喷淋、降温等措施。（ ）

**答案**:√

**题解**:《汽车运输、装卸危险货物作业规程》(JT 618—2004)第5.2.1.2

条要求:"夏季运输应检查并保证瓶体遮阳、瓶体冷水喷淋降温设施等安全有效。"第5.2.2.5条要求:"除另有限运规定外,当运输过程中瓶内气体的温度高于40℃时,应对瓶体实施遮阳、冷却喷淋降温等措施。"

14. 装运爆炸品时,无外包装的金属桶只能单层摆放,以免压力过大或撞击摩擦引起爆炸。　（　）

**答案:**✓

**题解:**《汽车运输、装卸危险货物作业规程》(JT 618—2004)第5.1.3.2条要求:"车厢装货总高度不得超过1.5米。无外包装的金属桶只能单层摆放,以免压力过大或撞击摩擦引起爆炸。"

15. 对毒性物质的撒漏物不能任意乱丢或排放,以免扩大污染甚至造成不可估量的危害。　（　）

**答案:**✓

**题解:**参见选择题第43题。因此对毒性物质的撒漏物不能任意乱丢或排放,以免遗失、扩大污染甚至造成不可估量的危害。

16. 爆炸品着火时,也可采用窒息法或隔离法灭火。　（　）

**答案:**×

**题解:**参见选择题第4题。

17. 若用水洗刷腐蚀性物质撒漏现场时,不能用水直接喷射,只能缓慢的浇洗或用雾状水喷淋,以防水珠飞溅伤人。　（　）

**答案:**✓

**题解:**腐蚀性物质是指能灼伤人体组织并对金属等物品造成损坏的固体或液体,直接喷射时,飞溅的水珠可能会溅落在皮肤或衣物上,对衣物或人体皮肤造成伤害。所以只能缓慢的浇洗或用雾状水喷淋。

18. 道路运输气体的罐车装卸作业时,应按指定位置停车,发动机正常工作,实施驻车制动。　（　）

**答案:**×

**题解:**参见第三章第二部分判断题第2题。主要是因为发动机正常工作时会产生火花,如果在装卸过程中发生气体泄漏,引起火灾爆炸等事故。

19. 突遇雷击、暴风雨天气,当液化气体罐车正进行充灌时,应加快灌装完毕,尽快驾离到安全地带。　（　）

**答案:**×

**题解:**《汽车运输、装卸危险货物作业规程》(JT 618—2004)第8.1.3.10条要求:"凡出现下列情况,罐车应立即停止装卸职业,并作妥善处理:a)雷击天气;b)附近发生火灾;c)检测出液化气体泄漏;d)液压异常;e)其他不安全因素。”

所以,在突遇雷击、暴风雨天气时,当液化气体罐车正进行充灌时,应立即停止作业。

20. 易燃液体的蒸气与空气能形成爆炸性混合物,遇明火会发生燃烧爆炸,应注意安全作业。 ( )

**答案:**✓

**题解:**参见第7题。

21. 装运易燃液体的从业人员不得随身携带火种,可穿着一般工作服和工作鞋。 ( )

**答案:**×

**题解:**《汽车运输、装卸危险货物作业规程》(JT 618—2004)第4.1.4条要求:“进入易燃、易爆危险货物装卸作业区应:a)禁止随身携带火种;b)关闭随身携带的手机等通信工具和电子设备;c)严禁吸烟;d)穿着不产生静电的工作服和不带铁钉的工作鞋。”

22. 装卸易燃液体的罐车时,导除静电装置应接地良好。 ( )

**答案:**✓

**题解:**参见第四章判断题第13题。

23. 夏季高温季节装运易燃液体时,应按有关部门和当地规定的作业时间进行作业,确保安全。 ( )

**答案:**✓

**题解:**易燃液体一般挥发性较强,环境温度越高,挥发量越大,与空气形成可燃混合气浓度越大,一旦遇到明火就有可能引起燃烧爆炸,所以在夏季高温季节装运易燃液体时,应按有关部门和当地规定的作业时间进行作业,尽量选择温度较低的早晚时段,减少易燃液体的挥发量,确保装运安全。

24. 扑灭易燃液体着火的最有效方法,是采用泡沫、二氧化碳、干粉灭火剂进行扑救。 ( )

**答案:**✓

**题解:**参见第10题。

25. 道路运输易燃液体一旦发生撒漏时,最有效的方法是用水稀释处理。 ( )

**答案:**×

**题解:**参见第10题。

26. 易挥发出易燃、有害及刺激性气体的危险货物装卸作业现场,应保持良好通风,防止中毒和燃烧爆炸。（　　）

**答案:**✓

**题解:**易挥发出易燃、有害及刺激性气体的危险货物,容易挥发出有毒蒸气,蒸气在密封的集装箱或者车厢内积聚,达到一定浓度时一旦遇到明火就会发生燃烧爆炸,所以作业前,必须先进行通风排气,防止中毒和燃烧爆炸。

27. 在雨雪天装运遇水放出易燃气体的物质,车辆必须配备有效的防水设施,不具备条件的车辆不得装运。（　　）

**答案:**✓

**题解:**《汽车运输、装卸危险货物作业规程》(JT 618—2004)第5.4.2.2条要求:"雨雪天气运输遇湿易燃物品,应保证防雨雪、防湿潮措施切实有效。"遇湿易燃物品的化学特性极其活泼,遇水(包括受湿、酸类和氧化剂)会引起剧烈化学反应,放出可燃性气体和热量。当其可燃性气体和热量达到一定浓度或温度时,能立即引起自燃或在明火作用下引起燃烧,所以雨雪天运输遇水放出易燃气体物质的车辆必须配备有效的防水设施,不具备条件的车辆不得运输,以防货物接触水而发生反应。

28. 遇水反应的易燃固体着火时,不得用水灭火,应采用干砂、干粉灭火剂进行扑救。（　　）

**答案:**✓

**题解:**因为这些易燃固体能与水发生反应,如铝粉、钛粉等金属粉末能与水发生剧烈反应,产生可燃气体。因此应用干燥的砂土、干粉灭火器进行扑救,严禁用水、酸、碱灭火剂和泡沫灭火剂扑救。

29. 对火灾中抢救出来的赤磷要谨慎处理,因为赤磷在高温下会转化为黄磷,变成自燃物品。（　　）

**答案:**✓

**题解:**赤磷与黄磷是磷的同素异性体,但两者性质相差较大。赤磷为紫红色无定型正方板状结晶或粉末,着火点比黄磷高很多,易燃但不易自燃;黄磷是白色或淡黄色的半透明的蜡状固体,性质极其活泼,暴露在空气中即被氧化,加之自燃点低,因此只需一、二分钟即自燃,属于易自燃物品。赤磷在高温下会转化为黄磷,化学性质变得更加活泼,所以需要谨慎处理。

30. 遇水放出易燃气体的危险货物着火时,应用干砂、干粉灭火剂进行灭火。（　　）

**答案**:✓

**题解**:这类危险货物能与水发生反应,发出易燃气体,所以不能使用水扑救,如铝粉、钛粉等金属粉末能与水发生剧烈反应,产生可燃气体,故应用干砂、干粉灭火器进行灭火。

31. 遇水反应产生易燃或有毒气体的危险货物着火时,可使用泡沫灭火剂扑救。 ( )

**答案**:×

**题解**:泡沫灭火器中的药剂是水溶液,与遇水反应产生易燃或有毒气体的危险货物接触可发生反应,故禁止使用泡沫灭火器扑救。

32. 扑救遇水反应产生剧毒、腐蚀性气体的危险货物火灾时,应穿戴防护用品和自给式呼吸器。 ( )

**答案**:✓

**题解**:自给式呼吸器由于其结构和功能,可避免扑救人员遭受剧毒、腐蚀性气体的侵害。

33. 有机过氧化物、金属过氧化物着火时,可用水进行扑救。 ( )

**答案**:×

**题解**:发生火灾时,对有机过氧化物、金属过氧化物不能用水扑救,因为这类物品与水反应能生成氧气而帮助燃烧,扩大火势,只能用砂土、干粉、二氧化碳灭火剂进行扑救。

34. 装卸氧化剂过程中,若发生撒漏,应轻轻扫起撒漏物,重新包装,可以同车发运。 ( )

**答案**:×

**题解**:参见选择题第44题。

35. 装运毒性物质,必须携带劳动防护用品及防散失、防雨等工、属具。 ( )

**答案**:✓

**题解**:参见选择题第43题。因此装运毒性物质时,必须配备防散失工具,以免遗失或扩大污染甚至造成不可估量的危害。另外毒性物质除了毒性以外,还具有可燃性、遇酸或水反应放出有毒气体、腐蚀性等特点,所以还得配备防雨等工、属具。

36. 考虑到气瓶在装卸、运输过程中会发生碰撞,气瓶设计了足够的强度,因此在装卸时可以溜放,而不会发生任何问题。 ( )

**答案**:×

**题解**:参见第三章第二部分判断题第29题。

37. 大部分毒性物质着火时,能产生有毒和刺激性气体及烟雾。扑救时,应尽可能站在上风处,戴好防毒面具。　　(　　)

**答案**:√

**题解**:毒性物质着火后可产生有毒和刺激性气体及烟雾,可以通过呼吸道进入肌体而使人员中毒,站在上风处并佩戴防毒面具可尽最大限度减少毒性气体的吸入量,防止中毒。

38. 对毒性物质的撒漏物不能任意处理,以免扩大污染甚至造成不可估量的危害。　　(　　)

**答案**:√

**题解**:参见选择题第43题。毒性物质的撒漏物不能任意处理,以免落到不了解其性能的群众手里,或被犯罪分子利用,扩大污染甚至造成不可估量的危害。

39. 撒漏的液体毒性物质,应用砂土、锯末等松软物浸润、吸附收集后,盛入容器中,可将其交付运输管理部门处理。　　(　　)

**答案**:×

**题解**:撒漏的液体毒性物质,应用砂土、锯末等松软物浸润、吸附收集后,盛入容器中,可将其交付货主单位处理。

40. 放射性货物可以同其他危险货物同车装运。　　(　　)

**答案**:×

**题解**:《汽车运输危险货物规则》(JT 617—2004)附录D中的注h要求:"放射性货物与其他危险货物不可在同车厢内配装,与普通货物应按表D.2条件隔离。"

41. 酒精能缓解毒性物质引起的人体病态症状,所以饮酒可作为抢救毒性物质中毒的措施。　　(　　)

**答案**:×

**题解**:喝酒后全身血液循环加快,毛细血管充盈,毛孔扩张。饮酒可加快人体对毒性物质的溶解和吸收,引起或加剧中毒症状,所以饮酒不可以作为抢救毒性物质中毒的措施。

42. 道路运输腐蚀性物质前,应认真检查货物包装和容器封口情况,严禁装运无外包装的腐蚀性物质。　　(　　)

**答案**:√

**题解**:腐蚀品具有腐蚀性,不仅对人体有伤害,对很多物品也有不同程度的腐蚀，它们会腐蚀金属的容器、车厢、货舱、机仓及设备等，即使这些金属物品不直接与腐蚀品接触，也会因腐蚀品蒸气的作用而锈蚀，如化工物品运输车辆的损耗程度要比普通运输车辆的损耗大得多，因此，严禁运输无外包装的腐蚀性物质。

43. 由于爆炸品不忌雨水，因此雷雨天气也可以继续进行装卸作业。 （ ）

**答案：**×

**题解：**《汽车运输、装卸危险货物作业规程》（JT 618—2004）第5.1.1.4条要求："不具备有效的避雷电、防湿潮条件时，雷雨天气应停止对爆炸品的作业。"

44. 从火场上救出的气瓶，如没有发生泄漏等情况，可以继续运输。 （ ）

**答案：**×

**题解：**气瓶一般用于运输压缩或液化气体，这些气体经过加压降温等措施，罐装在气瓶中，所以气瓶的内压比较高，一旦受到剧烈撞击、振动、高温或受热，就会使容器内压力骤增，该压力超过容器的耐受力时就会发生气瓶爆炸。另外，气瓶是不绝热的，即内外的温度一样，所以从火场上救出的气瓶，如没有发生泄漏等情况，必须待冷却后才可以继续运输。

45. 液体腐蚀性物质撒漏时，应用干砂、干土覆盖吸收，打扫干净后，再用水洗刷污染处。 （ ）

**答案：**✓

**题解：**液体腐蚀品撒漏时，应用干砂、干土覆盖吸收，打扫干净后，再用水洗刷污染处。大量溢出而用干砂、干土不足以吸收时，可视货物的酸碱性质，分别用稀碱或稀酸中和。中和时，要防止发生剧烈反应。用水洗刷撒漏现场时，不能用水直接喷射，只能缓慢的浇洗或用雾状水喷淋，以防水珠飞溅伤人。

# 附录一 《道路运输危险货物安全卡手册》介绍

《道路运输危险货物安全卡手册》(图 1-1)共编辑了常用危险化学品1 496种,手册的特点有以下几点:

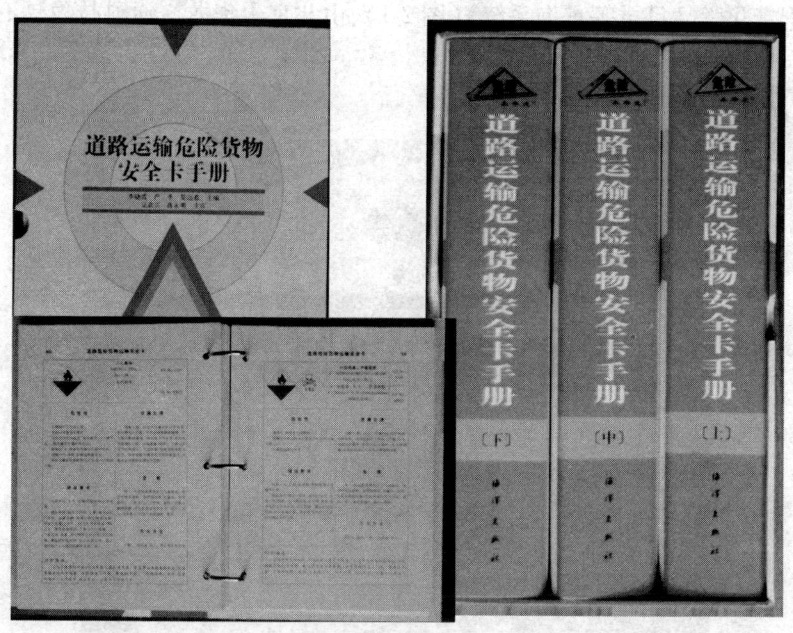


图 1-1

(1)可以直接复印所需的“安全卡”。

(2)为便于使用者查询,“安全卡”按危险货物的类、项、编号顺序排列,并在页面右上角标注品名编号,这样可以直接根据编号查询;同时,设计了按笔画、拼音索引法进行查询的方法。

《道路运输危险货物安全卡手册》已由海洋出版社出版,北京永华龙交通科技发展有限公司发行。

联系电话:010—58672480。

# 附录二 《危险货物品名及剧毒化学品目录等查询系统》介绍

为了便于道路运输危险货物管理人员查询,已开发出版了《危险货物品名及剧毒化学品目录等查询系统》(图 2-1),由北京永华龙交通科技发展有限公司发行。

联系电话:010—58672480。

图 2-1

# 附录三 道路运输危险货物安全卡

表 3-1

<table>
<tr><td rowspan="2"></td><td rowspan="2">氯<br>CHLORINE<br>$Cl_2$<br>液氯<br>Liquid chlorine<br>［黄绿色气体，有刺激性气味］</td><td>UN NO. 1017</td></tr>
<tr><td>CN NO. 23002</td></tr>
<tr><td colspan="2">危险性<br>助燃，不燃烧。<br>几乎对金属和非金属都有腐蚀性作用。<br>在日光下与易燃气体混合时会发生燃烧爆炸。<br>对眼、呼吸道黏膜有刺激作用。<br>大多可燃物都能与其反应。<br>储运要求<br>包装方法：Ⅱ类，钢瓶装。<br>储运条件：储存于阴凉、通风的库房。远离火种、热源。库温不超过 30℃，相对湿度不超过 80%。应与易（可）燃物、醇类、食用化学品分开存放。应严格执行极毒物品“五双”管理制度。</td><td>泄漏处理<br>应急人员戴自给式呼吸器，穿防毒服。尽可能切断泄漏源。合理通风，加速扩散。喷雾状水稀释、溶解。构筑围堤或挖坑收容产生的大量废水。如有可能，用管道将泄漏物导至还原剂（酸式硫酸钠或酸式碳酸钠）溶液。也可以将漏气钢瓶浸入石灰乳液中。漏气容器要妥善处理，修复、检验后再用。<br>急　救<br>吸入：迅速脱离现场至空气新鲜处。呼吸心跳停止时，立即进行人工呼吸。就医。皮肤或眼睛接触：用流动清水冲洗。<br>灭火方法<br>切断气源，喷水冷却容器。灭火剂：雾状水、泡沫、干粉。</td></tr>
<tr><td colspan="3">防护措施：<br>空气中浓度超标时，建议佩戴过滤式呼吸器。紧急事态抢救或撤离时，必须佩戴自给式呼吸器。穿胶布防毒衣。戴橡胶手套。工作现场禁止吸烟、进食和饮水。工作毕，淋浴更衣。保持良好的卫生习惯。进入罐、限制性空间或其他高浓度区作业，须有人监护。</td></tr>
</table>

表 3-2

<table>
<tr><td rowspan="2">
</td><td rowspan="2">压缩氢<br>HYDROGEN, COMPRESSED<br>$H_2$<br>氢气<br>Hydrogen gas<br>[无色无臭气体]</td><td>UN NO. 1049</td></tr>
<tr><td>CN NO. 21001</td></tr>
<tr><td colspan="2">危险性<br>与空气混合能形成爆炸性混合物。<br>遇明火、高热等点火源会引起燃烧爆炸。<br>遇卤素会引起燃烧爆炸。<br>高浓度时有窒息作用。<br>储运要求<br>包装方法:Ⅱ类,钢质气瓶。<br>储运条件:储存于阴凉、通风的库房。远离火种、热源。库温不超过 30℃,相对湿度不超过 80%。应与氧化剂、卤素分开存放,切忌混储。禁止使用易产生火花的机械设备和工具。搬运时轻装轻卸,戴好瓶帽,防止钢瓶及附件损坏。</td><td>泄漏处理<br>切断火源,应急人员戴自给式呼吸器,穿防静电工作服。尽可能切断泄漏源。合理通风,加速扩散。如有可能,将漏出气用排风机送至空旷地方或装设适当喷头烧掉。漏气容器要妥善处理,修复、检验后再用。<br>急　救<br>吸入:迅速脱离现场至空气新鲜处。保持呼吸道通畅,呼吸困难时输氧。呼吸停止时,立即进行人工呼吸。就医。<br>灭火方法<br>若不能立即切断气源,则不允许熄灭正在燃烧的气体。用水冷却容器。灭火剂:雾状水、二氧化碳、干粉。</td></tr>
<tr><td colspan="3">防护措施:<br>高浓度环境中,佩带自给式呼吸器。穿消防防护服。戴一般作业防护手套。工作现场严禁吸烟。避免高浓度吸入,进入罐或其他高浓度区工作时,须有人监护。</td></tr>
</table>

表 3-3

<table>
<tr><td rowspan="2">
</td><td rowspan="2">无水氨<br>AMMONIA，ANHYDROUS<br>$NH_3$<br>液氨<br>Liquid ammonia<br>[无色，有刺激性恶臭气味]</td><td>UN NO. 1005</td></tr>
<tr><td>CN NO. 23003</td></tr>
<tr><td colspan="2">危险性<br>与空气混合能形成爆炸性混合物，遇明火、高热等点火源会引起燃烧爆炸。<br>与氟、氯等接触会发生剧烈化学反应。<br>对眼、黏膜或皮肤有强刺激性，有烧伤危险。高浓度可造成组织溶解坏死。<br>储运要求<br>包装方法：Ⅱ类，钢瓶装。<br>储运条件：储存于阴凉、通风的库房。远离火种、热源。库温不宜超过 30℃。应与氧化剂、酸类、卤素、食用化学品分开存放。禁止使用易产生火花的机械设备和工具。搬运时轻装轻卸，防止钢瓶及附件破损。</td><td>泄漏处理<br>切断火源。应急人员戴自给式呼吸器，穿防静电工作服。尽可能切断泄漏源。合理通风，加速扩散。高浓度泄漏区，喷含盐酸的雾状水中和、稀释、溶解。构筑围堤或挖坑收容产生的大量废水。如有可能，将残余气或漏出气用排风机送至水洗塔或与塔相连的通风橱内。储罐区最好设稀酸喷洒设施。漏气容器要妥善处理，修复、检验后再用。<br>急　救<br>吸入：迅速脱离现场至空气新鲜处。保持呼吸道通畅。呼吸困难时输氧，呼吸停止时立即进行人工呼吸。就医。皮肤或眼睛接触：用大量流动清水彻底冲洗至少 15 分钟。就医。<br>灭火方法<br>若不能立即切断气源，则不允许熄灭正在燃烧的气体。灭火剂：雾状水、抗溶性泡沫、二氧化碳、砂土。</td></tr>
<tr><td colspan="3">防护措施：<br>空气中浓度超标时，建议佩戴过滤式呼吸器。紧急事态抢救或撤离时，必须佩戴自给式呼吸器。戴化学安全防护眼镜。穿防静电工作服。戴橡胶手套。工作现场严禁吸烟、进食和饮水。工作毕，淋浴更衣。保持良好的卫生习惯。</td></tr>
</table>

表3-4

<table>
<tr><td rowspan="2"></td><td rowspan="2">苯<br>BENZENE<br>$C_6H_6$<br>纯苯<br>Benzol<br>[无色透明液体,有强烈芳香味]</td><td>UN NO. 1114</td></tr>
<tr><td>CN NO. 32050</td></tr>
<tr><td>危险性<br>易燃,有毒。<br>其蒸气与空气易形成爆炸性混合物。<br>遇明火、高热或氧化剂会引起燃烧爆炸。<br>易产生或聚集静电,有燃烧爆炸危险。<br>高浓度苯对中枢神经系统有麻醉性。<br>储运要求<br>包装方法:II类,玻璃瓶外木箱或钙塑箱加固内衬垫料或铁桶装。<br>储运条件:储存于阴凉、通风的仓间内,仓内温度不宜超过30℃。远离热源、火种。避免阳光直射。与氧化剂隔离储运。禁止使用易产生火花的机械设备和工具。罐装时注意流速,防止静电积聚。搬运时轻装轻卸,防止容器受损。</td><td colspan="2">泄漏处理<br>切断火源,应急人员戴自给式呼吸器,穿防静电工作服尽可能切断泄漏源。防止流入下水道、排洪沟等限制性空间。小量泄漏:用活性炭或其他惰性材料吸收。也可用不燃性分散剂制成的乳液刷洗,稀释后放入废水系统。大量泄漏:构筑围堤或挖坑收容。用泡沫覆盖,降低蒸气灾害。喷雾状水或泡沫冷却和稀释蒸汽、保护现场人员。用防爆泵转移至槽车或专用收集器内,回收或运至废物处理场所处置。<br>急　救<br>吸入:脱离现场至空气新鲜处。呼吸困难时给输氧。呼吸停止时立即进行人工呼吸。就医。皮肤或眼睛接触:用流动清水彻底冲洗。就医。食入:误服者立即漱口,催吐。就医。<br>灭火方法<br>雾状水、泡沫、干粉、二氧化碳、砂土。用水灭火无效,但须用水保持火场容器冷却。</td></tr>
<tr><td colspan="3">防护措施:<br>空气中浓度超标时,应该佩戴过滤式呼吸器。紧急事态抢救或撤离时,应该佩戴自给式呼吸器。戴化学安全防护眼镜。穿防毒渗透工作服。戴橡胶手套。工作现场禁止吸烟、进食和饮水。工作毕,淋浴更衣。实行就业前和定期的体检。</td></tr>
</table>

表 3-5

<table>
<tr><td>
</td><td>非晶形磷<br>PHOSPHORUS，AMORPHOUS<br>$P_4$<br>红磷；赤磷<br>Phosphorus red<br>［棕红色粉末］</td><td>UN NO. 1338<br><br>CN NO. 41001</td></tr>
<tr><td>危 险 性<br>遇明火、高热、摩擦、撞击有引起燃烧的危险。<br>与溴混合能发生燃烧。<br>与大多数氧化剂如氯酸盐、硝酸盐、高氯酸盐或高锰酸盐等组成爆炸性能十分敏感的化合物。<br>燃烧时放出有毒的刺激性烟雾。<br>经常吸入红磷尘，可引起慢性磷中毒。<br>储运要求<br>包装方法：III 类，密封的铁皮听外木箱、金属桶以塑料袋小包后合装。<br>储运条件：储存于阴凉、通风的库房。远离火种、热源。库温不超过 32℃，相对湿度不超过 80%。应与氧化剂、卤素、卤化物等分开存放，切忌混储。禁止使用易产生火花的机械设备和工具。搬运时要轻装轻卸，防止包装及容器损坏。</td><td colspan="2">泄漏处理<br>切断火源。应急人员戴自给式呼吸器，穿防毒服。不要直接接触泄漏物。小量泄漏：用潮湿的沙或泥土覆盖，收集于干燥、洁净、有盖的容器中。倒至空旷的地方，干燥后即自行燃烧。大量泄漏：用水润湿，然后使用无火花工具收集回收或运至废物处理场所处置。<br>急　救<br>吸入：迅速脱离现场至空气新鲜处。保持呼吸道通畅。如呼吸困难，给输氧气。如呼吸停止，立即进行人工呼吸。就医。皮肤或眼睛接触：用流动清水冲洗。就医。食入：饮足量温水，催吐。就医。<br>灭火方法<br>雾状水、干粉、砂土，大火时可用水。</td></tr>
<tr><td colspan="3">防护措施：<br>可能接触其粉尘时，应该佩戴过滤式呼吸器。戴安全防护眼镜，穿工作服，戴防护手套，工作现场严禁吸烟。工作毕，淋浴更衣。注意个人清洁卫生。</td></tr>
</table>

表 3-6

<table>
<tr><td rowspan="2">
</td><td colspan="2" rowspan="2">白磷或黄磷,干的,<br>或浸在水中或溶液中<br>PHOSPHORUS, WHITE or<br>YELLOW, DRY or UNDER<br>WATER or IN SOLUTION<br>P<br>[白色或淡黄色晶体]</td><td>UN NO. 1381</td></tr>
<tr><td>CN NO. 42001</td></tr>
<tr><td colspan="2">危险性<br>接触空气能自燃并引起燃烧和爆炸。<br>在潮湿空气中的自燃点低于在干燥空气中的自燃点。<br>与氯酸盐等氧化剂混合发生爆炸。<br>其碎片和碎屑接触皮肤干燥后即着火,可引起严重的皮肤灼伤。<br>储运要求<br>包装方法:Ⅰ类,气密。不易破碎包装,将易破碎包装放在不易破碎的密闭容器中。<br>储运条件:应保存在水中,且必须浸没在水下,隔绝空气。储存于阴凉、通风的库房。远离火种、热源。应与氧化剂、酸类、卤素、食用化学品分开存放,切忌混储。严禁装运破损或渗漏的包件。搬运时轻装轻卸,防止容器受损。禁止使用易产生火花的机械设备和工具。</td><td colspan="2">泄漏处理<br>切断火源。应急人员戴自给式呼吸器,穿防毒服。不要直接接触泄漏物。小量泄漏:用水、潮湿的沙或泥土覆盖。收入金属容器并保存于水或矿物油中。大量泄漏:在专家指导下清除。<br>急　救<br>吸入:迅速脱离现场至空气新鲜处。保持呼吸道通畅。呼吸困难时输氧气。呼吸停止时进行人工呼吸。就医。眼睛接触:用大量流动清水或生理盐水彻底冲洗至少 15 分钟。就医。皮肤接触:用大量流动清水冲洗。立即涂抹2% ~3% 硝酸银灭磷火。就医。食入:立即用2% 硫酸铜洗胃,或用 1:5000 高锰酸钾洗胃。洗胃及导泻应谨慎,防止胃肠穿孔或出血。就医。<br>灭火方法<br>雾状水。</td></tr>
<tr><td colspan="4">防护措施:<br>可能接触毒物时,应该佩戴过滤式呼吸器。穿胶布防毒衣。戴橡胶手套。工作现场禁止吸烟、进食和饮水。工作毕,彻底清洗。实行就业前和定期的体检。</td></tr>
</table>

表 3-7

<table>
<tr><td rowspan="2">
</td><td rowspan="2">碳化钙<br>CALCIUM CARBIDE<br>$CaC_2$<br>电石<br>Acetylenogen<br>[黄褐色或黑色固体]</td><td>UN NO. 1402</td></tr>
<tr><td>CN NO. 43025</td></tr>
<tr><td>危险性<br>干燥时不燃,遇水或湿气能迅速产生高度易燃的乙炔气体,在空气中达到一定的浓度时,可发生爆炸性灾害。<br>与酸类物质能发生剧烈反应。<br>储运要求<br>包装方法:II 类,装入坚固的铁桶内,内充氮气。桶内未充氮气时,应装置低压安全阀;玻璃瓶、塑料瓶或金属桶(罐)外木箱。<br>储运条件:储存于阴凉、干燥、通风良好的库房。远离火种、热源。相对湿度保持在75%以下。包装必须密封,切勿受潮。应与酸类、醇类等分开存放,切忌混储。搬运时要轻装轻卸,防止包装及容器损坏。禁止使用易产生火花的机械设备和工具。</td><td colspan="2">泄漏处理<br>切断火源。应急人员戴自给式呼吸器,穿化学防护服。不要直接接触泄漏物。小量泄漏:用砂土、干燥石灰或苏打灰混合。使用无火花工具收集于干燥、洁净、有盖的容器中,转移至安全场所。大量泄漏:用塑料布、帆布覆盖。与有关技术部门联系,确定清除方法。<br>急　救<br>吸入:迅速脱离现场至空气新鲜处。保持呼吸道通畅。呼吸困难时输氧。呼吸停止,立即进行人工呼吸。就医。皮肤或眼睛接触:用流动清水冲洗至少 15 分钟。就医。食入:饮足量温水,催吐。就医。<br>灭火方法<br>禁止用水和泡沫灭火。二氧化碳也无效。须用干燥石墨粉或其他干粉灭火。</td></tr>
<tr><td colspan="3">防护措施:<br>作业时,应该佩戴过滤式呼吸器。戴化学安全防护眼镜。穿化学防护服。戴橡胶手套。工作现场严禁吸烟。注意个人清洁卫生。</td></tr>
</table>

表 3-8

<table>
<tr><td rowspan="2">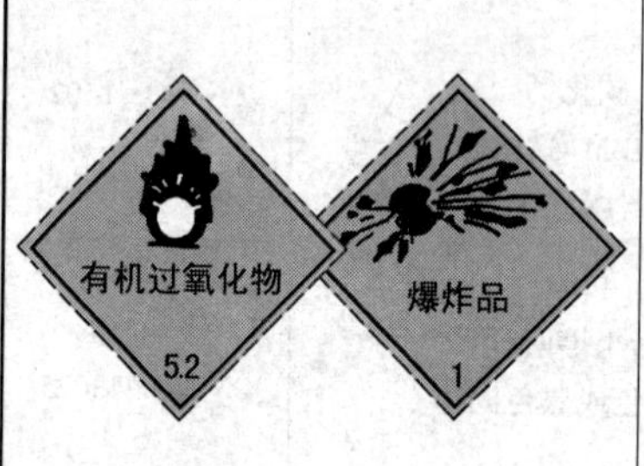
</td><td rowspan="2">过氧化甲乙酮（含量≤45%，<br>含 A 型稀释剂≥55%）<br>METHYL ETHYL KETONE PEROXIDE<br>$(CH_3C_2H_5CO_2)_2$<br>[无色或白色液体]</td><td>UN NO. 2550</td></tr>
<tr><td>CN NO. 52032</td></tr>
<tr><td colspan="3">

危险性

易燃，遇氧化物、有机物、易燃物、促进剂会剧烈反应、着火或爆炸。

遇热源或阳光可引起分解。

本品蒸气或雾对呼吸道有强烈刺激性。

储运要求

包装方法：II 类，铁桶外木箱内衬不燃材料；玻璃瓶、塑料瓶或塑料袋外木箱。

储运条件：储存于阴凉、通风的库房。远离火种、热源。保持容器密封。与还原剂、酸类、碱类、食用化学品隔离储运。禁止使用易产生火花的机械设备和工具。禁止振动、撞击和摩擦。搬运时要轻装轻卸，防止包装及容器损坏。

泄漏处理

切断火源。应急人员戴自给式呼吸器，穿防毒服。尽可能切断泄漏源。防止流入下水道、排洪沟等限制性空间。小量泄漏：用砂土、干燥石灰或苏打灰混合。大量泄漏：构筑围堤或挖坑收容。用泡沫覆盖，降低蒸气灾害。用泵转移至槽车或专用收集器内，回收或运至废物处理场所处置。

急　救

吸入：迅速脱离现场至空气新鲜处。保持呼吸道通畅，呼吸困难时输氧。呼吸停止时立即进行人工呼吸。就医。皮肤或眼睛接触：用大量流动清水冲洗至少 15 分钟。就医。食入：饮足量温水，催吐。就医。

灭火方法

雾状水、泡沫、干粉、二氧化碳。禁止用砂土压盖。

</td></tr>
<tr><td colspan="3">防护措施：<br>空气中浓度较高时，应该佩戴过滤式呼吸器。紧急事态抢救或逃生时，建议佩戴自给式呼吸器。戴化学安全防护眼镜。穿胶布防毒衣。戴乳胶手套。工作现场严禁吸烟。工作毕，淋浴更衣。注意个人清洁卫生。</td></tr>
</table>

表 3-9

<table>
<tr><td></td><td>高锰酸钾<br>POTASSIUM PERMANGANATE<br>$KMnO_4$<br>过锰酸钾;灰锰氧<br>[深紫色晶体或粉末]</td><td>UN NO. 1490<br><br>CN NO. 51048</td></tr>
<tr><td colspan="2">危险性<br><br>强氧化剂。<br>遇硫酸、铵盐或过氧化氢能发生爆炸。<br>遇甘油、乙醇能引起自燃。<br>与有机物、还原剂、易燃物如硫、磷等接触或混合时有引起燃烧爆炸的危险。<br><br>储运要求<br><br>包装方法:II 类,玻璃瓶外木箱内衬垫料或白铁桶。<br>储运条件:储存于阴凉、通风的库房。远离火种、热源。库温不超过 32℃,相对湿度不超过 80%。包装密封。与还原剂、活性金属粉末等隔离储运。搬运时轻装轻卸,防止容器及包装损坏。禁止振动、撞击和摩擦。</td><td>泄漏处理<br><br>应急人员戴自给式呼吸器,穿防毒服。不要直接接触泄漏物。小量泄漏:用砂土、干燥石灰或苏打灰混合。用洁净的铲子收集于干燥、洁净、有盖的容器中。大量泄漏:收集回收或运至废物处理场所处置。<br><br>急　救<br><br>吸入:迅速脱离现场至空气新鲜处。保持呼吸道通畅,呼吸困难时输氧。呼吸停止时立即进行人工呼吸。就医。皮肤或眼睛接触:用大量流动清水冲洗至少 15 分钟。就医。食入:饮足量温水,催吐。就医。<br><br>灭火方法<br><br>水、雾状水、砂土。</td></tr>
<tr><td colspan="3">防护措施:<br>可能接触其粉尘时,建议佩戴过滤式呼吸器。穿胶布防毒衣。戴氯丁橡胶手套。工作现场禁止吸烟、进食和饮水。工作毕,淋浴更衣。保持良好的卫生习惯。</td></tr>
</table>

表 3-10

<table>
<tr><td rowspan="2">
</td><td rowspan="2">硝酸钾<br>POTASSIUM NITRATE<br>$KNO_3$<br>火硝<br>[白色晶体或粉末]</td><td>UN NO. 1486</td></tr>
<tr><td>CN NO. 51056</td></tr>
<tr><td colspan="2">危险性<br><br>强氧化剂。<br>遇可燃物着火时,能助长火势。<br>与有机物、还原剂、易燃物如硫、磷等接触或混合时有引起燃烧爆炸的危险。<br>燃烧分解时,放出有毒的氮氧化物气体。<br>受热分解,放出氧气。<br>吸入本品粉尘对呼吸道有刺激性,高浓度吸入可引起肺水肿。<br><br>储运要求<br><br>包装方法:III 类,玻璃瓶外木箱内衬垫料或编织袋,麻袋内衬塑料袋。<br>储运条件:储存于阴凉、干燥、通风良好的库房。远离火种、热源。库温不超过 30℃,相对湿度不超过 80%。应与还原剂、酸类、易(可)燃物、活性金属粉末隔离储运。搬运时轻装轻卸,防止容器及包装损坏。禁止振动、撞击和摩擦。</td><td>泄漏处理<br><br>应急人员戴自给式呼吸器,穿防毒服。不要直接接触泄漏物。勿使泄漏物与有机物、还原剂、易燃物接触。小量泄漏:用大量水冲洗,洗水稀释后放入废水系统。大量泄漏:用塑料布、帆布覆盖。然后收集回收或运至废物处理场所处置。<br><br>急　救<br><br>吸入:迅速脱离现场至空气新鲜处。保持呼吸道通畅,呼吸困难时输氧。呼吸停止时立即进行人工呼吸。就医。皮肤或眼睛接触:用大量流动清水冲洗至少 15 分钟。就医。食入:饮足量温水,催吐。就医。<br><br>灭火方法<br><br>雾状水、砂土。切勿将水流直接射至熔融物,以免引起严重的流淌火灾或剧烈沸溅。</td></tr>
<tr><td colspan="3">防护措施:<br>可能接触其粉尘时,建议佩戴过滤式呼吸器。穿聚乙烯防毒服。戴氯丁橡胶手套。工作现场禁止吸烟、进食和饮水。工作毕,淋浴更衣。保持良好的卫生习惯。</td></tr>
</table>

表 3-11

<table>
<tr><td rowspan="2">
</td><td rowspan="2">汽油<br>GASOLINE<br>$C_4H_{10} \sim C_{12}H_{26}$<br>[无色或淡黄色液体,有特殊气味]</td><td>UN NO. 1203</td></tr>
<tr><td>CN NO. 31001;<br>3 2001</td></tr>
</table>

<table>
<tr><td>

**危险性**

蒸气与空气易形成爆炸性混合物,遇明火、高热等点火源有燃烧爆炸危险。

与氧化剂会发生强烈反应。

有麻醉性,对皮肤和粘膜有刺激作用。

**储运要求**

包装方法:II 类,钢桶装或散装。

储运条件:储存于阴凉、通风的库房。远离火种、热源。库温不宜超过30℃。保持容器密封。应与氧化剂隔离储运。禁止使用易产生火花的机械设备和工具。罐装时注意流速,且有接地装置,防止静电积聚。搬运时轻装轻卸,防止容器破损。

</td><td>

**泄漏处理**

切断火源,应急人员戴好自给式呼吸器,穿防静电工作服。尽可能切断泄漏源。防止流入下水道、排洪沟等限制性空间。小量泄漏:用砂土、蛭石或其他惰性材料吸收。或在保证安全情况下,就地焚烧。大量泄漏:构筑围堤或挖坑收容。用泡沫覆盖,降低蒸气灾害。用防爆泵转移至槽车或专用收集器内,回收或运至废物处理场所处置。

**急 救**

吸入:迅速脱离现场至空气新鲜处。保持呼吸道通畅。呼吸困难时输氧。呼吸停止时立即进行人工呼吸。就医。皮肤或眼睛接触:用大量流动清水彻底冲洗至少 15 分钟。就医。食入:给饮牛奶或用植物油洗胃,就医。

**灭火方法**

泡沫、干粉、二氧化碳。用水灭火无效,但须用水保持容器冷却。

</td></tr>
</table>

防护措施:

高浓度接触时可佩戴过滤式呼吸器。高浓度接触时可戴化学安全防护眼镜。穿防静电工作服。戴防苯耐油手套。工作现场严禁吸烟。避免长期反复接触。

表 3-12

<table>
<tr><td rowspan="2">
</td><td rowspan="2">钠<br>SODIUM<br>Na<br>金属钠<br>Sodium, metal<br>[白色延展性软金属]</td><td>UN NO. 1428</td></tr>
<tr><td>CN NO. 43002</td></tr>
<tr><td colspan="2">危险性<br>遇水或潮湿空气会引起燃烧爆炸。<br>遇酸或稀酸会引起燃烧爆炸。<br>遇卤素会引起燃烧。<br>触及皮肤有强烈刺激作用而造成灼伤。<br>遇碘、乙炔、四氯化碳易发生爆炸。<br>储运要求<br>包装方法:I类,浸没在装有矿物油或液体石蜡的金属容器内,严密封口,外木箱;装入盛有矿物油或液体石蜡的玻璃瓶内,再装入金属容器,严封后装入木箱。<br>储运条件:浸于煤油中。储存于阴凉、通风的库房。远离火种、热源。库温不超过25℃,相对湿度不超过75%。包装要求密封,不可与空气接触。应与氧化剂、酸类、卤素等分开存放,切忌混储。搬运时要轻装轻卸,防止包装及容器损坏。禁止使用易产生火花的机械设备和工具。</td><td>泄漏处理<br>切断火源。应急处理人员戴自给式呼吸器,穿化学防护服。不要直接接触泄漏物。小量泄漏:收入金属容器并保存在煤油或液体石蜡中。大量泄漏:用塑料布、帆布覆盖。在专家指导下清除。<br>急　救<br>吸入:迅速脱离现场至空气新鲜处。保持呼吸道通畅。如呼吸困难,给输氧。如呼吸停止,立即进行人工呼吸。就医。皮肤或眼睛接触:用流动清水冲洗至少15分钟。就医。用水漱口。可服用盐水。就医。<br>灭火方法<br>不可用水、卤代烃、碳酸氢钠、碳酸氢钾作为灭火剂。而应使用干燥氯化钠粉末、干燥石墨粉、碳酸钠干粉、碳酸钙干粉、干砂等灭火。</td></tr>
<tr><td colspan="3">防护措施:<br>一般不需要特殊防护。戴安全防护眼睛。穿化学防护服。戴橡胶手套。工作现场严禁吸烟。注意个人清洁卫生。</td></tr>
</table>

表 3-13

<table>
<tr><td rowspan="2">
</td><td rowspan="2">硫磺<br>SULPHUR<br>S<br>硫<br>Sulfur<br>[淡黄色晶体或粉末]</td><td>UN NO. 1350</td></tr>
<tr><td>CN NO. 41501</td></tr>
<tr><td colspan="2">危险性<br>与卤素、金属粉末等接触剧烈反应。<br>硫磺为不良导体,在储运过程中易产生静电荷,可导致硫尘起火。<br>粉尘或蒸气与空气或氧化剂混合形成爆炸性混合物。<br>储运要求<br>包装方法:III 类,编织袋内衬塑料袋、布袋。<br>储运条件:储存于阴凉、通风的库房。远离火种、热源。包装密封。应与氧化剂分开存放,切忌混储。搬运时轻装轻卸,防止容器受损。禁止使用易产生火花的机械设备和工具。</td><td>泄漏处理<br>切断火源。应急人员戴自给式呼吸器,穿一般作业工作服。不要直接接触泄漏物。小量泄漏:避免扬尘,用洁净的铲子收集于干燥、洁净、有盖的容器中,转移至安全场所。大量泄漏:用塑料布、帆布覆盖。使用无火花工具收集回收或运至废物处理场所处置。<br>急　救<br>吸入:迅速脱离现场至空气新鲜处。保持呼吸道通畅。如呼吸困难,给输氧。如呼吸停止,立即进行人工呼吸。就医。皮肤或眼睛接触:用流动清水冲洗。就医。食入:饮足量温水,催吐。就医。<br>灭火方法<br>遇小火用砂土闷熄。遇大火用雾状水。</td></tr>
<tr><td colspan="3">防护措施:<br>空气中粉尘浓度较高时,佩戴过滤式呼吸器。穿一般作业防护服。戴一般作业防护手套。工作现场禁止吸烟、进食和饮水。工作毕,淋浴更衣。注意个人清洁卫生。</td></tr>
</table>

表 3-14

<table>
<tr><td>
</td><td>铝粉，无涂层的<br>ALUMINIUM POWDER, UNCOATED<br>Al<br>铝银粉<br>［银白色粉末］</td><td>UN NO. 1396<br><br>CN NO. 43013</td></tr>
<tr><td colspan="2">危险性<br>大量粉尘遇潮湿、水蒸气能自燃。<br>与氧化剂混合能形成爆炸性混合物。<br>与氟、氯等接触会发生剧烈的化学反应。<br>与酸类或与强碱接触也能产生氢气，引起燃烧爆炸。<br>粉体与空气可形成爆炸性混合物，当达到一定浓度时，遇火星会发生爆炸。<br>储运要求<br>包装方法：II 类，塑料袋外钢桶装、玻璃瓶、塑料瓶或金属桶外木箱。<br>储运条件：储存于阴凉、干燥、通风良好的库房。远离火种、热源。包装密封。应与氧化剂、酸类、卤素等分开存放，切忌混储。搬运时要轻装轻卸，防止包装及容器损坏。禁止使用易产生火花的机械设备和工具。</td><td>泄漏处理<br>切断火源。应急人员戴自给式呼吸器，穿防静电工作服。不要直接接触泄漏物。小量泄漏：避免扬尘，用洁净的铲子收集于干燥、洁净、有盖的容器中。转移回收。大量泄漏：用塑料布、帆布覆盖。使用无火花工具转移回收。<br>急　救<br>吸入：迅速脱离现场至空气新鲜处。保持呼吸道通畅。呼吸困难时输氧。呼吸停止，立即进行人工呼吸。就医。皮肤或眼睛接触：用流动清水冲洗。就医。食入：饮足量温水，催吐。就医。<br>灭火方法<br>严禁用水、泡沫、二氧化碳扑救。可用适当的干砂、石粉将火闷熄。</td></tr>
<tr><td colspan="3">防护措施：<br>空气中粉尘浓度超标时，应该佩戴过滤式呼吸器。必要时，建议佩戴自给式呼吸器。戴化学安全防护眼镜。穿防静电工作服。戴一般作业防护手套。实行就业前和定期的体检。防止尘肺。</td></tr>
</table>

表 3-15

<table>
<tr><td rowspan="3">
</td><td rowspan="3">粗制萘或精制萘<br>NAPHTHALENE, CRUDE or<br>NAPHTHALENE, REFINED<br>$C_{10}H_8$<br>[白色或灰色晶状块或粉末]</td><td>UN NO. 1334</td></tr>
<tr><td>CN NO. 41511</td></tr>
<tr><td></td></tr>
</table>

危 险 性

遇明火、高热易燃。燃烧时放出有毒的刺激性烟雾。

与强氧化剂如铬酸酐、氯酸盐和高锰酸钾等接触,能发生强烈反应,引起燃烧或爆炸。

粉体与空气可形成爆炸性混合物, 当达到一定浓度时, 遇火星会发生爆炸。

储运要求

包装方法:Ⅲ类,编织袋或纸袋内塑料袋。

储运条件:储存于阴凉、通风的库房。远离火种、热源。库温不超过 32℃,相对湿度不超过80%。包装密封。应与氧化剂分开存放,切忌混储。搬运时轻装轻卸,防止容器受损。禁止使用易产生火花的机械设备和工具。

泄漏处理

切断火源。应急人员戴自给式呼吸器,穿防毒服。不要直接接触泄漏物。小量泄漏:避免扬尘,使用无火花工具收集于干燥、洁净、有盖的容器中。运至空旷处引爆。或在保证安全情况下,就地焚烧。大量泄漏:用塑料布、帆布覆盖。使用无火花工具收集回收或运至废物处理场所处置。

急 救

吸入:迅速脱离现场至空气新鲜处。保持呼吸道通畅。如呼吸困难,给输氧。如呼吸停止,立即进行人工呼吸。就医。皮肤或眼睛接触:用流动清水冲洗。就医。食入:饮足量温水,催吐。就医。

灭火方法

雾状水、泡沫、二氧化碳。

防护措施:

高浓度蒸气接触时可佩戴过滤式呼吸器;可能接触其粉尘时,建议佩戴自给式呼吸器。戴化学安全防护眼镜。穿防毒物渗透工作服。戴防化学品手套。工作现场禁止吸烟、进食和饮水。工作毕,淋浴更衣。

表3-16

<table>
<tr><td rowspan="2">
</td><td rowspan="2">镁粉或镁合金粉<br>MAGNESIUM POWDER or<br>MAGNESIUM ALLOYS POWDER<br>Mg<br>[银白色细粉末]</td><td>UN NO. 1418</td></tr>
<tr><td>CN NO. 43012</td></tr>
<tr><td colspan="2">危险性<br><br>易燃，燃烧时产生强烈的白光并放出高热。<br>遇水或潮气猛烈反应放出氢气，大量放热，引起燃烧或爆炸。<br>遇氯、溴、碘、硫、磷、砷和氧化剂剧烈反应，有燃烧、爆炸危险。<br>粉体与空气可形成爆炸性混合物，当达到一定浓度时，遇火星会发生爆炸。<br><br>储运要求<br><br>包装方法：II类，塑料袋外钢桶，玻璃瓶、塑料瓶或金属桶外木箱。<br>储运条件：储存于阴凉、干燥、通风良好的库房。远离火种、热源。库温不宜超过30℃。包装要求密封，不可与空气接触。应与氧化剂、酸类、卤素、氯代烃等分开存放，切忌混储。搬运时要轻装轻卸，防止包装及容器损坏。禁止使用易产生火花的机械设备和工具。</td><td>泄漏处理<br><br>切断火源。应急人员戴自给式呼吸器，穿防静电工作服。不要直接接触泄漏物。小量泄漏：避免扬尘，用洁净的铲子收集于干燥、洁净、有盖的容器中。转移回收。大量泄漏：用塑料布、帆布覆盖。在专家指导下清除。<br><br>急　救<br><br>吸入：迅速脱离现场至空气新鲜处。保持呼吸道通畅。如呼吸困难，给输氧。如呼吸停止，立即进行人工呼吸。就医。皮肤或眼睛接触：用流动清水冲洗。就医。食入：饮足量温水，催吐。就医。<br><br>灭火方法<br><br>严禁用水、泡沫、二氧化碳扑救。最好的灭火方法是用干燥石墨粉和干砂闷熄火苗，隔绝空气。</td></tr>
<tr><td colspan="3">防护措施：<br>空气中粉尘浓度超标时，应该佩戴过滤式呼吸器。必要时，建议佩戴自给式呼吸器。戴化学安全防护眼镜。穿防静电工作服。戴一般作业防护手套。工作现场严禁吸烟。保持良好的卫生习惯。</td></tr>
</table>

表 3-17

<table>
<tr><td rowspan="2">
</td><td rowspan="2">氰化钾,固态<br>POTASSIUM CYANIDE, SOLID<br>KCN<br>[白色块状或颗粒]</td><td>UN NO. 1680</td></tr>
<tr><td>CN NO. 61001</td></tr>
<tr><td colspan="2">危险性<br><br>不燃。<br>受高热或与酸接触会产生剧毒的氰化物气体。<br>与硝酸盐、亚硝酸盐、氯酸盐反应剧烈，有发生爆炸的危险。<br>遇酸或露置空气中能吸收水分和二氧化碳分解出剧毒的氰化氢气体。<br><br>储运要求<br><br>包装方法:(Ⅰ)类,用玻璃箱外木箱内衬垫料,或铁桶装。<br>储运条件:储存于阴凉干燥、通风良好的库房。远离火种、热源。包装密封。应与氧化剂、酸类、食用化学品隔离储运。搬运时要轻装轻卸,防止包装及容器损坏。应严格执行极毒物品“五双”管理制度。</td><td>泄漏处理<br><br>应急人员戴自给式呼吸器,穿防毒服。不要直接接触泄漏物。小量泄漏:用洁净的铲子收集于干燥、洁净、有盖的容器中。也可以用次氯酸盐溶液冲洗,洗液稀释后放入废水系统。大量泄漏:用塑料布、帆布覆盖。然后收集回收或运至废物处理场所处置。<br><br>急　救<br><br>吸入:迅速脱离现场至空气新鲜处。保持呼吸道通畅。呼吸困难时输氧。呼吸心跳停止时,立即进行人工呼吸(勿用口对口)和胸外心脏按压术。给吸入亚硝酸异戊酯,就医。皮肤或眼睛接触:用大量流动清水冲洗至少 15 分钟。就医。食入:饮足量温水,催吐。用 1:5000高锰酸钾或 5% 硫代硫酸钠溶液洗胃。就医。<br><br>灭火方法<br><br>干粉、砂土。禁用二氧化碳和酸碱灭火剂。</td></tr>
<tr><td colspan="3">防护措施：<br>可能接触毒物时,必须佩戴过滤式呼吸器。紧急事态抢救或撤离时,建议佩戴自给式呼吸器。穿连衣式胶布防毒衣。戴橡胶手套。工作现场禁止吸烟、进食和饮水。工作毕,彻底清洗。车间应配备急救设备及药品。作业人员应学会自救互救。</td></tr>
</table>

表 3-18

乙醇或乙醇溶液
ETHANOL or ETHANOL SOLUTION
$C_2H_5OH$
酒精或酒精溶液
Ethyl algohol or Ethyl alcohol solution
[无色,有酒香]

UN NO. 1170

CN NO. 32061

**危 险 性**

本品蒸气与空气易形成爆炸性混合物。
遇明火、高热及氧化剂会引起燃烧爆炸。
在火场中,受热的容器有爆炸危险。

**储运要求**

包装方法:II 类,玻璃瓶外木箱或钙塑箱内衬垫料或铁桶、不锈钢桶、铝桶装。

储运条件:储存于阴凉、通风的仓间内,仓内温度不宜超过30℃。远离热源、火种。避免阳光直射。与氧化剂隔离储运。露天贮罐夏季要有降温措施。禁止使用易产生火花的机械设备和工具。罐装时注意流速,防止静电积聚。

**泄漏处理**

切断火源,应急人员戴自给式呼吸器,穿防静电工作服。尽可能切断泄漏源。防止流入下水道、排洪沟等限制性空间。小量泄漏:用砂土或其他不燃材料吸附或吸收。也可用大量水冲洗,稀释后放入废水系统。大量泄漏:构筑围堤或挖坑收容。用泡沫覆盖,降低蒸气灾害。用防爆泵转移至槽车或专用收集器内,回收或运至废物处理场所处置。

**急 救**

吸入:迅速脱离现场至空气新鲜处。就医。皮肤或眼睛接触:用大量流动清水冲洗。就医。食入:误服者立即漱口,就医。

**灭火方法**

抗溶性泡沫、干粉、二氧化碳、砂土。

防护措施:

一般不需要特殊防护,高浓度接触时可佩戴过滤式呼吸器。穿防静电工作服。戴一般作业防护手套。工作现场严禁吸烟。

表 3-19

硫酸,含酸高于 51%
ULPHURIC ACID
$H_2SO_4$
[无色油状液体]

UN NO. 1830

CN NO. 81007

**危险性**

助燃,具有强腐蚀性、强吸水性、强刺激性,可致人体灼伤。

遇水大量放热,可发生沸溅。

与易燃物(如苯)和可燃物(如糖、纤维素等)接触会发生剧烈反应,甚至引起燃烧。

遇电石、高氯酸盐、雷酸盐、硝酸盐、苦味酸盐、金属粉末等猛烈反应,发生爆炸或燃烧。

**储运要求**

包装方法:(Ⅱ)类,耐酸坛或陶瓷瓶外木箱;玻璃瓶外木箱。

储运条件:储存于阴凉、通风的库房。库温不超过 35℃,相对湿度不超过 85%。保持容器密封。与易(可)燃物、还原剂、碱类、碱金属、食用化学品隔离储运。搬运时要轻装轻卸,防止包装及容器损坏。

**泄漏处理**

切断火源。应急人员戴好自给式呼吸器,穿防酸碱工作服。不要直接接触泄漏物。尽可能切断泄漏源。防止流入下水道、排洪沟等限制性空间。小量泄漏:用砂土、干燥石灰或苏打灰混合。也可以用大量水冲洗,洗水稀释后放入废水系统。大量泄漏:构筑围堤或挖坑收容。用泵转移至槽车或专用收集器内,回收或运至废物处理场所处置。

**急　救**

吸入:迅速脱离现场至空气新鲜处。呼吸困难时给输氧。如呼吸停止,立即进行人工呼吸。就医。皮肤或眼睛接触:立即用水冲洗至少 15 分钟。就医。食入:误服者立即漱口,给饮牛奶或蛋清,就医。

**灭火方法**

干粉、二氧化碳、砂土。避免水流冲击物品,以免遇水会放出大量热量发生喷溅而灼伤皮肤。

防护措施:

可能接触其蒸气或烟雾时,佩戴过滤式呼吸器。紧急事态抢救或逃生时,建议佩带自给式呼吸器。戴化学安全防护眼镜。穿工作服(防腐材料制作)。戴橡皮手套。工作毕,淋浴更衣。单独存放被毒物污染的衣服,洗后再用。保持良好的卫生习惯。

表 3-20

<table>
<tr><td rowspan="2">
</td><td rowspan="2">硝酸,发红烟的除外,含硝酸不大于70%<br>NITRIC ACID, other than red fuming fuming<br>$HNO_3$<br>[无色液体]</td><td>UN NO. 2031</td></tr>
<tr><td>CN NO. 81002</td></tr>
</table>

**危险性**

助燃,具有强腐蚀性、强刺激性,可致人体灼伤。

强氧化剂。

能与多种物质如金属粉末、电石、硫化氢、松节油等猛烈反应,甚至发生爆炸。

与还原剂、可燃物如糖、纤维素、木屑、棉花、稻草或废纱头等接触,引起燃烧并散发出剧毒的棕色烟雾。

**储运要求**

包装方法:II 类,耐酸坛或陶瓷瓶外木箱;玻璃瓶外木箱。

储运条件:储存于阴凉、通风的库房。远离火种、热源。库温不宜超过30℃。保持容器密封。应与还原剂、碱类、醇类、碱金属等隔离储运。搬运时要轻装轻卸,防止包装及容器损坏。

**泄漏处理**

切断火源。应急人员戴自给式呼吸器,穿防酸碱工作服。从上风处进入现场。尽可能切断泄漏源。防止流入下水道、排洪沟等限制性空间。小量泄漏:将地面洒上苏打灰,然后用大量水冲洗,洗水稀释后放入废水系统。大量泄漏:构筑围堤或挖坑收容。喷雾状水冷却和稀释蒸汽、保护现场人员、把泄漏物稀释成不燃物。用泵转移至槽车或专用收集器内,回收或运至废物处理场所处置。

**急　救**

吸入:迅速脱离现场至空气新鲜处。呼吸困难时给输氧。如呼吸停止,立即进行人工呼吸。就医。皮肤或眼睛接触:立即用水冲洗至少15分钟。就医。食入:误服者立即漱口,给饮牛奶或蛋清,就医。

**灭火方法**

雾状水、二氧化碳、砂土。

防护措施:

可能接触其蒸气或烟雾时,佩戴过滤式呼吸器。紧急事态抢救或逃生时,建议佩带自给式呼吸器。戴化学安全防护眼镜。穿工作服(防腐材料制作)。戴橡皮手套。工作毕,淋浴更衣。单独存放被毒物污染的衣服,洗后再用。保持良好的卫生习惯。

表 3-21

| | | |
|---|---|---|
| <br> | 钾<br>POTASSIUM<br>K<br>[银白色软金属] | UN NO. 2257<br><br>CN NO. 43003 |

**危险性**

在潮湿空气中能自燃。遇水或潮气猛烈反应放出氢气,大量放热,引起燃烧或爆炸。

暴露在空气或氧气中能自行燃烧并爆炸使熔融物飞溅。

与卤素、磷、许多氧化物、二氧化碳、氧化剂和酸类剧烈反应。

**储运要求**

包装方法:I类,浸没在装有矿物油或液体石蜡的坚固金属容器内,严密封口,再装入坚固木箱中;装入盛有矿物油或液体石蜡的玻璃瓶内,再装入金属容器,严封后装入木箱。

储运条件:浸于煤油中。储存于阴凉、通风的库房。远离火种、热源。库温不超过25℃,相对湿度不超过75%。包装要求密封,不可与空气接触。应与氧化剂、酸类、卤素等分开存放,切忌混储。搬运时要轻装轻卸,防止包装及容器损坏。禁止使用易产生火花的机械设备和工具。

**泄漏处理**

切断火源。应急人员戴自给式呼吸器,穿化学防护服。不要直接接触泄漏物。小量泄漏:收入金属容器并保存在煤油或液体石蜡中。大量泄漏:用塑料布、帆布覆盖。在专家指导下清除。

**急　救**

吸入:迅速脱离现场至空气新鲜处。保持呼吸道通畅。如呼吸困难,给输氧。如呼吸停止,立即进行人工呼吸。就医。皮肤或眼睛接触:用流动清水冲洗至少15分钟。就医。用水漱口,给饮牛奶或蛋清。可服用盐水。就医。

**灭火方法**

不可用水、卤代烃,碳酸氢钠、碳酸氢钾作为灭火剂。即使石墨干粉对钾亦不适用。而应使用干燥氯化钠粉末、碳酸钠干粉、碳酸钙干粉、干砂等灭火。

防护措施:

一般不需要特殊防护,但建议特殊情况下,佩戴过滤式呼吸器。戴安全防护眼睛。穿化学防护服。戴橡胶手套。工作现场严禁吸烟。注意个人清洁卫生。

表 3-22

|  | 溶解乙炔<br>ACETYLENE, DISSOLVED<br>$C_2H_2$<br>电石气<br>Carbide gas<br>[无色无臭气体] | UN NO. 1001<br>CN NO. 21024 |
|---|---|---|
| **危险性**<br>极易燃烧爆炸。<br>与铜、汞、银能生成爆炸性混合物。<br>遇明火、高热等点火源会引起燃烧爆炸。<br>与氟、氯等接触会发生剧烈的化学反应。<br>具有弱麻醉性。<br>**储运要求**<br>包装方法:II类,钢质气瓶。<br>储运条件:储存于阴凉、通风的库房。远离火种、热源。库温不宜超过30℃。应与氧化剂、酸类、卤素分开存放,切忌混储。禁止使用易产生火花的机械设备和工具。搬运时轻装轻卸,戴好瓶帽,防止钢瓶及附件损坏。 | **泄漏处理**<br>切断火源。应急人员戴自给式呼吸器,穿防静电工作服。尽可能切断泄漏源。合理通风,加速扩散。喷雾状水稀释、溶解。构筑围堤或挖坑收容产生的大量废水。如有可能,将漏出气用排风机送至空旷地方或装设适当喷头烧掉。漏气容器要妥善处理,修复、检验后再用。<br>**急　救**<br>迅速脱离现场至空气新鲜处。保持呼吸道通畅。呼吸困难时给氧。呼吸停止时立即进行人工呼吸。就医。<br>**灭火方法**<br>若不能切断气源,则不允许熄灭正在燃烧的气体。灭火剂:雾状水、二氧化碳、干粉。 | |
| 防护措施:<br>建议特殊情况下,佩带过滤式呼吸器。穿消防防护服。戴一般作业防护手套。工作现场严禁吸烟。避免长期反复接触。进入罐、限制性空间或其他高浓度区作业,须有人监护。 | | |

表 3-23

<table>
<tr><td rowspan="2"></td><td rowspan="2">二硫化碳<br>CARBON DISULPHIDE<br>$CS_2$<br>[无色或淡黄色,有刺激性气味]</td><td>UN NO. 1131</td></tr>
<tr><td>CN NO. 31050</td></tr>
<tr><td colspan="2">危险性<br><br>蒸气与空气能形成范围广阔的爆炸性混合物,遇明火、高热或氧化剂会引起燃烧爆炸。<br>撞击、摩擦、振动有燃烧爆炸危险。<br>受高热或燃烧发生分解放出有毒气体。<br>与铝、锌、钾、氟等反应剧烈,有燃烧爆炸危险。<br>损害神经和血管,中毒重者可因呼吸中枢麻痹而死亡。<br><br>储运要求<br><br>包装方法:I 类,玻璃瓶、塑料瓶外木箱内衬松软材料或铁桶装。<br>储运条件:储存于阴凉、通风的仓库内,库温不超过30℃;远离热源、火种,防止阳光直射;包装要求密封,不可与空气接触。与氧化剂隔离储运。禁止使用易产生火花的机械设备和工具。搬运时要轻装轻卸,防止包装及容器损坏。</td><td>泄漏处理<br><br>切断火源。戴自给式呼吸器,穿防静电工作服。不要直接接触泄漏物。尽可能切断泄漏源。防止流入下水道、排洪沟等限制性空间。小量泄漏:用砂土、蛭石或其他惰性材料吸收。大量泄漏:构筑围堤或挖坑收容。喷雾状水或泡沫冷却和稀释蒸汽、保护现场人员。用防爆泵转移至槽车或专用收集器内,回收或运至废物处理场所处置。<br><br>急　救<br><br>吸入:迅速脱离现场至空气新鲜处。保持呼吸道通畅。呼吸困难时输氧。呼吸停止时立即进行人工呼吸。就医。皮肤或眼睛接触:用大量流动清水冲洗。就医。食入:饮足量温水,催吐,就医。<br><br>灭火方法<br><br>雾状水、泡沫、干粉、二氧化碳、砂土。</td></tr>
<tr><td colspan="3">防护措施:<br>可能接触其蒸气时,必须佩戴过滤式呼吸器。戴化学安全防护眼镜。穿防静电工作服。戴乳胶手套。工作现场严禁吸烟。工作毕,淋浴更衣。注意个人清洁卫生。</td></tr>
</table>

表 3-24

<table>
<tr><td rowspan="2">
</td><td rowspan="2">甲醇<br>METHANOL<br>$CH_3OH$<br>[无色澄清液体,有刺激性气味]</td><td>UN NO. 1230</td></tr>
<tr><td>CN NO. 32058</td></tr>
<tr><td colspan="3">
危险性<br>
本品蒸气与空气易形成爆炸性混合物。<br>
遇明火、高热及氧化剂会引起燃烧爆炸。<br>
在火场中,受热的容器有爆炸危险。<br>
对中枢神经系统有麻醉作用,可致代谢性酸中毒。<br>
储运要求<br>
包装方法:II 类,玻璃瓶外木箱或钙塑箱加固内衬垫料或铁桶装。<br>
储运条件:储存于阴凉、通风的仓间内,仓内温度不宜超过30℃。远离热源、火种。避免阳光直射。与氧化剂隔离储运。露天贮罐夏季要有降温措施。禁止使用易产生火花的机械设备和工具。罐装时注意流速,防止静电积聚。搬运时轻装轻卸,防止容器受损。<br>
泄漏处理<br>
切断火源,应急人员戴自给式呼吸器,穿防静电工作服。勿直接接触泄漏物。防止流入下水道、排洪沟等限制性空间。小量泄漏:用砂土或其他不燃材料吸附或吸收。也可用大量水冲洗,稀释后放入废水系统。大量泄漏:构筑围堤或挖坑收容。用泡沫覆盖,降低蒸气灾害。用防爆泵转移至槽车或专用收集器内,回收或运至废物处理场所处置。<br>
急　救<br>
吸入:迅速脱离现场至空气新鲜处。保持呼吸道通畅,呼吸困难时输氧,呼吸停止时立即进行人工呼吸。就医。皮肤或眼睛接触:用流动清水冲洗。就医。食入:饮足量温水,催吐,用清水或1%硫代硫酸钠溶液洗胃。就医。<br>
灭火方法<br>
抗溶性泡沫、干粉、二氧化碳、砂土。
</td></tr>
<tr><td colspan="3">防护措施:<br>可能接触其蒸气时,应该佩戴过滤式呼吸器。紧急事态抢救或撤离时,建议佩戴自给式呼吸器。戴化学安全防护眼镜。穿防静电工作服。戴橡胶手套。工作现场禁止吸烟、进食和饮水。工作毕,淋浴更衣。实行就业前和定期的体检。</td></tr>
</table>

表 3-25

<table>
<tr><td rowspan="2">
</td><td rowspan="2">液化石油气<br>PETROLEUM GASES, IQUEFIED<br>[无色或黄棕色油状液体,特殊臭味]</td><td>UN NO. 1075</td></tr>
<tr><td>CN NO. 21053</td></tr>
</table>

**危险性**

极易燃,有毒。

与空气混合能形成爆炸性混合物,遇热源和明火等点火源有燃烧爆炸的危险。

与氟、氯等接触会发生剧烈的化学反应。

有麻醉作用。

**储运要求**

包装方法:II 类,钢质气瓶。

储运条件:储存于阴凉、通风的库房。远离火种、热源。库温不宜超过 30℃。应与氧化剂、卤素分开存放,切忌混储。禁止使用易产生火花的机械设备和工具。搬运时轻装轻卸,戴好瓶帽,防止钢瓶及附件损坏。

**泄漏处理**

切断火源。应急人员戴自给式呼吸器,穿防静电工作服。不要直接接触泄漏物。尽可能切断泄漏源。用工业覆盖层或吸附/ 吸收剂盖住泄漏点附近的下水道等地方,防止气体进入。合理通风,加速扩散。喷雾状水稀释。漏气容器要妥善处理,修复、检验后再用。

**急　　救**

吸入:迅速脱离现场至空气新鲜处。注意保暖,呼吸困难时输氧。呼吸停止时,立即进行人工呼吸。就医。

**灭火方法**

若不能切断气源,则不允许熄灭正在燃烧的气体。灭火剂:雾状水、泡沫、二氧化碳。

防护措施:

高浓度环境中,建议佩戴过滤式呼吸器。高浓度接触时可戴化学安全防护眼镜。穿消防防护服。戴一般作业防护手套。工作现场严禁吸烟。避免高浓度吸入。进入罐、限制性空间或其他高浓度区作业,须有人监护。

# 附录四 包装储运图示标志名称和图形

表 4-1

| 序号 | 标志名称 | 标志图形 | 含义 | 备注/示例 |
| --- | --- | --- | --- | --- |
| 1 | 易碎物品 |  | 运输包装件内装易碎品,因此搬运时应小心轻放 | 见4.2.3a)。<br>使用示例: |
| 2 | 禁用手钩 |  | 搬运运输包装件时禁用手钩 |  |
| 3 | 向上 |  | 表明运输包装件的正确位置是竖直向上 | 见4.2.3b)。<br>使用示例: |

续上表

| 序号 | 标志名称 | 标志图形 | 含义 | 备注/示例 |
| --- | --- | --- | --- | --- |
| 4 | 怕晒 |  | 表明运输包装件不能直接照晒 |  |
| 5 | 怕辐射 |  | 包装物品一旦受辐射便会完全变质或损坏 |  |
| 6 | 怕雨 |  | 包装件怕雨淋 |  |
| 7 | 重心 |  | 表明一个单元货物的重心 | 见4.2.3c)。<br>使用示例:<br>本标志应标在实际的重心位置上 |
| 8 | 禁止翻滚 |  | 不能翻滚运输包装 |  |

续上表

| 序号 | 标志名称 | 标志图形 | 含义 | 备注/示例 |
| --- | --- | --- | --- | --- |
| 9 | 此面禁用手推车 | 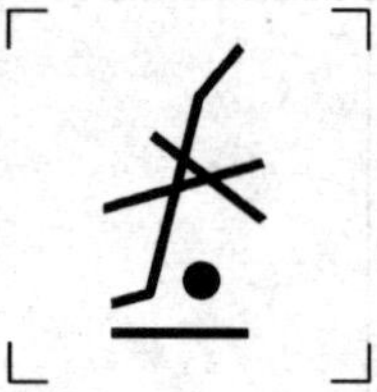 | 搬运货物时此面禁放手推车 | |
| 10 | 禁用叉车 |  | 不能用升降叉车搬运的包装件 | |
| 11 | 由此夹起 | 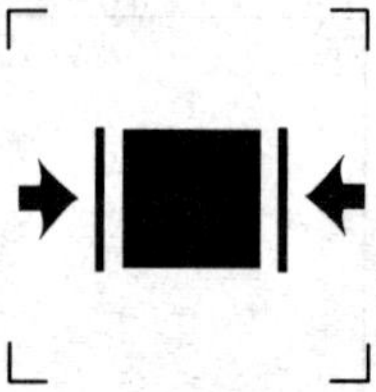 | 表明装运货物时夹钳放置的位置 | 见4.2.3d)。 |
| 12 | 此处不能卡夹 |  | 表明装卸货物时此处不能用夹钳夹持 | |
| 13 | 堆码重量极限 |  … $kg_{max}$ | 表明该运输包装件所能承受的最大重量极限 | |
| 14 | 堆码层数极限 | 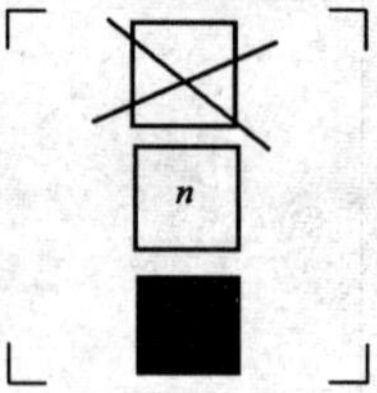 n | 相同包装的最大堆码层数，n 表示层数极限 | |

续上表

| 序号 | 标志名称 | 标志图形 | 含义 | 备注/示例 |
| --- | --- | --- | --- | --- |
| 15 | 禁止堆码 |  | 该包装件不能堆码并且其上也不能放置其他负载 |  |
| 16 | 由此吊起 |  | 起吊货物时挂链条的位置 | 见 4.2.3c)。<br>使用示例：<br>本标志应标在实际的起吊位置上。 |
| 17 | 温度极限 |  | 表明运输包装件应该保持的温度极限 | …℃max<br>…℃min<br>a)<br>…℃min<br>…℃max<br>b) |

# 附录五 道路运输危险货物车辆标志牌图形

表 5-1

| 编号 | 名称 | 标志牌图形 | 对应的危险货物类项号 |
|---|---|---|---|
| 1 | 爆炸品 |  爆炸品 1<br>(底色:橙红色,图案:黑色) | 1.1<br>1.2<br>1.3 |
| 2 | 爆炸品 |  1.4 爆炸品 1<br>(底色:橙红色,图案:黑色) | 1.4 |
| 3 | 爆炸品 |  1.5 爆炸品 1<br>(底色:橙红色,图案:黑色) | 1.5 |

续上表

| 编号 | 名称 | 标志牌图形 | 对应的危险货物类项号 |
| --- | --- | --- | --- |
| 4 | 易燃气体 | 易燃气体 2<br>(底色:红色,图案:黑色) | 2.1 |
| 5 | 不燃气体 | 不燃气体 2<br>(底色:绿色,图案:黑色) | 2.2 |
| 6 | 有毒气体 | 有毒气体 2<br>(底色:白色,图案:黑色) | 2.3 |
| 7 | 易燃液体 | 易燃液体 3<br>(底色:红色,图案:黑色) | 3 |

续上表

| 编号 | 名称 | 标志牌图形 | 对应的危险货物类项号 |
|---|---|---|---|
| 8 | 易燃固体 |  (底色:白色红条,图案:黑色) | 4.1 |
| 9 | 自燃物品 |  (底色:上白下红色,图案:黑色) | 4.2 |
| 10 | 遇湿易燃物品 |  (底色:蓝色,图案:黑色) | 4.3 |
| 11 | 氧化剂 |  (底色:柠檬黄色,图案:黑色) | 5.1 |

续上表

| 编号 | 名称 | 标志牌图形 | 对应的危险货物类项号 |
|---|---|---|---|
| 12 | 有机过氧化物 | 有机过氧化物 5.2<br>（底色：柠檬黄色，图案：黑色） | 5.2 |
| 13 | 剧毒品 | 剧毒品 6<br>（底色：白色，图案：黑色） | 6.1 |
| 14 | 有毒品 | 有毒品 6<br>（底色：白色，图案：黑色） | 6.1 |
| 15 | 有害品（远离食品） | 有害品（远离食品） 6<br>（底色：白色，图案：黑色） | 6.1 |

续上表

| 编号 | 名称 | 标志牌图形 | 对应的危险货物类项号 |
| --- | --- | --- | --- |
| 16 | 感染性物品 | 感染性物品 6<br>（底色：白色，图案：黑色） | 6.2 |
| 17 | 腐蚀品 | 腐蚀品 8<br>（底色：上白下黑色，图案：上黑下白色） | 8 |
| 18 | 杂类 | 杂类 9<br>（底色：白色，图案：黑色） | 9 |

注：运输放射性危险货物车辆的标志牌图形应符合 GB 11806 的规定。

# 附录六　道路运输危险货物车辆标志牌悬挂位置

运输爆炸、剧毒危险货物的车辆，在车辆两侧面厢板各增加悬挂一块标志牌。标志牌的悬挂位置一般居中，见图6-1。

图6-1

注：上述“爆炸、剧毒危险货物”，可根据《危险货物品名表》中的“爆炸品”和《剧毒化学品目录》查出。

# 附录七　道路运输危险货物车辆标志灯分类与规格尺寸

标志灯按车辆载质量、安装方式分型，见表7-1。

标志灯类型　　表7-1

| 类型 | 安装方式 | 代号 | 适用车辆 |
|---|---|---|---|
| A型 | 磁吸式 | A | 载质量1t(含)以下，用于城市配送车辆 |
| B型 | 顶檐支撑式 | BI | 载质量2t(含)以下 |
| | | BII | 载质量2~15t(含) |
| | | BIII | 载质量15t以上 |
| C型 | 金属托架式 | CI[a] | 带导流罩，载质量2t(含)以下 |
| | | CII[a] | 带导流罩，载质量2~15t(含) |
| | | CIII[a] | 带导流罩，载质量15t以上 |

[a] 金属托架为可选件，金属托架按底平面与标志灯基准面的夹角$\gamma$(见图3)分为3种，$\gamma$分别为30°，45°，60°

A型标志灯见图7-1和表7-2。

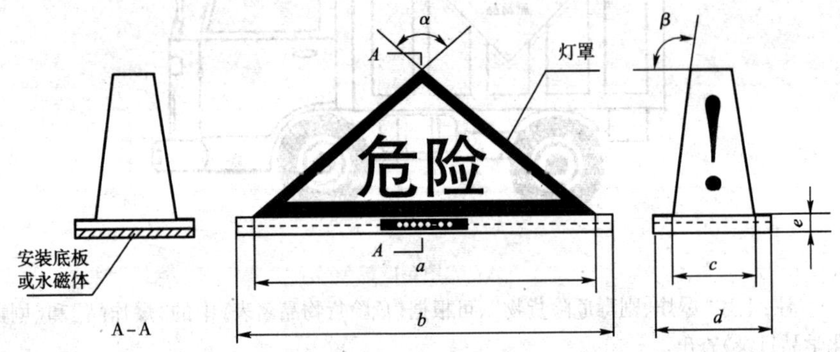


图7-1　A型标志灯

A型标志灯尺寸　　表7-2

| 类型 | 尺寸 | | | | | | |
|---|---|---|---|---|---|---|---|
| | $a$/mm | $b$/mm | $c$/mm | $d$/mm | $e$/mm | $\alpha$/(°) | $\beta$(°) |
| A | 400 | 440 | 100 | 140 | 22 | 100 | 100 |

B 型标志灯见图 7-2 和表 7-3。标志灯灯体与金属杆用螺栓连接，以弹簧垫圈方式锁紧。

图 7-2　B 型标志灯

B 型标志灯尺寸　　表 7-3

| 类型 | 尺　寸 | | | | | | |
|---|---|---|---|---|---|---|---|
| | *a*/mm | *b*/mm | *c*/mm | *d*/mm | *e*/mm | α/(°) | β(°) |
| BI | 400 | 440 | 100 | 140 | 22 | 100 | 100 |
| BII | 460 | 500 | 120 | 160 | 22 | 100 | 100 |
| BIII | 520 | 560 | 140 | 180 | 22 | 100 | 100 |

C 型标志灯见图 7-3。C 型标志灯灯体尺寸与 B 型相同。标志灯灯体与金属托架、金属托架与汽车导流罩用螺栓连接，以弹簧垫圈方式锁紧。

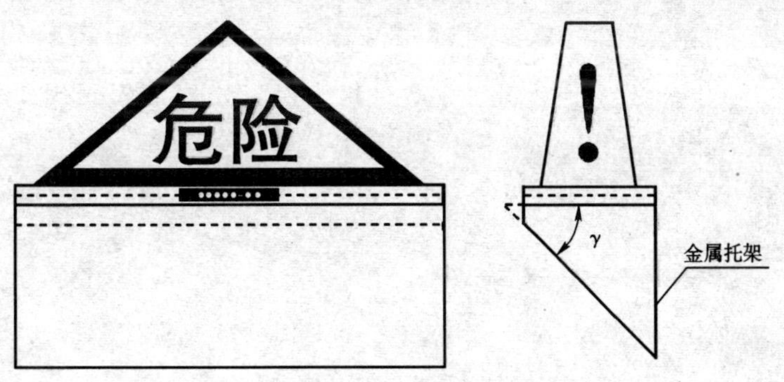


图 7-3　C 型标志灯

# 附录八　道路运输危险货物车辆标志牌类型与尺寸

菱形标志牌的四个内角均为直角，边长、厚度按车辆载质量分型方式确定，见表8-1。

标志牌类型和尺寸(单位:mm)　　表8-1

| 类型 | 代号 | 边长 | 厚度 | 适用车辆 |
|---|---|---|---|---|
| PI | PI－$n^a$ | 250 | ≥1 | 载质量2t(含)以下 |
| PII | PII－$n^a$ | 300 | ≥1.25 | 载质量2～5t(含) |
| PIII | PIII－$n^a$ | 350 | ≥1.5 | 载质量15t以上 |

[a] 代号中的$n$为数字1～18，与附录五中“编号”栏相一致，图形与附录五中“标志牌图形”栏相对应。

# 附录九　道路运输危险货物车辆标志灯安装位置

A 型标志灯安装位置见图 9-1。

图　9-1

**图书在版编目（C I P）数据**

道路危险货物运输从业人员资格考试题解/本书编写组编写 .—北京：人民交通出版社，2007.11

ISBN 978-7-114-06886-7

Ⅰ.道… Ⅱ.道… Ⅲ.公路运输：危险货物运输-资格考核-题解 Ⅳ.U492.3-44

中国版本图书馆 CIP 数据核字（2007）第 164065 号

**书　　名**：道路危险货物运输从业人员资格考试题解
**著 作 者**：本书编写组
**责任编辑**：黄兴娜
**出版发行**：人民交通出版社
**地　　址**：(100011)北京市朝阳区安定门外外馆斜街 3 号
**网　　址**：http://www.ccpress.com.cn
**销售电话**：(010) 59757969，59757973
**总 经 销**：人民交通出版社发行部
**经　　销**：各地新华书店
**印　　刷**：北京市密东印刷有限公司
**开　　本**：787×960　1/16
**印　　张**：25.25
**字　　数**：409 千
**版　　次**：2007 年 11 月第 1 版
**印　　次**：2010 年 8 月第 2 次印刷
**书　　号**：ISBN 978-7-114-06886-7
**印　　数**：5001~7000 册
**定　　价**：40.00 元